Micro Application

Mandrake 8

Copyright   © 2001   Data Becker GmbH & Co. KG   © 2001   Micro Application
Merowingerst 30   20-22, rue des Petits-Hôtels
40223 Düsseldorf   75010 Paris

1ère Édition - Juillet 2001

Auteurs   M. Wielsch, H.G.Esser et T.Forster

Traduction   Christophe Leonhard

Avertissement aux utilisateurs   Les informations contenues dans cet ouvrage sont données à titre indicatif et n'ont aucun caractère exhaustif.
Elles ne sauraient engager la responsabilité de l'éditeur.
La société MICRO APPLICATION ne pourra être tenue pour responsable de toute omission, erreur ou lacune qui aurait pu se glisser dans cet ouvrage ainsi que des conséquences, quelles qu'elles soient, qui résulteraient de l'utilisation des informations et indications fournies.

ISBN : 2-7429-2197-4
Ref : 442011

MICRO APPLICATION
20,22 rue des Petits-Hôtels
75010 PARIS
Tél : (01) 53 34 20 20 - Fax : (01) 53 34 20 00
http://www.microapp.com

 3197

Mister O'net, l'homme à la référence, vous montre le chemin !
Rendez-vous sur le site Internet de Micro Application www.microapp.com. Dans le module de recherche, sur la page d'accueil du site, retrouvez Mister O'net. Dans la zone de saisie, entrez la référence à 4 chiffres qu'il vous indique. Vous accédez directement à la fiche produit de ce livre.

Avant-propos

La collection *Micro Application* vous offre un panorama complet des thèmes liés à Internet : création de sites, programmation, e-commerce, etc.

Quel que soit le sujet abordé, nos ouvrages se veulent essentiellement pratiques. Vous pourrez ainsi tirer un profit immédiat de leur lecture et obtenir un résultat tangible.

Au cours de votre lecture, vous rencontrerez les icônes suivantes :

> **Astuce**
>
> Propose des astuces pratiques.

> **Attention**
>
> Met l'accent sur un point important, souvent d'ordre technique, qu'il ne faut négliger à aucun prix.

> **Info**
>
> Informations supplémentaires relatives au sujet traité.

Conventions typographiques

Afin de faciliter la compréhension des techniques décrites, nous avons adopté les conventions typographiques suivantes :

- ▶ **Gras** : menu, commande, boîte de dialogue, bouton, onglet.
- ▶ *Italique* : zone de texte, liste déroulante, case à cocher, bouton radio.
- ▶ `Police bâton` : touche, instruction, listing, texte à saisir.
- ▶ ✂ : indique un retour ligne volontaire dû aux contraintes de la mise en page.

CHAPITRE 4
Le shell **111**

CHAPITRE 5
Systèmes de fichiers et droits d'accès **139**

CHAPITRE 6
Gestion des processus 181

CHAPITRE 9
Intégration de nouveaux périphériques **285**

CHAPITRE 10
Accès à Internet avec Linux **309**

CHAPITRE 11
Fonctionnalités réseau de Linux **333**

CHAPITRE 13
Annexes **427**

CHAPITRE 14
Index **433**

 Introduction

I l existe actuellement près de 300 distributions de Linux. Elles équipent des matériels variés, du baladeur MP3 miniaturisé au supercalculateur scientifique. En achetant notre *Kit de démarrage Mandrake 8.0*, vous avez opté pour la solution phare de MandrakeSoft, une distribution conviviale qui complète parfaitement tout environnement PC moderne (processeur x86, 32 Mo de RAM ou plus). Vous apprécierez l'homogénéité de l'environnement graphique et les outils maison qui simplifient grandement l'administration du système. Présentons les principales nouveautés de la version 8.0, aussi nommée Traktopel, qui accompagne ce guide.

Noyau 2.4.3

Mandrake 8.0 est fondé sur un noyau de dernière génération. La version 2.4.3 gère au mieux les périphériques USB (Universal Serial Bus) et intègre le nouveau système de fichiers ReiserFS.

Environnement graphique

Mandrake 8.0 exploite la version 4.0.3 de XFree86, la variante Open Source du système X-Window, environnement graphique largement adopté dans le monde Unix. XFree86 assure l'interface entre carte graphique et interface utilisateur. Adoptant un modèle client/serveur, le serveur X fournit les primitives graphiques nécessaires au fonctionnement de KDE, GNOME, WindowMaker...

XFree86 4.0.3 prend en charge les dernières générations de processeurs graphiques (ATI Radeon, Number Nine, S3 Savage, Silicon Motion...). Mandrake 8.0 gère également l'anticrénelage des textes. L'utilisateur pourra opter pour un bureau KDE 2.1.1, GNOME 1.4 ou préférer un gestionnaire de fenêtres léger comme IceWm ou WindowMaker.

Le gestionnaire de fichiers Nautilus et le client mail Evolution, tous deux développés par la société Eazel complètent la distribution.

Administration améliorée

Outre l'assistant d'installation DrakX, les principaux réglages matériels sont désormais rassemblés dans un centre de contrôle unique (Mandrake Control Center).

Nous vous souhaitons une bonne lecture et beaucoup de plaisir dans l'utilisation quotidienne de Linux.

Bureau KDE et fontes anticrénelées (Gravis)

Centre de contrôle Mandrake

Chapitre 1

Petite histoire de Linux

Lorsque le PC (Personal Computer) entama sa marche triomphale au début des années 1980, le célèbre système d'exploitation Unix, dont est dérivé Linux, était déjà un produit "mûr". Cet élément fait que l'on retrouve même dans MS-DOS un certain nombre de similitudes avec Unix, tout particulièrement en matière de structure de fichiers et d'interpréteur de commandes (par exemple les jokers utilisés pour les noms de fichier).

1.1   Unix sur PC

Depuis qu'il existe des PC, beaucoup de constructeurs se sont penchés sur le problème de la portabilité d'Unix sur ces machines et sur la façon de réaliser l'opération. Le premier à avoir essayé fut Microsoft lui-même, qui diffusa un produit appelé XENIX. Le système d'exploitation MS-DOS avait beaucoup de contraintes liées à son architecture, et Unix semblait la voie rêvée pour en sortir. Ces contraintes concernaient tout particulièrement les points suivants :

► insuffisance de l'espace mémoire adressable ;

► pas de fonction multitâche ou multiutilisateur ;

► pas de mécanisme de protection de la mémoire en cas d'erreur de programmation.

Ces contraintes devaient être levées par l'introduction d'Unix sur les PC.

Microsoft et Unix

En 1979, Microsoft prit une licence Unix et développa le système d'exploitation XENIX, dérivé des sources Unix d'AT&T. Xenix 3.0 fut disponible à partir de 1984. Jusqu'à cette date, les faibles performances du processeur Intel 8086, autour duquel étaient construits tous les PC, obligèrent Microsoft à procéder à de nombreuses modifications pour rendre ce système d'exploitation acceptable sur ces machines. Un autre constructeur connut son heure de gloire à cette époque, la société Altos, qui mit sur le marché, en 1983, un système fondé sur XENIX et fonctionnant avec le processeur 8086.

Le succès commercial d'Unix prit son essor avec l'apparition du processeur 80286. Les PC représentaient déjà une solution économique et le fait de rendre une machine accessible à plusieurs utilisateurs n'a fait qu'améliorer le rapport performances/prix. Mais, dans le monde PC, comme dans les autres domaines d'application d'Unix, il devint très vite évident que les utilisateurs n'accepteraient ce système que si un début de standardisation voyait le jour. Le problème résidait dans la disponibilité des programmes applicatifs.

Unix SCO et le processeur Intel 80386

Depuis 1982, la société Santa Cruz Operations, récemment acquise par Caldera Systems, diffusait également XENIX comme système d'exploitation pour PC. L'apparition du processeur 80386 en 1987 permit à Unix de montrer enfin toutes ses possibilités. Unix savait déjà exploiter l'architecture 32 bits du processeur 80386 d'Intel, et la baisse sensible des prix du matériel entraîna une véritable percée d'Unix sur le marché des PC.

Inernet @

Xenix en ligne

La société SCO a été rachetée par Caldera Systems et se nomme désormais Tarantella.

http://www.sco.com/
http://www.tarantella.com/

Retrouvez également la foire aux questions (FAQ) du groupe de discussion comp.unix.xenix.sco.

http://www.unicom.com/pw/sco-xenix

Le produit le plus diffusé était la version Unix de Santa Cruz Operations (SCO), et il fut reconnu comme standard pour le monde PC par AT&T. Dès lors, ce produit porta le nom de Unix System V/386. Beaucoup d'applications furent développées pour cette version d'Unix SCO et, aujourd'hui encore, elle représente la plus grosse part de marché en termes d'installation.

D'autres constructeurs remarquèrent rapidement l'intérêt financier du marché des PC sous Unix. Avec une base installée de plus de 200 millions de machines, il n'était plus possible aujourd'hui de se désintéresser de ce marché et Unix fut bientôt concurrencé par d'autres systèmes d'exploitation.

La société Sun essaya pareillement d'approcher le marché Unix. Ainsi équipa-t-elle sa gamme Solaris d'un développement de sa version Unix, SunOS. En réalité, Solaris devait devenir une plate-forme standardisée, aussi bien pour les utilisateurs que pour les développeurs. Elle devait s'installer sur les machines Sun, mais également sur les autres PC.

Inernet @

Solaris en ligne

Solaris 8 est disponible en édition PC (http://:www.sun.com/solaris/).

À côté de ces deux principales diffusions commerciales de systèmes Unix pour PC, il existe encore toute une série de dérivés qui ne sont pas diffusés exclusivement dans le commerce. Parmi ceux-ci, on trouve notamment Linux.

1.2   Genèse de Linux

Comme vous pouvez le constater, l'histoire d'Unix est liée étroitement à celle des grandes entreprises, et l'utilisateur moyen, comme nous, n'a pas voix au chapitre. Mais nombreux sont ces utilisateurs, principalement dans les universités, qui ont envie d'en savoir plus et qui aimeraient pénétrer un peu au cœur du système, trop profondément au goût des sociétés qui se sont approprié le produit.

Andrew S. Tanenbaum, de la Vrije Universiteit d'Amsterdam, aux Pays-Bas, développa, avec ses élèves, le système d'exploitation Minix pour PC, qui devait s'articuler autour de la même logique de base qu'Unix. Grâce à ce modèle simplifié, les étudiants devaient apprendre le fonctionnement d'un système d'exploitation. La première version de Minix sortit en 1987. En quelques mois, elle remporta un franc succès.

Minix fut proposé sans licence à des réseaux de distribution non commerciaux. C'est ainsi que naquit l'idée d'un système Unix accessible sans droit de licence. Et, déjà, des passionnés consacraient tous leurs loisirs pour transposer Minix sur d'autres plates-formes matérielles (par exemple Atari ST, Commodore Amiga, Macintosh, etc.).

Linus Torvalds met le feu aux poudres

C'est sur cette idée que s'appuie l'étudiant finlandais Linus Torvalds pour ses travaux à l'université d'Helsinki. Partant de Minix, il édifie les murs porteurs de ce qui deviendra Linux tel que nous le connaissons aujourd'hui. De nombreux amis et bénévoles l'ont aidé dans sa tâche en mettant leurs travaux à sa disposition pour ce projet.

La collaboration avec le projet GNU de la Free Software Foundation de l'université de Cambridge, Massachusetts, permit notamment d'étendre considérablement l'éventail des fonctions et programmes. La règle de base qui a prévalu tout le temps voulait qu'il n'y ait jamais de droits de licence pour aucun code de programme. De fait, toutes les parties du système d'exploitation Unix ont ainsi été réécrites et améliorées en de nombreux points.

À la fin de l'année 1993, Linus Torvalds présente la première version opérationnelle de Linux. Il lui donna le numéro de version 0.99 pour bien montrer que quelques améliorations étaient encore nécessaires pour que l'on puisse parler d'un produit fini. Il était important, à ce moment, comme pendant toutes les phases de l'histoire d'Unix, d'obtenir un maximum de remontées de la part de la communauté des utilisateurs de Linux. Les erreurs furent ainsi vite débusquées et corrigées. Des modifications du produit furent cependant nécessaires à des intervalles rapprochés. Le système d'exploitation ainsi que les utilitaires devaient être révisés presque chaque mois à l'aide de programmes de mise à jour que l'on nomme des *patches*.

Il était important, pendant ce temps, que tout le monde puisse profiter de Linux de la même manière. Personne ne devait gagner de l'argent sur ce produit au titre d'un quelconque droit de propriété, et personne ne devait être exclu des nouveaux développements. C'est pourquoi Linux est distribué sous licence GNU GPL. Chaque utilisateur a le droit d'en modifier le code source, de l'améliorer ou de corriger d'éventuelles erreurs. Il peut le diffuser gratuitement ou facturer ce service. Tout logiciel dérivé est lui-même placé sous licence GNU GPL. Cela implique le libre accès au code source.

> ### Inernet @
>
> **Logiciels libres**
>
> L'Open Source Initiative, la Free Software Foundation (FSF) ou l'Association francophone des utilisateurs de Linux et des logiciels libres (AFUL) assurent la promotion des logiciels libres.
>
> http://www.aful.org/
> http://www.fsfeurope.org/index.fr.html
> http://www.opensource.org/

Premières versions importantes de Linux

À la fin de l'année 1993, on en était ainsi à la version 0.99 avec le patch level 14 (en abrégé : 0.99pl14). Au début de l'année 1994, la version 1.0 était disponible et l'on pouvait dire alors qu'il s'agissait bien d'un système complet et abouti. À l'heure actuelle, on en est à la version 2.4.4. Ce numéro de version sera probablement dépassé lorsque ce livre arrivera entre vos mains, un nouveau patch sortant pratiquement toutes les semaines.

Toujours est-il que Linux est devenu un système d'exploitation stable et il vaut la peine que l'on s'y intéresse. Il n'existe pas seulement pour les PC. On trouve également des versions adaptées pour d'autres ordinateurs tels que Hewlett Packard ou Sun. D'autres sociétés rassemblent les logiciels Linux existants dans un dessein commercial. Elles les rabotent et les polissent en divers endroits, puis proposent une distribution portant leur nom. C'est ainsi qu'est apparue par exemple la distribution Caldera OpenLinux.

1.3   Standards respectés par Linux

Connaissant l'histoire de Linux, on ne s'étonnera pas d'apprendre que le système ne fait pas la part belle aux standards propriétaires. La plupart des programmeurs qui ont contribué à son développement n'avaient que peu d'intérêt ou de respect pour les normes officielles. Ils ont cependant adapté leurs produits aux standards chaque fois que quelques personnes jugeaient que c'était nécessaire. Au bout du compte, Linux respecte tout de même un certain nombre de spécifications officielles.

L'interface iBCS2

C'est ainsi que Linux gère par exemple l'interface permettant d'exécuter des programmes binaires écrits pour d'autres systèmes Unix. Ces programmes doivent respecter l'Intel Binary Compatibility Standard (iBCS2), et le pilote iBCS2 doit être chargé sous Linux. On peut alors exécuter sous Linux des applications qui ont été écrites pour Unix SCO et compilées sous ce système.

Le format de fichier exécutable ELF

Par ailleurs, le format interne des programmes exécutables est construit suivant la définition ELF (Executable and Linking Format). Le passage à ce nouveau format, qui a été développé à l'origine pour Unix System V Release 4, n'est cependant pas encore implémenté dans toutes les versions Linux. Mais, à l'avenir, ce sera certainement le format standard d'après lequel seront structurés les programmes binaires et les bibliothèques.

Compatibilité avec DOS, Windows et OS/2

Linux peut aussi fonctionner avec d'autres systèmes d'exploitation en usage sur les PC et être intégré dans un réseau existant. Cela s'applique aussi bien pour les réseaux purement Unix que pour les réseaux locaux comportant des ordinateurs sous MS-DOS et/ou Windows. Il est même possible d'utiliser un ordinateur Linux comme serveur pour des machines MS-DOS.

Sur un PC, Linux peut cohabiter avec MS-DOS, Windows, Windows 95 ou OS/2. Linux sait lire et écrire les fichiers des autres systèmes d'exploitation, à condition cependant qu'il s'agisse de fichiers texte et de données. En ce qui concerne l'appel de programmes, Linux a réalisé d'importants progrès, mais il reste encore quelques restrictions dans ce domaine. Il est possible, dans une certaine mesure, de lancer sous Linux des programmes DOS (avec l'émulateur DOSEmu) ou Windows (avec WINE).

X/OPEN et POSIX

La prudence est cependant de mise si l'on veut appliquer les spécifications émises en 1988 par le groupe X/OPEN Ltd, via le XPG (X/OPEN Portability Guide). On risque d'être déçu dans bien des cas. Seules les définitions POSIX, publiées en 1986 par l'IEEE (Institute of Electrical and Electronics Engineers), entrent en ligne de compte si l'on veut appliquer des normes officielles. L'interface de programmation de Linux est entièrement compatible avec la norme POSIX. Cela constitue un petit progrès, mais il faut néanmoins rester très prudent lorsqu'il s'agit de porter simplement sur d'autres systèmes Unix des programmes développés sous Linux. Là aussi, la déception sera au rendez-vous dans la majorité des cas.

La plupart des commandes et programmes de Linux permettent de spécifier des options et des paramètres comme dans les autres systèmes Unix. En plus, il est possible d'indiquer ces options et paramètres avec la méthode conforme à POSIX. Pour de nombreuses commandes Unix, on finira assez rapidement par mélanger complètement les différentes abréviations d'options, tout simplement parce qu'elles varient fortement d'une commande à l'autre.

Dans ce cas, la méthode POSIX de spécification d'options constitue une aide. On a moins de difficultés à mémoriser les options, car elles sont composées de mots entiers et non plus d'abréviations.

Compilateurs et autres outils de développement

Le compilateur C (le GNU C) prend en charge le C ANSI et il constitue aussi une bonne base pour obtenir des programmes portables. Mais les fonctionnalités décrites par les spécifications ANSI sont souvent insuffisantes pour créer des programmes pouvant être transférés sans trop de complications d'un système à un autre.

Le compilateur C++ (également développé par le GNU), bien qu'il ne respecte pas toutes les définitions de la norme ANSI actuelle, constitue une bonne initiation en matière de programmation orientée objet. D'autres langages de programmation sont disponibles, mais ils ne respectent pas les normes internationales (Smalltalk, Lisp, Objective C, etc.).

Particularités par rapport à Unix

De nombreuses commandes de Linux et d'autres systèmes Unix présentent de très fortes ressemblances et les racines communes sont ici évidentes. Les commandes **ls** et **who** existent aussi sous Linux, par exemple. Mais de nombreuses options se sont parfois ajoutées et les possibilités des commandes s'en sont trouvées modifiées. Les manuels Unix que l'on trouve dans le commerce constituent en général une initiation de premier niveau satisfaisante, mais qui ne saurait prétendre exploiter les particularités de Linux.

> **Inernet @**
>
> **Petite histoire de Linux**
>
> Retrouvez petits et grands aspects de l'histoire de Linux à l'adresse
> http://okki666.free.fr/newbie/linux057.htm.

Chapitre 2

Installation de Linux

A vant que vous ne vous lanciez dans l'installation de Linux, vous devez réfléchir à la manière dont vous allez procéder. L'installation standard consiste à n'avoir que Linux comme système d'exploitation sur l'ordinateur. Le disque dur doit alors être divisé en deux partitions au minimum. La première partition contiendra l'arborescence du système d'exploitation et des programmes, tandis que la seconde constituera une zone d'échange (*swap*).L'installation de Linux ne pose alors pas plus de problèmes que celle d'un système d'exploitation commercial.

Souvent, Linux est utilisé en combinaison avec d'autres systèmes d'exploitation. Nous pouvons partir du principe que Linux s'installe sans problème sur un ordinateur fonctionnant déjà sous DOS, Windows 95, Windows 98, Windows NT et OS/2. Mais l'installation de Linux doit tenir compte des particularités de chacun de ces partenaires potentiels.

2.1   Préparation du disque dur

Que vous installiez Linux en tant que système d'exploitation unique ou en combinaison avec d'autres, les partitions nécessaires au fonctionnement de Linux ne changent pas. Vous devez créer au moins une partition système et une autre dite de swap, d'une taille adaptée à vos besoins. Nous vous donnerons quelques conseils sur ce point dans la section suivante. Cela vous permettra de vous faire une idée de la taille de la partition avant l'installation.

Ne perdez également pas de vue que tôt ou tard vous souhaiterez faire évoluer Linux vers une nouvelle version du système d'exploitation. Que vous ayez défini d'autres partitions, par exemple pour recevoir les données utilisateur, sera alors avantageux et simplifiera toute nouvelle installation.

Si vous créez pour la première fois une partition sur votre disque dur, vous devez absolument lire la section ci-après intitulée *Partitions primaires et étendues*. Nous y expliquons qu'il existe plusieurs types de partitions et que seule une méthode particulière permet d'en créer plus de quatre. La définition de la partition système demande également la prise en compte de certaines particularités. Se pose enfin la question de la manière dont il convient d'effectuer le partitionnement de plusieurs disques durs. Reportez-vous pour cela à la section *Configuration système à plusieurs disques durs*.

Dimensionner correctement la partition système

Linux nécessite toujours une partition système qui recevra les fichiers du système d'exploitation ainsi que les programmes. La taille de cette partition dépend évidemment de ce que vous allez installer à partir du CD. Typiquement, une partition système avoisine le gigaoctet.

Selon le schéma de partitionnement du disque dur (nous examinerons cela plus loin), il peut être avantageux de créer une petite partition système, de 1 Go. Dans ce cas, une autre partition (environ 300 Mo) recevra les répertoires utilisateurs. On déporte ainsi le répertoire */home* sur une autre partition. La première solution est toutefois à privilégier parce qu'une demande importante de capacité pour la partition système peut s'équilibrer par un besoin moins important de la partition */home*, et vice versa.

Dans le cas d'une installation standard (Linux seul), les fichiers de l'utilisateur figurent également dans la partition système. Les précédentes indications de taille n'en tenant pas compte, la capacité nécessaire doit donc être prévue en supplément. Les documents de type texte occupent peu de place, les images et les films en sont voraces.

Si vous envisagez d'installer en plus des programmes qui ne font pas partie de la distribution, vous devez prévoir l'espace nécessaire. Il peut s'agir de programmes issus d'Internet ou d'applications commerciales, lesquels existent en nombre de plus en plus grand.

Prévoir une partition supplémentaire pour l'avenir

Réfléchissez bien au choix ci-dessus s'il ne convient pas de créer une autre partition pour les données utilisateur et d'éventuels programmes supplémentaires.

Sous Linux, les données des utilisateurs sont déposées dans un répertoire home (*home directory*) propre à chacun. Cela permet à un utilisateur donné de définir quels autres utilisateurs peuvent accéder à ses fichiers, et lesquels ne le peuvent pas. Cette séparation fondamentale entre programmes et données permet de déplacer ces dernières vers une partition particulière.

Ce cloisonnement simplifiera les installations ultérieures de Linux, puisque la partition système peut alors être purement et simplement effacée sans risquer de perdre des données utilisateur. Nous installerons ensuite une nouvelle version de Linux et intégrerons dans ce système la partition des données utilisateur. Les utilisateurs ne changent pas leurs habitudes de travail ; ils bénéficient, en revanche, des nouvelles versions des logiciels.

Ce point est particulièrement important lors d'un changement de distribution. La structure des répertoires et des fichiers de configuration peut toutefois varier selon les distributions, et une réinstallation complète est alors avantageuse. La nouvelle structure de répertoires n'influe généralement pas sur les données utilisateur, en particulier sur leurs fichiers de configuration personnels. Un changement de distribution est alors possible à tout moment.

En revanche, si vous conservez la même distribution (Mandrake en l'occurrence), il est alors facile d'installer de nouveaux programmes ou de réaliser des mises à jour sans tout avoir à réinstaller. Dans ce cas, il est peut-être préférable d'utiliser la partition système également pour les programmes et les données, les capacités affectées respectivement au système et aux données utilisateur n'étant alors pas définitivement fixées par la taille des partitions. Plus de données système peuvent être compensées par moins de données utilisateur et vice versa.

Les autres programmes, autrement dit ceux qui ne font pas partie intégrante de la distribution et qui proviennent de producteurs tiers, sont souvent installés dans le répertoire */usr/local*. Les développeurs d'applications respectent en principe la philosophie Unix, qui veut que tous les fichiers nécessaires à un programme soient regroupés dans le répertoire d'installation. Ce répertoire est généralement, comme nous l'avons évoqué, */usr/local*.

D'autres systèmes d'exploitation vous ont peut-être habitué à ce que, après réinstallation complète du système, les logiciels qui figuraient déjà ne fonctionnent plus. Cela vient de ce que les fichiers programmes et les paramétrages respectifs sont éparpillés et que la réinstallation les a détruits. Grâce à l'encapsulation de tous les fichiers d'un programme dans un même répertoire d'installation, ces problèmes n'existent pas sous Linux.

Ainsi, de même que les données utilisateur, les logiciels supplémentaires de */usr/local* peuvent aussi être épargnés lors d'une réinstallation de Linux. Dans ce cas également, nous devons créer une partition propre à ces programmes supplémentaires, qui sera plus tard reliée au répertoire */usr/local*.

Mise en place de la partition d'échange (swap)

Pour que Linux fonctionne de manière optimale, créez une partition d'échange (*swap*). Lui donner une taille double de celle de la mémoire vive est une bonne approximation. Cette partition recevra les données actuellement inemployées figurant en mémoire vive, ce qui libère de l'espace pour les logiciels actifs.

Par principe, nous pouvons employer une partition d'échange dont la taille est un multiple de la quantité de mémoire vive installée. Des programmes exigeant une grande quantité de mémoire s'exécuteront alors sans problème sous Linux. Néanmoins, plus l'échange devient intensif, plus Linux ralentit.

La valeur proposée ici répond à la contrainte que nous souhaitons toujours une réponse vive du système d'exploitation. Si plus de données que le double de la mémoire vive sont "swappées", alors le système semblera désagréablement lourd à l'emploi. Si le système est utilisé principalement pour calculer, cette lourdeur à l'interactivité n'a pas grande importance, et nous pouvons donc définir une zone d'échange plus importante.

Il faut tenir compte d'une certaine limite : seuls les 127 premiers mégaoctets d'une partition d'échange sont exploités. Autrement dit, il ne sert à rien de définir des partitions plus grandes. En revanche, il est possible d'en utiliser plusieurs, si bien que la capacité totale affectée au swapping peut être définie librement.

Théoriquement, il est possible d'utiliser des fichiers d'échange à la place des partitions ou en même temps. L'accès en est toutefois tellement lent qu'il vaut mieux y renoncer.

Partitions primaires et étendues

Nous avons jusqu'à présent évoqué le nombre et la taille des partitions. Une fois ces éléments définis, nous devons comprendre la manière dont ils se traduiront physiquement sur le disque dur. Nous allons donc expliquer les expressions "partitions primaires, étendues et logiques". Une fois que vous vous serez familiarisé avec ces notions, vous pourrez passer à la section suivante.

Un disque dur ne peut se diviser en plus de quatre partitions primaires. Pour pouvoir néanmoins créer plus de quatre partitions, commencez par créer trois partitions primaires. Dans l'espace restant, créez une partition étendue. Cette partition étendue peut à son tour se subdiviser en partitions logiques. Résumons : créez les trois premières partitions en tant que partitions primaires et les autres en tant que partitions logiques.

Un système Linux démarre sans problème à l'aide d'un gestionnaire d'amorçage (LILO, GRUB) lorsque la partition système est une partition primaire et qu'elle se situe dans les 1 024 premiers cylindres (limitations dépendant de l'ancienneté du BIOS). Si, par exemple, vous n'installez que Linux sur votre ordinateur, alors définissez la première partition en tant que partition primaire et affectez-lui la partition système.

Configuration système à plusieurs disques durs

Utiliser un nouveau disque dur pour Linux économise beaucoup de travail si le premier disque dur est déjà géré par un autre système d'exploitation. La partition du nouveau disque se réalise de la même manière que celle du premier. La recommandation touchant l'emplacement de la partition système de Linux s'applique également dans ce cas.

Lorsque plus de deux disques durs sont utilisés, une nouvelle contrainte apparaît. En général, seuls les deux premiers disques durs peuvent recevoir la partition système de Linux, dans la mesure où le gestionnaire d'amorçage de Linux sera employé. Cette condition est cependant vérifiée à l'installation, si bien que toute erreur est exclue et que le système Linux installé peut également être démarré. L'utilisation d'un autre gestionnaire d'amorçage peut permettre de contourner si nécessaire cette limitation.

2.2   Installation

Nous allons décrire tout au long de cette section la procédure d'installation de Linux. Nous supposons que vous avez déjà choisi sur quel disque dur ou partition vous voulez le faire. Chacune des étapes de cette installation peut être suivie au moyen des illustrations, ces étapes s'articulant selon les actions nécessaires.

Avant de démarrer l'installation, préparez trois disquettes formatées, elles serviront éventuellement plus tard. Il est en effet agaçant d'avoir à tout recommencer parce que l'on ne dispose pas de disquettes vierges prêtes.

Le système vous interrogera sur plusieurs éléments de votre système. Certaines réponses peuvent être différées, mais d'autres doivent être fournies immédiatement. Vous devez connaître le type de votre disque dur, (E)IDE ou SCSI, et de votre lecteur de CD-Rom, ATAPI, SCSI ou un modèle plus ancien.

Si vous le souhaitez, vous pouvez omettre la configuration de l'interface graphique, mais nous vous conseillons de la réaliser dès l'installation. Vous devez, dans ce cas, connaître le type de votre souris et avoir sous les yeux la documentation technique concernant votre carte graphique ainsi que celle de votre moniteur.

Le programme d'installation

DrakX, le programme d'installation considéré ici, figure sur le CD-Rom d'accompagnement. Vous pouvez lancer ce programme en démarrant l'ordinateur avec la disquette d'amorçage.

Utilisation de Lnx4Win

Lnx4Win est un programme qui créera deux fichiers sur votre partition Windows, qui hébergeront votre système Linux-Mandrake : un fichier pour les données et un autre pour le swap. Ce mode d'installation est très facile, mais présente des inconvénients :

▶   Le système installé est très lent comparé à une véritable installation.

▶   Si vous devez réinstaller Windows, Mandrake sera perdu.

Tout ce que vous avez à faire est d'insérer le CD-Rom, puis de rebooter le système. Pressez la touche F1 lorsque l'écran Linux-Mandrake s'affiche. Tapez lnx4win, puis validez par Entrée (Fig. 2.1).

Créer une disquette de boot

Sous Windows, vous pouvez utiliser le programme appelé RawWrite (notez le doublement de la lettre *w*). Celui-ci se trouve dans le répertoire *dosutils* du CD. Lancez RawWrite (Fig. 2.2).

Sélectionnez l'image à copier et le périphérique cible (Fig. 2.3).

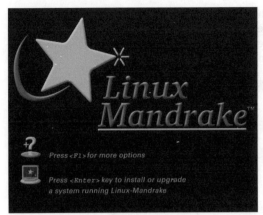

Fig. 2.1 :
*La page d'accueil
Linux-Mandrake*

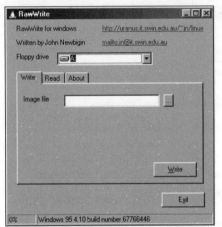

Fig. 2.2 :
Le programme RawWrite

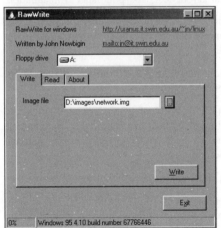

Fig. 2.3 :
*Exemple d'utilisation de
RawWrite*

Puis insérez une disquette vierge dans le lecteur choisi et cliquez sur *Write*. Vous voici avec une disquette de démarrage pour l'installation de Linux-Mandrake.

► Vous pouvez également cliquer sur le bouton **Create boot diskette** situé dans l'angle inférieur gauche du menu qui apparaît à l'insertion du CD-Rom sous Windows. Si ce n'est pas le cas (option *auto-run* désactivée, par exemple), démarrez le programme *X:\dosutils\autorun.exe* (en supposant que X soit la lettre désignant votre lecteur de CD-Rom).

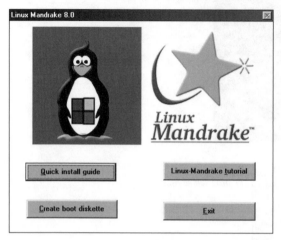

Fig. 2.4 :
Menu affiché sous Windows

Si vous disposez déjà d'une installation de Linux, effectuez les étapes suivantes :

① Montez le CD-Rom. Nous supposerons que le point de montage est */mnt/cdrom*.

② Connectez-vous en tant que root.

③ Insérez une disquette vierge dans le lecteur de disquettes et tapez l'instruction suivante.

```
$ cp /mnt/cdrom/images/cdrom.img /dev/fd0
```

Introduisez la disquette dans le premier lecteur et redémarrez l'ordinateur. L'écran d'accueil de la distribution Mandrake s'affiche. Appuyez sur la touche (Entrée) pour lancer l'installation.

Si vous ne parvenez pas à amorcer l'ordinateur à partir de la disquette, cela vient probablement du fait que l'ordre des lecteurs d'amorçage sous BIOS ne le permet pas ; le lecteur A: doit figurer obligatoirement avant le lecteur C: !

La plupart des lecteurs de CD-Rom existants exploitent un pilote ATAPI ou sont de type SCSI. Seuls, quelques lecteurs plus anciens demandent un pilote propre.

Les lecteurs de CD-Rom raccordés au contrôleur (E)IDE relèvent généralement du standard ATAPI. Ils sont alors pilotés via un pilote générique. Le processus d'installation de Linux tente de reconnaître automatiquement le type de périphérique. Un lecteur ATAPI sera le plus souvent reconnu comme tel, et le processus d'installation se poursuit.

Si le système n'a pas détecté de lecteur CD de type ATAPI, il affiche différentes possibilités.

► *SCSI* : ce type de lecteur est raccordé à la carte mère au travers d'un contrôleur SCSI. Souvent, nous possédons un lecteur de CD-Rom SCSI parce que nous utilisons un disque dur SCSI ou un graveur. Un lecteur de CD-Rom SCSI n'est exploitable que si Linux gère le contrôleur associé.

▶ *Autre CD-ROM* : sous cette rubrique, figurent des lecteurs non pilotés via un pilote ATAPI et qui ne sont pas de type SCSI non plus. Ces lecteurs possèdent généralement leur propre carte contrôleur, éventuellement sur une carte son.

Si vous possédez un lecteur de CD-Rom SCSI, choisissez *SCSI*.

Le système vous informe alors sur le contrôleur SCSI qu'il a détecté et vous demande si vous disposez d'autres contrôleurs. Vous répondrez généralement **Non** à cette question.

Par la suite, il initialise votre lecteur de CD-Rom SCSI et l'installation commence.

Astuce

PC limités en RAM

Si votre PC dispose de peu de mémoire, typiquement 32 Mo ou moins, préférez une installation en mode texte. Tapez [F1], puis text au début de la procédure d'installation. Validez par [Entrée].

Après l'initialisation du programme d'installation, la première étape consiste à définir quel langage vous souhaitez utiliser pour la procédure d'installation. Effectuez les réglages spécifiques à votre pays. La question sur la langue à utiliser est posée en anglais. Parmi les langues proposées, choisissez *French(France)*. Le reste de l'installation se déroulera alors en français.

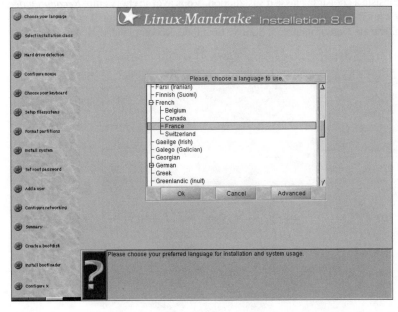

Fig. 2.5 :
Choix de la langue nationale

L'écran suivant vous demande d'approuver les termes de la licence d'utilisation de la distribution (GNU General Public Licence pour l'essentiel).

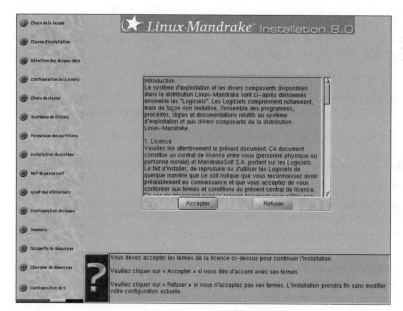

Fig. 2.6 :
*La licence
d'utilisation de la
distribution*

L'étape suivante consiste à choisir la classe d'installation. Vous avez le choix entre *Recommandée* et *Expert*. Le mode Expert offre un contrôle plus fin du processus d'installation. Il exige également une meilleure maîtrise de l'environnement Linux. Le mode Recommandée assiste davantage l'utilisateur .

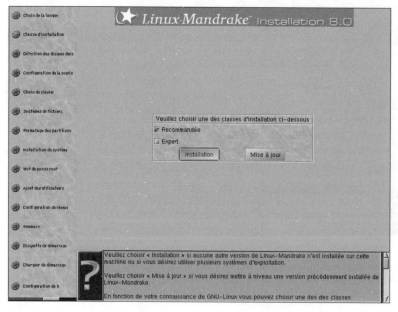

Fig. 2.7 :
*Les deux classes
d'installation*

Tab. 2.1 : Choix de la classe d'installation	
Classe d'installation	**Description**
Recommandée	Ce mode réalise une installation entièrement automatisée, où la plupart des choix sont faits par le programme d'installation. En effet, les choix concernant la souris, le clavier, les paquetages à installer par défaut et le partitionnement des disques durs sont laissés au soin du programme d'installation.
Expert	Ce mode vous permet un contrôle total de l'installation. Vous pouvez spécifier manuellement le type de votre souris et de votre clavier, réaliser vous-même le partitionnement de vos disques durs et choisir un par un les paquetages à installer. Vous avez aussi accès aux informations concernant vos périphériques PCI.

Pour chaque classe, vous pourrez choisir une installation complète ou une simple mise à jour.

Une installation typique en détail

Présentons une installation typique en mode assisté.

Classe d'installation

Choisissez la classe d'installation *Recommandée*, puis cliquez sur **Installation**.

Configuration SCSI

Si vous possédez un adaptateur SCSI, le programme réalise la configuration de celui qu'il a détecté et vous demande si vous disposez d'adaptateurs supplémentaires ; répondez **Non**.

Configuration de la souris

La phase suivante (détection de votre souris) se fait automatiquement. Vous pouvez piloter entièrement l'installation à la souris.

Vous arrivez ensuite sur l'utilitaire de partitionnement du disque dur, lequel est détecté automatiquement par DrakX.

Principes de désignation des partitions sous Linux

Vous devez auparavant savoir désigner chacune des partitions du disque dur.

Le premier disque dur s'appelle */dev/hda*, le deuxième */dev/hdb*, le troisième */dev/hdc*, etc. Si votre système est de type SCSI, les désignations seront alors */dev/sda*, */dev/sdb*, */dev/sdc*... Ensuite, les partitions d'un même disque dur sont numérotées : */dev/hda1*, */dev/hda2*, */dev/hda3*...

Phase de partitionnement

Avec l'utilitaire de Mandrake 8.0, réaliser le partitionnement sera rapide et ne posera pas de problème.

Vous disposez de quatre options qui vous seront présentées ou non selon la configuration actuelle de votre disque dur.

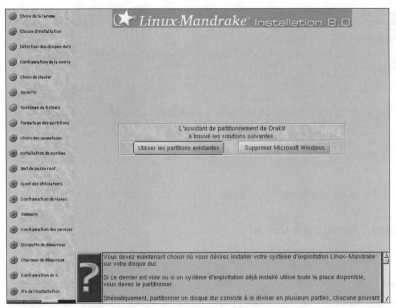

Fig. 2.8 :
*Sélection du mode
de partitionnement*

Tab. 2.2 : Options de partitionnement de DrakX	
Option	**Description**
Utiliser l'espace disque	Utiliser l'espace disque libre sur votre disque dur. Cet espace peut provenir d'une installation antérieure ou de l'emploi d'un utilitaire de partitionnement comme Partition Magic.
Effacer tout le disque	Effacer les données du disque et affecter l'espace à Linux. C'est une solution radicale puisque toutes les données présentes sur le disque seront perdues.
Utiliser l'espace libre sur la partition de Microsoft Windows	Récupérer l'espace libre disponible sur une partition Windows. Vous devez au préalable tester et défragmenter cette partition avec des outils comme Scandisk et Defrag.
Partitionnement personnalisé	Vous contrôlez la création et la suppression des partitions ainsi que leur affectation à Linux.

Choisissez l'option *Effacer tout le disque* si vous souhaitez dédier le disque dur à Linux. L'option *Utiliser l'espace libre sur la partition de Microsoft Windows* s'impose si une partition Windows occupe tout l'espace du disque et si vous souhaitez continuer à travailler dans les deux environnements.

> **Attention**
>
> **Données personnelles**
>
> L'option *Effacer tout le disque* provoque la perte de l'intégralité des informations inscrites sur le disque dur. Procédez à la sauvegarde de vos données personnelles avant de l'activer. L'option *Utiliser l'espace libre sur la partition de Microsoft Windows* modifie physiquement la taille de la partition Windows. Cette partition doit être testée et défragmentée au préalable.

L'option *Utiliser l'espace disque* suppose que vous disposiez de partitions libres. Attachons-nous à la dernière option fondée sur l'utilitaire DiskDrake.

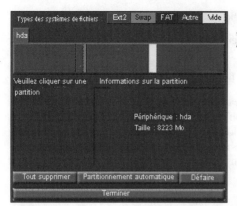

Fig. 2.9 :
Aperçu de l'utilitaire de partitionnement

Il se compose de trois zones : la partie supérieure contient un schéma récapitulatif des différentes partitions présentes sur le disque en cours ; la partie gauche comprend une liste des différentes actions possibles en fonction de la partition sélectionnée dans la zone précédente ; la partie droite contient des informations relatives à cette partition.

Si vous n'avez pas de données importantes sur votre disque, vous pouvez supprimer toutes les partitions présentes en cliquant sur **Tout supprimer**.

Le bouton **Défaire** annule la dernière action effectuée.

Création automatique de partitions

Si vous installez Linux sur un disque vierge, choisissez le partitionnement automatique. Cette opération va créer trois partitions :

▶ une partition / hébergeant l'essentiel du système ;

▶ une partition swap ;

▶ une partition accueillant le répertoire /home contenant les données personnelles des utilisateurs.

Vous pouvez par la suite redimensionner chacune des partitions / et /home si vous le désirez en sélectionnant la partition que vous souhaitez modifier et en choisissant la commande **Redimensionner**. Une boîte de dialogue s'affiche alors où vous pouvez saisir la nouvelle taille.

Création manuelle de partitions

Cette étape consiste à créer une partition d'échange, une partition système et éventuellement d'autres partitions Linux. Des partitions d'autres systèmes d'exploitation peuvent être intégrées à ce stade dans le système Linux défini. Les modifications que vous réalisez maintenant ne sont toutefois que des déclarations d'intention. Ce n'est qu'au moment où vous cliquerez sur **Terminer** que le système validera ces modifications. Vous pouvez à tout moment changer les définitions de partition, aussi n'hésitez pas à faire des tests, l'esprit tranquille.

Dans la section *Mise en place de la partition d'échange (swap)*, nous avons expliqué comment déterminer la taille de la partition d'échange. La taille classique équivaut au double de la mémoire vive équipant l'ordinateur. Choisissez le disque dur sur lequel vous créerez cette partition d'échange ; ce choix sera réalisé en fonction de la place disponible sur chaque disque. Notez celui sur lequel vous décidez de créer cette partition.

Procédons maintenant à la création des partitions elles-mêmes :

1 Cliquez sur la zone blanche du schéma supérieur (qui correspond à l'espace non occupé par des partitions de votre disque).

2 Cliquez sur le bouton **Créer** qui apparaît dans la zone gauche.

3 Dans la fenêtre qui s'ouvre, choisissez la taille en mégaoctets, le type du système de fichiers (*Linux Native*) et le point de montage (*/*). Il est obligatoire de créer une partition système Linux, laquelle recevra les logiciels du système d'exploitation. Si vous ne créez ensuite aucune autre partition (voir l'étape 5), les autres programmes et utilitaires y seront également inscrits. Nous avons déjà justifié la création d'autres partitions dans la section *Dimensionner correctement la partition système*.

Pour modifier par la suite le point de montage d'une partition, cliquez, après avoir choisi la partition correspondante, sur **Point de montage** à gauche.

Fig. 2.10 :
Modification du point de montage

4 Réalisez à nouveau les étapes précédentes pour créer une partition de swap. Cette fois, choisissez une taille *inférieure à 127 Mo* et comme type de système de fichiers *Linux Swap*.

5 Vous pouvez aussi créer d'autres partitions supplémentaires pour */home*, */usr*, etc., si vous disposez de beaucoup d'espace libre. Nous l'avons évoqué, si créer une partition système suffit, en créer plusieurs présente des avantages. Reportez-vous à la section *Prévoir une partition supplémentaire pour l'avenir*, où nous avons justifié la création d'une partition pour les données utilisateur. Celles-ci sont regroupées dans le répertoire */home*. Ce répertoire est donc le point de montage adapté pour cette partition. La création d'une autre partition s'effectue de la même manière que celle de la partition système, seul le point de montage change, puisqu'il est dans ce cas */home*.

6 Vous pouvez aussi rendre accessibles les partitions existantes. En effet, Linux autorise l'accès à des partitions d'autres systèmes d'exploitation. Cela facilite notamment l'échange de données entre Linux et les autres systèmes et concerne, entre autres, les partitions FAT, telles qu'elles sont utilisées sous DOS, Windows 95 et Windows 98, éventuellement sous Windows NT et OS/2. Ces partitions sont désignées dans la table par la couleur bleue.

Pour pouvoir y accéder immédiatement après l'installation, établissez maintenant le lien avec les partitions souhaitées. Au contraire d'autres systèmes d'exploitation, cela ne s'effectue pas au travers d'une lettre de lecteur, mais au moyen d'un répertoire. Habituellement, ils sont définis en tant que sous-répertoires du répertoire */mnt* de l'arborescence Linux. Par exemple, si vous souhaitez accéder à une partition Windows 98, vous pouvez la prévoir en tant que telle dans le répertoire */mnt/win98*. Si après l'installation, vous accédez à ce répertoire, vous y trouverez les dossiers de la partition Windows 98. Pour cela, sélectionnez la partition correspondante et montez-la comme précédemment en tant que */mnt/win98*.

Le point de montage nouvellement défini s'affiche immédiatement sur la liste des partitions. Vous pouvez, si nécessaire, répéter cette procédure pour d'autres partitions.

(7) Ajustez la taille des partitions en rouge pour occuper l'espace libre de votre disque.

(8) Appuyez sur **Terminer** pour passer à l'étape suivante (formatage des partitions). Le système vous indique que la table des partitions va être écrite sur le disque. Cliquez alors sur OK.

Formatage des partitions créées

L'étape suivante consiste à formater les partitions créées précédemment, c'est-à-dire que le système y créera une structure leur permettant de recevoir des données. Outre la partition d'échange, les partitions reçoivent le système de fichiers Ext2fs, lequel permet de manière très souple d'enregistrer des fichiers et d'établir entre eux des liaisons.

Comme nous l'avons évoqué à plusieurs reprises, il est possible de créer plusieurs partitions primaires Linux. La partition sous / peut également se subdiviser, les répertoires */usr* et */var* s'installant dans une autre partition. Dans le cas d'une nouvelle installation, ces partitions doivent être créées et formatées.

Nous avons déjà expliqué pourquoi il est avantageux de créer une partition spécifique aux données utilisateur : celles-ci deviennent alors indépendantes de Linux, ce qui permet de mettre à jour la version de Linux sans les détruire. Cette partition utilisateur est accessible généralement par le répertoire */home*. Elle ne doit bien évidemment pas être formatée, sinon toutes les données utilisateur qu'elle contient seront perdues. Le même raisonnement s'applique au répertoire */usr/local*, qui accueille souvent des logiciels n'appartenant pas à la distribution, par exemple des logiciels du commerce ou en provenance d'Internet.

Si cette installation est la première que vous réalisez sur votre ordinateur, vous devez sélectionner la totalité des partitions et les formater. Les partitions dont le contenu ne doit pas être détruit, par exemple une partition contenant des données utilisateur, ne doivent pas être sélectionnées. Quittez cette fenêtre simplement par OK.

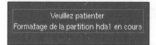

Fig. 2.11 :
Formatage en cours

Choix des paquetages Linux

L'étape suivante de l'installation est la sélection des composants logiciels (packages ou paquetages) et ceux du système d'exploitation à copier du CD-Rom vers votre disque dur.

Le système vous demande la taille en mégaoctets que vous désirez installer avec une valeur par défaut. Cliquez simplement sur OK.

Ce qu'est le Red Hat Package Manager (RPM)

Les explications suivantes sur le RPM peuvent être ignorées lors d'une première installation. Elles servent à comprendre de manière plus approfondie le système, mais elles n'influent pas sur la réussite de l'installation.

L'une des raisons de la popularité de la distribution Mandrake est qu'elle utilise un utilitaire très intelligent d'installation des composants logiciels, RPM (Red Hat Package Manager). Dans les précédentes distributions de Linux, entre autres la très classique Slackware, l'installation des programmes consistait simplement à décompresser dans le répertoire approprié du disque dur une très grosse archive *.tar.gz*, qui, dans le monde Linux, équivaut aux archives *.zip* du monde DOS/Windows. Certains fichiers de configuration étaient, par la même occasion, adaptés. L'inconvénient majeur de cette procédure était que l'interdépendance des composants n'était absolument pas prise en compte ou, dans le meilleur des cas, elle l'était sous une forme minimale, comme "N'installez pas simultanément le composant A et le composant B".

Red Hat s'est caractérisé en inventant le format RPM disponible aujourd'hui dans notre distribution Mandrake. Une archive *.rpm* contient une archive *.tar.gz*, mais chaque composant possède des informations sur :

▶ les autres composants à installer pour que le programme fonctionne correctement (par exemple, la bibliothèque Qt pour KDE) ;

▶ les composants avec lesquels il entrerait en conflit s'ils étaient également installés (par exemple, il est incohérent d'installer à la fois les deux paquetages de courrier sendmail et smail, puisque seul l'un des deux programmes peut être actif). Un exemple classique serait d'essayer d'installer un paquetage déjà présent dans une version précédente, puisqu'il est alors nécessaire de désinstaller avant l'ancienne version. RPM propose dans ce cas de réaliser une mise à jour.

Outre ces mécanismes de sécurité qui vous épargnent de mettre Linux dans une situation telle qu'il ne fonctionne plus correctement (pensez à l'inconvénient que représente sous Windows l'installation de nouvelles DLL lorsqu'elles ne fonctionnent pas correctement avec tous les logiciels qui les exploitent), les archives *.rpm* disposent aussi de scripts d'installation et de désinstallation exécutés avant et après la décompression ou la suppression du contenu de l'ensemble. D'un appel individuel par la commande rpm, ou de manière plus pratique par le "frontal" GnoRPM (sous X Window), vous pouvez préparer l'installation d'un programme, copier ses fichiers au bon emplacement et le configurer ensuite.

Simultanément, vous conservez le contrôle des paquetages installés : une base de données d'installation répertorie les paquetages et les fichiers qu'ils contiennent, au point qu'une unique commande vous permet de vérifier si des fichiers précis d'un paquetage ont été par erreur supprimés ou écrasés. Dans ce cas, il vous suffit de réinstaller le paquetage endommagé pour résoudre le problème. Si vous avez déjà tenté d'effectuer une telle réparation sous Windows sans réinstaller la totalité du système d'exploitation, vous apprécierez certainement ce progrès.

Renvoi ● **Vous trouverez des informations approfondies sur RPM au chapitre** *Administration système*.

Sélection des paquetages à installer

Les paquetages standard de la distribution Mandrake ont été regroupés par thèmes, de façon à vous en faciliter la sélection. Vous pouvez ainsi faire une présélection approximative, suffisante pour une première installation rapide. Cette sélection peut s'effectuer en quelques minutes. Il y a, en plus, des groupes de paquetages "optionnels", non vitaux au fonctionnement de Linux, mais qui apportent de réels services.

Nous allons maintenant décrire le contenu de chacun des groupes de paquetages, sans entrer dans le détail. Ils sont disposés en deux colonnes en fonction de l'usage principal de la machine : station de travail à gauche, serveur à droite.

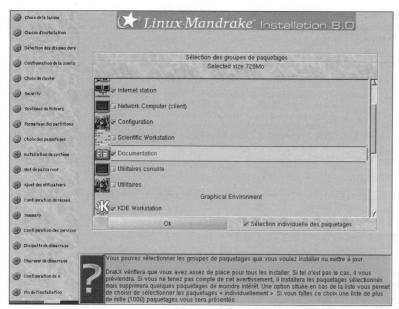

Fig. 2.12 :
Sélection des paquetages à installer

Placez le curseur de la souris sur une entrée pour obtenir une brève description de son contenu. Cliquez pour activer ou annuler la sélection d'un composant. Validez vos choix par OK.

Tab. 2.3 : Choix des paquetages	
Paquetage	**Contenu**
Station de travail Bureautique	Applications de productivité, traitements de texte (Kword, Abiword), tableurs (Kspread, Gnumeric), afficheur PDF.
Jeux	Un système Linux qui n'est pas exploité de manière intensive peut également servir à jouer. Les jeux en mode texte ne sont pas vraiment passionnants, ceux qui fonctionnent sous X Window incluent le classique Galaga (*Xgalaga*).
Multimédia	Lecteurs audio et vidéo, outils d'édition.
Internet	Clients pour la consultation du courrier (Pine, Mutt) et des forums de discussion (Tin), navigateurs web.
Ordinateur réseau (client)	Clients pour divers protocoles IP dont SSH (shell sécurisé).
Configuration	Outils de configuration Linux.
Applications scientifiques	Tracé de graphes, calcul en précision arbitraire.
Utilitaires console	Émulateurs de terminaux, éditeurs, interpréteurs, gestionnaires de fichiers.
Développement	Bibliothèques de développement C et C++, fichiers d'en-têtes, outils de compilation.
Documentation	HOWTOS, guides d'administration.
Web/FTP	Serveurs web (Apache) et FTP (Proftpd).
Email/Groupware/News	Serveur de courrier (Postfix), serveur de news (Inn).
Base de données	Serveurs de bases de données (PostgreSQL, MySQL).
Firewall/Routeur	Passerelle Internet, coupe-feu écran.
DNS/NIS	Serveurs DNS et NIS.
Serveur réseau	Serveurs de fichiers (NFS, SMB), proxy, accès sécurisé (SSH).

Tab. 2.3 : Choix des paquetages	
Paquetage	**Contenu**
Station de travail KDE	Environnement graphique KDE.
Station de travail Gnome	Environnement graphique GNOME.
Autres environnements de bureau	Notez cependant que les deux bureaux précédents sont lourds en mémoire. Si vous êtes un linuxien puriste, vous pouvez renoncer à ces deux bureaux (que vous pourrez de toute façon installer par la suite) en faveur d'un gestionnaire plus léger (Fvwm, WindowMaker...). Les linuxiens puristes n'aiment pas trop les bureaux "lourds" à la Windows, car ils recherchent avant tout la maîtrise du système et pas forcément son ergonomie.

Choisissez ensuite OK, et vous occuperez le système pendant un certain temps pour l'installation des paquetages.

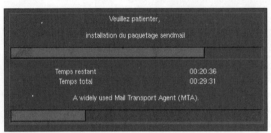

Fig. 2.13 :
Les paquetages en cours d'installation

Les ensembles logiciels que vous avez sélectionnés sont ensuite copiés sur le disque dur. Vous pouvez suivre l'installation à l'écran : le nom des paquetages s'affiche dans la partie supérieure de l'écran, et le temps total ainsi que le temps restant dans la partie inférieure.

Saisie du mot de passe root et ajout d'un utilisateur non privilégié

Choisissez maintenant le mot de passe de l'utilisateur root. N'oubliez pas que, lors des connexions à Internet, votre système est exposé aux pirates. Par conséquent, tous les comptes, en particulier le compte root de l'administrateur, très critique, sont protégés par un mot de passe. Celui-ci ne s'affichant pas à la frappe, vous devez le saisir deux fois. Il doit comprendre au moins six caractères.

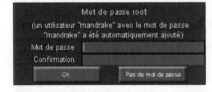

Fig. 2.14 :
Choix du mot de passe root

Vous pouvez à l'étape suivante ajouter un nouvel utilisateur en entrant son nom, son login et son mot de passe.

Configuration du réseau

Une fois que tous les paquetages sont installés, le programme d'installation vous pose quelques questions auxquelles vous répondrez aisément.

Le programme d'installation vous demande par la suite si vous voulez configurer votre carte réseau si vous en possédez une. Si oui, choisissez *Connexion locale par LAN (réseau)*.

Votre carte réseau est ensuite détectée.

La fenêtre suivante vous demande si vous souhaitez attribuer à votre système Linux une adresse IP statique, ou si, au sein du réseau local, vous disposez d'un serveur BOOTP ou DHCP attribuant les adresses de manière dynamique.

Dans le cas d'un ordinateur monoposte, vous pouvez lui attribuer une adresse statique appartenant à un réseau privé (*private network*). En cas de doute, choisissez 192.168.0.1. Il s'agit d'une adresse réservée aux PC locaux, c'est-à-dire qu'elle n'est utilisée par aucune machine d'Internet.

Si vous avez choisi d'attribuer une adresse IP statique, saisissez-la dans la fenêtre ainsi que le masque réseau (255.255.255.0). Tous ces éléments doivent être désignés par leur adresse IP ; vous ne pouvez pas utiliser un nom d'ordinateur du réseau local. Appuyez ensuite sur OK.

Dans la fenêtre suivante, saisissez le nom de votre machine (nom_hote.nom_domaine), l'adresse IP du serveur de noms, de la passerelle par défaut et pour finir le nom du périphérique d'accès à la passerelle (généralement eth0). Cliquez ensuite sur OK.

Une nouvelle fenêtre s'ouvre où vous pouvez entrer les adresses des serveurs proxy pour configurer votre accès à Internet.

Configuration de l'horloge

Passons au réglage du fuseau horaire. Le fuseau *Europe/Paris* a été sélectionné par défaut sur la base de la langue choisie pour l'installation. Vous pouvez modifier ce choix à partir de la boîte affichée à l'étape *Résumé*.

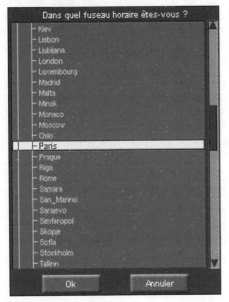

Fig. 2.15 :
Choix du fuseau horaire

L'imprimante

Vous pouvez également configurer une imprimante à l'étape *Résumé*. Le programme vous propose différents types d'imprimantes.

Si votre imprimante est directement raccordée à l'ordinateur, choisissez le type de connexion *Imprimante locale*.

Le système vous propose maintenant de saisir le nom de périphérique sur lequel l'imprimante est connectée. À cette occasion, */dev/lp0* correspond à LPT1, */dev/lp1* à LPT2, etc.

Le programme d'installation tente ensuite de détecter les interfaces d'imprimante et de vous faire des propositions en conséquence. Sur la liste, sélectionnez le type de votre imprimante ou un modèle compatible.

Installation de LILO

Nous abordons la dernière ligne droite avant la fin de l'installation. Il s'agit maintenant de décider de quelle manière Linux s'amorcera. Le système vous propose de créer une disquette de démarrage qui vous permettra de lancer votre ordinateur Linux même en cas de problème avec le gestionnaire d'amorçage. Ensuite, le gestionnaire d'amorçage sera installé. Vous devrez l'installer si seul Linux réside dans l'ordinateur. Lorsque votre système combine plusieurs systèmes d'exploitation, différentes solutions existent, que nous avons déjà évoquées, mais que nous traiterons à nouveau ici.

Le gestionnaire d'amorçage de Linux (désigné à l'installation par "chargeur de démarrage", traduction de *bootloader*) s'appelle LILO. Il permet de choisir un système d'exploitation au démarrage de la machine.

Création d'une disquette de démarrage

Nous vous conseillons vivement de créer une disquette d'amorçage pour votre nouveau système Linux, de façon à pouvoir le démarrer même lorsque le gestionnaire d'amorçage n'en est plus capable. Cette situation peut, par exemple, découler de l'installation d'un autre système d'exploitation. Choisissez un lecteur de disquette. Le système vous demande alors d'introduire une disquette vierge (formatée) dans ce lecteur. Confirmez ensuite par OK.

Installer correctement LILO

Choisissez l'emplacement où LILO sera installé. Si tous les systèmes d'exploitation de l'ordinateur doivent être lancés via LILO, celui-ci doit être copié au début du premier disque dur, dans le Master Boot Record (MBR). Cela s'applique également lorsque Linux est le seul système d'exploitation de l'ordinateur. Vous ne devez en aucun cas installer LILO dans le Master Boot Record si l'ordinateur doit démarrer au moyen d'un autre gestionnaire d'amorçage ou de loadlin.

Choisissez le Master Boot Record si :

▶ Linux est le seul système d'exploitation de l'ordinateur ;

▶ l'ordinateur est équipé de Linux et de DOS/Windows 95/Windows 98 (sans FAT32), et la partition système de Linux figure sous le 1024e cylindre. Notez cependant que si vous installez Windows 95/98 après Linux, le MBR sera effacé et il faudra donc réinstaller Linux pour accéder au MBR.

Choisissez au contraire d'installer LILO au début de la partition d'amorçage lorsque :

▶ Linux est combiné avec Windows NT et OS/2.

Passez l'installation de LILO si :

▶ Linux doit démarrer au travers du programme loadlin.

Choisissez l'une des deux options et confirmez par OK.

Entrées dans LILO

Choisissez les systèmes d'exploitation qui seront accessibles par LILO. Cet accès est assuré par l'intermédiaire des partitions à intégrer dans LILO.

Pour ajouter une entrée, cliquez sur **Ajouter**, puis choisissez entre *Linux* ou *Autres systèmes (Windows, etc.)*. Il vous suffit ensuite d'indiquer la partition sur laquelle se trouve le système que vous désirez ajouter.

Par exemple, si vous disposez de Windows 98 sur la première partition de votre disque *secondary master* (le disque maître sur votre contrôleur IDE 1), il vous suffit de cliquer sur **Ajouter**, puis sur *Autres systèmes* et de saisir /dev/hdc1 dans la section root et win98 dans la section label.

Modification d'un enregistrement de configuration

Voici comment procéder pour modifier un enregistrement :

1. Sélectionnez l'enregistrement que vous souhaitez modifier en cliquant dessus.

2. Une fenêtre s'affiche dans laquelle vous pouvez modifier le label de démarrage. Tapez dans le champ *Label* un nom, si possible court, pour le système d'exploitation, par exemple linux pour Linux ou windows pour Windows 98. Ne perdez pas de vue que vous serez peut-être conduit à saisir ce nom à chaque démarrage. lin et win sont alors peut-être mieux adaptés.

3. Vous pouvez modifier la section root avec le nom de la partition correspondant à l'enregistrement.

Suppression d'un enregistrement de configuration

Si vous vous voulez supprimer un enregistrement, il vous suffit de cliquer sur **Supprimer l'entrée** dans la fenêtre précédente.

Carte graphique et moniteur

L'étape suivante consiste à configurer le système pour X Window. Il s'agit de toute la base de l'interface graphique de Linux : DrakX devrait détecter le type de votre carte graphique et de votre moniteur. Ces informations sont nécessaires lorsque l'interface utilisateur graphique est chargée pour la première fois, ce qui ne se réalisera qu'une fois l'installation terminée. Pour le programme d'installation lui-même, seul le choix de la carte graphique est important, car un pilote spécifique sera installé selon cette définition. Remarquez qu'il est également possible de le réaliser plus tard.

En cas d'échec de la détection, la configuration consistera à choisir le périphérique sur la liste correspondante. Parfois, mais rarement, une bonne connaissance de X Window est nécessaire, lorsque le matériel n'est pas directement géré. Dans ce cas, les descriptions du chapitre sur le système X Window constituent une aide qui devrait vous permettre de configurer de manière appropriée le matériel de votre ordinateur.

> **Attention**
>
> **Fréquence du moniteur**
> Veillez à ne pas indiquer une fréquence de balayage du moniteur supérieure à celle qui est indiquée dans la notice du matériel. Une configuration par défaut en 800 x 600 pixels et 60 Hz devrait convenir dans la plupart des cas.

Vous opterez ensuite pour un démarrage de Linux en mode console ou graphique.

Terminer l'installation

Félicitations ! Une fois X Window installé, vous avez terminé l'installation. Cliquez sur OK pour réamorcer la machine.

Nous avons examiné d'autres possibilités d'amorçage en relation avec les systèmes d'exploitation déjà installés. Si, outre Linux, vous disposez de Windows 95 ou de Windows 98 et exploitez la FAT32, vous devez configurer loadlin et créer un menu d'amorçage. Loadlin peut également s'utiliser avec les combinaisons Linux et DOS ou Linux et DOS et Windows NT.

Si vous avez décidé une exploitation conjointe de Linux et d'OS/2 avec inscription de la partition système Linux dans le gestionnaire d'amorçage OS/2, quittez l'installation par OK. L'ordinateur est alors réamorcé et vous donne le choix entre Linux et OS/2 via le gestionnaire d'amorçage d'OS/2.

Il ne reste que la configuration du gestionnaire d'amorçage de Windows NT.

Démarrer Linux avec LILO

Démarrez l'ordinateur. Le menu de LILO se signale par une nouvelle présentation graphique.

Fig. 2.16 :
*Nouvelle présentation
du menu de boot*

Vous choisissez le système à démarrer à l'aide des touches de menu. Une entrée *windows* sera présente si Linux cohabite avec Windows. Après une courte attente, le système d'exploitation par défaut est lancé automatiquement (logiquement Linux-Mandrake). L'entrée *failsafe* exécute un système minimal. Ce mode sert principalement à dépanner le système.

Démarrer Linux depuis la disquette d'amorçage

Pendant l'installation, vous avez eu l'occasion de créer une disquette d'amorçage. Vous pouvez maintenant l'employer pour lancer Linux. Introduisez la disquette dans le lecteur et redémarrez l'ordinateur.

Selon que vous avez choisi un démarrage direct en mode console (c'est le mode texte) ou en mode graphique (c'est sous X Window), l'écran change de couleur et affiche au bout de quelques instants le login de connexion.

Le système ayant démarré, il vous demande un nom d'utilisateur. Indiquez root (c'est le nom par défaut de l'administrateur du système) et confirmez par [Entrée]. Tapez ensuite le mot de passe défini à l'installation et appuyez de nouveau sur [Entrée]. Vous pouvez maintenant saisir vos premières commandes.

Voici ce à quoi ressemble la procédure de connexion (*login*) en mode console.

```
Linux Mandrake release 8.0 (Traktopel) for i586
```

```
Kernel 2.4.3-20mdk on a i686 / tty1
localhost login: root
Password: <tapez votre mot de passe>
[root@localhost /root]#
```

La procédure de connexion en mode graphique demande, bien entendu, les mêmes informations : nom d'utilisateur et mot de passe.

Attention

Administrateur système et utilisateurs de base

Réservez les sessions root aux tâches d'administration nécessitant des droits étendus. Connectez-vous normalement avec le nom d'utilisateur de base que vous avez créé dans la phase d'installation.

Démarrer Linux avec loadlin

Vous pouvez utiliser loadlin lorsque, outre Linux, vous employez l'un des systèmes d'exploitation DOS, Windows 95 ou Windows 98. DOS, Windows 95 ou Windows 98 est dans un premier temps lancé, puis, à partir de ce système d'exploitation, loadlin est lui-même activé pour démarrer Linux. Son grand avantage est d'autoriser le démarrage de Linux à partir de partitions logiques ou à partir de partitions situées au-delà du 1024e cylindre. Dans la suite, nous n'évoquerons que DOS. Le processus s'applique toutefois également à Windows 95 et à Windows 98.

Copier le noyau Linux

Un amorçage par l'intermédiaire de loadlin nécessite le noyau actuel de Linux. Ce noyau est copié sur le disque dur lors de l'installation et est utilisable sous cette forme par loadlin. Il doit donc être copié dans la partition DOS. Voici comment procéder :

1. Démarrez le système Linux au moyen de la disquette d'amorçage. Reportez-vous si nécessaire à la section correspondante.

2. La partition DOS peut être déjà intégrée dans l'arborescence de Linux et directement accessible par le répertoire */mnt/dos*. Dans le cas contraire, tapez les commandes ci-après. Remplacez, le cas échéant, /dev/hda1 par la désignation de votre partition système DOS.

   ```
   [root@localhost /root]# mkdir /mnt/dos
   [root@localhost /root]# mount -t vfat /dev/hda1 /mnt/dos
   ```

3. Un répertoire du nom de *loadlin* doit ensuite être créé dans la partition DOS.

   ```
   [root@localhost /root]# mkdir /mnt/dos/loadlin
   ```

4. Copiez ainsi le noyau Linux dans ce nouveau répertoire. Remplacez à cette occasion le nom long *vmlinuz-2.4.3-20mdk* par l'abréviation *vmlinuz*.

   ```
   [root@localhost /root]# cp /boot/vmlinuz-2.4.3-20mdk /mnt/dos/loadlin/vmlinuz
   ```

5. Les préparatifs sous Linux sont maintenant terminés. La commande suivante quitte proprement Linux et redémarre l'ordinateur.

   ```
   [root@localhost /root]# /sbin/reboot
   ```

Activer loadlin

Réamorcez l'ordinateur sous DOS pour y poursuivre la configuration de loadlin. Le chemin du répertoire créé précédemment sous Linux est désormais *C:\loadlin*.

1 Copiez depuis le répertoire *dosutils* du CD-Rom d'installation le programme *loadlin.exe* vers le répertoire *C:\loadlin*.

2 Vous pouvez maintenant lancer loadlin. Passez en mode DOS si vous vous trouvez sous Windows 95 ou Windows 98.

3 Si vous utilisez l'utilitaire SMARTdrive, tapez la commande suivante :

```
C:>smartdrv /C
```

En cas de doute, saisissez-la également.

4 Vous pouvez maintenant activer le programme loadlin. La partition système de Linux doit alors être précisée, ici /dev/hda4, ainsi que le noyau Linux figurant dans le répertoire sous le nom de fichier *vmlinuz*. Voici ce à quoi ressemble la commande :

```
C:>C:\Loadlin\loadlin C:\loadlin\vmlinuz root=/dev/hda4
```

5 Linux démarre. Si tout fonctionne correctement, quittez Linux comme précédemment et créez un fichier DOS de traitement par lots (**.bat*), dans lequel vous enregistrerez les commandes précédentes. Vous pouvez alors l'appeler *Linux.bat* et l'enregistrer dans le répertoire *C:\loadlin*. Voici un exemple de fichier :

```
rem Fichier de démarrage Linux
smartdrv /C
C:\loadlin\loadlin C:\loadlin\vmlinuz root=/dev/hda4
```

Dorénavant, vous pouvez démarrer Linux par ce fichier, c'est-à-dire par la commande C:\loadlin\linux.

Loadlin sous Windows 95 et Windows 98

Si vous combinez Linux et Windows 95 ou Windows 98, cette section explique comment lancer loadlin au démarrage par l'intermédiaire d'un menu.

Nous avons expliqué comment activer loadlin au moyen d'un fichier de traitement par lots. Cette méthode implique toutefois un amorçage préalable de Windows 95 ou de Windows 98. Cela oblige également à activer le fichier de traitement par lots.

Une autre possibilité consiste à créer un menu d'amorçage dans le fichier système *CONFIG.SYS*, menu qui s'affichera directement au démarrage du système. Il permettra soit de lancer Windows 95/98, soit d'appeler loadlin. Voici comment créer un tel menu.

Modification du fichier MSDOS.SYS

Pour que la solution proposée fonctionne, deux réglages doivent être réalisés dans le fichier *MSDOS.SYS*. Ce fichier figure dans *C:*.

1 Si ce fichier est en lecture seule, autrement dit s'il possède l'attribut R, supprimez cet attribut. Avec l'Explorateur Windows, cliquez sur le fichier avec le bouton droit de la souris. Dans le menu contextuel qui s'affiche, choisissez la commande **Propriétés**. Sous la rubrique *Attributs*, désactivez la case à cocher *Lecture seule*. Fermez la boîte de dialogue par OK.

2 Ouvrez ensuite dans un éditeur de texte le fichier *MSDOS.SYS*.

3 Dans la section désignée par [Options] figure la ligne BootGUI=1. Modifiez-la en BootGUI=0. Au démarrage suivant, le système ne lancera pas automatiquement Windows 95/98 et affichera à la place la ligne de commande dans laquelle vous devrez taper win. Un peu plus loin, nous automatiserons le processus.

4 Dans la même section, insérez une nouvelle instruction dont le contenu sera Logo=0. Le logo publicitaire de Windows (la fenêtre volante) ne sera plus affiché, il est parfois source de problèmes.

5 Enregistrez le fichier.

Modification du fichier CONFIG.SYS

Le menu est créé dans le fichier *CONFIG.SYS* qui figure également dans le répertoire racine *C:*.

1 Chargez le fichier *CONFIG.SYS* dans un éditeur de texte. Le contenu de ce fichier est du type suivant :

```
device=C:\WINDOWS\COMMAND\display.sys con=(ega,,1)
Country=033,850,C:\WINDOWS\COMMAND\country.sys
```

2 Ces déclarations sont nécessaires au bon démarrage de Windows 95/98. Vous allez leur affecter un titre, [WIN] (voir plus bas).

3 Sous la section que vous venez de définir, créez une autre section pour le démarrage de Linux. Elle débutera par le titre [LINUX], en dessous figurera la commande loadlin déjà évoquée (voir plus bas).

4 Les sections respectives de démarrage de Windows et de Linux sont ainsi créées. Vous devez maintenant donner à l'utilisateur la possibilité de choisir à l'écran. Cela se réalise via la première section figurant dans le listing complet du fichier *CONFIG.SYS* ci-après. Les mots-clés WIN et LINUX se rapportent aux sections définies en fin de fichier. Le nombre 10 de la troisième ligne signifie qu'au bout de 10 secondes cette valeur par défaut est activée, autrement dit la section WIN.

```
[menu]
menuitem=WIN,Windows 98
menuitem=LINUX,Linux
menudefault=WIN,10
[WIN]
device=C:\WINDOWS\COMMAND\display.sys con=(ega,,1)
Country=033,850,C:\WINDOWS\COMMAND\country.sys
[LINUX]
shell=C:\loadlin\loadlin.exe C:\loadlin\vmlinuz root=/dev/hda4
```

Modification du fichier AUTOEXEC.BAT

Le menu que vous venez de créer est exploitable immédiatement. Si vous démarrez Windows 95/98, vous vous retrouvez alors en mode ligne de commande DOS. Entrez simplement win pour lancer l'interface graphique de Windows 95/98. Si cette commande, win, figure en dernière ligne de votre fichier *C:\AUTOEXEC.BAT*, elle est exécutée automatiquement, de sorte que vous passez immédiatement à l'interface graphique. Que l'écran demeure noir jusqu'au lancement de l'interface graphique ne doit pas vous étonner : vous avez désactivé l'affichage du logo Windows.

Chapitre 3

X-Window, GNOME et KDE

X-Window est au cœur de nombreuses interfaces graphiques destinées aux utilisateurs de systèmes Unix, dont Linux. Les différentes applications X s'affichent dans des fenêtres que vous pouvez organiser librement. X-Window n'est cependant pas intégré directement au système d'exploitation. Cet ensemble logiciel complexe fonctionne sur un modèle client/serveur. Il offre un jeu complet de primitives graphiques qui sont exploitées par vos logiciels favoris. Une fois le serveur X et le gestionnaire de fenêtres de votre choix correctement configurés, Linux est en mesure de vous accueillir avec une fenêtre de login graphique. Nous détaillons ce mécanisme à la section *Comment choisir son login graphique (gestionnaire de sessions)*.

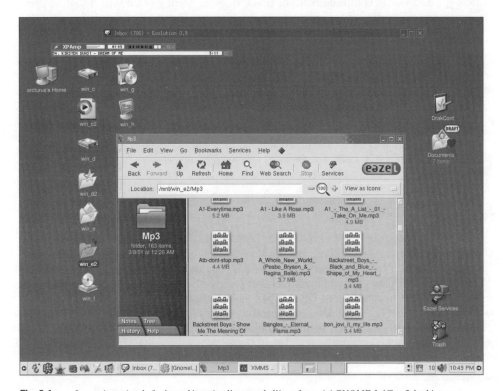

Fig. 3.1 : *Le gestionnaire de fenêtres détermine l'aspect de l'interface ; ici GNOME 1.4/Sawfish, thème Windows XP et navigateur Nautilus (Jeremy Tan)*

X-Window fournit donc à Linux toute l'architecture nécessaire au développement d'applications graphiques. Microsoft Windows impose une interface graphique unique, intimement liée au code des applications. X-Window vous laisse le choix de l'interface. Un gestionnaire de fenêtres (*window manager*) fixe des règles d'accès à l'environnement de travail, établies sur une présentation particulière. X-Window apporte les outils de développement et les pilotes des cartes graphiques nécessaires. Citons quelques gestionnaires connus : Fvwm, Afterstep, Icewm, Sawfish...

Un gestionnaire de fenêtres a un champ d'action limité. Il administre les fenêtres qui symbolisent les applications : ouverture, fermeture, déplacement, etc. Il ne prend pas en charge les aspects ordinaires du Bureau Windows : communication entre programmes, homogénéité de la présentation, etc. De ce fait, deux environnements plus élaborés s'imposent progressivement sous Linux. Ils apportent une présentation et des fonctions similaires à celles du Bureau Windows. Il s'agit de GNOME et de KDE, qui sont étudiés en détail dans ce chapitre.

X-Window peut être configuré finement, tant du point de vue de l'aspect que du comportement. Il ne s'agit pas d'un produit uniforme, mais de l'assemblage de plusieurs composants. Chaque programmeur a évidemment sa propre conception de l'esthétique et de l'ergonomie. Le style des gestionnaires de fenêtres reflète cet éclectisme. Pendant l'installation, Mandrake vous propose d'ailleurs d'installer GNOME et KDE. Ces deux environnements se distinguent par une présentation homogène. Ils regroupent également des utilitaires standard. Toutefois, vous pouvez renoncer à ces deux poids lourds en faveur de gestionnaires allégés comme Icewm ou Sawfish. Ils réclament moins de mémoire et de puissance de calcul que GNOME et KDE, mais sont également moins complets. Comparez par exemple les deux premières illustrations de ce chapitre. La présentation d'Afterstep est dépouillée comparée à celle de GNOME. Nous décrirons GNOME et KDE en détail à la section *Le gestionnaire de fenêtres*.

Comment vous orienter dans votre lecture ?

▶   Si vous avez installé X, KDE et GNOME sans difficulté, vous pouvez vous reporter directement à la section consacrée à ces deux bureaux. Toutefois, la lecture de la section *Choisir son gestionnaire de fenêtres préféré* vous permettra de mieux comprendre le processus de démarrage des gestionnaires de fenêtres et surtout de maîtriser le choix et le passage de l'un à l'autre.

▶   Si cette installation a échoué, lisez les conseils de dépannage de la section 3.1, puis la section *Comment choisir son login graphique (gestionnaire de sessions)*. Vous y apprendrez à démarrer l'un des gestionnaires de sessions de Mandrake.

3.1   X-Window

Les sections *Xconfigurator* et *Lancer et quitter X-Window* traitent de la mise en œuvre de X-Window. Nous avons déjà utilisé l'utilitaire Xconfigurator pour configurer X-Window lors de l'installation. Il établit la nature de la carte graphique et du moniteur équipant votre station. Ces indications sont suffisantes pour faire vos premiers pas avec l'interface graphique prête à l'emploi de Mandrake 8.0. Quelques détails devront parfois être changés, mais ils n'influent pas sur le comportement général de X-Window. Nous pensons aux réglages concernant la souris, le clavier et le calibrage de l'image affichée. Ils feront l'objet de la section *Dernières mises au point*. Dans quelques rares cas, la configuration standard est inadaptée. Vous devez alors corriger manuellement le fichier de configuration de X-Window.

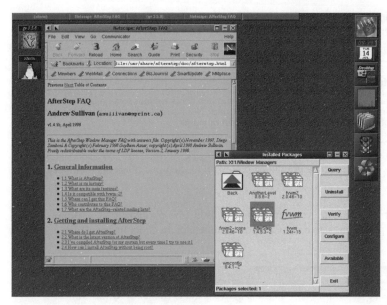

Fig. 3.2 :
*Aspect de l'interface
graphique Afterstep*

Initialisation : de la connexion au mode console ou à l'interface graphique

L'écran de connexion diffère selon que vous ayez réclamé ou non un démarrage sous interface graphique lors de l'installation. Si vous avez installé X, le démarrage manuel de l'interface graphique est très simple. Tapez tout simplement startx.

```
[root@localhost /root]# startx
```

> **Astuce**
>
> **Nombre de couleurs**
>
> Jouez éventuellement sur le nombre de couleurs affichées par X-Window en exécutant startx -- -bpp X avec X = 8, 16, 24... X représente le nombre de bits affectés à la représentation de la couleur d'un pixel. Soit un total de 256, 65 536, 16 777 216... couleurs.

Choisir son gestionnaire de fenêtres préféré

Que se passe-t-il exactement à la suite de cette requête ? Quel gestionnaire de fenêtre est démarré ? Comment passer à un autre gestionnaire ? Nous essayons de répondre le plus simplement possible à ces questions dans cette section.

▶ Le programme startx recherche un fichier de configuration *.xinitrc* dans le répertoire maison de l'utilisateur (*/root* dans le cas de l'administrateur). Si la recherche est positive, il lance les clients indiqués dans ce fichier. Généralement, la dernière commande correspond au gestionnaire de fenêtres avec lequel vous souhaitez travailler. À défaut, le programme exécute le fichier */etc/X11/xinit/xinitrc*. Ce sera le cas lors d'une installation standard de Mandrake.

▶ Le programme */etc/X11/Xsession* appelé par *xinitrc* vérifie le contenu du fichier *etc/sysconfig/desktop* afin de déterminer quel gestionnaire de fenêtres a votre préférence. Si les préférences ne sont pas indiquées, Xsession exécute GNOME ou KDE. Icewm ou Twm peuvent également être exécutés si les deux précédents ne sont pas installés.

Info

Gestionnaires de fenêtres disponibles

La liste des gestionnaires de fenêtres disponibles dépend des choix retenus lors de la procédure d'installation et du nombre de CD-Rom composant votre pack. Nous abordons plus particulièrement ceux qui sont présents sur le CD-Rom accompagnant cet ouvrage.

Pour configurer votre environnement graphique préféré, il existe donc plusieurs méthodes.

Première méthode

▶   Créez un fichier *.xinitrc* dans votre répertoire maison (*/root/.xinitrc* pour l'administrateur, */home/X/.xinitrc* pour l'utilisateur *X*). Ce fichier contiendra au choix une seule des lignes du tableau suivant.

Tab. 3.1 : Contenu du fichier $HOME/.xinitrc	
Choix du gestionnaire de fenêtres	**Ligne à écrire dans le fichier $HOME/.xinitrc**
BLACKBOX	`blackbox`
GNOME	`gnome-session`
ICEWM	`icewm`
KDE	`startkde`
SAWFISH	`sawfish`

Cette méthode est prioritaire sur toutes les autres, mais ne sera prise en compte que pour l'utilisateur ayant créé un fichier *.xinitrc* dans son répertoire. Si vous souhaitez que le choix du gestionnaire de fenêtres soit effectif pour tous les utilisateurs de votre système Linux, utilisez de préférence la seconde méthode que voici.

Seconde méthode

▶   Créez un fichier *desktop* dans */etc/sysconfig/*.

Le contenu de ce fichier doit être au choix DESKTOP=KDE ou DESKTOP=Gnome.

Choisir la connexion en mode console ou en mode graphique

Nous l'avons dit à plusieurs reprises, le login se fait en mode console ou en mode graphique, selon ce que vous avez choisi lors de l'installation de Linux. Mais vous pouvez très facilement basculer entre ces deux types de démarrage. Pour cela, changez dans le fichier */etc/inittab* la ligne :

```
id:3:initdefault:
```

en :

```
id:5:initdefault:
```

Puis redémarrez Linux. Le niveau d'exécution 3 correspond au mode console, le niveau 5 au mode graphique.

Configurer le système X à l'aide de Xconfigurator

Lors de l'installation, X-Window est configuré grâce à l'utilitaire Xconfigurator, un alias de Xfdrake. Celui-ci fonctionne en mode texte ou graphique selon le contexte. Il est ensuite toujours possible de l'activer par les commandes Xconfigurator ou XFdrake.

```
[root@localhost /root]# Xconfigurator
```

Le programme se distingue par son ergonomie et par le fait qu'il détermine automatiquement de nombreux réglages. Il permet de configurer :

▶ le moniteur ;

▶ la carte graphique ;

▶ la résolution et le nombre de couleurs de l'affichage.

Menu

Le menu regroupe les réglages relatifs au moniteur et à la carte graphique. Les modifications sont transcrites dans le fichier */etc/X11/F86Config*, ce qui autorise l'utilisation de l'interface graphique. Ce fichier constitue une excellente base pour une configuration avancée. Il est décrit dans la section *Le fichier de configuration XF86Config*.

Fig. 3.3 :
Le menu principal de Xfdrake

Sélection du type de carte graphique

Xfdrake détermine automatique- ment le modèle de votre carte graphique. Vous pouvez également fixer ce paramètre manuellement, par exemple en cas de remplace- ment de la carte. *Xfdrake* réclamera l'insertion du CD-Rom contenant le nouveau pilote si nécessaire.

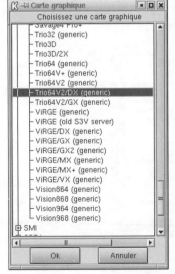

Fig. 3.4 :
Sélection d'une carte graphique S3 accélérée

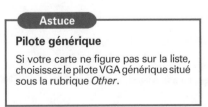

Astuce

Pilote générique

Si votre carte ne figure pas sur la liste, choisissez le pilote VGA générique situé sous la rubrique *Other*.

Sélection du type de moniteur

Dans ce cas également, une liste de périphériques vous est proposée. Si votre moniteur y figure, choisissez-le et passez l'explication qui suit.

Si votre moniteur ne figure pas sur la liste, choisissez *Generic* de façon à déterminer vous-mêmes ses caractéristiques. Elles figurent dans la documentation technique qui accompa- gne le matériel. Vous devrez connaître les fréquences de balayages horizontal et vertical ainsi que la bande passante vidéo. Voici par exemple les caractéris- tiques d'un moniteur MicroScan 5AP de la société ADI.

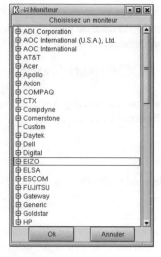

Fig. 3.5 :
Liste des moniteurs

▶ Fréquence de balayage horizontal : de 30 à 64 kHz.

▶ Fréquence de balayage vertical : de 50 à 100 Hz.

▶ Bande passante vidéo : 75 MHz.

Ces caractéristiques définissent la résolution que vous pouvez adopter et la fréquence de rafraîchissement correspondant à cette résolution. Le manuel du moniteur recommande les résolutions et les fréquences suivantes.

Tab. 3.2 : Résolution et fréquences d'un moniteur ADI MicroScan 5AP	
Résolution (en pixels)	**Fréquences de rafraîchissement (en hertz)**
640 x 480	60 ; 72
800 x 600	56 ; 60 ; 72
1 024 x 768	60 ; 70
1 280 x 1 024	60

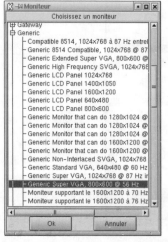

Fig. 3.6 :
Choix d'un moniteur SVGA générique

> **Info**
>
> **Spécifiez des réglages appropriés à votre matériel**
>
> Les réglages du moniteur sont très importants, car X-Window vérifiera s'il peut effectivement afficher les images aux fréquences et à la résolution choisies. N'indiquez surtout pas des valeurs que votre moniteur ne prendrait pas en charge.

Xfdrake ne vous permet pas de taper directement les valeurs : précisez simplement un moniteur compatible avec les caractéristiques de votre matériel.

Sélection de la résolution et du nombre de couleurs

Ces propriétés sont déterminées, entre autres, par la capacité de la mémoire graphique. Une fois le modèle de la carte graphique sélectionné sur la liste, configurez le nombre de couleurs et la résolution souhaités. Si la carte est correctement détectée, le système propose un réglage adapté, c'est-à-dire le nombre maximal de couleurs et la plus forte résolution.

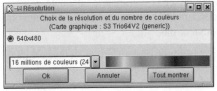

Fig. 3.7 :
Choix d'un mode vidéo

La configuration par Xfdrake est maintenant presque terminée. Vous pouvez récapituler vos choix en sélectionnant *Afficher les informations* et tester la nouvelle configuration en sélectionnant *Tester à nouveau*.

Fig. 3.8 :
Résumé de la configuration

Quittez Xfdrake. Le programme vous demande de confirmer l'activation de la nouvelle configuration.

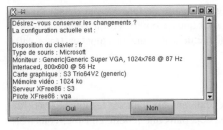

Fig. 3.9 :
Confirmation de la configuration

Lancer et quitter X-Window

La configuration arrive à sa fin. Xfdrake vous propose maintenant de choisir si vous désirez démarrer le système directement en mode graphique ou si vous voulez passer d'abord en mode

---

console. Notre conseil : utilisez systématiquement le mode console, car vous pourrez ainsi mieux maîtriser d'éventuels problèmes vidéo.

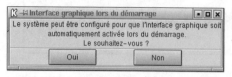

Fig. 3.10 :
Choisissez Non pour disposer d'une meilleure maîtrise lors de la connexion

Quitter X en cas d'erreur de configuration

Si vous avez commis des erreurs lors de la configuration, vous devez réagir au premier symptôme. Si le moniteur est trop sollicité, l'image présentera des défauts, des objets seront représentés plusieurs fois ou vous entendrez un bruit suspect. Si vous rencontrez l'un des indices évoqués, mettez immédiatement le moniteur hors tension. Une autre solution consiste à quitter X-Window au moyen du raccourci clavier Ctrl + Alt + Retour arrière. Le système passe alors en mode texte, de sorte que vous pouvez modifier la configuration. En situation normale, vous n'êtes pas censé quitter X-Window de cette manière ; vous devez utiliser la commande adéquate de votre gestionnaire de fenêtres. Le raccourci clavier reste cependant utile si vous ne pouvez pas agir sur l'interface utilisateur parce que le pilote de souris ne convient pas.

Si l'image n'est pas correctement centrée ou si elle n'a pas la bonne dimension, le réglage est facile à effectuer.

 Reportez-vous à la section *Dernières mises au point*.

Lancer X-Window manuellement

Démarrez X-Window en activant la commande startx.

```
[root@localhost /root]# startx
```

Si la configuration de la carte graphique ou du moniteur n'est pas correcte, l'interface graphique ne s'affichera pas, et vous reviendrez au mode texte.

 La méthode pour diagnostiquer les problèmes et modifier en conséquence la configuration est décrite dans la section *Résolution des erreurs d'initialisation*.

Si le lancement réussit, l'interface est définie par le gestionnaire de fenêtres par défaut. Si vous envisagez de vous mettre immédiatement au travail, notez que les boutons droit, central et gauche de la souris ont un rôle distinct. Si vous appuyez simultanément sur l'une des touches Maj, Ctrl ou Alt, d'autres commandes sont accessibles.

Raccourcis clavier importants

À partir de X-Window, vous pouvez revenir au mode texte en appuyant sur les touches Alt + Ctrl et l'une des touches F1, F2, etc. Si vous vous trouvez déjà dans une fenêtre console, vous n'êtes pas obligé d'utiliser la touche Ctrl. Parfois, certaines touches de fonction ne sont pas affectées, essayez-les toutes. Le nombre d'écrans console est défini dans le fichier */etc/inittab* et le nombre d'interfaces graphiques par le programme Xdm.

Le fichier de configuration XF86Config

Le fichier *XF86Config* figure dans le répertoire */etc/X11* et contient la configuration de X-Window. Ce fichier est généralement créé au moyen de programmes. Dans le cas de la distribution Mandrake, il s'agit de l'utilitaire Xfdrake, que nous avons déjà présenté. Créez le fichier de configuration au moyen de ce programme. Même si tous les paramètres retenus ne sont pas corrects, un fichier créé de cette manière constitue une bonne base ; vous pouvez le modifier ultérieurement.

Le fichier *XF86Config* contient d'autres éléments de configuration non modifiables par ces utilitaires. Leur valeur par défaut permet toutefois de faire fonctionner X-Window. Dans cette section, nous allons examiner la structure du fichier.

Le fichier *XF86Config* s'articule en blocs, commençant par le mot réservé Section et se terminant par le mot réservé EndSection. Le tableau suivant présente les réglages possibles.

Tab. 3.3 : Signification des blocs du fichier XF86Config	
Bloc	**Contenu**
Files	Chemin de définition des couleurs et des polices
Module	Définition de modules dynamiques, uniquement pour le bloc Xinput
ServerFlags	Paramètres généraux du serveur X
Keyboard	Configuration du clavier utilisé
Pointer	Définition de la souris utilisée
Monitor	Caractéristiques du moniteur
Device	Définition de la carte graphique
Screen	Définition de la combinaison carte graphique/moniteur
Xinput	Définition d'autres périphériques, par exemple une manette de jeu

Ces blocs contiennent à leur tour des mots réservés qui reçoivent une valeur. Par exemple, la section Pointer contient la variable Protocol qui reçoit la valeur Microsoft. Cela indique que la souris utilisera ce protocole et qu'elle est compatible Microsoft. Le fichier peut également contenir des commentaires qui sont alors désignés par le signe dièse (#).

Résolution des erreurs d'initialisation

Vous ne parvenez pas à démarrer l'interface X-Window : examinons les sources d'erreur les unes après les autres. Il est nécessaire que vous ayez lu auparavant la section sur le lancement de X-Window et la manière de le quitter. Nous examinerons d'autres difficultés de configuration, réglage de l'image, du clavier et de la souris dans la section *Dernières mises au point*.

Les premières sources d'erreurs sont un serveur X mal configuré et de mauvaises caractéristiques du moniteur, de la carte graphique ou du mode vidéo. C'est dans cet ordre que nous décrirons la recherche des erreurs.

Examen des messages d'erreur

Vous avez déjà essayé de lancer X-Window par la commande startx. Des lignes se sont affichées en nombre si important que les premières ont rapidement disparu. Comment les lire ?

▸ Première solution : enfoncez la touche [Maj] et appuyez en même temps sur les touches [PgPréc] ou [PgSuiv] pour faire défiler le contenu de l'écran.

▶ Deuxième solution : détournez les sorties de X-Window vers un fichier. Vous connaissez peut-être déjà l'opérateur d'indirection >. Unix différencie les sorties standard des sorties d'erreurs. Dans ce cas, les sorties de X-Window sont des sorties d'erreurs que vous pouvez détourner par l'opérateur 2>. Voici la ligne de commande qui vous permet de les enregistrer dans le fichier *sortie.txt*.

```
startx 2> sortie.txt
```

Examinez ensuite ces sorties dans l'éditeur de votre choix ou au moyen du programme Less. Saisissez la commande less sortie.txt. Utilisez la barre d'espacement pour passer à la page suivante, la touche (Entrée) pour la ligne suivante, b pour remonter d'une page et q pour quitter le programme.

Interprétation des messages

Vous connaissez maintenant deux méthodes pour lire tranquillement les messages d'erreur émis par X-Window. Seule une partie des lignes se rapporte à ces messages. Les autres décrivent l'initialisation du serveur X. L'illustration suivante présente un exemple de sortie (Fig. 3.11).

▶ Dans cet exemple, le numéro de version et le type du serveur X utilisé s'affichent en premier. Dans ce cas, il s'agit de XFree86 pour un processeur S3.

▶ Vient ensuite la description du fichier de configuration exploité : *XF86Config*.

▶ Les lignes suivantes commencent par les caractères ** ou --. Les caractères ** désignent des réglages configurés ; les caractères -- des réglages définis automatiquement.

▶ Les lignes débutant par XKB décrivent la configuration du clavier. Les réglages de la souris commencent par Mouse.

▶ Suivent les réglages de la carte graphique, du moniteur et de la résolution.

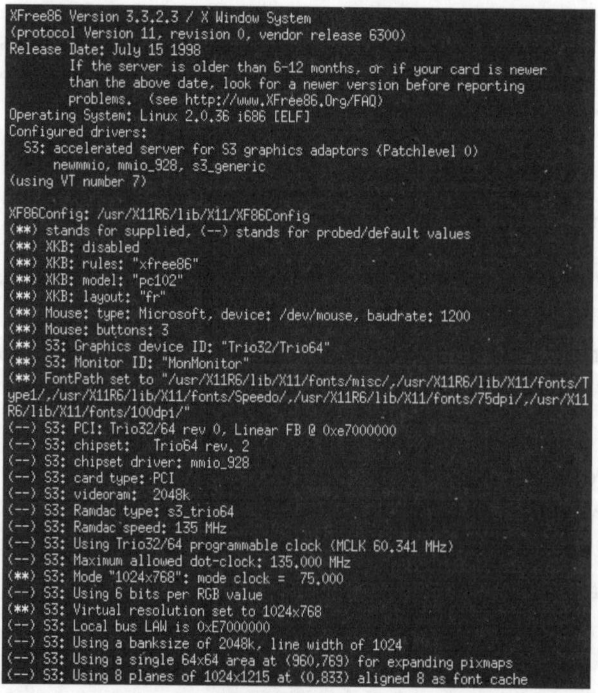

Fig. 3.11 :
Sortie X-Window lors d'un démarrage correct

```
XFree86 Version 3.3.2.3 / X Window System
(protocol Version 11, revision 0, vendor release 6300)
Release Date: July 15 1998
        If the server is older than 6-12 months, or if your card is newer
        than the above date, look for a newer version before reporting
        problems.  (see http://www.XFree86.Org/FAQ)
Operating System: Linux 2.0.36 i686 [ELF]
Configured drivers:
  S3: accelerated server for S3 graphics adaptors (Patchlevel 0)
      newmmio, mmio_928, s3_generic
(using VT number 7)

XF86Config: /usr/X11R6/lib/X11/XF86Config
(**) stands for supplied, (--) stands for probed/default values
(**) XKB: disabled
(**) XKB: rules: "xfree86"
(**) XKB: model: "pc102"
(**) XKB: layout: "fr"
(**) Mouse: type: Microsoft, device: /dev/mouse, baudrate: 1200
(**) Mouse: buttons: 3
(**) S3: Graphics device ID: "Trio32/Trio64"
(**) S3: Monitor ID: "MonMonitor"
(**) FontPath set to "/usr/X11R6/lib/X11/fonts/misc/,/usr/X11R6/lib/X11/fonts/T
ype1/,/usr/X11R6/lib/X11/fonts/Speedo/,/usr/X11R6/lib/X11/fonts/75dpi/,/usr/X11
R6/lib/X11/fonts/100dpi/"
(--) S3: PCI: Trio32/64 rev 0, Linear FB @ 0xe7000000
(--) S3: chipset:   Trio64 rev. 2
(--) S3: chipset driver: mmio_928
(--) S3: card type: PCI
(--) S3: videoram:  2048k
(--) S3: Ramdac type: s3_trio64
(--) S3: Ramdac speed: 135 MHz
(--) S3: Using Trio32/64 programmable clock (MCLK 60.341 MHz)
(--) S3: Maximum allowed dot-clock: 135.000 MHz
(**) S3: Mode "1024x768": mode clock = 75.000
(--) S3: Using 6 bits per RGB value
(**) S3: Virtual resolution set to 1024x768
(--) S3: Local bus LAW is 0xE7000000
(--) S3: Using a banksize of 2048k, line width of 1024
(--) S3: Using a single 64x64 area at (960,769) for expanding pixmaps
(--) S3: Using 8 planes of 1024x1215 at (0,833) aligned 8 as font cache
```

Installation manuelle d'un serveur X

Le choix d'un serveur X est à la base de la configuration de X-Window. Le serveur X est le programme activé au démarrage de l'interface. Il en existe plusieurs qui gèrent chacun un groupe de cartes graphiques. Après avoir exécuté Xfdrake pendant l'installation, le serveur X adapté à votre carte a été installé, soit automatiquement, soit en fonction de votre sélection.

Message d'erreur

Sans ce serveur, X-Window ne peut pas fonctionner. Vous recevez alors le message d'erreur ci-dessous.

```
execve failed for /etc/X11/X (errno 2)
```

Les causes sont diverses : le lien /etc/X11/X peut ne pas exister ou désigner un fichier inexistant.

Premières vérifications

Vérifiez dans le répertoire */etc/X11* qu'il existe un lien nommé *X*. La commande ls -l /etc/X11/X affiche la cible du lien. Par exemple, pour une configuration correcte du serveur X associé à un processeur graphique S3, la sortie contient le texte /etc/X11/X -> /usr/X11R6/bin/XF86_S3. Vous devez maintenant vérifier que le fichier cible du serveur existe, également avec la commande ls ; dans notre cas, ls /usr/X11R6/bin/XF86_S3.

Si le lien et le serveur existent, vous pouvez passer à l'étape suivante. Si le lien doit être modifié, voyez la section *Définition du lien /etc/X11/X*. Si vous devez installer le serveur ou en changer, effectuez les manipulations suivantes.

Sélection d'un serveur approprié

Si le serveur n'a pas été copié durant l'installation de Linux et si vous ne vous souvenez pas de celui qui était sélectionné, exécutez de nouveau Xfdrake. Choisissez l'entrée *Afficher les informations*. Prêtez attention à la quatrième ligne dans laquelle le serveur est cité.

Si vous ne savez pas quel serveur est adapté à votre carte graphique, ou si vous éprouvez des difficultés lors de son installation avec une carte récente, essayez le serveur SVGA (XF86_SVGA). Il ne fonctionne pas avec la totalité des cartes du marché, mais avec la plupart des processeurs compatibles SVGA. Avec une carte VGA courante, vous n'utiliserez que les serveurs génériques XF86_VGA16 et XF86_Mono respectivement en 16 couleurs et en noir et blanc.

Un autre groupe de serveurs peut accéder directement au mode accéléré de certains processeurs graphiques. L'affichage sera en conséquence plus rapide. De manière générale, les serveurs de ce groupe sont dits accélérés. Ils sont décrits sommairement dans le tableau suivant.

Tab. 3.4 : Serveurs X proposés par les composants RPM	
Serveur X	**Description**
3D_Labs	Cartes fondées sur les circuits GLINT et Permedia
8514	Cartes IBM 8514 et compatibles
AGX	Cartes AGX (Boca Vortex, Orchid Celsius, Hercules Graphite)
I128	Cartes #9 Imagine 128
Mach8	Cartes ATI Mach8 (ATI 8514 Ultra et Graphics Ultra)
Mach32	Cartes ATI Mach32 (ATI Graphics Ultra Pro et Ultra Plus)

Tab. 3.4 : Serveurs X proposés par les composants RPM	
Serveur X	**Description**
Mach64	Cartes ATI Mach64 (Graphics Xpression, GUP Turbo et WinTurbo)
Mono	Cartes VGA (générique monochrome)
P9000	Cartes Weitek P9000 (Diamond Viper, Orchid P9000)
S3	Cartes S3 (Diamond Stealth, Orchid Fahrenheit, Miro Crystal 8S)
S3V	Cartes S3 Virge
SVGA	Cartes SVGA (mode frame buffer)
NVIDIA	Cartes Riva TNT ou 128
VGA16	Cartes VGA (générique 16 couleurs)
W32	Cates Genoa 8900, Phantom 32I, Hercules Dynamite, STB LightSpeed)

Une documentation détaillée sur ces serveurs figure, dans le répertoire */usr/X11R6/lib/X11/doc*, dans plusieurs fichiers *README*. Vous disposez également de pages d'aide (commande man) à ce propos (XF86_Mono, XF86_VGA16, XF86_SVGA et XF86_Accel).

Décompression du composant RPM

Pour tout serveur X, il existe sur le CD-Rom d'installation un composant RPM dont le nom figure sous la forme *XFree86-<NomServeur>-<Version>mdk.i586.rpm* (par exemple, *XFree86-SVGA-3.3.6-21mdk.i586.rpm*). Ce type de composant s'installe en mode administrateur via la commande rpm.

Par exemple :

```
rpm -i XFree86-SVGA-3.3.6-21mdk.i586.rpm
```

Le serveur SVGA (XF86_SVGA) est ainsi copié dans le répertoire */usr/X11R6/bin/*.

Définition du lien /etc/X11/X

Comme nous l'avons précédemment évoqué, le répertoire */etc/X11/* reçoit le lien *X*, qui désigne le serveur souhaité. Si le lien existe déjà, vous pouvez l'effacer comme tout fichier par la commande rm /etc/X11/X. Créez ensuite un nouveau lien par la commande ln -s <X-Server> /etc/X11/X.

Par exemple :

```
ln -s /usr/X11R6/bin/XF86_S3 /etc/X11/X
```

Configuration du moniteur

Pour configurer le moniteur, vous devez fournir trois caractéristiques importantes. Nous décrirons dans la première partie comment procéder. Vous devez ensuite inscrire les résolutions que le moniteur doit assurer. Toutes ces indications s'effectuent dans le bloc Monitor du fichier de configuration déjà évoqué : *XF86Config*. Ici également s'applique la règle selon laquelle les réglages définis doivent être compatibles avec le moniteur !

Inscription des caractéristiques

Les caractéristiques à indiquer sont les fréquences de balayages horizontal et vertical ainsi que la bande passante vidéo. Elles figurent dans la documentation du matériel et doivent être inscrites dans *XF86Config*. La fréquence de balayage horizontal (exprimée en kilohertz) est désignée par le mot réservé HorizSync. Le mot réservé désignant la fréquence de balayage vertical (exprimée en hertz) est VertRefresh. La bande passante vidéo (exprimée en mégahertz) est désignée par le mot réservé BandWidth.

Par exemple :

```
HorizSync 30.0-64.0
VertRefresh 50-100
BandWidth 75
```

Aux moniteurs multifréquences (*multisync*) correspondent plusieurs valeurs. Indiquez-les en les séparant par des virgules.

Par exemple :

```
HorizSync 31.4, 35.1-35.2, 35.5-35.6
VertRefresh 50-87
BandWidth 45
```

Attribution d'un nom

Ce fichier peut concerner plusieurs appareils. Pour les distinguer, vous attribuerez un nom aux différentes définitions. Le mot réservé est Identifier. Ces noms sont référencés dans une autre section de *XF86Config*, le bloc Screen. Vous pouvez en outre préciser le fabricant et le modèle de votre moniteur. Il ne s'agit toutefois que de commentaires. Voici à quoi une telle définition peut ressembler.

```
Identifier "MonMoniteur"
VendorName "ADI"
ModelName "MicroScan 5AP"
```

Définition des résolutions et fréquences d'image

Dans ce bloc, il manque encore les résolutions admises par l'appareil, par exemple 800 x 600 ou 1 024 x 768. À chaque résolution correspond une fréquence d'image. Une fréquence d'image élevée diminue le scintillement de l'écran, mais la fréquence maximale d'un moniteur est en relation directe avec sa qualité. Augmenter la résolution diminue la fréquence d'image.

En principe, indiquer ici une seule résolution et une seule fréquence d'image suffit. Votre carte graphique doit alors être en mesure de générer des signaux de mêmes caractéristiques. Vous pouvez aussi inscrire plusieurs fréquences d'image. Le serveur X choisira celle qui est adaptée à votre carte graphique. Pour que la fréquence d'image la plus élevée soit sélectionnée, les inscriptions doivent s'effectuer en ordre croissant. La fréquence la plus importante figure donc en dernier dans le fichier de configuration. De même, vous pouvez indiquer plusieurs résolutions. À chaque résolution correspondra une fréquence d'image.

L'illustration suivante représente des inscriptions réalisées automatiquement. Attention, cela ne signifie pas qu'elles sont universelles ! En examinant les lignes de commentaire introduites par le signe #, nous distinguons les trois résolutions 640 x 480, 800 x 600 et 1 024 x 768 ; et, pour chaque résolution, différentes fréquences d'image. Les informations proprement dites figurent dans les lignes introduites par le mot réservé `Modeline`.

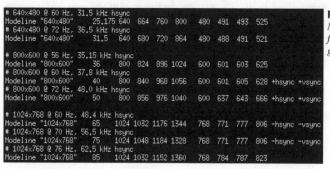

Fig. 3.12 :
Modes vidéo du fichier XF86Config généré par Xfdrake

Une ligne `Modeline` débute par un nom qui n'influe pas sur les valeurs suivantes. Ces noms décrivent en général le réglage, par exemple 640 x 480, 800 x 600 ou 1 024 x 768. Il importe qu'une résolution ne porte qu'un seul nom. La résolution sera ensuite indiquée dans le bloc `Screen` en utilisant ce nom, comme nous le décrivons un peu plus loin. Une ligne `Modeline` comprend ensuite d'autres éléments que nous n'évoquerons pas ici en détail. La première valeur figurant après le nom, est la fréquence (en mégahertz) à partir de laquelle la carte génère des points d'image. Les quatre valeurs suivantes définissent la structure horizontale de l'affichage, soit la largeur de l'image et les bords droit et gauche. Les quatre valeurs suivantes indiquent la hauteur de l'image, les bords supérieur et inférieur. Ensuite peuvent figurer des indicateurs d'état. Des précisions sur ces valeurs figurent en fin de section.

Vous extrairez les lignes `Modeline` d'un fichier *XF86Config* généré automatiquement ou du fichier */usr/X11R6/lib/X11/doc/Monitors*. Il est possible que vous soyez obligé d'adopter pour votre moniteur des caractéristiques inférieures à ses capacités. Si l'image est trop petite, trop grande, mal centrée, etc., modifiez les lignes `Modeline` au moyen du programme Xvidtune que nous décrivons plus loin.

Indiquer les fréquences de balayages horizontal et vertical est obligatoire, autrement dit les valeurs de `HorizSync` et `VertRefresh`. Si elles manquent ou sont transformées en commentaire, le serveur ne peut pas vérifier si les indications des lignes `Modeline` sont gérées par le moniteur, et il affiche le message d'erreur suivant.

```
Fatal server error:
No valid modes found.
```

Le même message s'affiche si le réglage défini dans les lignes `Modeline` ne peut être réalisé par la carte graphique. Une raison peut être que la fréquence de génération des pixels, c'est-à-dire la valeur figurant après le nom, ne peut être assurée par la carte. La solution consiste alors à modifier la ligne `Modeline`. Vous ne devez pas vous contenter de changer la fréquence, car elle influe sur les autres valeurs.

Cette erreur provenant de l'utilisation conjointe de la carte et du moniteur, des erreurs dans la configuration de la carte peuvent aussi en être à l'origine. Par exemple, la mémoire vidéo de la carte peut être insuffisante pour la résolution retenue. Lisez, dans ce cas, la section consacrée aux réglages de la carte graphique et voyez la manière de combiner la carte et le moniteur dans le bloc `Screen`.

Précisions sur les instructions Modeline

Si les lignes Modeline ne sont pas commentées, voici comment en déduire les éléments. Nous nous appuierons sur l'exemple ci-dessous.

```
Modeline "800x600" 36 800 824 896 1024 600 601 603 625
```

La résolution est indiquée par le premier nombre des deux blocs [800 824 896 1024] et [600 601 603 625]. Dans ce cas, 800 pixels horizontalement et 600 pixels verticalement. Pour calculer la fréquence d'image, multipliez le quatrième nombre des blocs, c'est-à-dire 1 024 x 625, soit 640 000. Divisez ensuite la première valeur, 36 MHz, ou 36 000 000 Hz, par ce nombre (36 000 000 Hz : 640 000 = 56,25 Hz). Vous obtenez ainsi la fréquence d'image arrondie indiquée dans le commentaire : 56 Hz. Vous calculez de la même manière la fréquence de ligne (36 000 000 Hz : 1 024 = 35 156 Hz ou 35,156 kHz).

Configuration manuelle de la carte graphique

La configuration de la carte graphique s'effectue dans le bloc Device de *XF86Config*. Comme dans le bloc Monitor, il est possible de faire figurer plusieurs cartes. Un nom distingue les caractéristiques de chacune d'elles : Identifier. Le nom du vendeur et le type de la carte peuvent figurer, à titre de commentaire ; ils sont introduits par les mots réservés VerndorName et Boardname.

Par exemple :

```
Identifier "MaCarteGraphique"
VendorName "Elsa"
ModelName "Winner 1000 TRIO"
```

Dans ce qui suit, nous expliquerons les mots réservés les plus importants et quels programmes utiliser pour acquérir les caractéristiques de votre système.

Une ligne introduite par l'expression Clocks devrait figurer dans le fichier *XF86Config* si votre carte graphique est équipée d'un circuit d'horloge à fréquences fixes. La carte peut également comprendre un circuit d'horloge programmable pour définir la fréquence de génération des pixels. Dans ce cas, il ne figure pas de ligne Clocks, mais le circuit est indiqué et désigné par ClockChip. Ces informations ne sont pas toujours nécessaires.

Les valeurs de la ligne Clocks sont normalement déterminées automatiquement par le serveur X. Il est préférable qu'elles soient acquises une fois pour toutes et inscrites dans *XF86Config*. Pour cela, une ligne Clocks existante doit être supprimée ou transformée en commentaire par un signe #. Si le serveur est activé avec l'option *probeonly*, les valeurs acquises sont affichées et peuvent venir s'inscrire ainsi dans *XF86Config*. Vous activez le serveur X en tapant la ligne X -probeonly.

Il est avantageux de détourner alors la sortie vers un fichier. La sortie étant dirigée vers la sortie d'erreur standard, tapez 2> au lieu de >. Voici la commande pour détourner la sortie vers le fichier *sortie.txt*.

```
X -probeonly 2> sortie.txt
```

Il est important que la ligne soit reprise sous la même forme.

Circuit d'horloge et RAMDAC

Si votre carte graphique est équipée d'un circuit d'horloge programmable, aucune ligne Clocks ne figure dans le fichier de configuration. Dans certains cas, il est nécessaire de préciser les références du circuit d'horloge et du convertisseur numérique/analogique ou RAMDAC. Vous ne devez surtout pas déterminer ces éléments en faisant des essais, un mauvais réglage peut endommager votre carte. Consultez plutôt la documentation. Si vous n'êtes pas sûr de vos informations, il est plus prudent de transformer en commentaire les lignes Ramdac et ClockChip du fichier *XF86Config*. Indiquez le circuit par le mot réservé Chipset.

Taille de la mémoire vidéo

Généralement, la taille de la mémoire vidéo est déterminée de manière fiable. Dans le cas contraire, vous pouvez la préciser, en kilo-octets, derrière le mot réservé VideoRam. Voici ce qui peut figurer dans le bloc Device pour une carte équipée d'une mémoire vidéo de 2 Mo.

```
VideoRam 2048
```

Résolution, nombre de couleurs et taille virtuelle de l'image

Résolution, nombre de couleurs, taille de l'écran virtuel dépendent de la carte graphique et du moniteur utilisés. Examinons maintenant comment nous pouvons définir ces valeurs.

Ces réglages sont souvent source d'erreurs. Le programme de configuration, dans ce cas Xfdrake, réalise plusieurs inscriptions, parmi lesquelles X-Window choisit la meilleure. Il peut arriver que l'interface X démarre en 300 x 200, alors que vous souhaitiez une résolution de 1 024 x 768. Le pire advient lorsque vous manipulez les valeurs pour obtenir un affichage en 1 024 x 768 et que vous ne distinguez aucune différence parce que le système a adopté une résolution de 800 x 600.

Nous expliquerons donc au cours de la description suivante comment définir de manière fixe ces valeurs avant de tenter de lancer X-Window, cela afin de trouver l'erreur. Vous pourrez ainsi essayer différentes configurations. Enfin, nous pourrons définir plusieurs réglages et en changer, alors que X-Window s'exécute.

Exemple de définition d'écran

Dans le bloc Device de *XF86Config*, les indications sur le serveur X, la carte graphique et le moniteur sont combinées, par exemple de la manière suivante.

```
Section "Screen"
    Driver      "accel"
    Device      "MaCarte"
    Monitor     "MonMonitor"
    Subsection "Display"
        Depth       8
        Modes       "1024x768"
        ViewPort    0 0
        Virtual     1500 1000
    EndSubsection
EndSection
```

Fig. 3.13 :
Exemple de bloc Screen d'un fichier XF86Config

Les éléments de la ligne driver se rapportent au serveur X employé. Le serveur XF86_S3 faisant partie des serveurs dits accélérés, il contient l'expression accel. Les autres serveurs se distinguent par les expressions Mono, VGA16 et SVGA.

Les lignes suivantes pointent vers les blocs contenant les descriptions du moniteur et de la carte graphique. Autrement dit, le bloc Device "MaCarte" et le bloc Monitor "MonMonitor". Nous choisissons un nombre de couleurs (*depth*) limité à 8 bits et une résolution de 1 024 x 768 pixels, tous deux compatibles avec notre équipement.

Comme nous l'avons précédemment indiqué, 1 024x768 est simplement un nom correspondant à celui d'une ligne Mode ou Modeline dans le bloc Monitor. Le mot réservé Virtual permet de définir un écran virtuel, dont la taille est ici de 1 500 x 1 000 pixels. Comme précédemment, 1 024 x 768 pixels sont affichés, mais si le pointeur de la souris touche un bord, l'écran se déplace, et vous voyez une zone supplémentaire.

Relation entre les réglages du moniteur et de la carte graphique

Résolution, nombre de couleurs et taille de l'écran virtuel dépendent du moniteur et de la carte graphique utilisés, en particulier de la taille de la mémoire graphique embarquée sur la carte.

Avec, par exemple, une mémoire de 2 Mo (2 048 ko ou 2 097 152 octets), vous souhaitez, pour une résolution de 1 024 x 768, employer 65 536 couleurs, ce qui correspond à une définition sur 16 bits = 2 octets. Cela occupera 1 024 x 768 x 2 = 1 572 864 octets de mémoire. Pour une même résolution, vous ne pouvez pas afficher des couleurs en 24 bits = 3 octets, parce que vous ne disposez pas de 1 024 x 768 x 3 = 2 359 296 octets de mémoire graphique. En réduisant la résolution à 800 x 600 pixels, il est possible d'exploiter une définition sur 24 bits des couleurs, soit 16,7 millions de couleurs.

La taille de la mémoire doit être également cohérente avec celle de l'écran virtuel. Vous ne pouvez donc pas lui attribuer une taille quelconque. Par exemple, pour des couleurs définies sur 8 bits, c'est-à-dire 256 couleurs et un écran virtuel de 1 500 x 1 000 pixels, il vous faut une mémoire d'au moins 1 500 x 1 000 x 1 = 1 500 000 octets.

Éviter les configurations multiples, sources d'ambiguïtés

Les fichiers de configuration créés présentent souvent des réglages en double, X-Window étant censé, lors de son lancement, sélectionner les paramètres adaptés. Pour connaître précisément, pendant votre recherche d'erreurs, quels sont les réglages actifs à un moment donné, vous ne devez conserver que ceux qui vous importent et transformer les autres en commentaire. Ce sera la situation initiale de notre recherche d'erreurs évoquée dans la section suivante.

Nous expliquerons au moyen d'un exemple comment transformer en commentaire les réglages qui ne nous intéressent pas. L'illustration suivante représente un extrait d'un fichier de configuration (Fig. 3.14).

Nous y distinguons la configuration de plusieurs serveurs X. En principe, le bloc du serveur référencé par le lien /etc/X11/X, que nous avons déjà décrit, est sélectionné. S'il référence un mauvais serveur, un mauvais bloc est sélectionné. Dans notre cas, nous n'avons pas besoin du serveur SVGA, et les lignes correspondantes peuvent être transformées en commentaire (voir l'illustration Fig. 3.15).

▶ Il reste donc le bloc du serveur X accéléré. Il contient plusieurs définitions de nombres de couleurs et quelques définitions de résolutions. Choisissez un nombre de couleurs et une résolution, et transformez les autres en commentaires. Éventuellement, la ligne Mode qui nous importe devra être copiée, et les inscriptions non souhaitées seront effacées. N'utilisez dans ce bloc qu'une seule taille d'écran virtuel. Dans un premier temps, il est probablement raisonnable de désactiver ce réglage.

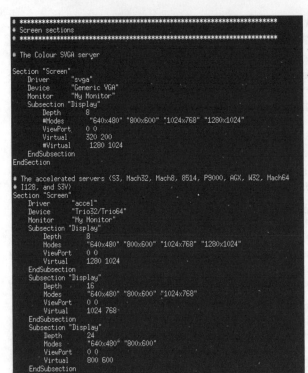

```
# ************************************************************************
# Screen sections
# ************************************************************************

# The Colour SVGA server

Section "Screen"
    Driver      "svga"
    Device      "Generic VGA"
    Monitor     "My Monitor"
    Subsection "Display"
        Depth       8
        #Modes      "640x480" "800x600" "1024x768" "1280x1024"
        ViewPort    0 0
        Virtual     320 200
        #Virtual    1280 1024
    EndSubsection
EndSection

# The accelerated servers (S3, Mach32, Mach8, 8514, P9000, AGX, W32, Mach64
# I128, and S3V)
Section "Screen"
    Driver      "accel"
    Device      "Trio32/Trio64"
    Monitor     "My Monitor"
    Subsection "Display"
        Depth       8
        Modes       "640x480" "800x600" "1024x768" "1280x1024"
        ViewPort    0 0
        Virtual     1280 1024
    EndSubsection
    Subsection "Display"
        Depth       16
        Modes       "640x480" "800x600" "1024x768"
        ViewPort    0 0
        Virtual     1024 768
    EndSubsection
    Subsection "Display"
        Depth       24
        Modes       "640x480" "800x600"
        ViewPort    0 0
        Virtual     800 600
    EndSubsection
EndSection
```

Fig. 3.14 :
Les doublons dans XF86Config peuvent entraîner des problèmes

```
# ************************************************************************
# Screen sections
# ************************************************************************

# The Colour SVGA server

#Section "Screen"
#    Driver      "svga"
#    Device      "Generic VGA"
#    Monitor     "My Monitor"
#    Subsection "Display"
#        Depth       8
#        #Modes      "640x480" "800x600" "1024x768" "1280x1024"
#        ViewPort    0 0
#        Virtual     320 200
#        #Virtual    1280 1024
#    EndSubsection
#EndSection

# The accelerated servers (S3, Mach32, Mach8, 8514, P9000, AGX, W32, Mach64
# I128, and S3V)
Section "Screen"
    Driver      "accel"
    Device      "Trio32/Trio64"
    Monitor     "My Monitor"
    Subsection "Display"
        Depth       8
#        Modes       "640x480" "800x600" "1024x768" "1280x1024"
        Modes       "1024x768"
#        ViewPort    0 0
#        Virtual     1280 1024
    EndSubsection
#    Subsection "Display"
#        Depth       16
#        Modes       "640x480" "800x600" "1024x768"
#        ViewPort    0 0
#        Virtual     1024 768
#    EndSubsection
#    Subsection "Display"
#        Depth       24
#        Modes       "640x480" "800x600"
#        ViewPort    0 0
#        Virtual     800 600
#    EndSubsection
EndSection
```

Fig. 3.15 :
Configuration parfaitement univoque grâce à la mise en commentaire

Recherche d'erreurs

Vous avez appris à quitter X-Window en cas de configuration erronée, vous connaissez les messages d'erreur émis et comment les détourner vers un fichier.

Concentrons-nous sur la recherche d'erreurs dans les configurations présentées de serveur X, carte graphique et moniteur. En cas de problème, commencez par une faible résolution, peu de couleurs et pas d'écran virtuel, des valeurs trop fortes pouvant empêcher le démarrage.

Supprimez, par des commentaires, les réglages en double de *XF86Config*. C'est la seule façon d'être sûr que les réglages que vous avez définis sont réellement employés. Si vous souhaitez réaliser plusieurs inscriptions, testez-les une par une, et n'utilisez qu'après toutes les lignes de configuration à la fois.

Si les réglages présentés ne sont pas adaptés à votre ordinateur, consultez la documentation. Après avoir vérifié les différents réglages possibles, vous pouvez tous les inscrire.

Commutation entre plusieurs résolutions

La configuration de X-Window peut, par exemple, présenter plusieurs résolutions d'écran. Il est possible de passer de l'une à l'autre pendant le fonctionnement de X-Window. Appuyez pour cela sur le raccourci [Ctrl]+[Alt]+[+] du pavé numérique. À chaque frappe, la résolution suivante est activée jusqu'à ce que vous reveniez à la résolution d'origine. Le raccourci [Ctrl]+[Alt]+[-] du pavé numérique entraîne le parcours inverse.

Dernières mises au point

Que X-Window fonctionne ne signifie pas automatiquement que les entrées sont établies sans difficulté et que l'affichage est centré et de la bonne dimension. Éventuellement, la configuration de la souris ou du clavier doit encore être retouchée et l'image réglée.

Pour réaliser les mises au point suivantes, vous devez comprendre la syntaxe du fichier de configuration *XF86Config*. Sinon, consultez la section *Le fichier de configuration XF86Config*. De nombreux exemples figurent dans la section *Résolution des erreurs d'initialisation*.

Configuration manuelle de la souris

La configuration de la souris est assurée par la section `Pointer` du fichier *XF86Config*. Le système gère aussi bien les souris série que les souris bus. Une erreur de configuration ne risque pas d'endommager la souris. Dans ce cas, soit elle ne fonctionne pas du tout, soit le pointeur se déplace par saccades, soit elle commande mal le système. Dans le pire des cas, vous devez passer en revue tous les réglages possibles.

Choix d'un pilote

Choisissez le pilote adapté à votre souris et inscrivez-le sous le mot réservé `Protocol`. Les déclarations classiques sont Logitech, Microsoft, MMSeries, MouseMan et MouseSystems. Les souris compatibles Microsoft équipées de trois boutons n'utilisent pas le plus souvent le protocole Microsoft, mais MouseMan. Le protocole Logitech concerne plutôt les souris bus Logitech, les souris série fonctionnant correctement avec le protocole Microsoft ou MouseMan. Voici ce à quoi ressemble une telle inscription.

```
Protocol    "Microsoft"
```

Utilisez les autres inscriptions BusMouse pour la souris bus Logitech et PS/2 pour les souris PS/2. Si la souris ne réagit pas toujours correctement, la page man *XF86Config* contient d'autres inscriptions pour le fichier de configuration.

Précisez aussi le fichier de périphérique au travers duquel le système accédera à la souris. Dans le cas de la première interface série, il s'agit de */dev/ttyS0*, de */dev/ttyS1* pour la deuxième et de */dev/psaux* pour un autre type de raccordement. Reportez-vous à la documentation. Le mot réservé correspondant est Device. Voici à quoi ressemble l'inscription.

```
Device      /dev/ttyS0
```

Activation des trois boutons

Sous Linux, de nombreuses opérations nécessitent l'emploi du bouton central de la souris: par exemple, le couper-coller sous X-Window. Si vous ne possédez qu'une souris à deux boutons, le troisième sera émulé. Le mot réservé Emulate3Buttons doit alors figurer. Dans ce cas, au bouton central correspondra une frappe simultanée sur les deux boutons de la souris.

Avec certaines souris, le signal généré lorsque vous appuyez sur le bouton central est le même que celui qui est créé lorsque vous enfoncez successivement le bouton gauche et le bouton droit. Dans ce cas, le mot réservé ChordMiddle doit figurer.

Configuration manuelle du clavier

Si le clavier n'est pas configuré "à la française", vous vous en apercevrez notamment à l'absence de voyelles accentuées.

Activer la configuration française

La configuration du clavier se réalise dans la section Keyboard de *XF86Config*. Si l'expression XkbDisable figure dans cette section, alors la fonction est désactivée. Supprimez la ligne du fichier ou transformez-la en commentaire par un #.

```
# XkbDisable
```

Indépendamment du clavier français, les lignes suivantes devraient figurer dans la section.

```
Protocol "Standard"
AutoRepeat 500 5
ServerNumLock
```

Les inscriptions suivantes configurent l'aspect d'un clavier français et activent une affectation adaptée des touches.

```
XkbRules "xfree86"
XkbModel "pc102"
XkbLayout "fr"
```

Réglage fin de l'image

Si l'image n'est pas centrée, si elle est légèrement trop étroite ou trop large, le premier réflexe est de retoucher les réglages du moniteur. Si vous utilisez Linux ainsi que d'autres systèmes d'exploitation, il peut être alors lassant de régler le moniteur à chaque changement de système d'exploitation.

Le programme Xvidtune permet de modifier de manière interactive les lignes Mode présentées dans la section Monitor du fichier de configuration *XF86Config*. Les mesures de précaution évoquées précédemment s'appliquent également ici, le moniteur pouvant être endommagé.

Activez xvidtune à partir d'une fenêtre de terminal. L'interface du programme, telle qu'elle est représentée par l'illustration suivante, permet de manipuler l'image à l'écran.

Les boutons **Left**, **Right**, **Wider** et **Narrower** modifient la largeur et l'alignement horizontal de l'image ; les boutons **Up**, **Down**, **Shorter** et **Taller**, la hauteur et l'alignement vertical. Pour que l'effet des modifications soit visible immédiatement, appuyez au début sur le bouton **Auto**. Sinon, les modifications ne seront reprises que lorsque vous appuierez sur le bouton **Apply** ou encore brièvement lors d'un **Test**, l'état initial étant ensuite rétabli dans le second cas.

Lorsque les réglages vous conviennent, affichez les valeurs dans la fenêtre de terminal en appuyant sur le bouton **Show**. Si vous reprenez la ligne Mode par couper-coller dans le fichier *XF86Config* et transformez en commentaire l'ancienne ligne, vos réglages seront actifs au prochain démarrage.

Voici comment procéder :

① Sélectionnez la ligne affichée en plaçant le curseur en début de ligne, puis, bouton gauche de la souris enfoncé, en la marquant jusqu'à la fin.

② Ouvrez le fichier */etc/X11/XF86Config* dans un éditeur de votre choix et transformez en commentaire la ligne Mode de la manière déjà évoquée, par un caractère #.

③ Insérez la ligne sélectionnée en appuyant sur le bouton central de la souris.

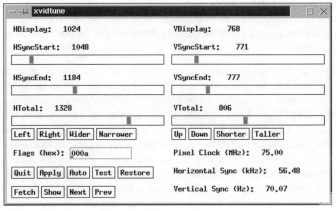

Fig. 3.16 :
Ce programme modifie les paramètres d'affichage de l'image

Le gestionnaire de fenêtres

Parvenu à ce stade, vous devriez maintenant disposer d'un X-Window, d'une souris et d'un clavier configurés correctement. Au démarrage du système, un gestionnaire de fenêtres est lancé : il définit l'aspect et l'utilisation de l'interface pendant toute la session.

Il existe de multiples gestionnaires de fenêtres. La définition d'un gestionnaire de fenêtres ne s'applique pas nécessairement globalement au niveau du système, chaque utilisateur pouvant choisir celui qui lui convient le mieux. Ce choix sera l'un des sujets de cette section. Les gestionnaires de fenêtres présentés sont d'une configuration très souple et proposent des fonctions souvent inconnues des nouveaux utilisateurs de Linux. Leur description vous aidera à configurer efficacement l'interface.

Info

GNOME et KDE

GNOME et KDE sont des interfaces qui vont bien au-delà de ce qu'on attend d'un "pur" gestionnaire de fenêtres. Nous les étudions à part dans la suite de ce chapitre. Cette section s'applique donc au gestionnaire de fenêtres installé par défaut lorsque ni GNOME ni KDE n'ont été choisis.

Les différents modes d'emploi de l'interface qui découlent de la pluralité des gestionnaires de fenêtres n'influent pas sur les programmes. Leur utilisation ne change pas selon les gestionnaires de fenêtres utilisés, ces derniers n'influant que sur la présentation. Cela signifie notamment que de nombreux réglages se gèrent globalement, indépendamment du gestionnaire de fenêtres. Citons notamment les couleurs, les polices et la configuration du clavier. Ceux-ci peuvent donc être décrits d'une manière générale et seront le sujet de la section *Ressources du système X-Window*.

Pour tout programme X-Window, nous pouvons créer une commande dans les menus du gestionnaire de fenêtres, de façon à l'activer facilement à partir de l'interface. Une partie des menus s'applique globalement par défaut, mais tout utilisateur peut ajouter ses propres commandes.

Les différents gestionnaires de fenêtres

Windowmaker Le gestionnaire de fenêtres Fvwm est très apprécié. Il en est de même d'Afterstep, successeur de Bowman. Les deux s'inspirent de l'interface NeXTSTEP. Le dernier venu de la famille s'appelle Window Maker. Blackbox, Sawfish et Icewm sont d'autres gestionnaires légers. Sawfish est souvent utilisé en complément de GNOME.

Cette distribution ne comprend pas Tab (Twm), Ctwm, son extension et OpenLook (Olwm ou Olvwm), imitant les anciennes interfaces des stations de travail Sun. Vous pouvez vous les procurer sur Internet, mais ils ne présentent depuis longtemps aucun avantage par rapport aux différents gestionnaires de fenêtres énumérés.

Les nombreuses possibilités de configuration permettent de travailler efficacement avec les gestionnaires de fenêtres décrits. La possibilité de faire communiquer des objets de l'interface graphique leur fait toutefois défaut. Cela fut longtemps réservé à des produits commerciaux tels Common Desktop Environment (CDE) ou Looking Glas qui peuvent s'installer sous Linux. Il existe aujourd'hui des bureaux libres qui le permettent. Parmi ces produits figure K Desktop Environment (KDE), avec son K Window Manager (Kwm) intégré. Il permet, entre autres, de manipuler des objets, de générer des propriétés générales à partir de modèles et de déclencher des actions par glisser-déposer. Comme son nom l'indique, il s'agit d'un environnement intégrant de nombreux programmes. Un effort a été fourni pour que l'aspect et l'utilisation soient standardisés. La solution est intéressante, en particulier en raison des fonctions étendues qu'elle apporte. Nous examinerons maintenant trois gestionnaires de fenêtres de la distribution Mandrake 8.0 : Blackbox, Icewm et Sawfish.

Tâches du gestionnaire de fenêtres

Les gestionnaires de fenêtres proposent plusieurs méthodes pour manipuler les fenêtres et passer de l'une à l'autre. Les programmes peuvent se lancer de plusieurs manières, par des menus ou des barres d'outils. Certains gestionnaires de fenêtres présentent des surfaces de travail virtuelles entre lesquelles il est possible de commuter. L'exploitation par la souris et le clavier peut largement être personnalisée : peu de combinaisons sont définies de manière fixe. Examinons maintenant les différentes possibilités de configuration.

Manipulation des fenêtres

Tout d'abord, il est possible, très classiquement, de déplacer, d'agrandir, de diminuer, de fermer les fenêtres et de les réduire en icônes. Lorsque vous utilisez en même temps plusieurs zones de travail, vous pouvez définir des fenêtres "sticky", ce qui signifie qu'elles apparaissent dans toutes les zones.

Fig. 3.17 :
Passage d'une fenêtre Sawfish en mode "collant"

Des barres d'outils, une horloge peuvent ainsi être disponibles dans toutes ces zones de travail. Cela crée une hiérarchie de fenêtres, les unes s'affichant après les autres. Des fonctions permettent de repousser une fenêtre du sommet de la hiérarchie vers le bas ou d'ouvrir au premier plan la fenêtre d'arrière-plan. Vous pouvez également changer de fenêtre en la choisissant sur une liste. Cette énumération peut figurer

Fig. 3.18 :
Menu contextuel Sawfish

dans une barre des tâches, comme celle de Windows 9x, ou s'afficher à l'arrière-plan par un clic de souris.

L'accès à ces fonctions peut être configuré librement, et vous pouvez les tester rapidement.

Vous pouvez configurer d'autres fonctions par action sur la barre de titre, les bords, les angles et la frappe des touches [Maj], [Alt] et [Ctrl] ou de la combinaison de ces touches. Ces possibilités ne sont généralement pas exploitées, les fonctions importantes étant facilement accessibles.

Une fenêtre s'active de plusieurs manières, soit en cliquant avec la souris, soit en déplaçant le pointeur sur sa surface. Il est en outre possible d'ouvrir automatiquement, au premier plan, une fenêtre activée ou de conserver son emplacement actuel.

Démarrage des programmes

Toutes les applications peuvent être lancées à partir d'une fenêtre console que vous obtenez, par exemple, par les commandes xterm ou rxvt. De nombreux programmes figurent également dans les menus et les barres d'outils.

Dans une interface de type Windows 9x figurent une barre des tâches et un menu activé par le bouton de démarrage. D'autres menus sont généralement accessibles par un clic de souris sur le fond du bureau, certains par les autres boutons de la souris.

Fig. 3.19 :
Console Rxvt

Utilisation de la souris

Les configurations des gestionnaires de fenêtres donnent accès à de nombreuses fonctions au moyen du bouton central de la souris. Si vous possédez une souris à deux boutons, vous pouvez en configurer l'affectation. Dans la section *Activation des trois boutons*, nous avons expliqué qu'il était possible d'émuler le troisième bouton en appuyant à la fois sur les deux boutons de la souris.

X-Window permet facilement l'échange de données entre applications. Sélectionnez un texte, bouton gauche de la souris enfoncé, et insérez-le dans une autre application au moyen du bouton central. Souvent, un double clic sélectionne un mot et trois clics une ligne complète.

Zone de travail virtuelle

La dimension de la surface de travail visible dépend évidemment de la résolution. Seule une partie peut recevoir des fenêtres. Cela signifie que soit certaines fenêtres seront recouvertes par d'autres, soit elles seront représentées par des icônes. Parfois, nous souhaitons comparer le contenu de deux fenêtres ou nous souhaitons surveiller l'état d'avancement d'une action, par exemple un téléchargement sur Internet.

Nous avons présenté à la section *Résolution, nombre de couleurs et taille virtuelle de l'image* une méthode pour agrandir la zone de travail virtuelle. Elle permet d'augmenter à 1 500 x 1 000 pixels une zone de travail d'une résolution de 1 024 x 768 pixels. Lorsque vous atteignez les limites de l'image, la partie représentée se déplace.

Plusieurs zones de travail, agrandies ou non, peuvent coexister. On parle de "bureaux virtuels". La manière de passer d'un bureau à l'autre change en fonction du gestionnaire de fenêtres. Certains schématisent les bureaux : la commutation est réalisée en cliquant dans le schéma. D'autres contiennent des boutons dans une barre d'outils. Si vous utilisez beaucoup cette fonction, nous vous conseillons d'utiliser le raccourci clavier, éventuellement d'en affecter un.

Fig. 3.20 : *Boutons de sélection d'un bureau virtuel sous Icewm (1, 2, 3, 4)*

Sélection d'un gestionnaire de fenêtres

La distribution Mandrake autorise le changement de gestionnaire de fenêtres alors que X-Window est en cours d'exécution. La session suivante exploitera le gestionnaire de fenêtres en cours d'utilisation lorsque vous quittez X-Window. Ce principe n'est pas évident sous Linux. Généralement, ces sélections sont réalisées par différents fichiers de configuration lus au lancement de X-Window.

Pour l'utilisateur, il est pratique que les réglages définis dans ces fichiers soient automatiquement repris. Cela peut aussi signifier que, en cas de modification par l'utilisateur, ces fichiers ne fonctionnent plus. Il est donc nécessaire d'avoir quelques connaissances sur les possibilités de configuration. Cette question sera abordée dans la deuxième partie de cette section, mais elle peut, dans un premier temps, être omise.

Démarrage de X-Window

X-Window est donc lancé par la commande startx. Le système vérifie alors si dans le répertoire personnel de l'utilisateur figure un fichier s'appelant *.xinitrc*, auquel cas, il exécute les commandes qu'il contient. Un tel fichier peut ressembler à l'exemple ci-dessous.

```
#!/bin/sh
```

```
xterm &
xclock &
icewm
```

Tout d'abord, il est spécifié que les commandes de ce fichier doivent être exécutées par le shell */bin/sh*. Deux programmes sont ensuite lancés dans l'interface X, une fenêtre console Xterm et une horloge Xclock. Le caractère & lance ces programmes à l'arrière-plan. Ensuite, le gestionnaire de fenêtres Icewm est activé, la terminaison de ce dernier signifiant la fin de la session X-Window.

Si le fichier *.xinitrc* n'existe pas, des fichiers d'initialisation généraux du répertoire */etc/X11/xinit* sont utilisés. Un fichier de nom équivalent, *xinitrc*, y figure. Celui-ci est exécuté en premier. Il exécute à son tour le fichier */etc/X11/Xsession* où le choix du gestionnaire de fenêtres a effectivement lieu. Le choix tient compte des paquetages installés, du contenu du fichier */etc/sysconfig/desktop* s'il existe et du choix de l'utilisateur lors d'un login en mode graphique.

Ressources du système X-Window

De nombreuses ressources de X-Window sont gérées indépendamment des gestionnaires de fenêtres, notamment la configuration du clavier, les couleurs et les polices.

De même, les réglages par défaut de nombreuses applications sont gérés globalement au niveau du système dans des fichiers, et sont, de ce fait, indépendants des gestionnaires de fenêtres. Ces fichiers figurent dans le répertoire */usr/X11R6/lib/X11/app-defaults*. Les réglages figurent sous le nom de l'application. Vous pouvez déterminer les polices, les couleurs et d'autres propriétés des programmes. Cela vous épargne de transmettre des paramètres au lancement d'un programme.

Définition des polices

Par principe, les définitions de police sont intégrées par le fichier *XF86Config*, dans le bloc `Files`, sous le mot réservé `FontPath`. Les polices figurent dans le répertoire */usr/X11R6/lib/X11/fonts*. Si vous souhaitez sélectionner l'une des polices installées, le programme xlsfonts peut en afficher une liste.

> **Info**
>
> **Serveur de fontes X**
>
> Mandrake, depuis la version 6, exploite un serveur de fontes X indépendant, nommé *Xfs* (*X Font Server*). Les fontes sont décrites à la section *catalogue* du fichier de configuration */etc/X11/fs/config*.

Login graphique avec Xdm, Kdm ou Gdm

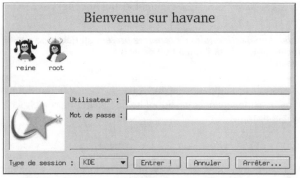

Fig. 3.21 :
Kdm, une fenêtre de login graphique

Le gestionnaire de sessions (*display manager*) peut être lancé automatiquement au démarrage du système. Il propose alors aux utilisateurs un login graphique. Il s'agit soit de Xdm (login graphique standard), soit de Kdm (login graphique au look KDE), soit de Gdm (login graphique au look GNOME).

Ce n'est toutefois pas la seule fonction de ce programme ; il permet aussi de lancer plusieurs bureaux X. Par exemple, l'un d'eux fonctionnera avec une résolution de 1 024 x 768 pixels et des couleurs sur 16 bits ; un autre, avec une résolution de 800 x 600 pixels et des couleurs sur 24 bits. Dans l'un, il est possible de lancer des applications TrueColor avec une faible résolution, l'autre bureau permettra de travailler normalement. Vous passez de l'un à l'autre par les touches de fonction.

Dans cette section, nous présentons uniquement l'activation du login graphique, la disposition du bureau et les fichiers de configuration nécessaires. Pour configurer un second bureau X, reportez-vous aux pages man de Xdm.

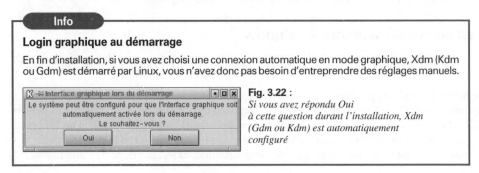

Info

Login graphique au démarrage

En fin d'installation, si vous avez choisi une connexion automatique en mode graphique, Xdm (Kdm ou Gdm) est démarré par Linux, vous n'avez donc pas besoin d'entreprendre des réglages manuels.

Fig. 3.22 :
*Si vous avez répondu Oui
à cette question durant l'installation, Xdm
(Gdm ou Kdm) est automatiquement
configuré*

Comment choisir son login graphique (gestionnaire de sessions)

Au démarrage, Linux lit et exécute les commandes contenues dans le fichier */etc/inittab*. Une des lignes de ce fichier déclenche l'exécution du fichier */etc/X11/prefdm*. Ce dernier permet de choisir le gestionnaire pour l'initialisation du système sous X-Window (le gestionnaire de sessions) quand la ligne id:5:initdefault: est présente : Xdm, Kdm ou Gdm.

Ce fichier vérifie le contenu de */etc/sysconfig/desktop* et lance :

▶ **/usr/bin/kdm**, si le fichier */etc/sysconfig/desktop* contient le mot KDE ;

▶ **/usr/bin/gdm**, si le fichier */etc/sysconfig/desktop* contient le mot Gnome ;

▶ **/usr/X11R6/bin/xdm**, si le fichier */etc/sysconfig/desktop* contient le mot AnotherLevel.

 Lisez la section *Choisir son gestionnaire de fenêtres préféré* au début de ce chapitre pour comprendre le rôle et l'utilisation du fichier */etc/sysconfig/desktop*.

Notons que le gestionnaire de sessions ainsi lancé ne dépend que du contenu du fichier */etc/sysconfig/desktop* et que l'on peut par la suite lancer le gestionnaire de fenêtres de son choix à l'aide de la liste d'options de la fenêtre de session.

Activer le login graphique

Le gestionnaire de sessions fonctionne de la manière suivante : X-Window est lancé, et l'utilisateur reçoit un login graphique. Après une introduction correcte de son nom et de son mot de passe, le script de démarrage de X-Window est exécuté, et le gestionnaire de fenêtres défini par l'utilisateur est activé. Une fois la session terminée, X-Window demeure actif, et le login graphique est de nouveau affiché.

Démarrage du gestionnaire de sessions

Avant de pouvoir lancer Xdm, X-Window doit évidemment être configuré correctement, et le bureau fermé. Vous vous trouvez donc en mode texte, et activez le programme par xdm. L'écran de login auquel vous indiquez nom d'utilisateur et mot de passe s'affiche alors, mais ce n'est pas certain.

▶ Si l'interface graphique est lancée telle qu'elle est configurée, Xdm peut être activé au démarrage du système. Continuez alors à la section *Activation automatique de Xdm au démarrage du système*.

▶ Si rien ne se passe à l'écran, la commutation en mode graphique a échoué, mais Xdm demeure actif en mémoire. Vous devez terminer brutalement ce programme pour aborder l'étape suivante. Passez pour cela dans une nouvelle console texte en appuyant sur les touches [Ctrl] et [Alt] et en choisissant une nouvelle console par [F2]. Tapez la commande ps ax | grep xdm pour déterminer le numéro du processus *xdm*.

L'une des lignes qui s'affichent présente la forme suivante, où 848 est ici le numéro de processus recherché.

```
848 ? S 0:00 xdm
```

Vous pouvez accéder au programme par ce numéro et le terminer au moyen de la commande suivante.

```
kill -9 848
```

Commutation du niveau d'exécution

Le système Linux peut être lancé et fonctionner à différents niveaux d'exécution (*run levels*). Après l'installation, le niveau d'exécution 3 est défini ; en revanche, le gestionnaire de sessions est activé au niveau d'exécution 5.

Linux étant en cours d'exécution, vous pouvez passer au niveau d'exécution 5 par la commande suivante.

```
init 5
```

À présent, comme à la première étape, le gestionnaire de sessions doit être lancé.

Activation automatique de Xdm au démarrage du système

Si la commutation vers le niveau d'exécution 5 s'est réalisée sans problème, vous pouvez lancer automatiquement Xdm (Kdm ou Gdm) à chaque démarrage du système : il suffit que Linux démarre à chaque fois au niveau d'exécution 5. Ce paramétrage est réalisé dans le fichier */etc/inittab*. Modifiez-le au moyen d'un éditeur (Emacs par exemple).

Dans la ligne suivante, définissez le niveau d'exécution initial. Il suffit de remplacer le chiffre 3 par 5.

```
id:3:initdefault: à remplacer par id:5:initdefault:
```

Un peu plus loin dans le fichier figure l'inscription qui lance le gestionnaire de sessions en niveau d'exécution 5.

```
# Run xdm in runlevel 5
x:5:respawn:/etc/X11/prefdm -nodaemon
```

Fichiers de configuration de Xdm

Les fichiers de configuration figurent dans le répertoire */etc/X11/xdm*. Le plus important est *xdm-config*, car il contient les références aux autres fichiers de configuration. Nous allons examiner certains d'entre eux. Le fichier *xdm-config* définit également le fichier dans lequel sont consignées les erreurs de Xdm (*/var/log/xdm-error.log* par défaut).

Choix de l'interface de travail

Vous pouvez connaître au moyen du fichier */etc/X11/Xsession* l'ordre dans lequel les fichiers sont explorés pour chercher la configuration de l'interface de travail. Le fichier *.xsession* du répertoire de l'utilisateur est ensuite vérifié.

```
startup=$HOME/.xsession
```

Le fichier d'un répertoire système peut également figurer ici, mais chaque utilisateur peut employer une interface de travail propre, c'est-à-dire son propre gestionnaire de fenêtres. Un tel fichier doit effectivement exister dans le répertoire de l'utilisateur.

Définition de l'interface

Xresources est un autre fichier de configuration de Xdm. Ici, sont, entre autres, définis la taille, le texte, les couleurs et les polices de la fenêtre de login. Vous pouvez indiquer dans le fichier *Xsetup_0* des programmes à lancer avant que ne s'affiche la fenêtre de login. Une image peut s'afficher sur le fond lorsque vous activez le programme correspondant.

> **Le projet XFree86**
>
> Le projet XFree86 produit la variante Open Source du système X-Windows adoptée par Linux, Free BSD, Mac OS X...
>
> http://www.xfree86.org/

3.2   GNOME : GNU Network Object Model Environment

Qu'est-ce que GNOME ?

Le projet GNOME a pour but de construire un environnement complet et convivial fondé sur des logiciels libres. Il est développé par de nombreuses personnes à qui l'on peut écrire sur le site officiel GNOME à l'adresse www.gnome.org. GNOME fait partie du projet GNU, sur lequel repose Linux. L'environnement consiste en de nombreux petits utilitaires et des applications plus larges qui partagent la même interface. GNOME utilise GTK comme librairie de base pour toutes les applications compatibles. GNOME est sélectionné par défaut à l'installation de Mandrake.

Configuration du démarrage

Voici maintenant comment vous devez procéder pour remplacer votre gestionnaire de fenêtres actuel (si vous en avez déjà un) par GNOME. Rendez-vous dans le répertoire */root* (répertoire maison de l'administrateur) ou dans le répertoire */home/X* (répertoire maison de l'utilisateur X), puis tapez les commandes suivantes.

```
[root@linux /root]# mv .xinitrc .xinitrc.old
[root@linux /root]# echo "/usr/bin/gnome-session" > .xinitrc
[root@linux /root]# chmod a+x .xinitrc
```

Vous obtiendrez un message d'erreur lors de l'exécution de la première commande si le fichier *.xinitrc* n'existe pas. Vous pouvez l'ignorer. La commande mv n'a ici pour seul but que de sauvegarder la configuration précédente.

Tapez startx : vous devriez voir apparaître GNOME comme sur l'image suivante.

```
[root@linux /root]# startx
```

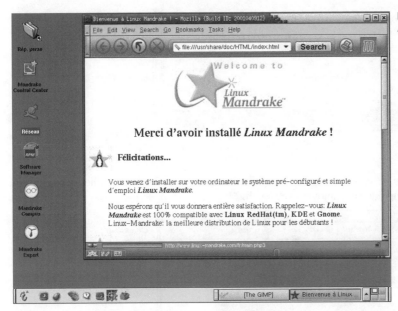

Fig. 3.23 :
Le bureau GNOME

Appuyez sur le bouton du menu principal (le pied), allez dans **Programmes> Paramètres** et lancez **Editeur de menus** pour changer les icônes ou ajouter des programmes, par exemple. Allez dans **Programmes>Paramètres**

Info

Ressources système sous GNOME

Bien qu'il soit moins gourmand en ressources que KDE, GNOME peut fonctionner lentement si vous disposez d'une machine ayant peu de RAM.

---

et lancez **Centre de contrôle GNOME** pour configurer, les effets spéciaux, le bureau, le son, les fonds d'écran, etc.

Applications de base

Le travail sous Linux implique l'édition de fichiers au format texte. L'essentiel de la configuration est enregistré sous cette forme, même si des frontaux graphiques masquent ce fait au débutant. Vi et Emacs sont deux éditeurs pratiques lorsqu'on se trouve volontairement ou non en mode console.

GNOME propose deux éditeurs plus confortables, pilotés par menus et icônes. Ils simplifient l'ouverture et la fermeture des fichiers, les opérations de copier-coller et la recherche de motifs.

Gxedit

Gxedit est un éditeur de texte polyvalent. Il sait générer des balises HTML et accepte des macros personnalisées compatibles avec le langage Awk. Il permet aussi de gérer son courrier électronique et les forums de discussion.

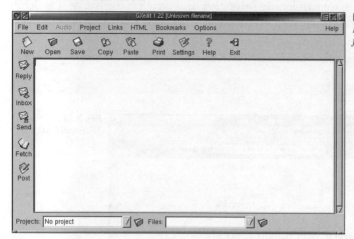

Fig. 3.24 :
L'éditeur à tout faire de GNOME

Gedit

Gedit est un éditeur de texte économe en mémoire. Il offre les fonctions essentielles, y compris un correcteur orthographique à employer avec Ispell.

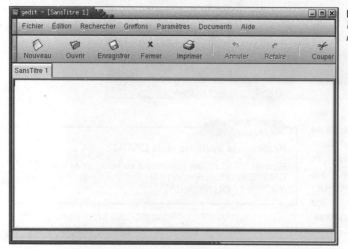

Fig. 3.25 :
Un éditeur minimaliste

Gnomecal

Gnomecal est un programme qui peut se révéler extrêmement pratique pour gérer son emploi du temps. Il joue le rôle de calendrier et d'agenda avec la possibilité d'y noter tous ses rendez-vous et une liste des choses à faire dans la journée. On peut même avoir une vue d'ensemble de la semaine ou du mois (Fig. 3.26).

Fig. 3.26 :
*Gestion de rendez-vous
avec Gnomecal*

Gnomecard

Gnomecard combine un carnet d'adresses et un gestionnaire de cartes de visite électronique au format vcard. Il permet l'échange des données habituellement trouvées sur les cartes de visite pour les applications telles que l'e-mail, la téléphonie, la navigation sur Internet ou bien la vidéoconférence.

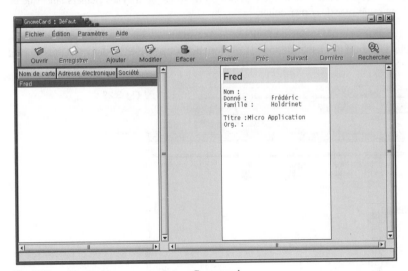

Fig. 3.27 :   *Rassemblez vos contacts avec Gnomecard*

Tableur Gnumeric

Gnumeric est développé dans le cadre du projet GNOME pour remplacer les tableurs commerciaux. Il fait l'objet de nombreux efforts de la part des développeurs et acquiert de nouvelles fonctions à chaque version. Il est déjà très complet et permet même d'importer des fichiers au format Excel.

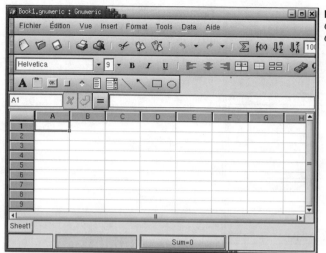

Fig. 3.28 :
*Gnumeric : le tableur
GNOME*

L'explorateur de fichiers GNOME standard : Midnight Commander

L'un des grands avantages de GNOME dans la course à la convivialité est son gestionnaire de fichiers Midnight Commander. Cet explorateur permet de se déplacer dans l'arborescence des disques durs, d'afficher le contenu de répertoires sous forme d'icônes ou de listes, de trier les fichiers ainsi que de réaliser les opérations courantes de copier-coller.

En effet, vous pouvez copier ou déplacer des fichiers aussi simplement que sous Microsoft Windows grâce à une simple opération de glisser-déposer. Cela fonctionne même entre deux fenêtres et avec le bureau.

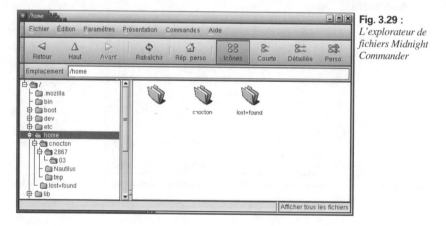

Fig. 3.29 :
*L'explorateur de
fichiers Midnight
Commander*

Nautilus : un explorateur de fichiers amélioré

Nautilus est un développement de la société Eazel. Il s'agit d'un explorateur de fichiers amélioré offrant une vue unifiée sur vos ressources locales ou web. La présentation de Nautilus peut être entièrement personnalisée, ce qui en fait un outil très flexible.

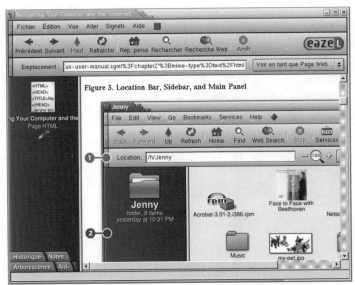

Fig. 3.30 :
Nautilus, une vue unifiée sur vos ressources

Applications Internet

Linux est un système d'exploitation naturellement orienté réseau. Voici quelques applications qui améliorent l'exploration du Net.

Gftp

Gftp est un client FTP qui présente l'arborescence locale, à gauche, et le contenu du site FTP distant, à droite. Vous sélectionnez les fichiers à transférer, puis vous choisissez le sens du transfert grâce à deux boutons en forme de flèche.

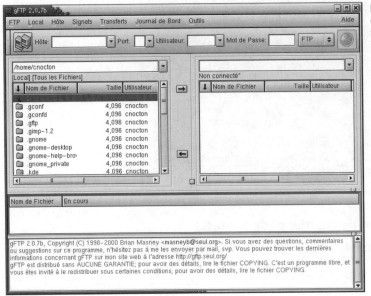

Fig. 3.31 :
Gftp est similaire à ws-ftp sous Windows 9x

Gnome PPP

Gnome-ppp Cet utilitaire configure, active ou désactive une connexion PPP (connexion à Internet par modem analogique). Vous pouvez configurer le numéro de téléphone à appeler, votre adresse IP, votre serveur DNS et les scripts de connexion.

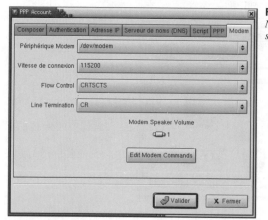

Fig. 3.32 :
Numéroteur PPP : un accès simplifié au Net

Client IRC Xchat

Xchat est un client IRC permettant de dialoguer en direct avec une personne à l'autre bout du monde. Ce programme présente presque toutes les fonctions importantes, comme les scripts. Il possède de plus une excellente interface où l'on peut discuter dans plusieurs salons en même temps.

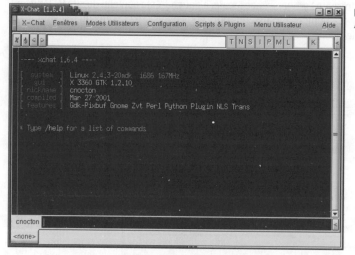

Fig. 3.33 :
Le client IRC de GNOME

Evolution : gestion de courrier et de contacts

Evolution est la seconde application développée par la société Eazel. Evolution regroupe un client de messagerie et des gestionnaires de rendez-vous et de contacts. Des filtres améliorent l'administration des courriers. L'ergonomie de l'application est sans reproche.

et de contacts. Des filtres améliorent l'administration des courriers. L'ergonomie de l'application est sans reproche.

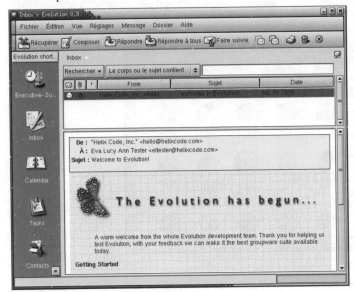

Fig. 3.34 :
Evolution, vue sur le courrier entrant

Application pour le multimédia

Mixeur audio

Le programme Gmix permet de régler le volume des différentes entrées et sorties de votre carte son. Il permet également de régler le gain en entrée et en sortie ainsi que les basses et les aigus.

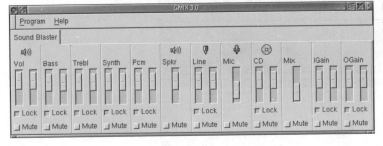

Fig. 3.35 :
Le contrôle du volume sous GNOME

Lecteur de CD

Gtcd est un lecteur de CD audio tout simple pour GNOME. Il monte automatiquement le CD dès qu'il est actif, et offre la possibilité d'affecter à des touches du clavier les différentes fonctions de lecture.

De plus, il est entièrement compatible avec le format CDDB. Gtcd se connecte sur une base de données web, recherche les informations correspondant à votre CD (interprète, nom de l'album, titres) grâce à une signature électronique présente sur le CD, et les affiche durant la lecture.

Fig. 3.36 :
Un lecteur de CD pour GNOME

Autres applications

GNOME a de nombreuses autres applications comme Gnorpm, qui permet de gérer les paquetages installés (installation, mise à jour, suppression, vérification et recherche d'informations).

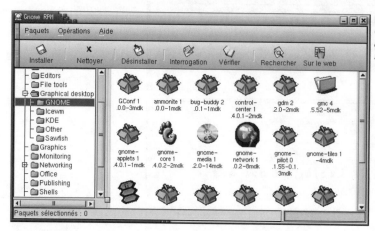

Fig. 3.37 :
Gestion GNOME des paquetages RPM

Renvoi   **Reportez-vous au chapitre *Administration système* pour plus d'informations sur Gnorpm.**

Vous disposez également d'une calculatrice présentant la plupart des fonctions scientifiques, d'un outil de recherche de fichier, ou bien d'un moniteur système permettant de voir tous les processus du système en temps réel, ainsi que la consommation mémoire, du temps CPU ou de la partition swap.

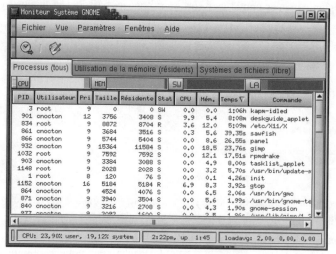

Fig. 3.38 :
Le moniteur système Gtop

Mise à jour de GNOME

L'environnement GNOME est en constante évolution. Le site Internet www.gnome.org diffuse les informations de la communauté. Vous y trouverez également des FAQ et des liens vers les sites FTP contenant les dernières versions des applications et librairies GNOME.

3.3   <u>KDE : K Desktop Environment</u>

KDE est le second bureau fourni en standard avec la distribution Mandrake 8.0 qui accompagne ce manuel. Il est installé par défaut. Le choix de GNOME ou de KDE comme environnement de travail quotidien est affaire d'appréciation personnelle. Les deux bureaux possèdent leurs adeptes et leurs détracteurs.

Philosophie du système KDE

KDE 2.1.1 est fondé sur la bibliothèque graphique Qt 2.3.0 créée par la société Troll Tech. Composée de classes d'objets C++, elle garantit le déploiement rapide d'applications graphiques de qualité. Les deux programmes Kwm et Konqueror sont au cœur de KDE. Kwm est un gestionnaire de fenêtres combinant les concepts les plus avantageux de différentes interfaces graphiques : de Microsoft Windows 9x, il a repris la barre des tâches et le menu de démarrage, dans lequel vous pouvez intégrer facilement et de manière hiérarchisée les divers programmes installés. Les utilitaires les plus importants peuvent également être placés dans le menu de démarrage, d'où ils peuvent ensuite être lancés d'un simple clic. À l'instar de l'interface Unix CDE (Common Desktop Environment), le panneau KDE vous propose jusqu'à 16 bureaux distincts. Vous pouvez passer de l'un à l'autre à l'aide de la souris ou des touches de fonction. Par ailleurs, une barre des tâches symbolise les fenêtres ouvertes et permet d'accéder rapidement à n'importe quel programme en cours d'exécution.

Le gestionnaire de fichiers et navigateur web Konqueror, successeur de Kfm, ajoute quelques fonctions à Kwm. Des icônes peuvent ainsi être déposées sur le bureau et activées d'un clic. S'il s'agit de programmes, ceux-ci sont exécutés, les pages web et sources FTP sont affichées tandis que les documents sont ouverts à l'aide des applications associées. Ce concept est abouti. Il suffit de cliquer sur l'icône du lecteur de CD-Rom pour monter automatiquement le CD-Rom se trouvant dans le lecteur et en afficher le contenu.

Le concept de modèle (*template*) introduit par OS/2 permet de créer de nouveaux fichiers ou objets de bureau en glissant sur le Bureau un modèle issu du dossier correspondant. Les propriétés manquantes du nouvel objet, par exemple le nom de fichier, peuvent ensuite être définies.

KDE est une interface orientée Internet : le gestionnaire de fichiers comprend ainsi les protocoles FTP et HTTP. Il joue le rôle de navigateur web ou client FTP d'appoint. L'aide en ligne est ainsi disponible sous forme de fichiers HTML. Du point de vue de KDE, il n'y a pas de différences essentielles entre les données locales de votre ordinateur et celles qui se trouvent sur un serveur Internet distant.

L'internationalisation est une autre caractéristique importante du système KDE : toute l'interface d'un programme KDE est disponible en différentes langues grâce à l'entrée *Personnalisation>Pays & Langue* de l'onglet **Index** du centre de contrôle KDE.

Automatisation du démarrage

Voici maintenant comment vous devez procéder pour remplacer votre gestionnaire de fenêtres actuel par KDE. Rendez-vous dans le répertoire */root* (répertoire maison de l'administrateur) ou */home/X* (répertoire maison de l'utilisateur X), puis tapez les commandes suivantes.

```
[root@linux /root]# mv .xinitrc .xinitrc.old
[root@linux /root]# echo "/usr/bin/startkde" > .xinitrc
[root@linux /root]# chmod a+x .xinitrc
```

Vous obtiendrez un message d'erreur lors de l'exécution de la première commande si le fichier *.xinitrc* n'existe pas. Vous pouvez l'ignorer. La commande mv n'a ici pour seul but que de sauvegarder la configuration précédente.

Tapez startx. Vous devriez voir apparaître l'écran d'accueil de KDE.

```
[root@linux /root]# startx
```

Premiers pas avec KDE

Nous décrivons ici les programmes qui forment l'essentiel de l'interface KDE. Ces programmes sont le gestionnaire de fenêtres Kwm, l'explorateur de fichiers et navigateur web Konqueror, le panneau Kpanel, le programme de configuration Kcontrol et le gestionnaire de sessions Kdm.

Le gestionnaire de fenêtres : Kwm

Kwm (K Window Manager) est le gestionnaire de fenêtres intégré à KDE. Il contrôle jusqu'à 16 bureaux simultanément. Un seul de ces bureaux est affiché à un instant donné. Les autres bureaux sont virtuels. On passe de l'un à l'autre à l'aide des combinaisons de touches (Ctrl)+(Fn), en cliquant dans le barre de tâches ou à l'aide du troisième bouton de la souris.

Chaque gestionnaire de fenêtres possède une symbolique particulière : représentation des bordures et boutons de la barre de titre, agrandissement et réduction des fenêtres diffèrent de l'un à l'autre. Kwm offre les possibilités suivantes :

► Vous pouvez réduire ou agrandir une fenêtre en pointant avec la souris n'importe quel endroit de la bordure. Cliquez et maintenez le bouton de la souris enfoncé pendant que vous glisser le côté ou l'angle à la position souhaitée. Lorsque vous relâchez le bouton de la souris, la fenêtre s'affiche avec sa nouvelle taille et son contenu est adapté en conséquence.

► Vous pouvez réduire une fenêtre en icône en cliquant sur le bouton de la barre de titre représentant un point. La fenêtre disparaît alors de l'écran, mais demeure dans la barre des tâches, où son nom est mis entre parenthèses pour indiquer son statut particulier. Un clic sur l'icône de la barre des tâches redonne à la fenêtre sa taille et sa position initiales. Elle redevient donc visible. L'expression "réduire en icône" n'a pas tout à fait la même signification que sous Windows 3.x, car la fenêtre n'apparaît pas sous forme d'icône du bureau. Elle est représentée par un bouton dans la barre des tâches, à l'instar de Windows 9x.

► Une fenêtre peut être agrandie à la taille maximale par le bouton représentant un carré. Elle est alors développée aux plus grandes dimensions possibles dans toutes les directions, la place nécessaire à la barre des tâches et au menu de démarrage étant réservée à ces éléments, quelle que soit leur position. La fenêtre ayant sa taille maximale, un nouveau clic sur le carré lui redonne sa taille précédente.

► Un clic sur le bouton situé à l'extrême gauche de la barre de titre ouvre un menu contenant les fonctions accessibles naturellement à la souris. On y trouve également la commande **Sur le bureau**, qui déplace la fenêtre vers un autre bureau virtuel, où elle s'affiche alors à la même position que sur son bureau d'origine.

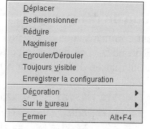

Fig. 3.39 :
Menu contextuel d'une fenêtre (notez la commande Sur le bureau)

▶ Une fenêtre peut être déplacée de deux manières. Vous pouvez cliquer sur sa barre de titre, maintenir le bouton gauche de la souris enfoncé et la glisser à la position souhaitée. L'autre solution, pratique surtout si la barre de titre n'est pas visible, consiste à bouger la souris tout en maintenant la touche [Alt] enfoncée. La fenêtre suit alors les mouvements du curseur.

▶ Si vous souhaitez qu'une fenêtre soit affichée à l'écran quel que soit le bureau actif, cliquez sur le bouton représentant une punaise. C'est intéressant pour la fenêtre d'état d'une connexion Internet, par exemple.

▶ Il existe deux variantes pour fermer une fenêtre : un clic sur le bouton en forme de croix (à droite) met fin au programme en lui envoyant un signal SIGTERM. Avec cette méthode, le programme peut encore tenter d'enregistrer des fichiers ou d'afficher un avertissement. Si cela ne fonctionne pas, il reste une méthode plus brutale : la combinaison de touches [Ctrl]+[Alt]+[Échap] transforme le pointeur de la souris en une tête de mort, et la fenêtre sur laquelle vous cliquez est fermée immédiatement par un signal SIGKILL. Dans ce cas, l'application correspondante n'a plus aucune chance d'enregistrer des données. N'utilisez donc cette possibilité qu'en tout dernier ressort, par exemple lorsqu'une fenêtre ne réagit plus du tout.

Le gestionnaire de fichiers : Konqueror

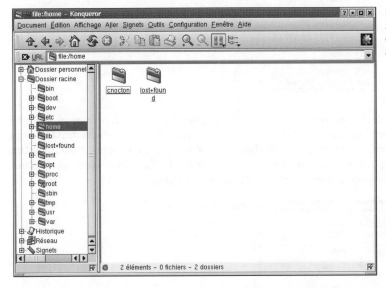

Fig. 3.40 :
La tâche principale de Konqueror est la gestion des fichiers

Le deuxième élément majeur de KDE est le gestionnaire de fichiers, Konqueror. Les tâches qui lui sont dévolues sont nombreuses, et ce sont elles qui donnent toute sa fonctionnalité à KDE. Konqueror est tout d'abord un gestionnaire de fichiers capable d'afficher, de copier, de déplacer, de renommer ou de supprimer des fichiers et répertoires, et cela dans plusieurs fenêtres. Konqueror peut être vu comme un mélange d'Active Desktop, de navigateur web, de client FTP, de système d'aide et de gestionnaire de fichiers. L'affichage de votre répertoire personnel peut vous faire penser à un navigateur web. La syntaxe de l'URL (par exemple `file:/home/X`) est ainsi celle que l'on retrouve dans Netscape et d'autres programmes similaires.

Konqueror étant une application orientée Web, vous pouvez très bien indiquer des URL de la forme `http://...` ou `ftp://...` à la place d'URL de fichiers locaux. Konqueror établit dans ce cas une connexion avec le serveur spécifié et affiche le contenu de la page ou du répertoire FTP sélectionné. Pour initier un transfert entre un répertoire FTP et un répertoire local, il suffit alors d'ouvrir une autre fenêtre Konqueror et de copier les fichiers souhaités par glisser-déposer. Cela fonctionne même entre deux fenêtres FTP : vous pouvez donc réorganiser des fichiers sur des serveurs FTP de cette manière.

Des modèles comme dans OS/2

Parmi les fonctions très appréciées de Windows 9x ou de OS/2 figure la possibilité de placer sur le bureau des icônes associées au lancement d'un programme ou à l'ouverture d'un document. La même chose est possible sous Linux avec Konqueror, et ce de manière fort élégante grâce aux modèles. Ils s'emploient très facilement, par un clic du bouton droit de la souris sur un emplacement libre du bureau. Choisissez la commande **Créer à partir d'un modèle**, puis l'un des modèles standard proposés.

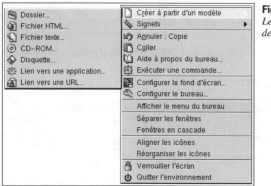

Fig. 3.41 :
Les modèles standard de KDE

La boîte de dialogue des **Propriétés** du menu contextuel d'une URL Internet permet par exemple d'indiquer une page web qui sera ouverte d'un clic sur cette icône. Entrez simplement dans le champ *Nom*, de l'onglet **Général**, un nom de fichier obligatoirement terminé par `.kdelnk` ou `.desktop` (par exemple `microapp.kdelnk`). Dans la zone *URL* de l'onglet **URL**, vous pouvez ensuite entrer l'adresse Internet correspondante (par exemple http://www.microapp.com).

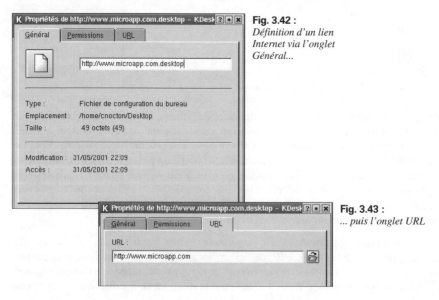

Fig. 3.42 :
Définition d'un lien Internet via l'onglet Général...

Fig. 3.43 :
... puis l'onglet URL

Avec ce procédé, un fichier *$HOME/Desktop/microapp.kdelnk* contenant toutes les informations nécessaires pour la nouvelle icône du bureau est créé. Il existe des boîtes de dialogue similaires pour les autres modèles.

Les modèles sont enregistrés dans des fichiers avec l'extension *.kdelnk* (KDE Link) ou *.desktop*. Ce type de fichier joue un rôle essentiel dans l'organisation du fonctionnement de KDE : toutes les commandes de menu et icônes du bureau tirent leur fonctionnalité du contenu d'un tel fichier qui, à l'instar d'un raccourci Windows, contient des informations en clair (sous forme de texte) sur un objet donné. Nous vous proposerons, dans cette section, d'autres exemples d'utilisation de ce type de fichier.

Konqueror dispose également d'une fonction de signet : avec la commande **Signets>Ajouter un signet**, vous pouvez, comme dans Netscape, ajouter à votre liste de signets personnelle, sous *$HOME/.kde/share/apps/konqueror/boorkmarks.xml*, l'URL actuellement affichée. La commande **Signets>Modifier les signets** affiche directement cette liste codée au format XML, de sorte que vous pouvez y apporter les modifications voulues.

Info

Ouvrir une fenêtre Konqueror avec les droits de l'utilisateur root

Si vous êtes connecté sans les droits d'utilisateur root, vous pouvez néanmoins obtenir une fenêtre Konqueror avec les droits en question. Il vous suffit de presser la combinaison de touches Alt+F2 et d'indiquer la commande **konqueror**. Cliquez sur le bouton **Options** et cochez la case *Exécuter sous un autre nom d'utilisateur*. Tapez le mot de passe de l'administrateur, puis validez. La fenêtre Konqueror s'affiche, dans laquelle vous jouissez des droits de l'administrateur. Vous pouvez, par exemple, modifier des fichiers dans */etc*.

La barre de démarrage, Kpanel

Le panneau KDE combine un menu et une barre de tâches. Dans la configuration standard, une barre se trouve sur le bord inférieur du panneau. À son extrémité gauche, elle comporte un menu hiérarchisé, à partir duquel peuvent être démarrés tous les programmes KDE installés, ainsi que les programmes étrangers reconnus par KDE. Vous pouvez configurer vous-même ce menu à l'aide du programme Menudrake. Cette barre des tâches contient, en outre, des boutons vous permettant de basculer rapidement vers n'importe lequel des autres bureaux.

Le deuxième composant majeur de Kpanel est la barre des tâches. Elle regroupe toutes les fenêtres ouvertes de tous les bureaux. Les noms des fenêtres que vous avez réduites d'un clic sur le bouton figurant un point apparaissent ici entre parenthèses. Elles se différencient ainsi des fenêtres actives. Vous pouvez également réduire une fenêtre en icône ou la restaurer dans sa taille normale en cliquant avec le troisième bouton sur l'icône correspondante dans la barre des tâches.

Connexion avec le gestionnaire de sessions : Kdm

Le gestionnaire de sessions Kdm peut remplacer Xdm. Il propose une fenêtre de connexion graphique. Cette petite fonctionnalité, destinée avant tout à améliorer le confort d'utilisation, permet d'afficher pour chaque utilisateur une image (par exemple une photo ou une des icônes de l'illustration ci-dessous) avec le nom d'utilisateur. Il suffit alors de cliquer sur l'image en question et de taper le mot de passe correspondant. Si vous considérez qu'il s'agit ici d'un point faible dans la sécurité du système (par exemple sur des PC Linux accessibles au public), vous pouvez, bien entendu, décider de vous en passer.

Fig. 3.44 :
La fenêtre de connexion de Kdm

Le centre de contrôle de KDE, Kcontrol

Le centre de contrôle KDE, Kcontrol, sert au paramétrage de l'interface. Les différents programmes de la commande **Configuration>KDE** du menu de démarrage y sont présentés :

▶   *File Browsing* (types MIME, Konqueror) ;

▶   *Gestion d'énergie* (moniteur batteries, alertes) ;

▶   *Informations* (matériel embarqué, configuration) ;

▶   *LookNFeel* (personnalisation des éléments du bureau) ;

▶   *Navigation Internet* (cookies, proxies, Konqueror, client Samba) ;

▶   *Personnalisation* (accessibilité, langue, clavier) ;

▶   *Périphériques* (clavier, souris) ;

▶   *Réseau* (infos réseau local) ;

▶   *Son* (cloche, mixage, serveur) ;

▶   *Système* (contrôleurs embarqués, heure système).

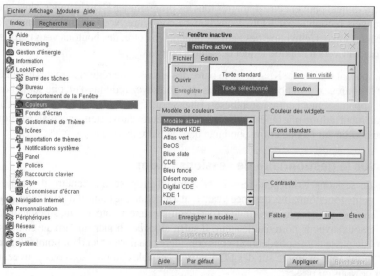

Fig. 3.45 :
Dans le centre de contrôle de KDE, vous pouvez choisir notamment parmi différents jeux de couleurs

Si vous activez le centre de contrôle KDE en tant qu'utilisateur normal, c'est-à-dire sans les droits de l'utilisateur root, vous n'avez aucune possibilité de modifier les paramètres. Ce privilège est réservé à l'administrateur.

Outils du système KDE

Outre ces programmes constituant le noyau du système KDE, il existe un nombre croissant d'applications développées spécialement pour KDE. Elles présentent quelques avantages par rapport aux programmes X standard :

▶ L'apparence de tous les programmes KDE est uniforme, du moins si leurs auteurs ont respecté le *guide de style KDE*. Cela signifie que l'utilisateur retrouvera et comprendra plus rapidement certaines fonctions dans les nouveaux programmes.

▶ Les paramètres que vous définissez dans le centre de contrôle de KDE sont immédiatement appliqués à toutes les fenêtres KDE ouvertes. C'est le cas des tailles de caractères, par exemple, ou du style *Motif* ou *Windows* des fenêtres.

▶ Les aptitudes au glisser-déposer de KDE se retrouvent également dans toutes les applications KDE. Vous pouvez, par exemple, glisser un document Postscript d'une fenêtre Konqueror vers une fenêtre Kghostview ouverte, où ce document s'affiche alors. Cela ne fonctionne pas avec des programmes non KDE.

Programmes KDE

Nous vous proposons maintenant un aperçu des programmes KDE actuellement disponibles, en reprenant la hiérarchie du menu de démarrage.

Menu Applications

Ark (sous-menu Archivage>Compression)

Ark est un utilitaire d'archivage KDE gérant les formats de compressions couramment rencontrés sous Linux, dont TAR et GZ. Les archives portant l'extension *.tar* et *.tar.gz* ou *.tgz* peuvent ainsi être ouvertes par Ark. Vous pouvez ajouter des fichiers et même des répertoires entiers à une archive en les glissant avec la souris depuis des fenêtres Konqueror. L'inverse, c'est-à-dire l'extraction par glisser-déposer, n'est pas possible. Pour extraire des fichiers, vous devez en effet indiquer un répertoire de destination. Les fichiers texte peuvent être ouverts dans un éditeur d'un simple clic. Le gestionnaire de fichiers Konqueror étant lui-même capable d'éditer ces archives, l'utilisation d'Ark n'est pas obligatoire. L'avantage de ce programme est qu'il affiche dans une fenêtre le contenu de l'archive avec tous les sous-répertoires. Dans Konqueror, en revanche, vous devez parcourir la hiérarchie des différents répertoires de l'archive pour accéder à un fichier donné. Les deux méthodes sont complémentaires, car chacune offre certains avantages en fonction de la situation.

Fig. 3.46 :
Archivage avec Ark

Kedit (sous-menu Editeurs)

À l'instar de GNOME, KDE propose des éditeurs légers. Kedit sait vérifier l'orthographe d'un texte avec le correcteur Ispell.

Fig. 3.47 :
Kedit

Kfind (sous-menu Outils fichier)

Avec Kfind, vous pouvez parcourir l'arborescence en totalité ou en partie seulement ; vous pouvez utiliser les caractères génériques (* et ?) et limiter la recherche de fichiers d'après la date de modification ou le type (par exemple les documents Postscript). Les fichiers trouvés sont affichés sur une liste.

Fig. 3.48 :
Résultat d'une recherche avec Kfind

Kpm (sous-menu Surveillance)

Le moniteurs de tâches KDE affiche tous les processus en cours. Un historique de la charge du processeur est également représenté (Fig. 3.49).

Kghostview (sous-menu Edition)

C'est la variante KDE de Ghostview avec laquelle vous pouvez visualiser des documents Postscript et PDF. Les combinaisons de touches [Ctrl]+[+] et [Ctrl]+[-] permettent de modifier le facteur de zoom et avec [PgPréc] et [PgSuiv], vous pouvez faire défiler le document page par page. Un bouton permettant d'atteindre une page précise est également disponible (Fig. 3.50).

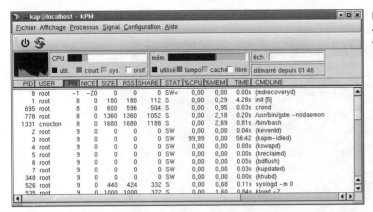

Fig. 3.49 :
Surveillez la charge système

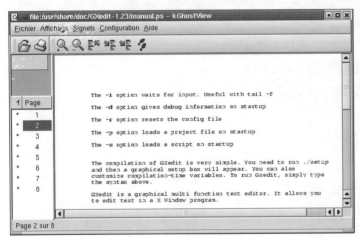

Fig. 3.50 :
Visualisez des fichiers PostScript avec Kghostview

Menu Documentation

Aide KDE

Le système d'aide de KDE et de tous les programmes développés pour cet environnement est fondé sur le format de fichier html. Il n'existe pas de fichiers d'aide classiques pouvant être lus avec la commande man. En complément, la commande **Les conseils de Kandalf** affiche un conseil du jour (Fig. 3.51).

Menu Configuration

Kfloppy (sous-menu Matériel)

Il s'agit, cette fois, d'un programme de formatage de disquettes. Vous avez le choix entre le format Dos (utilisé par MS-DOS, Windows 95/NT et OS/2) et le format Ext2fs (système de fichiers propre à Linux avec lequel est également formatée la partition Linux). Le choix vous est également proposé entre un formatage rapide ou complet. Si le format DOS est retenu, vous avez la possibilité d'indiquer un nom de volume (Fig. 3.52).

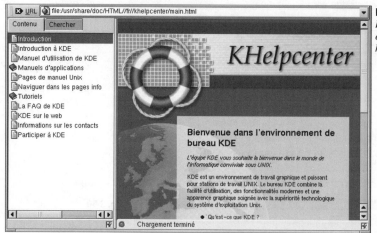

Fig. 3.51 :
*Rubrique de l'aide
en ligne au format
html*

Fig. 3.52 :
*L'utilitaire
de formatage
de disquette*

Menu Multimédia

Kscd (sous-menu Son)

Les serveurs CDDB (CD Data Base) d'Internet contiennent les informations complètes (interprète, nom de l'album et titres) d'une multitude de CD. Il suffit de placer votre CD dans le lecteur de CD-Rom et de démarrer le programme Kscd, compatible CDDB. Grâce à une signature unique sur chaque CD, il recherche les informations correspondantes sur le serveur CDDB et les affiche durant la lecture des morceaux.

Fig. 3.53 :
Le lecteur de CD fourni avec KDE

Kview (sous-menu Graphique)

Kview est un visualiseur d'images qui, outre l'affichage des formats graphiques habituels, permet également de visualiser une séquence automatique d'images. Plusieurs fichiers image peuvent être placés dans la fenêtre Kview par glisser-déposer, et la "projection" commence d'un clic. La vitesse de projection peut également être paramétrée depuis la fenêtre de contrôle.

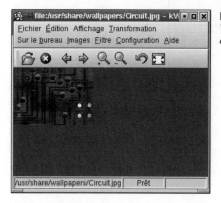

Fig. 3.54 :
Visualiseur
d'images Kview

Menu réseau

Kmail (sous-menu Courrier)

Kmail est un programme de gestion d'e-mail doté d'une interface fort réussie. Il prend en charge l'insertion de pièces jointes et le cryptage avec PGP.

Fig. 3.55 :
Client Kmail

Knode (sous-menu Nouvelles)

Le lecteur de news de KDE est très confortable et comporte les options habituelles, notamment un schéma d'évaluation permettant de trier les messages d'après leur intérêt. Le paquetage composé de Konqueror, Knode et Kmail constitue une alternative intéressante à Netscape Communicator, qui est très gourmand en espace disque.

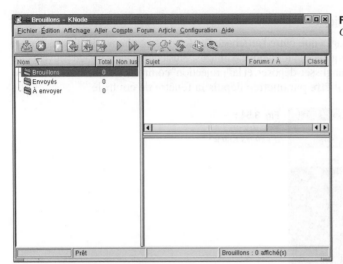

Fig. 3.56 :
Client Knode

Kppp (sous-menu Accès distant)

Avec Kppp, vous pouvez configurer et démarrer vos liaisons Internet PPP. Si plusieurs fournisseurs d'accès sont disponibles, vous pouvez installer plusieurs accès.

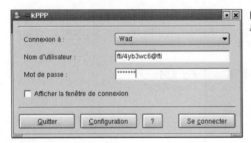

Fig. 3.57 :
Numéroteur Kppp

Menu Bureautique

Karm

Ce traqueur de temps permet de déterminer combien de temps vous consacrez chaque jour à différentes tâches. Vous pouvez créer une liste de projets et sélectionner à tout moment celui sur lequel vous travaillez. Karm comptabilise alors le temps passé à cette tâche.

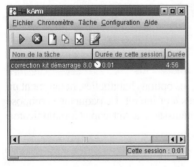

Fig. 3.58 :
Traqueur de temps

Suite Koffice

La suite Koffice regroupe un traitement de textes (Kword), un tableur (Kspread), un grapheur (Kchart), un logiciel de dessin vectoriel (Killustrator) et un module de présentation (Kpresenter). Ces outils sont suffisants pour entreprendre des tâches de Bureautique ordinaires. Les composants sont organisés autour d'un espace de travail commun, comme le montre l'illustration suivante.

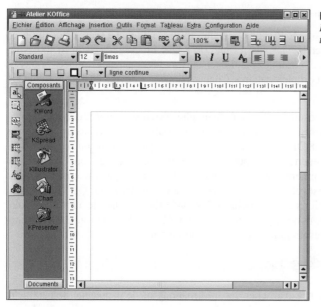

Fig. 3.59 :
L'espace de travail Koffice

Menu Terminaux

Rxvt

Rxvt est un des terminaux du paquetage KDE. Tout comme Xterm, il prend en charge la couleur. La taille des caractères ainsi que les couleurs peuvent être changées en cours de fonctionnement, grâce à une structure de menu bien conçue. Le système KDE utilise Rxvt pour exécuter les programmes fonctionnant en mode texte dans une fenêtre console.

Fig. 3.60 :
Rxvt, le remplaçant de Xterm

Mise à jour de KDE

KDE est développé en permanence par de nombreux auteurs. Il est donc parfaitement possible qu'il existe déjà une version plus récente au moment où ce livre sera mis en vente. Pour vous tenir informé des évolutions, vous pouvez consulter le serveur WWW du projet KDE, www.kde.org. Toute nouvelle version y est signalée.

Procédez de la façon suivante pour effectuer une mise à jour de votre version.

Le serveur FTP ftp://ftp.kde.org/pub/kde et ses sites miroirs tiennent à votre disposition, en vue de son téléchargement, la version la plus récente de KDE. Procurez-vous ainsi toutes les archives contenant le code source et compilez celui-ci en suivant les consignes données ci-dessus pour l'installation de programmes complémentaires. Chaque paquetage devrait ensuite pouvoir être installé avec make install.

Les développeurs de KDE ne proposent malheureusement plus d'archives *.rpm* déjà compilées. Si néanmoins vous trouvez ce que vous cherchez, vous pouvez installer de nouvelles archives *.rpm* par-dessus la version courante de KDE, à l'aide de la commande rpm -U nom_package.rpm (U pour *Upgrade*). Assurez-vous cependant au préalable que la nouvelle version de KDE est compatible avec la version couramment installée de Qt (aussi bien en ce qui concerne le numéro de version que le compilateur utilisé) et que vous ne devez pas aussi mettre à jour Qt. Vous devriez normalement trouver ces informations dans les fichiers *README* figurant dans le même répertoire FTP que les paquetages KDE. Si vous ne disposez pas de fichier *README*, vous pouvez déterminer la version de Qt dont vous avez besoin grâce à la commande suivante.

```
rpm -qp --requires nom_package.rpm
```

Les paramètres -qp demandent à rpm d'afficher des informations sur le paquetage, le paramètre complémentaire --requires servant à indiquer tous les autres paquetages dont dépend celui qui est spécifié. Les informations obtenues sont malheureusement partielles : vous pouvez uniquement savoir si la version 1 ou 2 de Qt est exigée, mais vous n'avez aucune information permettant de dire qu'il s'agit de la sous-version 1.42.

Ce n'est cependant pas un problème important, car, en général, vous pouvez partir du principe que les programmes complémentaires récents sont fondés sur les mêmes bibliothèques que la version courante de KDE. Si ce n'est pas le cas, vous trouverez très probablement un message approprié à un moment donné.

Dépannage : KDE ne démarre plus

Si, à la suite d'une mise à jour, KDE ne peut plus être démarré, vous pouvez dans tous les cas revenir à la version 1.1. Passez dans le répertoire contenant vos archives et, en tant qu'utilisateur root, tapez la commande suivante.

```
rpm -i --nodeps --force kde*.rpm qt*.rpm
```

La bibliothèque Qt ainsi que les paquetages KDE sont alors remis dans leur état initial.

Sources d'informations sur KDE

KDE est un projet communautaire tirant parti de la dimension et de la rapidité de transmission du réseau Internet. Les composants KDE sont le fruit du travail de nombreux bénévoles. La page d'accueil du projet KDE se trouve à l'adresse www.kde.org. Elle pointe vers des rubriques thématiques traduites dans de nombreuses langues dont le français. Consultez particulièrement les sections consacrées à la suite Bureautique Koffice et à Konqueror, le navigateur universel successeur de Kfm. Un portail KDE évoque également l'actualité KDE à l'adresse `www.kde.com`.

Fig. 3.61 : *La page d'accueil du projet KDE : www.kde.org*

Vous y trouverez les informations importantes sur l'état actuel du développement de KDE ainsi que les librairies et programmes KDE 2.1.x en téléchargement. Une liste de miroirs FTP contribuera à accélérer le téléchargement et à réduire son coût si votre accès Internet est facturé à la durée.

Les développeurs consulteront la documentation technique et les sources en lignes gérées grâce au système de gestion de sources CVS.

La hiérarchie francophone de forums ne comprend pas de groupe de discussion dédié à KDE. Une branche `fr.comp.os.linux` est consacrée aux aspects particuliers de Linux. Le serveur web de KDE héberge quelques listes de diffusion en anglais.

Chapitre 4

Le shell

ous supposons que vous connaissez déjà les quelques éléments de base nécessaires au bon maniement d'un système Linux. Vous devez, par exemple, savoir passer l'étape de la connexion au système et être maintenant prêt à saisir des commandes. Vous allez trouver ci-après des informations sur certains aspects particuliers du shell, le programme de gestion de la ligne de commande. Nous étudierons en particulier le Bourne Again Shell (bash). Nous n'étudierons pas cependant l'aspect relatif à la programmation du shell. Nous vous renvoyons pour cela à la pléthore d'ouvrages plus ou moins spécialisés consacrés à ce sujet, de même qu'aux ressources Internet.

Inernet @

Programmation du shell

Le HOWTO intitulé "Bash Programming" introduit les bases de la programmation du shell Bourne. Il est accessible en anglais sur le site du projet de documentation Linux (LDP) à l'adresse http://www.linuxdoc.org/.

Une traduction sera prochainement disponible sur le site portail francophone (http://www.traduc.org/).

4.1   Qu'est-ce qu'un shell ?

Le shell est la liaison la plus élémentaire entre vous (l'utilisateur) et le système d'exploitation. Vous tapez des commandes qui seront interprétées par le shell et transmises au système d'exploitation. Bien que de nombreuses opérations, comme le déplacement ou la copie de fichiers, le lancement de programmes et la modification de la configuration de Linux, puissent être réalisées très facilement au moyen de programmes X-Window, que vous pouvez lancer dans le menu de démarrage de votre Window Manager, vous exploiterez de temps en temps un shell, par exemple parce que le lancement de X-Window a échoué.

Il est donc intéressant de connaître les possibilités offertes par un shell. Il est possible d'y accomplir facilement de nombreuses opérations, vous n'avez pas à utiliser un chemin complexe pour parvenir à une fonction d'un logiciel (par exemple, dans le style de l'explorateur de Windows). Vous saisissez directement la commande dans le shell.

De nombreuses commandes du shell sont communes au prompt MS-DOS. Vous y accédez grâce à l'interpréteur de commandes *COMMAND.COM*. Et, effectivement, *COMMAND.COM* représente dans la terminologie Linux le shell standard de MS-DOS. DOS exploite également ce principe : ainsi, vous pouvez remplacer *COMMAND.COM* par un autre programme de

---

fonctionnalité équivalente, par exemple *4dos.com*, en insérant dans le fichier *C:\CONFIG.SYS* une ligne du type suivant.

```
SHELL=c:\dos\4dos.com /p
```

Sous Windows, dans le menu **Démarrer**, la commande **Exécuter** ouvre une boîte de dialogue dans laquelle *COMMAND.COM* s'exécute.

De même, sous Linux, chaque console dans laquelle vous vous inscrivez, comme chaque fenêtre xterm que vous ouvrez sous X-Window, lance le shell standard de l'utilisateur, généralement le programme */bin/bash* (Bourne Again Shell).

Un shell se reconnaît à son prompt caractéristique. Selon les réglages, il peut ressembler à ceci :

```
[user@ordinateur repertoire]$ _

[root@ordinateur repertoire]# _
```

Entre les crochets, [et], figurent quelques informations sur l'état actuel du shell. Au début, vous trouvez le nom de l'utilisateur déclaré, ici `user` ou `root`. Après le caractère @, vous voyez le nom abrégé de l'ordinateur qui a été défini à la configuration du réseau : un nom du type `machine.quelque.part.fr` deviendra `machine` simplement. Après l'espace, vous lisez le nom du répertoire actuel, et non le chemin complet : si vous vous trouvez dans le répertoire */mnt/cdrom/Mandrake*, seul s'affichera `Mandrake`.

Que signifie l'expression "se trouver ou être dans un répertoire" ? Lorsque vous travaillez dans un shell, il existe toujours un répertoire de travail actuel. Si, dans le shell, vous tapez la commande `ls` pour visualiser le contenu, la commande se rapporte à ce répertoire de travail. Après la connexion, il s'agit de */home/user*, où "user" représente le nom de l'utilisateur. La commande `cd` (*change directory*, "changer de répertoire") permet de changer de répertoire actuel, par exemple de remonter d'un cran dans l'arborescence par `cd ..`, exactement comme sous MS-DOS dans le shell *COMMAND.COM*.

Le caractère qui suit les crochets ($ ou #) précise les privilèges de votre inscription : dans le cas d'un utilisateur classique figurera un signe dollar ($) l'administrateur root recevra un signe dièse (#).

Ces signes ($ ou #) et le curseur clignotant qui suit constituent une invite à saisir une commande. Une fois que la commande est exécutée - ce peut être l'affichage de plusieurs pages de texte ou aucun affichage -, ce prompt s'affiche de nouveau pour vous informer qu'elle a été complètement traitée et que le shell attend l'ordre suivant.

Précisons que le prompt peut aussi prendre les formes suivantes.

```
user@ordinateur :/home/user > _

root@ordinateur :/home/user # _
```

Les noms de l'utilisateur et de l'ordinateur séparés par un caractère @ figurent ici également. Ils sont suivis d'un deux-points introduisant le chemin complet du répertoire actuel et enfin d'un > ou d'un # : # signale aussi que l'administrateur root est inscrit ; le signe >, qu'il s'agit d'un utilisateur.

4.2   Saisie des commandes

En affichant le prompt, le shell montre qu'il est prêt à recevoir des commandes. Lors de la saisie des commandes, vous aurez à respecter un certain nombre de règles. Ces règles sont regroupées dans ce que l'on a coutume d'appeler la syntaxe de commande. Voici les éléments de la syntaxe de commande du shell.

> **Astuce**
>
> **Linux permet plusieurs connexions simultanées**
>
> En théorie, on peut se connecter plusieurs fois en même temps sur une même machine. Linux gère à cet effet des écrans virtuels que l'on peut activer avec la combinaison de touches [Alt] + Touche de fonction. En utilisant par exemple [Alt] + [F2], Linux active un deuxième écran virtuel sans que la session du premier écran n'en soit affectée.

▶ Dans la ligne en cours de saisie, le shell essaie de reconnaître des mots. Pour différencier chacun d'eux, vous les séparerez par un espace.

▶ Le premier mot de la ligne est le nom de la commande, qui doit toujours être suivi d'un espace. Les noms de la plupart des commandes se composent de lettres minuscules, et c'est bien ainsi qu'il faut les saisir, car le shell fait la distinction entre minuscules et majuscules.

▶ Les autres mots faisant partie de la ligne de commande sont des paramètres (on dit aussi arguments ou options). Ils déterminent le mode de travail des commandes. En matière de paramètres, on distingue deux sous-groupes. Certains paramètres sont précédés du signe "-", il s'agit des options. À l'inverse, les paramètres ne commençant pas par un signe "-" sont appelés des arguments.

Vous aimeriez à présent entrer sans tarder quelques commandes afin de vous faire une idée des performances de Linux. Mais, lors de la saisie, vous ne serez pas à l'abri d'une faute de frappe. Dans l'exemple qui suit, on tente d'activer la commande date et le shell sanctionne l'erreur de syntaxe par le message suivant.

```
microapp:~$ datz
bash: datz: command not found
microapp:~$
```

Cette situation n'est pas grave, vous pouvez retaper en toute tranquillité la commande. Si vous remarquez l'erreur avant la validation de la commande, vous disposez de quelques possibilités de correction. La touche [Retour Arrière] est utilisée comme touche de correction. Sur les PC, elle est située au-dessus de la touche [Entrée]. Lorsque vous appuyez sur la touche [Retour Arrière], le caractère placé devant le curseur est effacé.

Le shell avec lequel nous travaillons ici (en l'occurrence le Bourne Again Shell, "bash" en abrégé) offre quelques possibilités supplémentaires pour corriger les saisies. Avec la touche [Flèche haut], la dernière commande s'affiche à nouveau sur la ligne de commande. Vous pouvez en outre utiliser les touches [Flèche gauche], [Flèche droite] et [Flèche bas] pour vous déplacer sur la ligne de commande. Lorsque vous appuyez sur [Flèche haut], la ligne de commande précédente s'affiche et vous pouvez vous y déplacer avec les touches [Flèche gauche] et [Flèche droite].

Tout nouveau caractère tapé est alors inséré dans le texte existant. La touche [Retour Arrière] permet d'effacer le caractère devant le curseur. Ce sont là les possibilités de correction les plus importantes.

Nous verrons d'autres possibilités de modification des saisies un peu plus loin.

Saisie des options de commandes

Nous allons utiliser la commande who pour montrer les effets d'une option sur la commande de base. Dans l'extrait suivant, nous avons ajouté à who le paramètre -H. Dans ce cas, la commande affiche un titre (*heading*, en anglais) au-dessus de chaque colonne.

Si vous ajoutez les arguments am i à cette même commande who, vous n'obtiendrez plus que vos propres coordonnées dans le système.

```
microapp:~$ who am i
microapp!david  ttyp0    Sep 18 12:23 (194.51.83.41)
microapp:~$ who -H
USER     LINE    LOGIN-TIME     FROM
david    tty1    Sep 18 14:26
olivier  ttyp0   Sep 18 12:23 (194.51.83.1)
gaelle   ttyp1   Sep 18 12:44 (194.51.83.2)
microapp:~$
```

La commande who est aussi un bon exemple pour montrer avec quelle facilité on peut afficher des informations à propos d'une commande. En effet, si vous activez who avec une option inconnue (par exemple -y), vous obtenez une brève remarque signalant que, en tapant --help, vous pouvez afficher un texte d'aide.

Ce texte d'aide contient les principales informations relatives à cette commande, sous une forme brève et concise.

```
microapp:~$ who -y
who: illegal option -- y
who: too many arguments
Try 'who --help' for more information.
microapp:~$ who --help
Usage: who [OPTION]... [ FILE | ARG1 ARG2 ]
  -H, --heading      print line of column headings
  -T, -w, --mesg     add user's message status as +, - or ?
  -i, -u, --idle     add user idle time as HOURS:MINUTES, . or old
  -m                 only hostname and user associated with stdin
  -q, --count        all login names and number of users logged on
  -s                 (ignored)
      --help         display this help and exit
      --message      same as -T
      --version      output version information and exit
      -w-riteable    same as -T
If FILE not given, uses /etc/utmp.  /etc/wtmp as FILE is common.
If ARG1 ARG2 given, --m presumed: 'am i' or 'mom likes' are usual.
microapp:~$
```

De nombreuses commandes (malheureusement pas toutes) se comportent de la même manière. Essayez cette option --help chaque fois que vous avez un doute sur une option. Si vous avez besoin de plus de précisions sur une commande, utilisez la commande man (que nous allons étudier plus loin).

4.3   Interruption d'une commande

La saisie correcte de la commande n'est pas affaire de chance, mais présente pour le débutant toute une série de pièges. Ainsi peut-il arriver que l'on se trompe dans le nom d'une commande. Parmi la multitude des commandes possibles, les risques d'erreurs sont grands.

Une deuxième source d'erreur classique est la saisie de la bonne commande, mais avec des options erronées ou des éléments incorrects. Le résultat sera souvent différent de celui qui était prévu au départ, et c'est dans ce genre de situation que vous auriez besoin d'une combinaison de touches interrompant la commande en cours et rétablissant la situation initiale.

Dans la version Linux dont nous disposons, c'est la combinaison de touches Ctrl+C qui est prévue pour interrompre une commande en cours d'exécution. Il arrive parfois qu'il faille attendre un moment pour voir réapparaître le prompt du shell. Cela montre que le programme produit ses sorties plus rapidement que Linux ne sait les afficher à l'écran.

Lorsque Ctrl+C ne fonctionne pas

Dans tous les cas où la combinaison de touches Ctrl+C ne fonctionne pas, il faut utiliser une commande pour savoir quelles touches doivent être actionnées. Il s'agit de la commande stty, que l'on tape avec l'option -a pour obtenir l'affichage suivant.

```
microapp:~$ stty -a
speed 9600 baud; rows 0; columns 0; line = 0;
intr = ^C; quit = ^\; erase = ^?; kill = ^U; eof = ^D; eol = <undef>;
eol2 = <undef>; start = ^Q; stop = ^S; susp = ^Z; rprnt = ^R; werase = ^W;
lnext = ^V; flush = ^O; min = 1; time = 0;
-parenb -parodd cs8 -hupcl -cstopb cread -clocal -crtscts
-ignbrk -brkint -ignpar -parmrk -inpck -istrip -inlcr -igncr icrnl ixon -ixoff
-iuclc -ixany -imaxbel
opost -olcuc -ocrnl onlcr -onocr -onlret -ofill -ofdel nl0 cr0 tab0 bs0 vt0 ff0
isig icanon iexten echo echoe echok -echonl -noflsh -xcase -tostop -echoprt
echoctl echoke
microapp:~$
```

C'est l'information intr= qui nous intéresse dans ce cas précis. On y trouve la touche, ou combinaison de touches, qui permet d'interrompre une commande. Dans notre exemple, il s'agit de la combinaison de touches Ctrl+C, ce qui explique que l'on trouve ici la mention ^C.

Si vous trouvez en revanche la mention DEL, cela signifie que vous devez appuyer sur la touche Suppr au lieu de Ctrl+C. Pour le moment, nous ne nous intéresserons pas aux autres indications fournies par cette commande.

4.4   Premières informations sur un système Linux

Les premières commandes dont nous allons parler permettent à l'utilisateur d'obtenir des informations sur l'état de son système Linux. Il s'agit, entre autres, de :

▶   la commande date, affichant la date et l'heure système ;

▶   la commande who, indiquant les utilisateurs connectés au système ;

▶ la commande cal pour l'affichage d'un calendrier ;

▶ la commande man pour l'affichage de la documentation intégrée.

L'extrait ci-dessous présente le résultat des commandes date et who. La commande who affiche pour tous les utilisateurs connectés au système les informations suivantes :

▶ nom de l'utilisateur ;

▶ terminal sur lequel travaille cet utilisateur ;

▶ heure de la connexion.

```
microapp:~$ date
Wed Sep 18 14:25:04 MET DST 1996
microapp:~$ who
david     tty1      Sep 18 14:26
olivier   ttyp0     Sep 18 12:23 (194.51.83.1)
gaelle    ttyp1     Sep 18 12:44 (194.51.83.2)
microapp:~$
```

Dans cet exemple, l'utilisateur david s'est connecté directement au PC Linux. L'utilisatrice gaelle, en revanche, a employé une autre machine (avec l'adresse réseau 194.51.83.2, en l'occurrence) et la commande telnet pour travailler sur le système Linux. L'utilisateur olivier travaille depuis un troisième PC sur l'ordinateur Linux.

4.5   Obtenir de l'aide sur une commande

La commande man permet d'obtenir des informations sur les commandes. Les systèmes Linux disposent de la référence des commandes directement sur le disque dur. Cela permet d'économiser du papier et souvent aussi de longues recherches dans les manuels. On parle dans ce cas de documentation ou de manuel en ligne. La commande man attend comme argument la commande pour laquelle vous recherchez des explications. En général, la documentation est en anglais. Chaque sujet est structuré de la même manière.

NAME

Il s'agit du nom de la commande dont la fonction est brièvement décrite.

SYNOPSIS

Le synopsis reprend toutes les possibilités de saisie liées à cette commande, autrement dit sa syntaxe. Malheureusement, ces descriptions de syntaxe sont parfois peu claires et demandent un certain temps de compréhension.

DESCRIPTION

Explication courte et condensée des conséquences de la commande. Là encore, ce paragraphe ne brille que rarement par sa clarté, et il vous faudra souvent un certain temps avant d'en comprendre le sens.

FILES

Dans ce paragraphe vous sont indiqués les fichiers modifiés par la commande ou nécessaires au moment de la saisie.

SEE ALSO

Il s'agit de références croisées vers d'autres commandes qui sont souvent utilisées en relation avec celle pour laquelle vous avez demandé des explications.

DIAGNOSTICS

Explications des messages d'erreurs susceptibles d'être affichés par la commande.

BUGS

Pour certaines commandes, des erreurs sont connues et répertoriées dans des circonstances particulières. Ces situations sont décrites pour vous éviter toute surprise.

EXAMPLE

Chaque activation de commande est présentée sur la base de quelques exemples. Ces exemples sont malheureusement souvent trop peu nombreux.

4.6 Types de commandes et syntaxe

Le premier mot placé dans la ligne de saisie est la commande elle-même. Le shell procède selon une méthode bien définie lors du traitement de la ligne de commande.

1. La première opération du système consiste à vérifier si le nom de commande correspond à une commande interne. La solution la plus rapide pour déterminer quelles sont les commandes internes est de consulter le manuel en ligne du shell utilisé (*bash*, par exemple).

2. Si ce n'est pas le cas, le système partira à la recherche d'un fichier portant ce nom, à des emplacements bien précis de l'arborescence.

Pour toutes les commandes externes, un nouveau processus est lancé. Les commandes internes, quant à elles, sont exécutées à partir du shell actif.

Fonctions et alias

Mais il existe d'autres mécanismes qui influent sur l'exécution ou la recherche des noms de commande, par exemple les fonctions. Elles sont traitées à partir du shell actif, mais ne sont trouvées et exécutées qu'après les commandes internes.

Il existe en outre le mécanisme des alias, à l'aide duquel le premier mot de la ligne de saisie, donc le nom de la commande, est remplacé avant que d'autres mécanismes ne soient mis en œuvre. Ainsi est-il aussi possible de modifier les procédures de travail pour des commandes internes.

Mécanisme des alias

Un alias est une abréviation de commande, voire de plusieurs mots de la ligne de commande. Le remplacement d'un alias a lieu avant tous les autres remplacements ou substitutions sur la ligne de saisie.

Vous ne serez sans doute pas surpris si l'on vous dit qu'un alias se définit avec la commande `alias`.

```
alias Nom=texte
```

Le nom d'un alias se compose de lettres et de chiffres, mais il ne doit pas commencer par un caractère spécial.

Le remplacement de l'alias n'a lieu que s'il est en première position sur la ligne de commande, c'est-à-dire à la place de la commande elle-même. Il y a, comme toujours, une exception à cette règle : si les textes d'alias se terminent par un espace, des noms d'alias sont également recherchés dans la suite de la commande et substitués le cas échéant.

Après ces considérations théoriques, voici quelques exemples qui vous permettront de mieux comprendre l'emploi des alias.

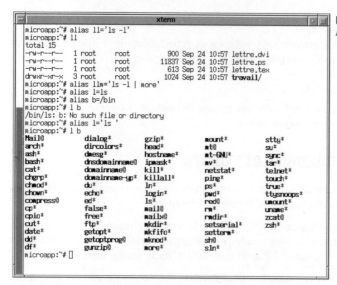

Fig. 4.1 :
Effet d'un alias sur une commande

Dans l'exemple précédent, l'alias 11 est défini et associé au texte de remplacement ls -l. Si le premier mot de la ligne de saisie est 11, il est aussitôt remplacé par ls -l. Les caractères spéciaux ainsi que l'espace doivent être verrouillés par l'apostrophe ou par tout autre mécanisme afin d'inhiber leur signification particulière. L'alias 11m est ensuite associé à une séquence de commandes.

Pour terminer, l'exemple montre aussi comment procède le shell lors du remplacement de plusieurs alias dans une ligne. L'alias 1 ayant été défini sans espace à la fin, aucune substitution n'est plus opérée derrière la commande correspondante. Après le message d'erreur, on redéfinit l'alias 1 en ajoutant un espace à la fin du texte correspondant. Le deuxième alias de la ligne est alors également remplacé. Vous obtenez la liste des fichiers contenus dans le répertoire */bin*.

Si vous activez la commande alias sans aucun paramètre, vous obtenez la liste des alias déjà définis. Elle se présente selon le modèle ci-après.

Fig. 4.2 :
Liste des alias définis

Supprimer un alias

La commande unalias supprime les alias que vous avez définis.

```
unalias 11
```

Cette commande efface, par exemple, la définition de l'alias 11. Avec l'option -a, vous supprimez en une seule fois tous les alias définis.

Redirection et filtre

La redirection des entrées-sorties

La redirection des entrées-sorties est une des principales caractéristiques du shell, dont la puissance n'a d'égale que la simplicité. La réputation de Linux comme système d'exploitation souple et performant est due en grande partie aux possibilités offertes de rediriger, directement ou indirectement, les entrées-sorties.

Principe de la redirection

Beaucoup d'utilitaires Linux envoient des informations à l'écran. Il est parfois difficile d'avoir une vue d'ensemble immédiate de ces informations. Dans ce cas, il serait intéressant de pouvoir envoyer ces données dans un fichier, de les rediriger. Grâce à un éditeur de texte, vous pouvez ensuite les modifier ou en prendre connaissance tranquillement.

Toutes les commandes utilisent des canaux d'entrées-sorties pour lire des données ou transmettre leurs informations. Le canal d'entrée utilisé en général pour la lecture est lié au clavier. Linux pilote les canaux d'entrées-sorties de manière indépendante pour chaque utilisateur, chacun voyant son clavier lié à un canal d'entrée. Linux gère de la même façon les canaux de sortie. Le canal de sortie par défaut est lié à l'écran devant lequel est assis l'utilisateur.

Fig. 4.3 :
*Principe
d'une interface utilisateur
standard*

Canal d'entrée standard — Application — Canal de sortie standard

Le shell est en mesure, à chaque commande de l'utilisateur, de manipuler très rapidement les canaux d'entrées-sorties de façon qu'ils ne soient plus liés au clavier ou à l'écran, mais à un fichier. La commande lit alors directement les données depuis un fichier, et non plus à partir du clavier, ou les écrit dans un fichier au lieu de les afficher. En réalité, les commandes ne savent même pas qu'elles influent sur un fichier au lieu du périphérique traditionnel. Les différentes étapes d'une redirection des entrées-sorties vont êtres décrites dans les sections qui suivent.

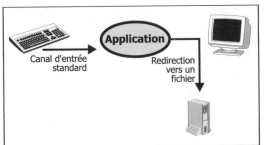

Fig. 4.4 :
*Redirection
de la sortie
d'une application*

Canal d'entrée standard — Application — Redirection vers un fichier

Redirection de sortie

La commande ls affiche ses informations à l'écran. Si vous préférez les enregistrer dans un fichier, vous devez placer derrière la commande le signe > et le nom du fichier correspondant. Entre le signe > et le nom, des espaces sont autorisés. Tout ce que la commande ls transmettra sera automatiquement placé dans le fichier en question.

Deux situations sont à envisager. Dans la première, le fichier n'existe pas encore. Dans ce cas, il est créé. Dans la seconde, un fichier de même nom existe déjà et, dans ce cas, son contenu est écrasé par les données transmises par la commande. C'est également vrai si la commande placée devant le signe > est incorrecte sur le plan de la syntaxe et ne produit aucune sortie.

Nous pouvons en déduire également l'ordre d'exécution des commandes par le shell. Il commence par chercher les caractères spéciaux de la ligne de commande. S'il trouve un signe >, le fichier est créé, quoi qu'il arrive. Ce n'est que lors de l'étape suivante que le shell essaie de lancer la commande placée devant le signe >.

Fig. 4.5 :
Redirection de la sortie

Double redirection de sortie

Il n'est pas toujours judicieux d'écraser l'ancien fichier par les données de la commande. Dans ce cas, vous pouvez utiliser le signe >> (doublé). Ce signe permettra par exemple d'ajouter, sur la liste des fichiers d'un répertoire, la date et le chemin d'accès du répertoire courant. Si le fichier dont le nom suit le signe > n'existe pas encore, il est créé.

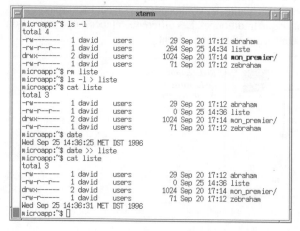

Fig. 4.6 :
Double redirection de la sortie

Redirection d'entrée

Certaines commandes attendent leurs données depuis le clavier. Mais il est possible de les lire depuis un fichier en utilisant le signe < suivi du nom du fichier. Une exception existe cependant pour l'éditeur. Il n'est pas possible de lui affecter une redirection d'entrée-sortie sans provoquer d'importants problèmes.

Voyons la redirection d'entrée avec la commande wc (en anglais *word count*). Cette commande lit à partir du clavier les caractères, lignes et fichiers complets, en effectuant le décompte des caractères, des mots et des lignes.

Comme le montre l'illustration suivante, la commande fonctionne également sans redirection d'entrée. Elle ne prend alors en compte que les saisies au clavier. Pour effectuer le décompte, vous terminerez la saisie par les touches Ctrl+D sur une ligne vierge. L'illustration montre cette même commande redirigée pour lire le contenu du fichier que nous avons utilisé au paragraphe précédent.

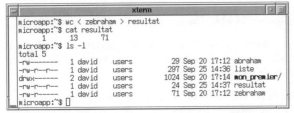

Fig. 4.7 :
De nombreux filtres peuvent recevoir leurs entrées du clavier

La commande wc dispose de trois options : -1, -w et -c. Elles permettent de définir l'action désirée : calcul du nombre de lignes (-1, en anglais *lines*), du nombre de mots (-w, en anglais *word*) ou du nombre de caractères (-c, en anglais *characters*).

La redirection d'entrée et de sortie dans une même ligne de saisie est parfaitement combinable. L'illustration suivante utilise la commande wc en guise d'exemple. Elle lit dans un fichier grâce à une redirection d'entrée et transfère le résultat (en l'occurrence les trois chiffres) dans un autre fichier par une redirection de sortie. Ce fichier ne contiendra ainsi que les trois valeurs redirigées. L'ordre n'a pas d'importance dans ce cas précis. Avec des redirections complexes, vous serez cependant obligé de prendre en compte le fait que le shell travaille de gauche à droite.

```
                        xterm
microapp:~$ wc < zebraham > resultat
microapp:~$ cat resultat
      1      13      71
microapp:~$ ls -l
total 5
-rw-------   1 david    users         29 Sep 20 17:12 abraham
-rw-r--r--   1 david    users        297 Sep 25 14:36 liste
drwx------   2 david    users       1024 Sep 20 17:14 mon_premier/
-rw-r--r--   1 david    users         24 Sep 25 14:37 resultat
-rw-r-----   1 david    users         71 Sep 20 17:12 zebraham
microapp:~$ []
```

Fig. 4.8 :
Combinaison de redirections

Canaux standard

Les redirections que nous venons de voir ont trait aux canaux d'entrée et de sortie standard mis à la disposition de tous les programmes. Dans la littérature, vous trouverez souvent les termes américains correspondants et on vous parlera de *stdout* (*standard output*) pour le canal de sortie standard ou de *stdin* (*standard input*) pour le canal d'entrée standard.

Parallèlement à ces deux canaux, chaque programme dispose encore de la possibilité d'envoyer à l'écran des messages d'erreur par un canal de sortie séparé. C'est la raison pour laquelle les messages d'erreur, ou les avertissements, apparaissent quelquefois à l'écran, bien qu'une redirection de sortie ait été spécifiée dans la ligne de commande. Si vous souhaitez influer sur cet élément, il vous faudra donc rediriger le canal standard d'erreur (*stderr*, *standard error*). Vous utiliserez pour cela la commande suivante.

```
2> Nom de fichier
```

Cette notation est utilisée par beaucoup de systèmes Unix et provient de leur fonctionnement général. En interne, Linux numérote tous les canaux d'entrée et de sortie. Le canal d'entrée standard est le numéro 0, le canal de sortie standard est le numéro 1 et le canal d'erreur standard est le numéro 2. Toutes les redirections peuvent être dotées d'un numéro. Ainsi est-il possible d'écrire 0< au lieu de < et 1> au lieu de >. Mais cela ne ferait que compliquer les choses. Pour la redirection du canal standard d'erreur, aucune abréviation n'est disponible, car le shell ne saurait pas faire la distinction entre la redirection du canal de sortie standard et celle du canal d'erreur standard.

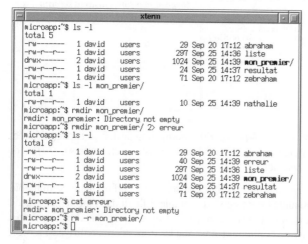

Fig. 4.9 :
Les canaux standard

Herescript

Le shell permet également l'emploi du signe << (doublé). Mais son rôle est totalement différent.

Il vous arrivera régulièrement de vouloir ajouter un texte fixe à des commandes dans la ligne de saisie, par l'intermédiaire du canal d'entrée standard. Il est possible de stocker ce texte dans un fichier et de le traiter par la suite à l'aide d'une redirection d'entrée.

Aucun traitement des caractères spéciaux ne pourra avoir lieu sur ce texte. Les caractères spéciaux destinés aux noms de fichier ne seront pas reconnus, et les affectations de variables ne seront pas exécutées. Et c'est là qu'interviennent les *herescripts*, dont le nom est intraduisible en français.

L'illustration 4.10 montre l'activation de la commande wc. Elle est transmise à un *herescript* par le signe <<. Derrière ce signe est placé un mot définissant le début et la fin du *herescript*. Nous utilisons ici le point d'exclamation. Dès qu'un point d'exclamation apparaît comme premier caractère d'une ligne, le *herescript* prend fin ainsi que le texte qui est alors transmis à la commande.

Les caractères spéciaux d'un *herescript* devront être verrouillés par des barres obliques inversées (\). Il est aussi possible de verrouiller le mot de début et de fin du *herescript* (par exemple avec une barre oblique inversée). Dans ce cas, aucun des caractères spéciaux placés dans le texte ne sera exploité, ni reconnu par le shell.

Si le signe << est directement suivi d'un signe -, le système effectuera un traitement particulier des marques de tabulation. Les tabulations placées en début de ligne dans le texte du *herescript* ne seront pas transmises à la commande. Ces *herescripts* prennent toute leur importance lors de l'utilisation des shell scripts.

```
xterm
microapp:~# wc << Fin
> a b c d
> e f g h
> Fin
    2      8     16
microapp:~# cat << !
> Le débit de l'eau est beau mais le débit de lait est laid
> !
Le débit de l'eau est beau mais le débit de lait est laid
microapp:~# []
```

Fig. 4.10 :
Exemple de herescript

Réunion de canaux

Le shell traite les lignes de saisie de la gauche vers la droite. Si plusieurs redirections d'entrée-sortie apparaissent, elles seront également traitées de la gauche vers la droite.

L'ordre de traitement est d'une importance particulière pour les réunions de canaux. Il est par exemple possible de réunir le canal de sortie standard et le canal d'erreur standard en un canal unique, en utilisant la syntaxe suivante.

```
...>Fichier 2>&1
```

Cette commande redirige le canal de sortie standard vers le fichier *Fichier* et réunit en un seul et même canal le canal de sortie standard et le canal d'erreur standard.

Si vous utilisez la réunion (2>&1) au mauvais endroit, c'est-à-dire avant la première redirection, vous n'arriverez pas à l'effet voulu. Car, dans ce cas, le canal d'erreur standard sera redirigé vers le canal de sortie standard et, au moment de cette opération, le canal de sortie standard est encore utilisé. Finalement, le canal de sortie standard serait redirigé vers le fichier *Fichier*, mais le canal d'erreur standard resterait, quant à lui, dirigé vers l'écran.

Ouverture de nouveaux canaux

Le shell permet d'ouvrir simultanément et parallèlement, outre les trois canaux que nous connaissons déjà, sept autres canaux. À l'instar des canaux standard, ils sont identifiés par un numéro.

Ces numéros de canaux peuvent être placés devant le signe de redirection d'entrée-sortie. Lors de la redirection d'une entrée-sortie standard, ces numéros sont en général omis. Mais il est parfaitement possible d'écrire 0< ou 1> pour les canaux standard.

Il faut toutefois mentionner le numéro du canal d'erreur standard devant le signe de redirection pour permettre au shell de reconnaître le canal effectif sur lequel porte l'opération (Fig. 4.11).

À l'aide de la commande exec, vous pourrez ouvrir les canaux 3 à 9. Avec cette commande, le canal 3 est ouvert en tant que canal de sortie du fichier *xyz*. Ainsi, le fichier *xyz* sera ouvert, mais sans être immédiatement de nouveau fermé.

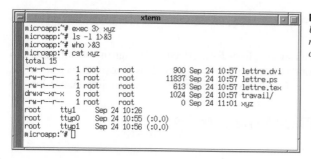

Fig. 4.11 :
Utilisation de nouveaux canaux

Les essais d'écriture suivants par ce canal 3 seront ensuite exécutés grâce à une simple redirection. Dans tous les cas, la sortie d'une commande devra être redirigée à l'emplacement où pointe déjà le canal 3 (par exemple 1>&3). Le chiffre 1 de la réunion des canaux 1 et 3 peut être omis. Pour la commande suivante, la sortie de la commande who sera accrochée au contenu déjà existant du fichier *xyz*, bien qu'il n'y ait eu qu'une simple redirection.

Le canal 3 reste ouvert jusqu'à ce que sa fermeture soit formellement demandée. Dans ce cas, il faudra réunir le canal 3 avec le pseudo-canal -.

```
microapp:~$ exec 3>&-
microapp:~$ who >&3
bash: 3: Bad file number
microapp:~$
```

Tous les essais d'écriture par le canal 3 dans le fichier *xyz* feront maintenant l'objet d'un message d'erreur.

Un canal peut aussi être utilisé successivement comme canal d'entrée ou canal de sortie. La seule contrainte est de le fermer entre les deux emplois. Après ouverture du canal 3 pour lire le fichier *abraham*, la commande wc peut lire par ce nouveau canal.

```
microapp:~$ exec 3< abraham
microapp:~$ wc <&3
      6       8      66
microapp:~$
```

Ces possibilités permettront ultérieurement d'ouvrir des fichiers de protocole dans des shell scripts et d'y envoyer tous les messages, sans avoir à toucher aux canaux standard.

Les filtres

Sous Linux, il existe tout un ensemble de commandes qui savent lire les données du clavier et retourner un résultat à l'écran. Pour ces deux activités (aussi bien la lecture que l'écriture), vous pouvez définir une redirection. Ces commandes sont regroupées sous le nom générique de filtre. Un filtre (ou une commande filtre) est un programme sachant écrire et lire des données par les canaux d'entrée et de sortie standard.

Transmettre des données d'une commande à une autre

Les possibilités de redirection des entrées et sorties permettent de résoudre bien des problèmes de manière simple. Vous vous demanderez parfois combien de fichiers sont contenus dans un répertoire. La première possibilité est d'utiliser la commande 1s pour afficher les fichiers et ensuite les compter. Mais si les fichiers sont nombreux au point de ne pas tous tenir à l'écran, l'opération se complique. Une autre solution consiste à écrire tous les noms de fichier dans un fichier et d'en faire compter le nombre de lignes par la commande wc.

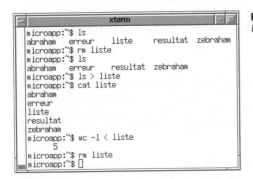

Fig. 4.12 :
Un exemple en deux étapes

Relier les commandes par un tube

Cette solution est déjà beaucoup plus intéressante, mais présente un inconvénient. Le fichier créé à l'occasion de cette redirection n'a une raison d'être que très temporaire. Il peut être supprimé tout de suite après l'activation de la commande wc. Si vous oubliez de le faire, vous accumulerez au fil du temps toute une série de fichiers sans aucun intérêt, mais occupant de l'espace disque.

Pour établir une liaison directe entre le canal de sortie standard d'une commande et le canal d'entrée standard d'une autre, il existe le signe | (le tube, en anglais *pipeline*). Toutes les données renvoyées par la commande placée à gauche de ce signe à travers le canal de sortie standard sont envoyées au canal d'entrée standard de la commande placée à droite. Et voici que se dessine une autre solution pour notre problème de comptage, qui ressemblerait à peu près à ceci.

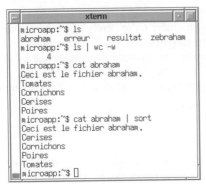

Fig. 4.13 :
Un exemple en une seule étape

Il ne manque plus alors qu'une série de programmes de filtres pouvant être reliés par l'intermédiaire de tubes. Vous vous reporterez pour cela à la liste ci-dessous. Mais avant, voici quelques informations complémentaires sur les tubes :

1 Le signe tube (|) peut être placé à plusieurs reprises dans une même ligne de commande. Il n'existe aucune limite.

2 La première commande d'un tube n'est pas obligatoirement un filtre. C'est le cas des commandes who et ls, qui ne sont pas des filtres.

(3) La dernière commande n'est pas non plus obligatoirement un filtre. Par exemple, il est tout à fait possible de placer la commande 1p à la fin d'un tube. Cette commande lit les données du canal d'entrée standard, mais envoie les données de sortie vers l'imprimante et non vers l'écran.

(4) À la fin du tube, la dernière commande peut également être dotée d'une redirection de sortie si le résultat ne doit pas apparaître à l'écran, mais doit être stocké dans un fichier.

Principales commandes de filtre

Nous allons vous présenter ici quelques-unes des principales commandes de filtre. Il s'agit, et c'est leur caractéristique commune, de commandes pouvant lire des données autrement que par le canal d'entrée standard. Si vous ajoutez le nom d'un fichier comme paramètre à l'une de ces commandes, elles liront leurs données dans ce fichier et non par l'intermédiaire du canal d'entrée standard.

▶   Trier le contenu de fichiers

La commande sort lit des données ligne par ligne par le canal d'entrée standard, et retourne ces données triées par le canal de sortie standard. Par défaut, c'est l'ensemble des éléments de la ligne de commande qui sont triés.

▶   Paginer l'affichage d'un fichier

La commande more lit du texte par le canal d'entrée standard et retourne ces données page par page à l'écran. Après chaque page, elle affiche en bas de l'écran le texte "-More--". En appuyant sur la barre d'espace, vous affichez la page suivante. Si vous appuyez sur Entrée, seule la ligne suivante apparaît. Tapez h ou ? pour afficher un écran d'information sur les autres possibilités de la commande more.

La commande pg fonctionne selon le même principe que la commande more. Là aussi, un texte est affiché page par page. Après l'affichage d'une page écran, un deux-points est affiché dans la dernière ligne en guise de prompt. La touche Entrée permet d'afficher la page suivante. La touche h suivie d'une validation par Entrée affiche des informations complémentaires sur la commande pg.

▶   Rechercher une ligne précise dans un fichier

La commande grep contient comme premier paramètre un critère de recherche. Ce critère peut contenir les mêmes caractères spéciaux que ceux qui sont employés sous vi lors des recherches. Cette commande cherche, parmi toutes les lignes d'un fichier ou du canal d'entrée standard, les lignes qui contiennent le critère et les retourne par le canal de sortie standard. Pour des raisons que nous vous expliquerons par la suite, le critère doit être placé entre apostrophes ('). En voici un exemple.

```
grep '[Dd]avid' < Texte
```

Cette commande cherche toutes les lignes contenant les mots *David* ou *david*. Les données sont lues dans le fichier *Texte*. Seules les lignes contenant le critère sont retournées par le canal standard de sortie.

Regroupement de commandes

Le scénario suivant donne une idée de l'intérêt du regroupement de commandes.

Il s'agit de lancer un groupe de commandes (par exemple 1s, ps et who). Ces commandes doivent être exécutées successivement, mais toutes doivent également être indépendantes du shell.

Pour finir, nous souhaitons une redirection de la sortie de ces trois commandes dans le même fichier, appelé *liste*.

Au niveau actuel de nos connaissances, nous n'avons pas les moyens de réaliser cette opération. Et c'est là que le shell met à notre disposition les parenthèses. Ces parenthèses créent un sous-shell qui va prendre en charge l'exécution des commandes placées entre ces parenthèses.

```
                              xterm
microapp:~$ ( ls -l; ps ; who ) > liste &
[1] 274
microapp:~$ cat liste
total 4
-rw--------   1 david     users          29 Sep 20 17:12 abraham
-rw-r--r--    1 david     users           0 Sep 24 11:03 liste
drwx------    2 david     users        1024 Sep 20 17:14 mon_premier/
-rw-r--r--    1 david     users         161 Sep 23 18:42 temps
-rw-r-----    1 david     users          71 Sep 20 17:12 zebraham
  PID TTY STAT   TIME COMMAND
  263 p0 S      0:00 -bash
  274 p0 S      0:00 -bash
  276 p0 R      0:00 ps
root        tty1      Sep 24 10:26
root        ttyp0     Sep 24 10:55 (:0.0)
root        ttyp1     Sep 24 10:56 (:0.0)
[1]+  Done                 ( /bin/ls $LS_OPTIONS -l; ps; who )>liste
microapp:~$ []
```

Fig. 4.14 :
Regroupement de commandes

Les différentes commandes sont séparées par des points-virgules, ce qui garantit leur ordre de traitement. Toutes les commandes sont traitées en tâche de fond.

Les parenthèses permettent par conséquent de grouper des commandes dans la mesure où un traitement à l'arrière-plan est possible pour l'ensemble. La redirection en est considérablement simplifiée.

Le groupement de commandes est également possible avec des accolades {}. Deux différences fondamentales sont cependant à prendre en compte :

▶ L'accolade de fermeture doit être placée, à l'instar d'une commande, en première position d'une ligne ou comme premier mot après un point-virgule.

▶ Pour le traitement de commandes placées entre accolades, aucun sous-shell n'est lancé. Les commandes internes placées entre les accolades agissent sur le shell actif, et non sur un sous-shell.

Dépendances logiques entre commandes

Les commandes peuvent être liées les unes aux autres. Le fait qu'une commande soit exécutée sans erreur a, bien sûr, son importance. Chaque commande transmet la façon dont elle a été exécutée, avec ou sans erreur. Ce message est envoyé sous la forme d'une valeur (en anglais *exit status*). Cette valeur peut être affichée par la variable du shell $?. En utilisant les caractères spéciaux && et ||, il est possible de lire cette valeur et de l'utiliser.

Si une commande a été traitée sans erreur, la valeur retournée sera 0. Si une erreur est survenue, la valeur retournée sera différente de 0. Avec les caractères && et ||, vous pouvez chaîner les commandes de telle manière que l'une ne soit exécutée que si la précédente a retourné la valeur 0 (avec &&) ou une valeur différente de 0 (avec ||).

```
Commande1 && Commande2
```

ou

```
Commande1 || Commande2
```

Avec &&, Commande2 ne sera lancée que si Commande1 retourne 0. Avec ||, Commande2 ne sera exécutée que si Commande1 retourne une valeur autre que 0, donc si Commande1 est traitée avec une erreur.

Voici un exemple pour vous aider à mieux comprendre ce mécanisme. La commande grep indique par sa valeur de retour si elle a bien rempli son contrat.

Tab. 4.1 : Valeurs retournées par la commande grep	
Valeur de retour	**Signification**
0	La commande grep a trouvé dans le fichier indiqué ou dans le canal d'entrée standard des lignes correspondant au critère spécifié
1	Aucune ligne répondant au critère n'a été trouvée
2	Le critère de recherche est erroné ou un fichier n'a pas pu être ouvert

Nous pouvons à présent chaîner la commande grep avec la commande echo.

```
grep "Tomates" Legumes >/dev/null 2>&1 && echo "Tomates trouvees"
```

L'opération commence par l'exécution de la commande grep. Si elle trouve le texte "Tomates" dans le fichier *Legumes*, elle retournera 0 et affichera cette valeur.

Toutes les sorties à l'écran sont barrées par une redirection. Lorsque la valeur de retour est 0, et seulement dans ce cas, la commande echo est exécutée. Si la valeur retournée est différente de 0, rien n'apparaît à l'écran.

La logique du caractère spécial || est fondée sur l'apparition d'erreurs dans le traitement d'une commande. Il est possible de modifier la formulation de la commande précédente de la manière suivante.

```
grep "Tomates" Legumes >/dev/null 2>&1 || echo "Tomates non trouvees"
```

Les caractères spéciaux && et || peuvent être placés côte à côte dans la même ligne. Ils seront exécutés de la gauche vers la droite. Il est même possible de mettre en place une combinaison avec des parenthèses.

▼ **Listing 4.1 :** *Logiques && et ||*

```
microapp:~$ who | grep david >/dev/null 2>&1 && mail david < message
microapp:~$ rmdir mon_premier 2>/dev/null || echo "Le repertoire n'est pas vide"
Le repertoire n'est pas vide
microapp:~$ ( cd /tmp && rm Poubelle ) 2> /dev/null \
 || echo "Je ne peux pas atteindre /tmp ou il n'y a pas de poubelle"
$
```

4.7   Configuration du shell

Des fichiers bien précis sont traités à chaque connexion. La possibilité vous est ainsi offerte de configurer les propriétés du shell de la manière qui vous convient le mieux pour votre travail. Les fichiers suivants sont recherchés et exploités :

▶ */etc/profile* ;
▶ *~/.profile*.

Définitions générales

Le fichier */etc/profile* contient des instructions valables pour tous les utilisateurs du système. On y trouve quantité de valeurs par défaut, de définitions de variables du shell (voir ci-dessous) et de définitions d'alias. Vous trouverez, ci-dessous, le fichier */etc/profile* dans sa forme par défaut.

Parlons un peu de la structure de ce fichier. Dans la première partie sont déclarées les variables du shell, par exemple OPENWINHOME, MANPATH, PATH, etc. On détermine ensuite de quel type de terminal il s'agit, et la variable TERM est définie en conséquence.

La troisième partie est consacrée au prompt du shell. Celui-ci doit toujours être adapté au shell en cours. Le Bourne Again Shell a besoin d'une définition différente de celle du shell Z ou du shell A. La dernière section, enfin, contient la définition des couleurs devant être utilisées avec la commande ls. Chaque type de fichier peut être représenté par une couleur. Ceux que le sujet intéresse peuvent jeter un coup d'œil sur le fichier */etc/DIR_COLORS*.

```
# commands common to all logins
export OPENWINHOME=/usr/openwin
export MINICOM="-c on"
export MANPATH=/usr/local/man:/usr/man/preformat:/usr/man:/usr/X11/man:/usr/openwin/man
export HOSTNAME="`cat /etc/HOSTNAME`"
export LESSOPEN="|lesspipe.sh %s"
PATH="$PATH:/usr/X11/bin:/usr/andrew/bin:$OPENWINHOME/bin:/usr/games:."
LESS=-MM
# I had problems using 'eval tset' instead of 'TERM=', but you might want to
# try it anyway. I think with the right /etc/termcap it would work great.
# eval `tset -sQ "$TERM"`
if [ "$TERM" = "" -o "$TERM" = "unknown" ]; then
 TERM=linux
fi
#PS1=`hostname`:`pwd`'# '
if [ "$SHELL" = "/bin/pdksh" -o "$SHELL" = "/bin/ksh" ]; then
 PS1="! $ "
elif [ "$SHELL" = "/bin/zsh" ]; then
 PS1="%m:%~%# "
elif [ "$SHELL" = "/bin/ash" ]; then
 PS1="$ "
else
 PS1='\h:\w\$ '
fi
PS2='> '
ignoreeof=10
export PATH DISPLAY LESS TERM PS1 PS2 ignoreeof
umask 022
# set up the color-ls environment variables:
if [ "$SHELL" = "/bin/zsh" ]; then
  eval `dircolors -z`
elif [ "$SHELL" = "/bin/ash" ]; then
  eval `dircolors -s`
else
  eval `dircolors -b`
fi
# Notify user of incoming mail. This can be overridden in the user's
# local startup file (~/.bash.login or whatever, depending on the shell)
biff y
~
"/etc/profile" 39 lines, 1215 chars
```

Fig. 4.15 :
Le fichier /etc/profile

Définitions personnalisées

Le shell utilise également le fichier *.profile* du répertoire personnel de chaque utilisateur. Chacun peut y inscrire ses préférences. On y trouvera essentiellement les définitions d'alias personnels, ainsi que des fonctions du shell, et des adaptations de la variable PATH.

> **Attention**
>
> **Noms de fichier**
>
> Selon le shell utilisé, le nom des fichiers de configuration personnels change ! Par exemple : *.profile* pour les bash, sh et ksh ; *.zprofile* pour le zsh ; *.login* pour le csh.

Les caractères accentués français

Le contenu du fichier *~/.inputrc* est également intéressant. Sous Linux, certains utilitaires se servent de la fonction centrale readline pour lire une ligne de saisie afin de la traiter. Le fichier *~/.inputrc* contient des instructions permettant de contrôler le mode de fonctionnement de la fonction readline. Le premier aspect, et peut-être le plus important, est la possibilité de traiter les caractères accentués.

C'est la raison pour laquelle on trouve souvent les commandes suivantes dans ce fichier.

```
microapp:~$ cat .inputrc
set convert-meta off
set meta-flag on
set output-meta on
microapp:~$
```

Si ces instructions et leur fonctionnement vous intéressent, consultez les sections correspondantes du manuel en ligne, aux rubriques *bash* et *readline*.

4.8   Commandes particulières du shell

Nous allons aborder maintenant quelques commandes spécifiques du shell, qui ne sont pas d'une utilisation très courante. Il n'en est pas moins vrai qu'elles représentent un gain en termes de fonctionnalité, et les programmeurs leur trouveront un intérêt certain.

Ces commandes interviennent essentiellement dans trois domaines distincts :

▶   analyse double ou répétée d'une ligne de saisie par la commande `eval` ;

▶   interception de signaux par la commande `trap` ;

▶   exploitation de variables sans exécution de commande avec la commande `:`.

Analyse multiple d'une ligne de commande

Une ligne de commande n'est traitée qu'une seule fois. Mais, si une variable contient le nom d'une autre variable, un unique niveau d'exploitation est insuffisant. Cela s'applique de la même manière pour toute une série d'autres mécanismes de substitution. Voici un petit exemple :

```
microapp:~$ a=Tomates
microapp:~$ b=a
microapp:~$ echo $b
a
microapp:~$ echo \$$b
$a
microapp:~$
```

Pour visualiser le contenu de la variable a, il faut une seconde exploitation de la ligne. D'où l'utilité de la commande `eval`.

```
eval echo \$$b
```

Lors du premier traitement, le contenu de la variable b est remplacé par le texte a. La ligne devient maintenant :

```
eval echo $a
```

La commande `eval` traite une deuxième fois la ligne, et le texte "Tomates" apparaît à l'écran.

Cette commande peut être placée à plusieurs reprises dans une expression, sans aucune limite, si ce n'est l'imagination du programmeur.

```
microapp:~$ cat zebraham
Le bon roi Dagobert
Le bon roi Dagobert
Chassait dans la plaine d'Anvers.
Le grand saint Eloi lui dit :
"O mon roi, Votre Majesté
est bien essoufflée."
"C'est vrai, lui dit le roi,
Un lapin courait après moi".
microapp:~$ a='$b'
microapp:~$ b='$c'
microapp:~$ c=zebraham
microapp:~$ eval eval cat $a
Le bon roi Dagobert
Le bon roi Dagobert
Chassait dans la plaine d'Anvers.
Le grand saint Eloi lui dit :
"O mon roi, Votre Majesté
est bien essoufflée."
"C'est vrai, lui dit le roi,
Un lapin courait après moi".
microapp:~$
```

Interception de signaux

Les processus peuvent échanger des données sous forme de signaux. Les shell scripts réagissent également à ces signaux. Le plus souvent, ils interrompent leur activité, car la réaction par défaut à un signal est l'emploi de la fonction exit.

Avec l'aide de la commande `trap` (en français "une trappe", "un piège"), il est possible de modifier ce comportement. Cette commande permet :

► qu'un signal soit complètement ignoré par le script ;

► que le script, à l'apparition d'un signal, exécute une commande prédéfinie ;

► qu'il se mette à nouveau en état de réception pour un éventuel signal à venir.

En raison de ces différentes réactions, la commande `trap` peut être activée de trois façons.

```
trap '' Numéros_de_signaux
trap 'Suite_de_commandes' Numéros_de_signaux
trap Numéros_de_signaux
```

Tout dépend à quel emplacement du script la commande trap intervient. Ses effets n'interviennent qu'à partir de la ligne où elle apparaît. Ainsi, si l'option permettant d'ignorer le signal SIGINT est placée au milieu d'un script, l'utilisateur pourra interrompre tout à fait normalement le script tant que la ligne n'a pas été traitée.

Une nouvelle activation de la commande trap est en mesure d'écraser l'ancien comportement face au signal.

Si vous activez trap sans aucun paramètre, elle présentera la réaction active à cet instant.

Mais tous les signaux ne peuvent pas être ignorés ou convertis aussi facilement. Ainsi, le signal 9 (SIGKILL) est exclu des manipulations. Un essai de modification de la réaction à ce signal entraîne en général un message d'erreur ou, au mieux, n'est suivi d'aucun d'effet.

Ignorer un signal

Pour ignorer un signal, vous utiliserez la commande suivante.

```
trap '' Numéro_de_signal
```

Le premier paramètre de la commande trap est un texte vide. Les autres paramètres contiennent les numéros des signaux à ignorer.

```
trap '' 2 3
```

Cette activation permet à l'utilisateur d'éviter l'interruption du script par la combinaison de touches normale (en général [Ctrl]+[C], voir la commande stty). L'apparition des signaux 2 (SIGINT) et 3 (SIGQUIT) ne sera donc pas suivie d'effet.

Transformer la réaction à un signal

Vous pouvez réagir face à l'arrivée d'un signal, en le détournant pour exécuter une suite d'instructions. Cette technique est utilisée, par exemple, pour supprimer des fichiers temporaires à l'arrivée d'un signal, juste avant de quitter un script.

Supposons qu'un script crée, lors de son exécution, un fichier temporaire *xyz* dans le répertoire */tmp*. Ce fichier doit être détruit lorsque l'utilisateur demande la fin du script.

```
trap 'rm -f /tmp/xyz; exit 1' 2 3
```

Le script est bien terminé, mais le fichier temporaire est d'abord supprimé. La valeur de retour du script est définie de telle manière qu'il soit visible si la fin du script ne s'est pas effectuée normalement.

Annuler la réaction face à un signal

Maintenant que vous savez comment ignorer un signal ou comment le lier à l'exécution de certaines commandes, vous souhaitez peut-être disposer à nouveau de la réaction normale à un signal. Prenons un exemple. La partie critique d'un script, celle qui ne doit en aucun cas être interrompue, a été exécutée. Si un signal 2 ou 3 apparaît à ce stade, vous désirez que le shell réagisse de façon normale. Vous rétablirez les réactions initiales par la commande suivante.

```
trap 2 3
```

On voit clairement qu'il n'y a pas de texte (pas de premier argument) avant les numéros de signal. C'est la seule différence entre la première variante et cette version de la commande trap.

Ne rien faire (commande :)

La commande : (deux-points) a de nombreuses applications possibles et, pourtant, plus d'un programmeur ne remarquerait même pas son absence éventuelle. Ses domaines de prédilection ont deux caractéristiques :

- La commande : retourne toujours la valeur 0.
- Les arguments de cette commande sont traités et les caractères spéciaux qui s'y trouvent sont exploités, mais il ne se passe rien.

Comment utiliser ces caractéristiques pour le moins bizarres ?

La première sera employée dans des situations où le shell ne comporte pas de commande retournant la valeur 0. Dans les systèmes Linux, vous trouverez la commande true. Mais si true est une commande externe, son exploitation est lourde. Dans ces circonstances, vous pourrez avoir recours à la commande interne :, qui retourne également 0. Sous Linux, cette commande est pourtant menacée d'extinction, car tous les programmeurs utilisent à présent la commande true, dont l'emploi est bien plus clair.

Une boucle sans fin pourra ainsi être définie sous la forme suivante.

```
while :
do
   ...
done
```

4.9   Les options du shell

Le travail du shell peut être influencé par des options. Ces options peuvent être activées ou désactivées par la commande set.

Pour mémoire, nous rappelons les trois fonctions de base de la commande set :

- affichage de variables (activation sans paramètres) ;
- définition des paramètres de position (activation avec arguments) ;
- définition d'options (activation avec options).

Si le premier paramètre de la commande set est une option (et commence donc par le signe -), la commande active l'option et modifie en conséquence le comportement du shell.

Voici la liste des principales options et leur effet sur le shell.

Tab. 4.2 : Principales options du shell	
Option	**Signification**
-e	Dès qu'une commande retourne une valeur différente de 0, le shell se termine.
-f	Les caractères spéciaux pour les critères de recherche des noms de fichier ne sont plus considérés comme des caractères spéciaux.
-n	Toutes les commandes suivantes sont lues et analysées, mais pas exécutées.
-u	Une variable indéfinie entraîne un message d'erreur.
-v	Les commandes que le shell doit exploiter sont affichées lorsqu'elles sont lues.
-x	Les commandes à exécuter sont affichées lorsqu'elles sont exécutées, tous les caractères spéciaux ayant déjà été remplacés. Un signe + s'affiche au début de chaque ligne.

Tab. 4.2 : Principales options du shell	
Option	Signification
--	Les options existantes du shell doivent rester inchangées. Cette option sera utilisée lorsque l'on veut par exemple définir que la valeur du premier paramètre de position commence par le signe -.

▼ **Listing 4.2 :** *Exemple d'utilisation des options du shell*

```
microapp:~$ m="Meatloaf"
microapp:~$ grep "^$m" /etc/passwd
microapp:~$ set -x
microapp:~$ grep "^$m" /etc/passwd
+ grep ^Meatloaf /etc/passwd
microapp:~$ set +x
+ set +x
microapp:~$ a=-z
microapp:~$ echo $a
-z
microapp:~$ set $a
set: unknown option: z
microapp:~$ set -- $a
microapp:~$ echo $1
-z
microapp:~$ echo $contenu
microapp:~$ set -u
microapp:~$ echo $contenu
bash: contenu: unbound variable
microapp:~$ contenu="salut"
microapp:~$ echo $contenu
salut
microapp:~$ set +u
microapp:~$
```

Les options présentées ici ne sont qu'une sélection. Il en existe d'autres, mais leur signification est trop exotique pour le sujet de cet ouvrage. Nous nous limiterons donc aux plus courantes.

Une option activée sera désactivée en remplaçant le signe - par le signe +.

L'option -x est fréquemment utilisée pour donner au programmeur la possibilité de suivre le détail des traitements d'un script. On parle alors de *debugging* ou de débogage (suppression des erreurs). Pour annuler cette option, lorsque tout est au point, vous passerez par la commande suivante.

```
set +x
```

Les premières lignes d'un script peuvent donc ressembler à l'exemple suivant.

```
# Supprimer le # pour le debogage
# set -x
...
```

Dès que le caractère de commentaire est supprimé (le dièse de la seconde ligne), toutes les commandes du script sont affichées telles qu'elles seront exécutées.

Les options du shell peuvent également toutes être spécifiées par la commande sh. Ainsi, la commande ci-après influera également sur le comportement du shell.

```
sh -x Nom_de_fichier
```

En plus des options décrites ci-dessus, vous pouvez procéder à des paramétrages spécifiques au Bourne Again Shell avec l'instruction suivante.

```
set -o Commutateur
```

Avec les commutateurs disponibles, vous pourrez notamment utiliser les touches d'édition de vi lors des modifications de la ligne de commande (set -o vi). Si vous employez ce commutateur, en appuyant sur la touche [Échap], vous pouvez réactiver les dernières commandes et les exploiter avec les touches de commande de vi. Mais tout cela n'intéresse que les passionnés de vi, nous ne nous étendrons donc pas davantage sur le sujet.

Voici un aperçu des principaux commutateurs que l'on peut trouver à la suite de set -o.

Tab. 4.3 : Principaux commutateurs de la commande set -o	
Commutateur	**Signification**
allexport	Toutes les variables définies par la suite seront automatiquement exportées.
emacs	L'éditeur emacs sera utilisé par le bash pour éditer la liste des commandes enregistrées (alternative à l'éditeur vi, voir set -o vi).
ignoreeof	La combinaison de touches [Ctrl]+[D] ne provoque plus la déconnexion de l'utilisateur.
noclobber	La redirection simple avec > ne produit plus la perte des fichiers existants. Si vous voulez, malgré tout, écraser ce fichier, alors que l'option noclobber est définie, vous devrez utiliser >/.
vi	L'éditeur vi sera utilisé pour l'édition des commandes enregistrées.

Les commutateurs décrits ici peuvent être désactivés avec la commande suivante.

```
set +o Commutateur
```

Si l'option -o n'est suivie d'aucun paramètre, la liste des commutateurs pouvant être spécifiés, avec leur état actuel, est affichée.

Chapitre 5

Systèmes de fichiers et droits d'accès

5.1   Gestion des fichiers

Linux enregistre ses données dans un système de fichiers, sur le disque dur. Par système de fichiers, il faut entendre l'art et la manière dont les données sont gérées par le système d'exploitation. Linux offre un système de fichiers hiérarchique, grâce auquel il est très facile de répartir entre les différents utilisateurs l'espace disponible sur le disque dur.

Types de fichiers

La base du système de fichiers est le fichier individuel (*file*). On distingue plusieurs types de fichiers :

► les fichiers normaux (*ordinary files*) ;

► les répertoires (*directories*) et liens symboliques (*symbolic links*) ;

► les fichiers spéciaux (*special files* ou *devices*) ;

► les tubes (*pipes*) ;

► les sockets.

Les fichiers normaux contiennent soit des textes en clair (courriers, textes sources des programmes, tableaux, etc.), soit un programme exécutable. Dans ce dernier cas, on parle également de fichiers binaires (*binary files*). Malheureusement, il n'est pas possible de savoir au premier abord quel est le contenu d'un fichier normal. Il n'existe aucun signe distinctif permettant de voir si un fichier contient du texte ou un programme exécutable. Plus loin, nous utiliserons la commande file pour obtenir des informations sur le contenu d'un fichier.

Les répertoires permettent d'organiser l'espace du disque dur. Les fichiers normaux sont placés dans des répertoires et regroupés. Ces répertoires peuvent eux-mêmes contenir des sous-répertoires. C'est le principe d'une structure hiérarchique. Et, naturellement, les sous-répertoires contiendront à leur tour des fichiers et des sous-répertoires.

Ces répertoires peuvent aussi contenir des fichiers spéciaux. Ces fichiers représentent les interfaces avec les périphériques gérés par le système d'exploitation. Chaque accès en lecture ou en écriture sur un périphérique est directement dirigé vers ce périphérique. Nous nous intéresserons plus particulièrement à ce type de fichier, lorsque nous parlerons de la gestion du système.

Les tubes assurent l'échange de données entre processus. Ils permettent, par exemple, le chaînage de commandes au niveau du shell. Les sockets forment une abstraction simplifiant la programmation d'applications de communication au sein du réseau.

Nous allons à présent continuer par un exemple pour bien vous faire comprendre ces notions. Chaque fichier peut être comparé à un classeur contenant un certain nombre de feuilles dactylographiées. Le classeur porte une étiquette faisant mention de son nom et de son type ainsi que d'autres informations le concernant, comme la date de dernière modification, le nombre de pages ou de caractères, etc. Pour accéder à un classeur, il faut commencer par aller à l'armoire où le répertoire est rangé. Cette armoire dispose également d'un nom.

Elle peut contenir des classeurs portant le nom d'une autre armoire. Extérieurement, ces classeurs qui représentent des références à d'autres armoires se distinguent par la lettre *d* inscrite sur leur couverture. On retrouvera ailleurs aussi cette lettre *d* représentant un répertoire (*directory*).

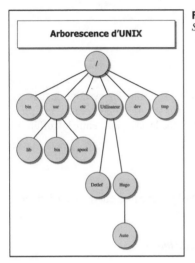

Fig. 5.1 :
Structures des répertoires

Il est clair qu'il faut un point de départ pour procéder à la recherche d'un classeur. Ce point de départ s'appelle le répertoire racine. À la manière d'un arbre inversé, le répertoire racine donne naissance à des sous-répertoires, comme le montre l'illustration ci-dessus. Chaque répertoire peut contenir d'autres répertoires, des fichiers normaux ou même des fichiers spéciaux de périphériques. Ce système de fichiers ressemble à un arbre, d'où son nom d'arborescence.

Fichiers, chemins et arborescence

Une gestion correcte des fichiers est fondée sur le principe que tous les fichiers sont identifiables individuellement. Ce principe est matérialisé sous Linux par les chemins d'accès. Le nom du fichier est une des composantes de ce chemin d'accès.

Noms de fichier

Tous les noms de fichier, quel que soit leur type, sont soumis aux mêmes règles. À l'heure actuelle, il existe deux contraintes à respecter en ce qui concerne leur longueur. Sur les anciens systèmes Linux, la longueur des noms de fichier était limitée à 14 caractères. Cette restriction est tombée depuis longtemps, dans la plupart des cas. Les systèmes récents acceptent sans problème des noms de fichier de 255 caractères.

Dans tous les cas, Linux fait la distinction entre minuscules et majuscules.

On peut théoriquement utiliser tous les caractères du clavier pour composer les noms de fichier. Pour des raisons pratiques, il convient toutefois d'observer une certaine retenue dans ce domaine.

De nombreux caractères servent en effet de caractères spéciaux pour le shell ou ont une signification particulière pour certains utilitaires. Certains lecteurs connaissent probablement l'interpréteur de commandes de DOS et l'emploi que l'on peut y faire des caractères spéciaux * et ?. Il est donc préférable de ne pas utiliser ces deux caractères dans les noms de fichier. Cela évitera bien des ennuis par la suite.

On peut en principe travailler tout à fait normalement avec les caractères accentués français. La mention "en principe" introduit ici cependant une petite nuance : il faut, en effet, quelques préparatifs pour que les caractères accentués puissent être utilisés sans restriction. Sans ces préalables, le shell se contentera d'émettre un bip sonore chaque fois que vous tenterez de taper un â ou un ô, par exemple. C'est en réalité l'interpréteur de commandes qui n'est pas encore configuré correctement pour reconnaître les accents.

Le système d'exploitation et le système de fichiers savent tous deux gérer les accents sans aucun problème. Pour le moment, évitez simplement l'emploi des caractères accentués.

Voici à présent la liste des caractères que vous pouvez utiliser sans restriction dans les noms de fichier. Ils n'ont aucune signification particulière ni dans le shell ni dans le système d'exploitation.

▼ **Listing 5.1** : *Caractères autorisés pour les noms de fichier*

```
A B C D E F G H I J K L M N O P Q R S T U V W X Y Z
a b c d e f g h i j k l m n o p q r s t u v w x y z
0 1 2 3 4 5 6 7 8 9
+ , - _
```

Obligez-vous à n'utiliser que ces caractères dans les noms de fichier et essayez de respecter les quelques règles simples ci-après :

▶ Si vous envisagez d'échanger vos fichiers avec d'autres systèmes Unix, ne dépassez pas les 8 + 3 caractères de longueur (format DOS).

▶ Un nom se compose de majuscules, de minuscules ou de chiffres. Si vous avez pris les mesures nécessaires pour que le système gère correctement les caractères accentués, ces derniers peuvent être utilisés.

▶ Le nom peut aussi contenir le caractère de soulignement (_), le point (.) ou le signe plus (+). Sachez que le fait de placer un point comme premier caractère du nom de fichier a une influence sur la suite des opérations. Nous y reviendrons dans un instant. Le tiret (-) ne doit pas être utilisé au début d'un nom de fichier, car de nombreuses commandes tenteraient d'interpréter ce nom comme une option, ce qui conduirait inévitablement à des erreurs.

Voici quelques exemples de noms de fichier. Les premiers sont des noms parfaitement corrects et valides. Les derniers, en revanche, risquent de poser des problèmes dans certaines situations.

▼ **Listing 5.2** : *Noms de fichier autorisés*

```
Budget96
budget96
Oreille
Sourd_muet
123
a
A
```

▼ **Listing 5.3 :** *Noms de fichier litigieux*

```
1*1
Victor(et_Pierre)
Durand&Dupont

-r
```

Noms de chemin

Au sein de l'arborescence, le système d'exploitation doit être en mesure d'identifier clairement chaque fichier sur la base d'un nom. Mais, pour cela, le seul nom du fichier ne suffit pas, il faut également tenir compte de sa position dans l'arborescence. Les mêmes noms de fichier peuvent être utilisés dans deux répertoires distincts, et le système d'exploitation doit pouvoir faire la différence entre les deux. C'est la raison pour laquelle le nom du fichier est complété par l'indication de son chemin d'accès. Le nom du fichier est donc composé de la manière suivante : en partant du répertoire racine, tous les sous-répertoires sont parcourus, les uns après les autres, jusqu'à arriver au fichier recherché. Le schéma suivant montre une arborescence qui illustre bien ce propos. Partant du répertoire racine, on passe par un sous-répertoire *Utilisateur* contenant lui-même un sous-répertoire appelé *Hugo*. Et c'est dans ce sous-répertoire que se trouve le fichier *Timbres*.

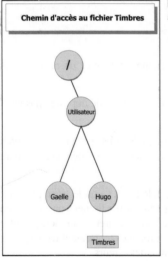

Fig. 5.2 :
Exemple de chemin vers un fichier

Le nom de chemin (*path name*) d'un fichier est une autre forme de description du chemin d'accès à un fichier. Le répertoire racine est symbolisé par une barre oblique (/). Tous les sous-répertoires sont ensuite mentionnés, séparés par une barre oblique. Cette barre oblique a une double fonction : elle matérialise le point de départ, mais sert également de signe de séparation entre les sous-répertoires, entre les diverses composantes du chemin d'accès. Pour notre fichier *Timbres*, le chemin d'accès se présente sous la forme suivante.

```
/Utilisateur/Hugo/Timbres
```

La barre oblique ayant un rôle particulier à jouer dans le cadre du chemin, il est à présent clair que ce signe ne peut pas être utilisé dans un nom de fichier.

Nom de chemin relatif

Pour chaque utilisateur, le système d'exploitation mémorise également ce que l'on appelle le répertoire courant. Grâce à lui, il n'est pas nécessaire d'indiquer, pour chaque opération, l'ensemble du chemin d'accès au fichier. À la place du chemin complet, vous n'indiquerez que le chemin à partir de la position courante dans l'arborescence. Si l'utilisateur se trouve dans le répertoire */Utilisateur/Hugo*, il est inutile de spécifier tous les paramètres que nous avons évoqués ci-dessus pour accéder au fichier *Timbres*, le seul nom de fichier suffit pour son identification.

L'illustration montre l'utilisation de la commande cat (de *concatenate*, "concaténer", "chaîner") pour visualiser le contenu d'un fichier à l'écran. Cet exemple montre également comment afficher le répertoire actif par la commande pwd (*print working directory*). La commande ls, quant à elle, affiche le nom des fichiers accessibles.

▼ **Listing 5.4 :** *Les commandes cat, pwd et ls*

```
microapp:~$ pwd
/home/victor
microapp:~$ ls
abraham    bebraham   zebraham
microapp:~$ cat /home/victor/abraham
Quelques variétés de légumes:
Tomates
Asperges
Chou vert
Poivron
Chou de Bruxelles
microapp:~$ pwd
/home/victor
microapp:~$ cat abraham
Quelques variétés de légumes:
Tomates
Asperges
Chou vert
Poivron
Chou de Bruxelles
microapp:~$ cd /home
microapp:/home$ ls
ftp/      victor/     michael/  monique/
microapp:/home$ cd victor
microapp:~$ pwd
/home/victor
microapp:~$
```

Les noms de chemin d'accès absolus ou relatifs ont une foule d'applications dans le travail quotidien. Vous allez les découvrir dès que vous aurez pris connaissance des principes de la gestion des répertoires.

Répertoire personnel et courant

L'administrateur système définit, pour chaque utilisateur, un répertoire dans lequel il aboutira chaque fois qu'il se connectera. Étant donné que, sur un système Linux, on est à la fois administrateur et simple utilisateur, il faut que le nom de répertoire soit spécifié lors de l'inscription de l'utilisateur à l'aide de la commande adduser.

Ce répertoire est appelé personnel ou encore répertoire de connexion (*home directory*). Il joue un rôle essentiel. Au moment de la connexion, le répertoire personnel et le répertoire courant sont les mêmes.

À l'aide de la commande cd (*change directory*), vous pourrez modifier le répertoire courant mais pas le répertoire personnel. Il suffit d'indiquer le chemin d'accès comme paramètre de la commande cd. Voici divers exemples de syntaxe de cette commande.

```
cd Nom_de_répertoire
cd
cd ..
```

Dans la première variante, la commande cd se place dans le répertoire indiqué. Le nom de chemin peut être indiqué de manière absolue ou relative. La deuxième variante ramène l'utilisateur directement dans son répertoire personnel, le répertoire de connexion, quelle que soit sa position active dans l'arborescence. La troisième commande est un cas particulier à rapprocher de la première. Cette simplification est utile pour repasser dans le catalogue de niveau hiérarchiquement supérieur. Si vous vous trouvez dans */Utilisateur/Victor*, elle vous ramènera dans le catalogue */Utilisateur*. Si vous répétez cette commande à partir du répertoire */Utilisateur*, vous reviendrez à la racine.

Petite exploration de l'arborescence

Fort heureusement, la commande ls permet de déterminer aisément si un nom de chemin correspond à un répertoire ou à un fichier normal. Derrière le nom d'un répertoire se trouve une barre oblique. On est ainsi en mesure de se déplacer dans l'arborescence et de l'explorer un peu. Dans la mesure où cette exploration se fait en qualité de simple utilisateur, il ne peut rien arriver de grave. Linux gère, en effet, des droits d'accès pour tous les fichiers du système, et, normalement, toutes les données importantes sont protégées contre tout accès non autorisé. On ne peut donc rien endommager. Ces droits d'accès vous empêcheront cependant d'accéder à quelques répertoires. Vous verrez alors apparaître un message du type suivant.

```
bash: /rep_françois: Permission denied
```

Il n'y a pas de chemin imposé pour cette visite de l'arborescence du disque. Il y a toutefois quelques aspects importants qu'il faut observer. Les répertoires */*, */dev* et */etc* sont des destinations à privilégier pour vos excursions.

Voici la commande dont vous aurez besoin pour ce voyage au cœur de l'arborescence.

```
ls [Options] [nom_de_répertoire]
```

Derrière la commande ls, vous pourrez ajouter deux types d'éléments. En premier lieu, une option, puis un nom de répertoire. Limitez-vous pour le moment à ces options.

```
-F
```

```
-l
-a
-d
```

Ces options sont combinables (par exemple -al ou -lad). Comme nom de répertoire, vous pourrez utiliser indifféremment des chemins absolus ou relatifs.

L'option -F a déjà été expliquée précédemment. C'est grâce à elle qu'il y a une barre oblique derrière le nom d'un répertoire. Cette option étant utilisée automatiquement, il n'est pas nécessaire de la spécifier pour le moment. Elle n'est citée que par souci de précision.

Si vous spécifiez l'option -l, chaque fichier sera affiché avec toute une série d'informations :

▸ type du fichier (soit - pour un fichier normal, soit *d* pour un répertoire) ;

▸ autorisations d'accès, expliquées plus loin dans ce livre ;

▸ compteur de liens ;

▸ propriétaire du fichier ;

▸ groupe auquel ce fichier appartient ;

▸ taille du fichier (en octets) ;

▸ date de dernière modification, complétée en général par l'heure ; si cette modification remonte à plus d'un an, ne vous seront présentés que le mois et l'année ;

▸ nom du fichier.

L'option -a affiche les fichiers et répertoires dont le nom commence par un point. Normalement, ils n'apparaissent pas à l'écran.

Avec l'option -d, la commande ls n'affiche pas le contenu du répertoire, mais uniquement le répertoire. On ne regarde donc pas dans le classeur, mais seulement sa couverture pour reprendre une image déjà utilisée.

▼ **Listing 5.5** : *La commande ls*

```
microapp:~$ ls
abraham    bebraham   zebraham
microapp:~$ ls -a
./          .kermrc    .lessrc    abraham    zebraham
../         .less      .term/     bebraham
microapp:~$ ls -l
total 3
-rw-r--r-- 1 victor      users       66 May  1 13:33 abraham
-rw-r--r-- 1 victor      users        0 May  1 13:33 bebraham
-rw-r--r-- 1 victor      users     1126 May  1 13:33 zebraham
microapp:~$ pwd
/home/victor
microapp:~$ ls -l /home
total 4
drwxrwxr-x  8 root     wheel     1024 Apr 27 20:57 ftp/
drwxr-xr-x  3 victor   users     1024 May  1 13:33 victor/
drwxr-xr-x  4 michael  users     1024 May  1 13:13 michael/
```

```
drwxr-xr-x   3 monique    users        1024 Apr 28 14:27 monique/
microapp:~$ ls -ld /home
drwxr-xr-x   6 root       root         1024 May  1 13:31 /home/
microapp:~$ ls -al
total 9
drwxr-xr-x   3 victor     users        1024 May  1 13:33 ./
drwxr-xr-x   6 root       root         1024 May  1 13:31 ../
-rw-r--r--   1 victor     users         163 Nov 24  1993 .kermrc
-rw-r--r--   1 victor     users          34 Nov 24  1993 .less
-rw-r--r--   1 victor     users         114 Nov 24  1993 .lessrc
drwxr-xr-x   2 victor     users        1024 Apr 27 20:42 .term/
-rw-r--r--   1 victor     users          66 May  1 13:33 abraham
-rw-r--r--   1 victor     users           0 May  1 13:33 bebraham
-rw-r--r--   1 victor     users        1126 May  1 13:33 zebraham
microapp:~$
```

La commande file

Même si le résultat de la commande ls -l montre qu'un fichier normal est précédé du signe -, cela ne signifie pas obligatoirement que vous pourrez afficher son contenu à l'écran. Il peut très bien s'agir d'un fichier binaire, autrement dit d'un programme. Lorsqu'on tente de consulter le contenu de certains de ces fichiers avec la commande cat, on obtient une affreuse cacophonie, et il se peut très bien que des problèmes de blocage apparaissent. Pour éviter de telles erreurs, il existe la commande file, qui peut recevoir un ou plusieurs noms de fichier comme paramètres. On obtient alors le contenu probable du fichier dont le nom a été spécifié.

```
file nom_de_fichier [nom_de_fichier ...]
```

La commande cat ne doit donc être appliquée qu'aux seuls fichiers pour lesquels la commande file a pronostiqué les contenus suivants.

```
english text
ascii text
commands text
```

N'utilisez en aucun cas la commande cat sur des fichiers dont le contenu supposé est *data* ou *executable*.

Affichage du contenu d'un fichier

La commande cat affiche le contenu d'un fichier à l'écran. Vous pouvez spécifier plusieurs noms de fichier, leurs contenus seront présentés les uns sous les autres, sans aucune séparation.

```
cat Nom_de_fichier [Nom_de_fichier, ...]
```

Une erreur couramment commise consiste à oublier l'indication du nom du fichier à traiter lors de la première utilisation de la commande. Il ne s'agit pas d'une erreur à proprement parler, mais la commande a des effets inattendus. Elle lit tous les caractères du clavier et les affiche à l'écran dès que la commande est validée. Dans ce cas, vous pourrez taper exit aussi longtemps que vous voudrez, la commande ne sera interrompue que par la combinaison de touches Ctrl+D sur une ligne vide.

Le voyage à travers l'arborescence ne prend tout son intérêt qu'en employant ces deux commandes. cd permet de changer de répertoire. Si vous ne faites pas confiance au prompt du bash, vous pouvez naturellement employer la commande pwd pour vérifier votre position dans l'arborescence.

Gestion des répertoires

Après ce voyage au cœur de l'arborescence, nous allons mettre un peu d'ordre sur le disque. Pour organiser et ordonner la multitude de fichiers que vous aurez à gérer au jour le jour, le seul moyen valable est d'utiliser les répertoires. Ils structurent l'espace de votre disque dur. Vous pourrez ainsi créer des sous-répertoires pour :

▶ les fichiers texte et les fichiers de documentation ;

▶ les programmes personnels ;

▶ les anciens fichiers ou les copies de sauvegarde.

Créer un répertoire

Pour créer ces répertoires, vous disposez de la commande mkdir (*make directory*). Comme le montre l'illustration, tout répertoire nouvellement créé a déjà une certaine taille. Il contient, dès le départ, deux éléments standard, dont l'un est immédiatement en activité. Il s'agit en l'occurrence de celui qui fait référence au répertoire de niveau supérieur. Le second élément a pour nom . et fait référence au répertoire courant. Nous aurons l'occasion d'en étudier l'emploi un peu plus tard. Ces deux éléments ne sont visibles que si vous accompagnez la commande ls de l'option -a.

▼ **Listing 5.6 :** *Création d'un répertoire*

```
microapp:~$ pwd
/home/victor
microapp:~$ ls -l
total 3
-rw-r--r--   1 victor     users        66 May  1 13:33 abraham
-rw-r--r--   1 victor     users         0 May  1 13:33 bebraham
-rw-r--r--   1 victor     users      1126 May  1 13:33 zebraham
microapp:~$ ls
abraham   bebraham  zebraham
microapp:~$ mkdir mon_premier
microapp:~$ ls
abraham        bebraham       mon_premier/  zebraham
microapp:~$ ls -l
total 4
-rw-r--r--   1 victor     users        66 May  1 13:33 abraham
-rw-r--r--   1 victor     users         0 May  1 13:33 bebraham
drwxr-xr-x   2 victor     users      1024 May  1 14:16 mon_premier/
-rw-r--r--   1 victor     users      1126 May  1 13:33 zebraham
microapp:~$ cd mon_premier
microapp:~/mon_premier$ pwd
/home/victor/mon_premier
microapp:~/mon_premier$ ls -l
total 0
microapp:~/mon_premier$ ls -a
```

```
./    ../
microapp:~/mon_premier$ cd ..
microapp:~$ pwd
/home/victor
microapp:~$
```

Suppression d'un répertoire vide

Tant qu'un répertoire ne contient pas de fichier, vous pouvez le supprimer par la commande rmdir (*remove directory*). Il n'est, bien sûr, pas possible de supprimer le répertoire courant. L'illustration montre l'usage de la commande rmdir.

▼ **Listing 5.7** : *Utilisation de la commande rmdir*

```
microapp:~$ pwd
/home/victor
microapp:~$ ls
abraham        bebraham        mon_premier/  zebraham
microapp:~$ ls -l mon_premier
total 0
microapp:~$ rmdir mon_premier
microapp:~$ ls
abraham    bebraham  zebraham
microapp:~$
```

Voici la syntaxe générale des commandes mkdir et rmdir.

```
mkdir Nom_de_répertoire [Nom_de_répertoire, ...]
rmdir Nom_de_répertoire [Nom_de_répertoire, ...]
```

Pour les deux commandes, il est possible d'indiquer simultanément plusieurs noms de répertoires. Les chemins d'accès à ces répertoires peuvent être absolus ou relatifs. Avec mkdir, il est évident que les noms des nouveaux répertoires ne doivent pas déjà exister sur le disque dur, alors que pour la commande rmdir ils doivent évidemment exister.

La suppression de répertoires imbriqués les uns dans les autres est longue et fastidieuse avec rmdir.

Gestion des fichiers

Créer un fichier vide

Dans le cadre d'un travail ou d'un test, vous aurez de temps à autre besoin d'un fichier vide. La méthode la plus simple pour créer ces fichiers vides est la commande touch. Bien que cette commande ait, au départ, un autre rôle, elle vous propose cette faculté de manière indirecte. Un nouveau fichier vide est créé lorsque vous activez la commande touch avec un nom de fichier, à condition qu'aucun fichier du même nom n'existe déjà. Cette commande accepte parfaitement plusieurs noms de fichier comme paramètres.

Une autre solution consiste à créer ces fichiers vides en utilisant le caractère de redirection >, suivi du nom du fichier à créer. Cette technique est communément appelée "redirection des entrées-sorties". Voici quelques exemples des deux méthodes.

▼ **Listing 5.8 :** *Création de fichiers vides*

```
microapp:~$ ls
abraham    bebraham  zebraham
microapp:~$ touch betise
microapp:~$ ls
abraham        bebraham       betise   zebraham
microapp:~$ ls -1
total 3
-rw-r--r--    1 victor      users            66 May  1 13:33 abraham
-rw-r--r--    1 victor      users             0 May  1 13:33 bebraham
-rw-r--r--    1 victor      users             0 May  1 14:22 betise
-rw-r--r--    1 victor      users          1126 May  1 13:33 zebraham
microapp:~$ touch grande_betise tres_grande_betise
microapp:~$ ls
abraham          betise        tres_grande_betise
bebraham         grande_betise zebraham
microapp:~$
```

Copier un fichier

La copie de fichiers est une procédure particulièrement courante, que ce soit pour modifier le contenu de la copie sans toucher à l'original, ou pour transmettre une copie à un autre utilisateur.

La commande cp (*copy*) permet d'effectuer ces copies. Cette commande peut se présenter sous deux formes.

```
cp Fichier1 Fichier2
cp Fichier1 [Fichier2 Fichier3 ...] répertoire
```

Avec la première forme, le fichier Fichier1 est copié sous le nom Fichier2.

Avec la deuxième forme, le ou les fichiers sources indiqués sont copiés dans un répertoire donné. Les fichiers sources conservent leur nom original.

Dans les deux cas, les noms de fichier et de répertoires peuvent être absolus ou relatifs. L'extrait suivant montre divers exemples de copies. Gardez à l'esprit que, si le fichier cible existe déjà, il sera purement et simplement écrasé, sans aucun message d'avertissement. Soyez donc très prudent en matière de copie de fichiers.

▼ **Listing 5.9 :** *La commande cp*

```
microapp:~$ pwd
/home/victor
microapp:~$ ls -1
total 4
-rw-r--r--    1 victor    users          66 May  1 13:33 abraham
-rw-r--r--    1 victor    users           0 May  1 13:33 bebraham
drwxr-xr-x   2 victor    users        1024 May  1 14:36 mon_premier/
-rw-r--r--    1 victor    users        1126 May  1 13:33 zebraham
microapp:~$ cp abraham jacob
microapp:~$ ls
```

```
abraham          bebraham         jacob          mon_premier/  zebraham
microapp:~$ cp jacob /home/victor/mon_premier/frere_jacques
microapp:~$ ls -l mon_premier
total 1
-rw-r--r--    1 victor     users              66 May  1 14:37 frere_jacques
microapp:~$ cp zebraham mon_premier
microapp:~$ cd mon_premier
microapp:~/mon_premier$ ls -l
total 3
-rw-r--r--    1 victor     users              66 May  1 14:37 frere_jacques
-rw-r--r--    1 victor     users            1126 May  1 14:39 zebraham
microapp:~/mon_premier$ ls -ld
drwxr-xr-x    2 victor     users            1024 May  1 14:39 ./
microapp:~/mon_premier$ cp frere_jacques ..
microapp:~/mon_premier$ cd ..
microapp:~$ ls
abraham          frere_jacques  mon_premier/
bebraham         jacob          zebraham
microapp:~$
```

Pour copier un fichier dans le répertoire courant, respectez la syntaxe de la commande cp et indiquez un répertoire cible. Pour simplifier les choses, il existe l'élément point (.) dans chaque répertoire, qui fait référence au répertoire courant. L'illustration montre comment copier le fichier du répertoire */home/victor/mon_premier* vers le répertoire courant.

▼ **Listing 5.10 :** *Copier un fichier d'un répertoire dans un autre*

```
microapp:~$ pwd
/home/victor
microapp:~$ ls -l
total 4
-rw-r--r--    1 victor     users              66 May  1 13:33 abraham
-rw-r--r--    1 victor     users               0 May  1 13:33 bebraham
drwxr-xr-x    2 victor     users            1024 May  1 14:43 mon_premier/
-rw-r--r--    1 victor     users            1126 May  1 13:33 zebraham
microapp:~$ ls -l mon_premier
total 1
-rw-r--r--    1 victor     users              66 May  1 14:37 frere_jacques
microapp:~$ cp mon_premier/frere_jacques .
microapp:~$ ls -l
total 5
-rw-r--r--    1 victor     users              66 May  1 13:33 abraham
-rw-r--r--    1 victor     users               0 May  1 13:33 bebraham
-rw-r--r--    1 victor     users              66 May  1 14:44 frere_jacques
drwxr-xr-x    2 victor     users            1024 May  1 14:43 mon_premier/
-rw-r--r--    1 victor     users            1126 May  1 13:33 zebraham
microapp:~$
```

Renommer ou déplacer un fichier

La commande mv (*move*) remplit deux fonctions. Elle sert au déplacement d'un fichier, mais peut aussi être utilisée pour renommer un fichier. La syntaxe de cette commande est la même que celle de la commande cp.

```
mv Fichier1 Fichier2
mv Fichier1 [Fichier2 Fichier3...] répertoire
```

La première variante déplace un fichier vers un autre emplacement en changeant son nom. Si les deux noms de fichier font référence au même répertoire, le fichier source sera simplement renommé.

Dans la deuxième forme, les fichiers sont déplacés vers le répertoire cible. Ils conservent cependant leur nom original.

Là encore, le conseil de prudence donné pour la commande cp s'applique à mv. S'il existe, dans le répertoire cible, un fichier portant le même nom, il est écrasé sans aucune demande de confirmation, et son contenu sera donc irrémédiablement perdu. Voici quelques exemples d'application de cette commande.

▼ **Listing 5.11 :** *La commande mv*

```
microapp:~$ ls -l
total 4
-rw-r--r--     1 victor     users          66 May  1 13:33 abraham
-rw-r--r--     1 victor     users           0 May  1 13:33 bebraham
drwxr-xr-x  2 victor     users        1024 May  1 14:43 mon_premier/
-rw-r--r--     1 victor     users        1126 May  1 13:33 zebraham
microapp:~$ ls -l mon_premier
total 1
-rw-r--r--     1 victor     users          66 May  1 14:37 frere_jacques
microapp:~$ mv zebraham mon_premier
microapp:~$ ls
abraham        bebraham        mon_premier/
microapp:~$ ls -l mon_premier
total 3
-rw-r--r--     1 victor     users          66 May  1 14:37 frere_jacques
-rw-r--r--     1 victor     users        1126 May  1 13:33 zebraham
microapp:~$ mv mon_premier/zebraham zikizaki
microapp:~$ ls -l
total 4
-rw-r--r--     1 victor     users          66 May  1 13:33 abraham
-rw-r--r--     1 victor     users           0 May  1 13:33 bebraham
drwxr-xr-x  2 victor     users        1024 May  1 14:47 mon_premier/
-rw-r--r--     1 victor     users        1126 May  1 13:33 zikizaki
microapp:~$ mv zikizaki zebraham
microapp:~$ ls -l
total 4
-rw-r--r--     1 victor     users          66 May  1 13:33 abraham
-rw-r--r--     1 victor     users           0 May  1 13:33 bebraham
drwxr-xr-x  2 victor     users        1024 May  1 14:47 mon_premier/
```

```
-rw-r--r--      1 victor      users        1126 May  1 13:33 zebraham
microapp:~$
```

Supprimer un fichier

Cette fois-ci, nous n'allons pas créer de nouveaux fichiers, nous allons en supprimer. Pour cela, il existe la commande rm (*remove*). Cette commande respecte la syntaxe suivante.

```
rm [Options] Fichier1 [Fichier2 ...]
```

Attention toutefois : cette commande requiert un minimum de précaution dans la mesure où, sans demande de confirmation (voir ci-dessous), elle entraîne une suppression irrémédiable !

Voici les options que vous pouvez spécifier avec cette commande.

```
-i
-r
-f
```

Si vous faites suivre rm par -i, une demande de confirmation de suppression sera affichée à l'écran. Entre autres, vous verrez s'afficher le nom du fichier concerné, suivi d'un deux-points. Vous pourrez ensuite valider l'opération en tapant y ou Y (pour *yes*).

▼ **Listing 5.12** : *Suppression de fichiers avec la commande rm*

```
microapp:~$ ls -l
total 4
-rw-r--r--      1 victor      users          66 May  1 13:33 abraham
-rw-r--r--      1 victor      users           0 May  1 13:33 bebraham
-rw-r--r--      1 victor      users           0 May  1 14:50 frere_jacques
-rw-r--r--      1 victor      users           0 May  1 14:50 jacob
drwxr-xr-x      2 victor      users        1024 May  1 14:47 mon_premier/
-rw-r--r--      1 victor      users        1126 May  1 13:33 zebraham
microapp:~$ rm jacob
microapp:~$ ls
abraham        bebraham       frere_jacques  mon_premier/  zebraham
microapp:~$ rm -i frere_jacques
rm: remove 'frere_jacques'? y
microapp:~$ ls
abraham        bebraham       mon_premier/  zebraham
microapp:~$ rmdir mon_premier
rmdir: mon_premier: Directory not empty
microapp:~$ rm -r mon_premier
microapp:~$ ls -l
total 3
-rw-r--r--      1 victor      users          66 May  1 13:33 abraham
-rw-r--r--      1 victor      users           0 May  1 13:33 bebraham
-rw-r--r--      1 victor      users        1126 May  1 13:33 zebraham
microapp:~$
```

L'option -r rend cette commande très dangereuse, mais aussi extrêmement utile. Elle attend un nom de répertoire comme paramètre complémentaire. Elle supprime alors tous les fichiers contenus dans le répertoire, mais aussi tous les sous-répertoires. Si ces derniers contiennent eux-mêmes des fichiers, ils seront également supprimés. C'est ce qu'on appelle une suppression récursive (d'où l'option -r), car le système supprime un à un tous les fichiers du sous-répertoire, jusqu'à pouvoir supprimer le sous-répertoire lui-même.

L'option -r est dangereuse, car aucune demande de confirmation ne vous est proposée. Aussi longtemps que cette commande trouve quelque chose à supprimer, elle le fait allègrement en respectant à la lettre la devise : *"You ask for it ? You've got it !"* (Vous le vouliez ? Vous l'avez, à présent !).

La dernière option, -f (*force*), devient importante lorsqu'on cherche à supprimer des fichiers appartenant à un autre propriétaire. Normalement, dans cette situation, rm demande une confirmation avant la suppression. Si vous utilisez l'option -f, aucun avertissement ne vous sera adressé. Que la suppression réussisse ou non, il ne se passe rien à l'écran.

Affecter plusieurs noms à un fichier

Dans certaines circonstances, vous voudrez ouvrir aux autres utilisateurs l'accès à vos propres fichiers sans avoir à mettre à leur disposition une copie de ces fichiers. Ils devront pouvoir accéder au même fichier que vous, mais sans indiquer systématiquement le chemin d'accès complet. Dans cette situation, vous utiliserez la commande ln (*link*), permettant d'attribuer à un fichier un deuxième ou un troisième nom. Après la saisie de ln, vous trouverez deux éléments identiques, mais avec des noms différents. Les deux éléments *abraham* et *jacob* sont similaires. De plus, le compteur de référencesest passé à deux. Il existe donc deux noms faisant référence au même fichier. On voit que les deux noms désignent le même fichier grâce au numéro (32534, dans cet exemple) qui s'inscrit devant la ligne correspondante lorsque l'on utilise l'option -i.

▼ **Listing 5.13 :** *La commande ln*

```
microapp:~$ rm mon_premier/*
microapp:~$ ls -l
total 4
-rw-r--r--     1 victor     users          66 May  1 13:33 abraham
-rw-r--r--     1 victor     users           0 May  1 13:33 bebraham
drwxr-xr-x  2 victor     users        1024 May  1 14:57 mon_premier/
-rw-r--r--     1 victor     users        1126 May  1 13:33 zebraham
microapp:~$ ls -l mon_premier
total 0
microapp:~$ ln abraham mon_premier/jacob
microapp:~$ ls -li
total 4
  32534 -rw-r--r--    2 victor     users          66 May  1 13:33 abraham
  32535 -rw-r--r--    1 victor     users           0 May  1 13:33 bebraham
  32537 drwxr-xr-x  2 victor     users        1024 May   1 15:01 mon_premier/
  32536 -rw-r--r--    1 victor     users        1126 May  1 13:33 zebraham
microapp:~$ ls -li mon_premier
total 1
  32534 -rw-r--r--    2 victor     users          66 May  1 13:33 jacob
microapp:~$ rm abraham
```

```
microapp:~$ ls -li
total 3
  32535 -rw-r--r--    1 victor      users              0 May  1 13:33 bebraham
  32537 drwxr-xr-x 2 victor      users           1024 May  1 15:01 mon_premier/
  32536 -rw-r--r--    1 victor      users           1126 May  1 13:33 zebraham
microapp:~$ ls -li mon_premier
total 1
  32534 -rw-r--r--    1 victor      users             66 May  1 13:33 jacob
microapp:~$
```

La syntaxe de la commande ln est assez simple.

```
ln Fichier1 Fichier2
```

Les deux paramètres Fichier1 et Fichier2 peuvent être des noms absolus ou relatifs de fichiers normaux.

Pour plus de détails, essayez de vous rappeler ce qui suit : en interne, Linux n'enregistre pas les fichiers sur la base d'un nom, il leur affecte un numéro. Ce numéro unique peut être visualisé avec la commande ls -i.

Vous pouvez ainsi constater que les fichiers *abraham* et *jacob* ont le même numéro. Si vous modifiez le contenu du fichier *abraham*, le contenu de *jacob* sera également modifié. Vous pouvez même supprimer le fichier *abraham* sans que le contenu du fichier ne disparaisse, puisqu'il existe encore le fichier *jacob* et que le compteur de références est toujours supérieur à zéro.

Ainsi est-il possible pour l'utilisateur A de créer une référence sur un fichier de l'utilisateur B dans son répertoire. Il pourra de cette manière y accéder comme si ce fichier se trouvait dans son propre répertoire, même si le fichier ne lui appartient pas. Le fichier *mon_poeme* est un deuxième nom pour le fichier */home/michael/poeme.1* (avec le numéro de fichier 113532, dans ce cas). Il appartient toujours à l'utilisateur *michael*, comme en atteste la colonne suivant le compteur de références dans le résultat de la commande ls -l.

▼ **Listing 5.14 :** *Création d'un lien*

```
microapp:~$ pwd
/home/victor
microapp:~$ ls -l /home/michael
total 0
-rw-r--r--    1 michael   users              0 May  1 19:10 poeme.1
-rw-r--r--    1 michael   users              0 May  1 19:10 alabaster
-rw-r--r--    1 michael   users              0 May  1 19:10 start
-rw-r--r--    1 michael   users              0 May  1 19:10 peluche
-rw-r--r--    1 michael   users              0 May  1 19:10 jade
microapp:~$ ln /home/michael/poeme.1 mon_poeme
microapp:~$ ls -li
total 3
  32535 -rw-r--r--    1 victor     users              0 May  1 13:33 bebraham
  32537 drwxr-xr-x 2 victor     users           1024 May  1 15:01 mon_premier/
 113532 -rw-r--r--    2 michael   users              0 May  1 19:10 mon_poeme
  32536 -rw-r--r--    1 victor     users           1126 May  1 13:33 zebraham
```

```
microapp:~$ ls -li /home/michael
total 0
 113532 -rw-r--r--    2 michael    users              0 May  1 19:10 poeme.1
 113534 -rw-r--r--    1 michael    users              0 May  1 19:10 alabaster
 113553 -rw-r--r--    1 michael    users              0 May  1 19:10 start
 113537 -rw-r--r--    1 michael    users              0 May  1 19:10 peluche
 113533 -rw-r--r--    1 michael    users              0 May  1 19:10 jade
microapp:~$
```

Liens symboliques

La méthode d'affectation de noms multiples décrite ci-dessus est souvent désignée par le terme "liens" dans la littérature spécialisée relative à Linux. Avec la commande ln, on crée des références à une zone de données qui n'existe qu'en un seul exemplaire dans le système de fichiers. L'utilité et l'emploi de ces références ont été expliqués dans la section précédente.

Mais les possibilités des liens de ce type sont limitées. La commande ln ne permet pas, par exemple, de donner plusieurs noms à des répertoires. Pour y remédier, on a inventé les liens symboliques (*symbolic links*).

Dans l'exemple suivant, un lien symbolique est créé pour le répertoire */home/michael/lettres*. Le nouveau nom choisi est *mes_lettres* et il se trouve dans le répertoire personnel de l'utilisateur *victor*. Si l'on passe dans le lien symbolique *mes_lettres* avec la commande cd, on se retrouve automatiquement dans le répertoire */home/michael/lettres*.

```
microapp:~$ pwd
/home/victor
microapp:~$ ls -l /home/michael/lettres
total 0
-rw-r--r--    1 michael    users              0 May  1 19:22 lettre1
-rw-r--r--    1 michael    users              0 May  1 19:22 lettre.txt
microapp:~$ ln -s /home/michael/lettres mes_lettres
microapp:~$ ls -l
total 3
-rw-r--r--    1 victor     users              0 May  1 13:33 bebraham
drwxr-xr-x    2 victor     users           1024 May  1 15:01 mon_premier/
-rw-r--r--    2 michael    users              0 May  1 19:10 mon_poeme
lrwxrwxrwx    1 victor     users             20 May  1 19:23 mes_lettres
>< -> /home/michael/lettres/
-rw-r--r--    1 victor     users           1126 May  1 13:33 zebraham
microapp:~$ cd mes_lettres
microapp:~/mes_lettres$ ls -l
total 0
-rw-r--r--    1 michael    users              0 May  1 19:22 lettre1
-rw-r--r--    1 michael    users              0 May  1 19:22 lettre.txt
microapp:~/mes_lettres$
```

Le type de fichier lien symbolique est indiqué par la lettre l dans la première colonne du résultat de la commande ls -l. La flèche après le nom indique, en outre, à quel répertoire ce nom fait référence. La taille d'un tel lien correspond à la longueur du chemin auquel il fait référence.

Arborescence standard de Linux

Dans tous les systèmes Linux, certains programmes ou fonctions doivent être toujours disponibles. Ces programmes sont généralement situés au même endroit de l'arborescence. Mais, de temps à autre, il y a certaines variantes. Quoi qu'il en soit, voici les répertoires qui existent dans tous les cas.

Tab. 5.1 : Répertoires standard de Linux	
Répertoire	**Signification**
/	Répertoire racine. Il contient, directement ou indirectement, tous les autres répertoires.
/bin	Ce répertoire contient des programmes employés par tous les utilisateurs. On y trouve par exemple les commandes ls, rm, cp, etc.
/usr	De tout temps, le répertoire /usr a été surchargé de toutes sortes d'éléments ayant un rapport de près ou de loin avec l'utilisateur. On y trouve quantité d'utilitaires, de bibliothèques, de boîtes aux lettres, de manuels en ligne, de réponses à des FAQ (Frequently Asked Questions), etc. Sur les très anciens systèmes Unix, on y trouvait aussi les répertoires personnels des utilisateurs.
/usr/bin	Ce sont les commandes les moins utilisées qui se trouvent dans le répertoire /usr/bin. On y trouve, entre autres, les commandes pour la communication entre les utilisateurs.
/usr/man	Ce répertoire contient le manuel en ligne.
/usr/spool	On trouve ici les fichiers intermédiaires et de configuration pour la gestion de l'impression et des programmes à lancer régulièrement.
/usr/src	Il faut bien loger quelque part le code source des programmes Linux. On a choisi pour cela le répertoire /usr/src. Sous /usr/src/linux se trouve par exemple le code source pour le noyau du système d'exploitation dont on a besoin pour la configuration du noyau.
/etc	Ce répertoire contient les commandes et les fichiers nécessaires à l'administrateur du système. On y trouve en particulier les fichiers passwd, group, inittab, et le répertoire rc.d contenant les fichiers de démarrage du système.
/sbin	Linux loge dans ce répertoire les commandes pour la gestion du système. On y trouve par exemple la commande adduser permettant d'inscrire de nouveaux utilisateurs.
/tmp	Certaines commandes génèrent des données temporaires au cours de leur travail. Ces données doivent ensuite être supprimées lorsque la commande est terminée. Ces données temporaires sont en général stockées dans le répertoire /tmp.
/dev	Le répertoire /dev contient un fichier de périphérique pour chaque périphérique et composant matériel du système. Exemple : - console (console, écran principal) - tty (terminaux, interface série) - lp (connexion imprimante) - Fichiers de périphériques pour les disques durs : le nom contient l'abréviation hd (hard disk) lorsqu'il s'agit de disques IDE ou EIDE et sd pour les disques SCSI - Fichiers de périphériques pour lecteurs de disquette : le nom contient l'abréviation fd (floppy disk).
/home	L'habitude a été prise, sous Linux, d'héberger les répertoires personnels des utilisateurs normaux dans le répertoire /home.

5.2   Gestion des systèmes de fichiers

Intégration de systèmes de fichiers

Linux permet de rassembler plusieurs systèmes de fichiers dans une même arborescence. Chaque système de fichiers est indépendant des autres, il est normalement mis en place au moment de l'installation de Linux. Mais, si par la suite vous branchez un second disque dur sur votre système, un second système de fichiers devra être configuré. Chaque système de fichiers donnera alors lieu à une partition séparée sur le disque dur.

Mais, pour que ce système de fichiers soit accessible à l'utilisateur, il doit être intégré dans le premier système de fichiers (*root system*) ou dans un autre système de fichiers intégré au système de fichiers de base. Le répertoire auquel ce nouveau système de fichiers sera lié sera le carrefour de la conversion des chemins d'accès. Contrairement à d'autres systèmes d'exploitation tels que DOS ou OS/2, la répartition physique de l'espace disque n'est pas du ressort de l'utilisateur. Un utilisateur n'a que la vision de l'arborescence du disque, indépendamment du support sur lequel est aménagé le système de fichiers.

Attacher un système de fichiers

L'administrateur Linux doit relier les systèmes de fichiers dans une même arborescence (*to mount*). Pour cela, il dispose de la commande mount. Elle attend deux paramètres :

▶ le nom du fichier de périphérique par lequel on accède au système de fichiers ;

▶ le nom du répertoire devant servir de point de passage vers le nouveau système de fichiers. On l'appelle aussi point de montage.

```
/bin/mount [Options] Fichier_de_périphérique Répertoire
```

Dans l'exemple suivant, l'intégration du système de fichiers est réalisée dans la deuxième partition du second disque dur, sous le répertoire */mnt*.

```
/bin/mount /dev/hdb2 /mnt
```

Ce répertoire est également appelé point de montage (*mount point*). Si le système d'exploitation reconnaît, lors de l'analyse d'un chemin, qu'un répertoire apparaît et que son inode est désigné comme point de montage, il cherchera le reste du chemin par rapport au répertoire racine du système de fichiers intégré. Le répertoire désigné comme point de montage et le répertoire racine du système de fichiers intégré forment une seule et même entité.

Si vous activez, par exemple, la commande ls avec le nom du répertoire */mnt* comme paramètre, vous ne verrez pas les fichiers du répertoire */mnt*, mais ceux du répertoire racine du système de fichiers accessible par le fichier de périphérique */dev/hdb2*. Les éventuels autres fichiers du répertoire */mnt*, présents avant l'intégration du nouveau système de fichiers, ne sont plus visibles et donc plus accessibles. Ils ne réapparaissent que si le système de fichiers est à nouveau détaché (on dit plutôt "démonté" dans le jargon Unix).

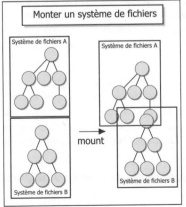

Fig. 5.3 :
Intégration d'un nouveau système de fichiers

Si vous utilisez la commande /bin/mount -a, tous les systèmes de fichiers mentionnés dans le fichier */etc/fstab* seront montés. Ce fichier est exploité systématiquement par le système pour vous éviter d'avoir à intégrer manuellement les systèmes de fichiers à chaque démarrage.

La commande mount peut aussi être activée sans aucun paramètre. Dans ce cas, tous les systèmes de fichiers intégrés seront affichés. Cet affichage est constitué au minimum d'une ligne, celle qui correspond au système de fichiers racine, avec les informations suivantes :

- ► fichier de périphérique ;
- ► chemin d'accès au point de montage ;
- ► type du système de fichiers (par exemple ext2, msdos, etc.) ;
- ► Indications d'état, par exemple un système de fichiers intégré uniquement en lecture (commande /bin/mount -r ...) aura le statut readonly.

```
microapp:/etc/rc/d# mount
/dev/hda3 on /type ext2 (ew)
/dev/hda1 on /dosc type msdos (rw)
none on /proc type proc (rw)
microapp:/etc/rc.d#
```

Détacher un système de fichiers

Dès qu'un système de fichiers n'est plus utilisé, il est possible de le détacher (le démonter, *unmount*). Pour cela, vous disposez de la commande umount. À l'activation de cette commande, il suffit d'indiquer le nom du fichier de périphérique sur lequel est placé le système de fichiers.

```
/bin/umount /dev/hdb2
```

Mais, pour cela, l'administrateur doit s'assurer qu'aucun fichier n'est en cours d'utilisation. Si des utilisateurs travaillent encore avec le système de fichiers, un message d'erreur est retourné indiquant que le système de fichiers en question est encore actif (*busy*). Dans ce cas, deux réactions sont possibles : soit attendre patiemment que les utilisateurs quittent d'eux-mêmes le système de fichiers, soit les y inviter expressément.

Réparation d'un système de fichiers

L'intégrité du système de fichiers est une condition essentielle au bon fonctionnement de Linux, qui assure normalement lui-même cette fonction. Mais, si des erreurs apparaissent, il peut se produire certaines incohérences, la plupart pouvant être traitées avec les commandes présentées dans cette section. Si ces commandes trouvent une erreur dans la structure du système de fichiers, une opération de réparation est lancée. C'est un moyen simple de résoudre les erreurs les plus courantes.

Étant donné qu'il existe plusieurs types de systèmes de fichiers, il est normal que l'on trouve aussi différentes commandes de diagnostic et de réparation. La plus courante est la commande e2fsck (*extended 2 file system check*) qui est spécialement conçue pour les systèmes de fichiers du type *Second Extended File System*. La plupart des versions de Linux possèdent par défaut un système de fichiers de ce type. Il est très robuste et capable de supporter un nombre assez important d'erreurs sans qu'il soit nécessaire d'intervenir.

Les réparations par e2fsck étant le plus souvent couronnées de succès, vous ne ferez appel que rarement à la commande debugfs (*debug file system*).

Origine des erreurs

Sous Linux, le système de fichiers essaie toujours d'accélérer les opérations en utilisant des algorithmes simples et en stockant les entrées-sorties sur le disque dur. Les données nécessaires sont ensuite rechargées depuis le disque dur vers la mémoire. Elles y sont modifiées, puis enregistrées à nouveau vers le disque dur. Il peut donc y avoir des différences entre les données en mémoire centrale et celles qui sont stockées sur le disque dur, plus anciennes. Ainsi, l'inode d'un fichier sur lequel il est fait accès est chargé en mémoire centrale. Si des modifications sont apportées à ce fichier, les données d'identification de l'inode en mémoire seront différentes de celles de l'inode du disque dur.

Si, dans ces circonstances, une erreur voit le jour et empêche la retranscription de l'inode de la mémoire sur le disque dur (coupure de courant, erreur logicielle, etc.), les informations en mémoire sont perdues et le système de fichiers devient inconsistant.

Réparation des erreurs

La logique interne de la commande /sbin/e2fsck est extrêmement complexe. Même les personnes très au fait de la structure interne des systèmes de fichiers sont toujours étonnées des performances et de la rapidité de cette commande, dont la syntaxe générale est la suivante.

```
/sbin/e2fsck [Options] Fichier_de_périphérique
```

Les options possibles sont susceptibles de varier. En voici quelques-unes qui sont toujours prises en charge.

Tab. 5.2 : Options de la commande e2fsck	
Option	**Signification**
-y	Répond automatiquement par l'affirmative (y pour *yes*) à toutes les questions posées par la commande.
-n	Répond automatiquement par la négation (n pour *no*) à toutes les questions posées par la commande.
-p	Ne retourne pas de message d'erreur (*quiet mode*) pour les problèmes mineurs, et les répare sans aucune demande de confirmation (*preen*).

Avant de démarrer une phase de vérification de l'intégrité d'un système de fichier, il faut mettre fin à tous les processus accédant au système de fichiers en question et le démonter (commande /bin/umount), pour éviter toute modification pendant les corrections.

Si vous souhaitez réparer un système de fichiers encore monté ou si vous essayez de traiter le système de fichiers racine avec e2fsck, vous verrez en général apparaître le message suivant.

```
microapp:/sbin# e2fsck /dev/hda4
e2fsck 1.04, 16-May-96 for EXT2 FS 0.5b, 95/08/09
/dev/hda4 is mounted.  Do you really want to continue (y/n)? n
check aborted.
microapp:/sbin#
```

Erreurs pouvant être détectées

La liste des états d'erreur reconnus par la commande e2fsck serait trop longue à décrire ici. Nous nous limiterons donc à la présentation des erreurs les plus courantes et répondrons aux questions posées par l'utilisation de cette commande.

► Un inode peut avoir un compteur de références supérieur à 0, alors que dans aucun répertoire n'existe une mention de ce fichier. Ce sera le cas si le système tombe après la mise en place de l'inode, mais juste avant que la mention dans le répertoire ne soit installée. Dans ce cas, la commande demandera si elle doit reconnecter l'inode (*reconnect*). Une entrée sera créée dans le répertoire *lost + found*, avec le numéro d'inode en guise de nom.

► Si un inode avec un compteur de références à 0 existe, sans qu'un répertoire contienne de référence à cet inode, la commande demande s'il y a lieu de le supprimer. Pour information, vous obtiendrez le numéro d'inode et les autorisations d'accès.

► Le compteur de références est supérieur au nombre des entrées dans les répertoires. Aussi longtemps que le compteur reste supérieur à 0, il est adapté à la valeur empirique trouvée, donc au nombre réel des entrées dans les répertoires.

► Il existe des blocs non occupés qui ne sont pas mentionnés sur la liste des blocs libres. Cette situation peut survenir si un bloc est supprimé dans un fichier. Il est alors retranscrit sur le disque dur. Si le système tombe avant l'actualisation du Superbloc sur le disque dur, il en résulte un bloc qui n'est ni occupé ni déclaré comme bloc libre.

► Les tailles des répertoires qui ne sont pas des multiples de 16 dénotent une incohérence. Ces informations sont considérées comme "*possibly incorrect file size*" par la commande e2fsck.

► Des blocs occupés sont décelés, mais ils apparaissent aussi sur la liste des blocs libres. Il est aussi possible de trouver des blocs qui ne sont ni occupés, ni libres. Dans les deux cas, la liste des blocs libres doit être recréée. En général, vous verrez le message "*Salvage free list*".

► Le nombre total des blocs libres ou des inodes libres est incorrect. Le nombre de blocs libres est facilement calculable à partir du nombre total de blocs, minoré du nombre de blocs occupés. Si ce chiffre ne correspond pas à la valeur dans le Superbloc, le système de fichiers est incohérent.

► Par principe, l'exactitude du Superbloc est un point essentiel dans le travail de la commande e2fsck. S'il est irréparable, il se peut que le reste du système de fichiers soit tout à fait correct, mais vous n'accéderez plus aux données, car des erreurs surviendront au moment du montage du système de fichiers (commande mount). C'est dans ce genre de situation que vous serez amené à utiliser la commande debugs.

Principe de fonctionnement

La commande e2fsck distingue plusieurs phases, durant lesquelles divers tests sont effectués sur les différentes composantes du système de fichiers. Voici ces phases.

► **Pass 1 : Checking inodes, blocks and sizes**

Les informations stockées dans le Superbloc sont comparées avec l'état actuel du système de fichiers. Cette comparaison porte essentiellement sur le nombre total de blocs, la taille de la table des inodes, les informations de gestion des fichiers dans cette table, etc.

► **Pass 2 : Checking directory structure**

La commande vérifie si toutes les entrées de répertoire correspondent bien à des inodes, si ces numéros sont valides et si les inodes correspondants ne sont pas vides.

► **Pass 3 : Checking directory connectivity**

Tous les blocs de données à utiliser pour les fichiers doivent avoir une existence tangible et ne doivent être référencés qu'une fois par inode.

▶ **Pass 4 : Checking reference counts**

Le nombre de références dans les répertoires doit correspondre au compteur de références (*link counter*) de l'inode. Tous les inodes doivent correspondre au minimum à un nom de fichier dans un répertoire. Le nombre d'inodes libres stockés dans le Superbloc doit correspondre au nombre calculé pendant cette phase.

▶ **Pass 5 : Checking group summary information**

Les blocs mentionnés sur la liste des blocs libres ne doivent être affectés à aucun fichier, et le nombre de blocs total ne doit pas être supérieur au nombre des blocs occupés plus celui des blocs libres de la liste.

Les fichiers ou les répertoires pour lesquels existe un inode, mais qui ne sont mentionnés dans aucun répertoire, peuvent être stockés par la commande e2fsck dans le répertoire *lost + found*. La condition est que ce répertoire existe bien dans le répertoire racine et qu'il contienne suffisamment d'entrées libres pour les fichiers. Les fichiers ainsi récupérés apparaissent ensuite dans le répertoire avec leur numéro d'inode en guise de nom de fichier.

5.3 Échange de données entre DOS et Linux

Dans presque toutes les installations de Linux, on trouvera en parallèle une partition Linux et une partition réservée pour le système d'exploitation DOS. La partition pour DOS est en général utilisée comme point de départ pour l'installation de Linux.

Il n'est donc pas rare que l'on soit amené à transférer des données entre DOS et Linux. Deux méthodes peuvent être employées pour cet échange de données. La première est celle dans laquelle les programmes Linux lisent et écrivent sur des lecteurs DOS. La seconde méthode atteint un degré d'intégration supérieur, dans la mesure où la partition DOS est directement intégrée dans l'arborescence des fichiers Linux, les fichiers de DOS étant alors accessibles directement.

Précisons bien qu'il s'agit ici d'un simple transfert de fichiers de données et non de programmes. Les programmes écrits pour DOS (ou pour Windows) ne sont pas concernés ici. Pour que Linux soit capable de démarrer des programmes DOS, il faut que l'application dosemu ait été copiée sur le disque dur lors de l'installation de Linux. Ce programme ne contribue d'ailleurs pas réellement à apporter plus de stabilité à Linux, bien au contraire. On n'y aura donc recours qu'en cas de réelle nécessité. Pour les programmes Windows, il existe l'émulateur WinE. Pour pouvoir utiliser correctement WinE, il faut posséder l'interface graphique de Linux, le système X-Window. Il appartient à chacun de décider s'il veut installer WinE (et participer au test) ou non.

Nous ne nous attarderons ici ni sur le pack dosemu ni sur WinE. Les limites que nous nous sommes fixées pour ce livre ne nous le permettent pas. Nous ne ferons donc qu'effleurer ces sujets lorsque ce sera nécessaire.

Les utilitaires mtools

La rubrique *mtools* du manuel montre quelles sont les possibilités dont dispose l'utilisateur Linux pour réaliser un échange de données entre Linux et DOS. Voici d'abord un petit aperçu des programmes existants.

Tab. 5.3 : Commandes mtools	
Commande	**Utilisation**
mattrib	Change les attributs des fichiers DOS

Tab. 5.3 : Commandes mtools	
Commande	**Utilisation**
mcd	Change de répertoire dans l'arborescence des répertoires DOS
mcopy	Copie des fichiers entre Linux et DOS (et inversement)
mdel	Supprime des fichiers DOS
mdir	Affiche le contenu d'un répertoire DOS
mformat	Formate un lecteur au format DOS
mlabel	Crée un nom de volume pour un disque DOS
mmd	Crée un nouveau répertoire dans l'arborescence DOS
mrd	Supprime un répertoire dans l'arborescence DOS
mren	Renomme ou déplace un fichier DOS
mtype	Affiche le contenu d'un fichier DOS

Différences entre fichier DOS et fichier Linux

Il vous faut absolument savoir que les deux systèmes d'exploitation traitent différemment les fins de ligne dans leurs fichiers texte. Sous Linux, une ligne se termine par le caractère ASCII de saut de ligne (*newline*). Dans les fichiers texte gérés par DOS, on trouve en fin de ligne la combinaison des caractères de saut de ligne et de retour chariot (*carriage return*). Les commandes mtools présentées ci-dessus ne convertissent pas automatiquement le caractère de saut de ligne en une combinaison de caractères DOS et inversement. On peut cependant demander que cette conversion soit effectuée en utilisant l'option -t (avec les commandes mtype ou mcopy, par exemple). Si vous oubliez cette option, vous aurez probablement des difficultés lorsque vous voudrez lire des fichiers Linux avec un éditeur DOS.

De plus, dans la majeure partie des fichiers texte sous DOS, un caractère spécial marque la fin du fichier. Il s'agit du caractère ASCII 26 (Ctrl+Z). Sous Linux, on ne trouve aucun caractère spécial en fin de fichier. Linux sait exactement quel est le nombre de caractères contenus dans le fichier, puisque la taille en octets est stockée dans l'en-tête du fichier.

Accès aux lecteurs DOS

Pour pouvoir accéder à un fichier sous DOS, il faut indiquer sur quel lecteur (disque dur ou disquette) il se trouve. Sous Linux, ces informations sont gérées sous forme de fichiers de périphérique tandis que, sous DOS, on utilise des lettres de lecteurs. C'est pourquoi il existe le fichier */etc/mtools*, qui joue en quelque sorte le rôle d'intermédiaire entre les deux types d'accès. Il y est dit, par exemple, que le lecteur A: de DOS peut être trouvé dans le fichier de périphérique */dev/fd0*. De même, on y trouve une inscription pour les disques durs C:, D:, etc. Sur un PC équipé d'un disque dur IDE et sur lequel DOS a été installé en premier, le nom du fichier périphérique est */dev/hda1*. S'il s'agit d'un ordinateur avec des disques durs SCSI, on utilisera le fichier */dev/sda1*. Voici un extrait du contenu possible du fichier */etc/mtools*.

▼ **Listing 5.15 :** *Le fichier /etc/mtools*

```
#
# Le premier lecteur de disquette a le format 1,44 Mo
# et le second le format 1,2 Mo
#
A /dev/fd0 12 80 2 18  # Premier lecteur de disquette 1,44 Mo
```

```
A /dev/fd0 12 80 2 9    # double densité
A /dev/fd0 12 0 0 0     # Reconnaissance automatique de la densité
B /dev/fd1 12 80 2 15   # Deuxième lecteur de disquette 1,2 Mo
B /dev/fd1 12 40 2 9    # double densité
B /dev/fd1 12 0 0 0     # Reconnaissance automatique de la densité
C /dev/hda1 16 0 0 0    # Lecteur DOS C: dans la première partition
                          du premier disque dur
```

Le nom de chemin est construit conformément à la convention DOS. La seule différence vient du fait que l'on utilise une barre oblique classique (/) au lieu d'une barre oblique inversée (\).

En théorie, on pourrait aussi employer une barre oblique inversée pour séparer les éléments composant le chemin d'accès. La barre oblique inversée est cependant un caractère spécial du shell, et elle devra dans ce cas être verrouillée. Dans le plus simple des cas, il suffit de mettre le chemin d'accès entre apostrophes ('). On peut aussi verrouiller chaque barre oblique inversée par une seconde barre oblique inversée. Cela constitue cependant une source d'erreur supplémentaire et devient vite très fastidieux. On a donc tout intérêt à utiliser la barre oblique normale.

Un chemin d'accès pour un fichier DOS se présente de la façon suivante.

```
a:/data/test.txt
```

ou

```
c:/word55/txt/info/txt
```

On pourrait, bien entendu, aussi employer la barre oblique inversée. Par souci d'exhaustivité, voici ces mêmes chemins si l'on utilise la barre oblique inversée comme séparateur.

```
'a:\data\test.txt'
```

ou

```
c:\\word55\\txt\\info\\txt
```

Intégration directe de lecteurs DOS

Les commandes présentées ci-dessus offrent un éventail de possibilités assez intéressant pour qui veut avoir un accès aux données DOS. Mais Linux propose davantage encore. On peut faire en sorte que les données des lecteurs DOS apparaissent dans l'arborescence des fichiers de Linux. Pour cela, on "accroche" (*mount*) le lecteur DOS en question dans l'arborescence Linux.

Dès l'installation de la version Slackware de Linux (et d'autres distributions aussi), on vous demande si des lecteurs DOS devront être accessibles. Si vous vous êtes donné la peine, à ce moment-là, d'intégrer au moins le lecteur C:, vous pouvez ignorer les explications suivantes, concernant la commande mount, car dans ce cas vous disposez déjà d'un répertoire DOS qui apparaît dans l'arborescence Linux (*/dosc*, par exemple).

Mais, si vous ne vous sentiez pas trop sûr de vous lors de l'installation et que vous avez négligé ce point, il vous faut maintenant réaliser cette intégration manuellement.

Nous allons montrer ici brièvement la commande à utiliser, sans trop nous attarder sur le sujet.

Pour que des lecteurs DOS apparaissent dans l'arborescence Linux, il faut d'abord déterminer quel fichier de périphérique correspond à ce lecteur DOS. Le plus simple est de jeter un coup d'œil dans le fichier */etc/mtools* ou de lancer le programme fdisk et de taper la commande p. Dans le fichier */etc/mtools* se trouve une ligne qui associe une lettre de lecteur (C:, par exemple) avec un fichier de périphérique de Linux.

```
# Lecteur DOS C: dans la première partition du premier disque dur
C /dev/hda1 16 0 0 0
```

Dans cet exemple, on déduit que le lecteur C: sera accessible par le fichier de périphérique */dev/hda1*. Cette information peut aussi être obtenue avec le programme fdisk, qui ne peut être activé que par l'utilisateur root.

▼ **Listing 5.16 :** *La commande fdisk*

```
microapp:~# /sbin/fdisk
Using /dev/hda as default device!
Command (m for help): p
Disk /dev/hda: 16 heads, 63 sectors, 2100 cylinders
Units = cylinders of 1008 * 512 bytes
   Device Boot   Begin    Start     End   Blocks   Id  System
/dev/hda1    *       1        1     407  205096+    6  DOS 16-bit >=32M
/dev/hda2          408      408    1024  310968     5  Extended
/dev/hda3         1024     1025    2100  542304    83  Linux native
/dev/hda5          408      408    1024  310936+    6  DOS 16-bit >=32M
Command (m for help): q
microapp:~#
```

Dans cet exemple, on aperçoit un lecteur C: de 200 Mo (identification DOS 16-bit >=32M) et une partition étendue (identification Extended), dans laquelle se trouve un lecteur logique (même identification que le lecteur C:). Le nom de fichier de périphérique correspondant est toujours indiqué dans la première colonne.

Maintenant que l'on sait quel est le fichier de périphérique, il faut créer un répertoire qui servira de passerelle entre Linux et DOS. En supposant que l'on ait créé un répertoire */dosc*, on peut taper la commande suivante en qualité d'utilisateur root.

```
mount -t msdos /dev/hda1 /dosc
```

L'option -t msdos indique qu'il s'agit d'un système de fichiers DOS (FAT 16). On peut aussi utiliser -t vfat pour monter le système de fichier en FAT 32 et ainsi bénéficier des noms longs de Windows 95/98. Les deux autres indications précisent où se trouvent le système de fichiers sur le disque dur et le passage de l'un à l'autre.

▼ **Listing 5.17 :** *Système de fichier DOS monté sous Linux*

```
microapp:~# mount -t msdos /dev/hda1 /dosc
microapp:~# ls -l /dosc
total 952
-rwxr-xr-x   1 root     root          478 Apr 11 11:34 autoexec.bat*
-rwxr-xr-x   1 root     root          282 Apr  9 20:17 autoexec.dos*
-rwxr-xr-x   1 root     root          109 Apr  9 20:16 autoexec.mtm*
```

```
-rwxr-xr-x   1 root      root         21781 Apr  9 20:50 bootlog.prv*
-rwxr-xr-x   1 root      root         42384 Apr  9 21:12 bootlog.txt*
-rwxr-xr-x   1 root      root         95382 Aug 24  1995 command.com*
-rwxr-xr-x   1 root      root         50031 Jun 11  1991 command.dos*
-rwxr-xr-x   1 root      root           324 Apr  9 20:18 config.dos*
-rwxr-xr-x   1 root      root           149 Apr  9 20:16 config.mtm*
-rwxr-xr-x   1 root      root           360 Apr 11 11:34 config.sys*
-rwxr-xr-x   1 root      root           360 Apr  9 20:45 config.win*
-rwxr-xr-x   1 root      root         31590 Apr  9 20:32 detlog.txt*
drwxr-xr-x   2 root      root          4096 Apr  9 20:12 dos/
drwxr-xr-x   2 root      root          4096 Apr 11 11:49 exchange/
-r-xr-xr-x   1 root      root         33663 Jun 11  1991 io.dos*
-r-xr-xr-x   1 root      root        223148 Aug 24  1995 io.sys*
-rwxr-xr-x   1 root      root            22 Apr  9 20:25 msdos.---*
-r-xr-xr-x   1 root      root         37426 Jun 11  1991 msdos.dos*
-r-xr-xr-x   1 root      root          1641 Apr 11 11:34 msdos.sys*
drwxr-xr-x  10 root      root          4096 Apr  9 21:02 msoffice/
drwxr-xr-x   2 root      root          4096 Apr  9 20:16 mtm/
-rwxr-xr-x   1 root      root          2208 Apr  9 20:35 netlog.txt*
dr-xr-xr-x   6 root      root          4096 Apr  9 20:36 progra~1/
drwxr-xr-x   2 root      root          4096 Apr 11 11:31 recycled/
-rwxr-xr-x   1 root      root         38413 Apr  9 20:50 setuplog.txt*
-r-xr-xr-x   1 root      root        283624 Apr  9 20:45 system.1st*
drwxr-xr-x   2 root      root          4096 Jun  8 17:39 tmp/
drwxr-xr-x  24 root      root          8192 Apr  9 20:35 windows/
microapp:~#
```

Le nom de répertoire /dosc représente alors un synonyme pour le lecteur C: du DOS. On peut ensuite utiliser des commandes Linux pour copier, déplacer, renommer, supprimer des fichiers. On n'a plus besoin d'utiliser les commandes mtools.

Les fichiers texte ne seront toutefois pas convertis automatiquement. Si vous voulez modifier un fichier texte avec vi, vous trouverez malheureusement le caractère de retour chariot (^M) à la fin de chaque ligne.

5.4   Gestion des droits d'accès

Au début de ce livre, nous avions déjà évoqué l'idée que tout bon système d'exploitation se devait de gérer les données avec méthode et sécurité. Le domaine de la sécurité englobe également le fait que les fichiers ne peuvent être lus et modifiés que par les personnes habilitées à le faire, d'où l'existence de droits d'accès.

Principes de base

Chaque fichier de l'arborescence de Linux est doté d'une identification spécifique. Les informations d'identification les plus importantes sont affichées par la commande ls avec l'option -l. Elle montre de façon évidente que pour chaque fichier (fichier normal, répertoire ou fichier spécial) des autorisations d'accès sont mises en place. Chaque fichier dispose d'autorisations d'accès individuelles. Lors de chaque accès à un fichier, le système vérifie ces autorisations.

Mais les autorisations d'accès individuelles ne suffisent pas à protéger les fichiers des accès interdits. Lors de sa connexion, chaque utilisateur se voit affecté d'un numéro d'identification (*user identification* ou UID). L'affectation d'un nom à ces numéros d'utilisateurs est réalisée par le fichier */etc/passwd*. Ce fichier est l'élément central de l'ensemble de la gestion des utilisateurs. En complément, chaque utilisateur reçoit un numéro de groupe (*group identification* ou GID).

En conséquence, chaque utilisateur est doté d'un numéro d'utilisateur et d'un numéro de groupe. Pour vérifier ces numéros, vous emploierez la commande id. En interne, Linux distingue les divers utilisateurs uniquement sur la base de leur numéro et non d'après leur nom. Une fois la connexion établie, Linux

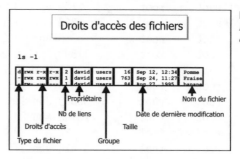

Fig. 5.4 :
Résultat de la commande ls -l

oublie le nom. En cas de besoin, il le rechargera à partir du fichier */etc/passwd*.

Il en va de même pour les fichiers. Là aussi, leur gestion se fait sur la base d'un numéro. Par ce numéro, vous accéderez aux données d'identification, en l'occurrence :

► le nom de l'utilisateur propriétaire du fichier ;
► le nom du groupe auquel ce fichier est affecté.

À chaque accès d'un utilisateur sur un fichier, il existe trois cas de figure possibles :

(1) Le numéro de l'utilisateur est identique au numéro d'utilisateur référencé dans l'en-tête du fichier. Dans ce cas, l'utilisateur est le propriétaire (*owner*) du fichier.

(2) Si ces deux numéros ne correspondent pas, le système vérifie si le numéro de groupe de l'utilisateur est identique au numéro de groupe du fichier. Dans ce cas, l'utilisateur appartient au même groupe que celui auquel le fichier est affecté.

(3) Dans tous les autres cas, il n'y a correspondance ni entre les numéros d'utilisateurs ni entre les numéros de groupes. On parle du "reste du monde" (*others*), c'est-à-dire la grande masse des utilisateurs qui ne sont ni propriétaires ni partie prenante du groupe d'affectation de ce fichier.

Ces trois catégories sont essentielles pour tout ce qui touche aux accès aux fichiers.

Signification des droits d'accès

En principe, pour ces trois catégories, il existe les mêmes autorisations d'accès. Elles peuvent être identiques ou différenciées.

Tab. 5.4 : Signification des droits d'accès	
Code d'autorisation	**Signification**
r	readable (accessible en lecture)
w	writable (accessible en écriture)
x	executable (exécutable en tant que programme)

Nous reviendrons sur le sens précis de ces autorisations d'accès. Par la combinaison des catégories d'utilisateurs et des autorisations d'accès, un fichier peut être doté d'une des propriétés suivantes :

▶ accessible en lecture, en écriture et exécutable pour le propriétaire ;

▶ accessible en lecture, en écriture et exécutable pour le groupe auquel le fichier est affecté ;

▶ accessible en lecture, en écriture et exécutable pour le reste du monde.

La commande ls -l affiche les neuf possibilités. L'illustration ci-contre différencie encore une fois les divers éléments de cette commande. Il apparaît clairement que les trois premières autorisations concernent le propriétaire, les trois suivantes le groupe et les trois dernières le reste du monde.

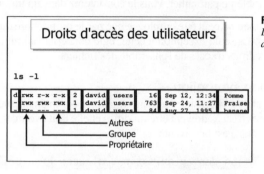

Fig. 5.5 :
Distinction des droits d'accès

Les droits d'accès sont interprétés de manière différente selon le type du fichier. Pour les fichiers normaux, l'interprétation est la suivante.

Tab. 5.5 : Signification des droits d'accès pour un fichier normal

Droits d'accès	Signification
r	Le contenu du fichier peut être lu. L'éditeur vi peut par exemple charger son contenu en mémoire et la commande cp peut le lire, éventuellement pour le stocker dans un autre fichier.
w	Le contenu peut être modifié. Le contenu modifié de la mémoire tampon de l'éditeur vi peut par exemple être retranscrit sur le disque dur, dans le même fichier. Le fait que ce fichier puisse être supprimé ne fait pas partie de ses caractéristiques propres, mais de celles du répertoire où il est placé.
x	Le fichier contient un programme et peut être exécuté. On distingue deux types de programmes : les programmes binaires et les scripts du shell (*shell scripts*).

Pour les répertoires, les autorisations d'accès ont une signification légèrement différente.

Tab. 5.6 : Signification des droits d'accès pour un répertoire

Droits d'accès	Signification
r	Les éléments du répertoire sont accessibles en lecture. Cette autorisation est nécessaire pour la commande ls et pour le shell, pour établir par exemple les modèles de critères de recherche sur les noms de fichier.
w	L'utilisateur peut créer de nouveaux fichiers dans le répertoire et peut supprimer les fichiers existants, cette dernière possibilité étant indépendante des autorisations d'accès aux fichiers proprement dits. Il ne peut cependant modifier le contenu des fichiers en question s'il ne possède pas les droits suffisants.
x	Le nom du répertoire peut apparaître dans un chemin d'accès. Par conséquent, vous n'aurez pas accès à un répertoire par la commande cd si vous ne disposez pas au minimum de l'autorisation d'exécution. Tous les fichiers et répertoires contenus dans ce répertoire sont totalement verrouillés si cette autorisation d'accès fait défaut.

Vous êtes à présent en mesure de savoir quels sont les fichiers et répertoires auxquels vous avez accès. Cela évite entre autres les nombreux messages d'erreurs qui ne manquent pas de survenir dans le cas contraire.

Modification des droits d'accès

Chaque fichier est créé avec des droits d'accès standard. Le système permet de les adapter à vos besoins personnels. Mais vous serez très souvent conduit à modifier ultérieurement ces droits.

Pour cela, vous passerez par la commande `chmod` (*change mode*). Son activation peut revêtir deux formes distinctes. La première est appelée la forme symbolique, alors que la seconde passe par des chiffres en base 8 (et non en base 10, comme dans le système décimal). Mais, n'ayez crainte, cela ne pose aucun problème particulier, vous le constaterez dans un instant.

La commande `chmod` ne peut être employée que par le propriétaire du fichier qui peut en modifier les droits d'accès. La seule exception à cette règle concerne l'administrateur système. Ce dernier peut modifier les droits d'accès de l'ensemble des fichiers.

Représentation symbolique

La commande `chmod` nécessite deux informations complémentaires. Elle doit d'abord savoir comment les droits d'accès doivent être modifiés et elle doit avoir connaissance du nom du fichier à modifier. La syntaxe est la suivante.

```
chmod Modification_des_autorisations_d'accès Fichier1 [Fichier2...]
```

La modification des droits d'accès est elle-même divisée en trois parties.

1. Les droits d'accès à modifier : il s'agit des autorisations de l'utilisateur (*u*, pour *user*), du groupe (*g*, pour *group*) ou encore du reste du monde (*o*, pour *others*).
2. Les types de modification à apporter : faut-il rajouter de nouveaux droits d'accès aux anciens (+), ou plutôt supprimer des droits d'accès déjà en place (-) ? Il est également possible de redéfinir ces droits, sans tenir compte des paramètres antérieurs (=).
3. La modification individuelle des nouveaux droits (*r*, *w* ou *x*).

L'illustration suivante montre un exemple de modification des droits d'accès. Les éléments de la modification doivent accompagner la commande `chmod`. Il faut absolument éviter de mettre des espaces entre les différents éléments. En cas de modifications multiples, sous forme symbolique, à effectuer simultanément, vous séparerez les éléments par des virgules. Il faut toutefois que toutes les indications fassent partie du premier paramètre.

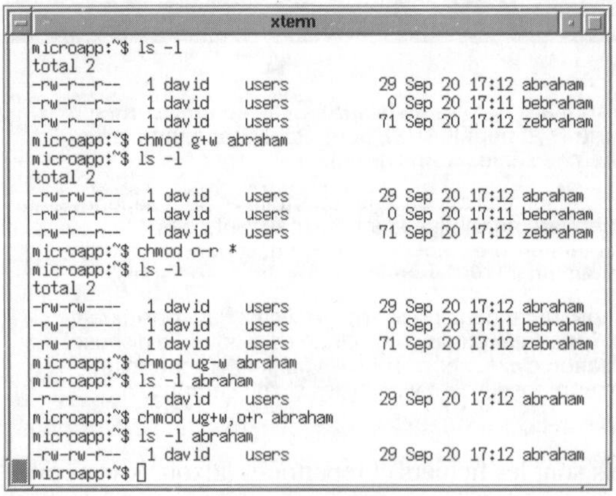

```
xterm
microapp:~$ ls -l
total 2
-rw-r--r--   1 david    users          29 Sep 20 17:12 abraham
-rw-r--r--   1 david    users           0 Sep 20 17:11 bebraham
-rw-r--r--   1 david    users          71 Sep 20 17:12 zebraham
microapp:~$ chmod g+w abraham
microapp:~$ ls -l
total 2
-rw-rw-r--   1 david    users          29 Sep 20 17:12 abraham
-rw-r--r--   1 david    users           0 Sep 20 17:11 bebraham
-rw-r--r--   1 david    users          71 Sep 20 17:12 zebraham
microapp:~$ chmod o-r *
microapp:~$ ls -l
total 2
-rw-rw----   1 david    users          29 Sep 20 17:12 abraham
-rw-r-----   1 david    users           0 Sep 20 17:11 bebraham
-rw-r-----   1 david    users          71 Sep 20 17:12 zebraham
microapp:~$ chmod ug-w abraham
microapp:~$ ls -l abraham
-r--r-----   1 david    users          29 Sep 20 17:12 abraham
microapp:~$ chmod ug+w,o+r abraham
microapp:~$ ls -l abraham
-rw-rw-r--   1 david    users          29 Sep 20 17:12 abraham
microapp:~$ 
```

Fig. 5.6 : *Modification des droits d'accès aux fichiers*

Représentation octale

La deuxième forme de la commande chmod semble à première vue plus complexe qu'elle ne l'est en réalité. La syntaxe de la commande est aussi simple que sous la forme symbolique.

```
chmod Nombre_en_base_8 Fichier1 [Fichier2...]
```

Avec le chiffre en base 8, les autorisations d'accès sont redéfinies, sans que la commande prête attention aux anciens paramètres. Pour pouvoir former ces chiffres en base 8, il faut affecter des numéros aux différents droits d'accès.

Tab. 5.7 : Valeurs octales des droits d'accès		
Propriétaire	**Groupe**	**Reste du monde**
r w x	r w x	r w x
400 200 100	40 20 10	4 2 1

Le nouveau droit d'accès pour un fichier est la résultante de la somme de ces chiffres. Ainsi, pour affecter au fichier *Timbres* des droits d'accès en lecture et écriture pour le propriétaire et en lecture seule pour le groupe et le reste du monde, vous taperez la commande suivante.

```
chmod 644 Timbres
```

L'autorisation en lecture et écriture du propriétaire donne la somme de 600, l'accès en lecture du groupe correspond au chiffre 40 et celui du reste du monde à 4.

Cette commande chmod permet également de modifier les droits d'accès des répertoires. Vous utiliserez la même syntaxe que pour les fichiers.

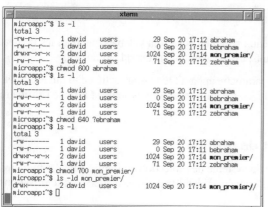

Fig. 5.7 :
Modification des droits d'accès aux répertoires

Droits d'accès par défaut

Chaque fichier ou répertoire nouvellement créé est doté dès le départ de certaines autorisations d'accès. Elles dépendent des souhaits de l'utilisateur. Il se servira de la commande umask, suivie, comme pour la commande chmod, d'un nombre en base 8. C'est ce nombre qui fixe les autorisations d'accès pour le nouveau fichier ou le nouveau répertoire. La logique négative de la commande umask en rend la compréhension moins évidente. Linux part du principe que tous les fichiers normaux et les répertoires doivent être affectés des droits d'accès maximaux. Cela signifie théoriquement les droits suivants.

Tab. 5.8 : Droits d'accès maximaux

Nature de l'objet	Valeur symbolique	Valeur en octal
Répertoire	rwxrwxrwx	777
Fichier normal	rw-rw-rw-	666

Dans le masque créé par la commande umask, tous les chiffres en base 8 sont soustraits de ces droits d'accès maximaux. Si vous souhaitez un accès en lecture et écriture pour le propriétaire et en lecture seule pour le groupe et le reste du monde, vous utiliserez les valeurs suivantes.

Tab. 5.9 : Masque

Masque maximal	rw-rw-rw-	666
À retirer	----w--w-	022
Résultat	rw-r--r--	644

L'activation de la commande umask se présentera donc sous la forme ci-après.

```
umask 022
```

Ainsi, tous les nouveaux fichiers seront dotés des autorisations d'accès correspondant au nombre 644 en base 8.

Pour tous les nouveaux répertoires, le résultat obtenu sera 755.

Tab. 5.10 : Masque

Masque maximal	rwxrwxrwx	777
À retirer	----w--w-	022
Résultat	rwxr-xr-x	755

L'important est de bien noter que ces nouveaux paramètres ne sont valables que pour les fichiers nouvellement créés. Pour les fichiers existants, c'est la commande chmod qui fait foi.

À l'activation de la commande umask sans paramètre apparaît le masque actif, celui qui est utilisé au moment de la création de nouveaux fichiers. Ce chiffre est le plus souvent affiché sur quatre positions.

Changement de propriétaire et de groupe

Ces droits d'accès ne forment qu'une partie du système de protection de Linux. Sans les numéros d'utilisateur ou de groupe enregistrés dans les données d'identification des fichiers, ces autorisations d'accès n'auraient aucun sens.

Il est cependant possible de modifier les informations d'appartenance d'un fichier ou d'un répertoire. Il suffit de se connecter en tant qu'administrateur système, autrement dit avec le nom d'utilisateur root. La commande chown permet alors d'effectuer un changement de propriétaire. La commande chgrp est utilisée pour rendre des fichiers et répertoires accessibles à d'autres groupes d'utilisateurs. La manière de s'inscrire à ces groupes n'a pas encore été expliquée.

Les commandes chown et chgrp ont la syntaxe suivante.

```
chown Utilisateur Fichier1 [Fichier2...]
chgrp Groupe Fichier1 [Fichier2...]
```

Comme premier paramètre, les deux commandes demandent le nom du nouveau propriétaire ou du nouveau groupe auquel le fichier doit être affecté. Le système vérifie ensuite l'existence de cet utilisateur ou de ce groupe. Pour affecter un fichier à un utilisateur inexistant, vous n'indiquerez pas le nom d'utilisateur mais son numéro. Il reste à déterminer si cela a un sens. Il en va de même pour la commande chgrp.

L'illustration suivante montre différentes possibilités d'utilisation de ces commandes. Rappelez-vous que vous devez être connecté en tant qu'utilisateur root pour pouvoir les utiliser.

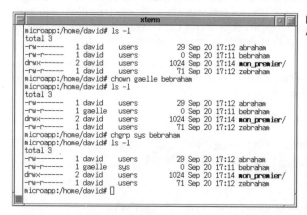

Fig. 5.8 :
Les commandes chown et chgrp

Il convient de signaler ici le comportement étrange de la commande rm lorsqu'on tente de supprimer un fichier dont on n'est pas le propriétaire. La possibilité de supprimer un fichier dépend uniquement des droits d'accès au répertoire correspondant. C'est vrai même s'il n'y a aucun droit pour le fichier en question. Dans l'exemple ci-dessous, l'utilisateur *david* a le droit de supprimer le fichier *bebraham* qui se trouve dans son répertoire personnel, bien qu'il n'en soit pas le propriétaire.

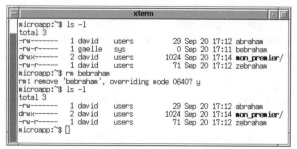

Fig. 5.9 :
Résultat de la commande rm

La commande rm détermine que l'utilisateur *david* a le droit de supprimer le fichier *bebraham* bien qu'il n'en soit pas le propriétaire. C'est pourquoi une question s'affiche à l'écran. Elle contient, entre autres, les droits d'accès du fichier sous forme octale. Avec l'option -f ajoutée à la commande rm, on peut contourner cette demande de confirmation. Dans ce cas, le fichier est supprimé sans autre forme de procès. Aucun message ne s'affiche non plus si la suppression échoue.

5.5 Les éditeurs : vi, emacs et joe

Il existe de nombreux éditeurs sous Linux qui servent à traiter des fichiers texte ASCII. Les plus connus sont vi et emacs, une version pour Windows a même été créée. Au cours des sections suivantes, nous nous intéresserons brièvement à l'utilisation de ces deux éditeurs standard, ainsi qu'à une intéressante alternative commandée par des raccourcis clavier de type WordStar et Turbo Pascal/C de Borland : joe.

L'éditeur vi

L'éditeur vi est un classique parmi les programmes Unix. Son utilisation demande un peu d'habitude, mais cela ne doit pas vous retenir de vous familiariser avec ce puissant éditeur. L'un des avantages de vi est qu'il représente l'éditeur standard de tous les systèmes Unix. Si vous travaillez un jour sur une station de travail Solaris, HP/UX ou un quelconque dérivé Unix, vous y trouverez toujours vi. Il existe évidemment des versions MS-DOS et Windows de cet éditeur.

Si la description qui suit vous semble trop complexe, vous pouvez choisir un autre éditeur. Le plus simple à utiliser est emacs, lorsque vous l'exploitez sous X-Window. En mode texte, joe est un bon choix.

Si vi n'est pas présent sur le disque dur, installez-le depuis le CD-Rom.

```
essai@client:/home/essai > mount /mnt/cdrom
essai@client:/home/essai > cd /mnt/cdrom/Mandrake/RPMS
essai@client:RPMS > su
Password: <MotDePasse-root>
essai@client:RPMS # rpm -i vim-common-6.0-0.16mdk.i586.rpm
essai@client:RPMS # rpm -i vim-X11-6.0-0.16mdk.i586.rpm
essai@client:RPMS # _
```

L'éditeur se lance par vi nom_de_fichier ou par vi pour créer un nouveau fichier. L'éditeur vi distingue très clairement le mode commande et le mode saisie. En mode commande, déplacez-vous dans le texte par les touches fléchées et introduisez des commandes par les raccourcis.

Éditer

La première commande dont vous devez vous souvenir est i (insérer). Cette commande est validée par [Entrée] sans confirmation, et vous fait passer en mode de saisie. Le processus est confirmé dans la ligne inférieure qui contient INSERT. Vous pouvez alors saisir un texte à l'emplacement du curseur. Quittez le mode saisie par la touche [Échap]. Vous revenez alors en mode de commande, et vous ne pouvez plus introduire de texte, mais taper des commandes abrégées par différents raccourcis clavier.

Vous devez vérifier le mode dans lequel vous travaillez de façon à ne pas taper accidentellement des commandes.

À la place de i, vous pouvez utiliser a (ajouter) pour insérer un texte à droite du curseur, notamment lorsque vous souhaitez ajouter un texte en fin de ligne. Il existe également un raccourci qui vous épargne de déplacer le curseur en fin de ligne et de taper a : automatisez-le par A.

Pour insérer une ligne de façon à y saisir un texte, utilisez les commandes o et O. La première insère une ligne vide sous la ligne actuelle, la seconde l'insère avant cette ligne.

Navigation

Les touches fléchées permettent de se déplacer ligne par ligne ou caractère par caractère. Parcourez le texte à l'aide des touches [PgPréc] et [PgSuiv]. vi se conduit alors comme tout éditeur (par exemple, edit de DOS) ou tout traitement de texte.

Effacer un texte

Effacer un texte sous vi demande un peu d'habitude. Vous ne pouvez pas, comme vous en avez peut-être l'habitude, le supprimer par la touche [Retour arrière], vous devez utiliser des raccourcis spéciaux en mode de commande (et non en mode d'insertion). Par X, vous supprimez le caractère à gauche du curseur et par x, celui qui se trouve sous le curseur. Effacez une ligne complète par dd.

Exécution multiple d'une commande

Il est très pratique d'exécuter plusieurs fois une même commande. Si, avant une commande, vous tapez un nombre, elle sera répétée autant de fois. Pour supprimer vingt lignes, vous n'avez pas à saisir vingt fois dd, introduisez uniquement la commande 20 dd.

Commande :

Les commandes de chargement et d'enregistrement de fichiers et celles qui terminent vi sont accessibles par la commande :. Lorsque vous tapez le deux-points, un prompt s'affiche dans la ligne inférieure, et vi attend la saisie d'une commande longue qui s'affiche au fur et à mesure de la frappe et qu'il est possible de modifier. La commande est exécutée avec la touche [Entrée]. Par exemple, pour enregistrer le fichier sous le nom de *test.txt*, tapez la commande w test.txt (w signifiant *write*, "écrire"). L'aide intégrée est lancée par help, et q permet de quitter vi. Si le programme vous informe que le fichier n'a pas été enregistré, vous pouvez forcer la fermeture sans enregistrement par q! (Fig. 5.11).

Appliquer des filtres

Une fonction particulièrement pratique de vi consiste à envoyer une partie d'un texte à travers un filtre. Tapez par exemple la commande 5,10!sort pour trier dans l'ordre alphabétique les lignes de 5 à 10. Les lignes sélectionnées sont ensuite remplacées par les résultats du filtre.

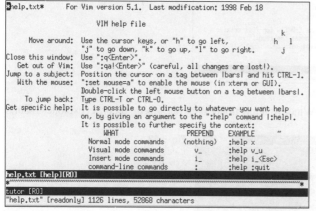

Fig. 5.10 :
L'aide en ligne de l'éditeur vi est lancée via la commande help

Documentation complète sur vi

Le répertoire */usr/doc/vim-common-6.0/* contient une documentation détaillée sur vi. Le répertoire */usr/doc/vim-common-6.0/tutor/* contient un cours pour débuter avec vi et apprendre les commandes les plus importantes.

L'éditeur emacs

De même que vi, emacs est un autre éditeur, familier de tous les systèmes Unix et maintenant de Windows. L'éditeur emacs est programmé en Lisp et peut ainsi s'adapter aux besoins de chacun.

Le programme emacs dispose, entre autres, de modes spéciaux selon les types de fichiers, permettant d'activer, par exemple pour des fichiers sources C, compilateur et débogueur, ce qui simplifie beaucoup le travail. L'éditeur affichera les menus avec les fonctions nécessaires selon le type du fichier.

Si emacs n'est pas présent sur le disque dur, installez-le depuis le CD-Rom.

```
essai@client:/home/essai > mount /mnt/cdrom
essai@client:/home/essai > cd /mnt/cdrom/Mandrake/RPMS
essai@client:RPMS > su
Password: <MotDePasse-root>
essai@client:RPMS # rpm -i emacs-20.7-16mdk.i586.rpm
essai@client:RPMS # rpm -i emacs-X11-20.7-16mdk.i586.rpm
essai@client:RPMS # _
```

Lancez emacs dans une console ou une fenêtre xterm en tapant emacs. Si vous utilisez une console, l'écran suivant s'affiche.

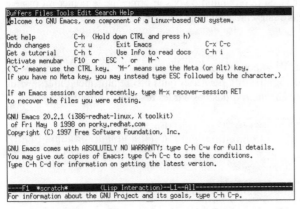

Fig. 5.11 :
L'éditeur emacs en mode texte

Le logiciel est plus pratique sous X-Window. Il fonctionne dans une fenêtre propre et exploite la souris.

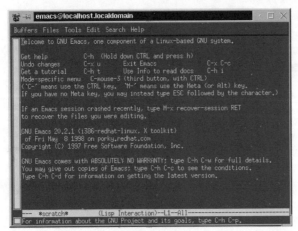

Fig. 5.12 :
L'éditeur emacs sous X-Window

Notre description s'appliquera à la variante sous X-Window.

Les commandes des menus sont accessibles par la souris, comme avec les programmes X-Window. Vous ouvrez un fichier par **Files/Open File**. Pour créer un nouveau fichier, selon la même méthode, choisissez **Open File**, tapez le nom du fichier, vous obtenez une fenêtre d'éditeur vide. Vous pouvez également indiquer au démarrage d'emacs le nom d'un fichier ou d'un nouveau fichier par emacs nouveau.

Éditer

Sous emacs, les modifications sont réalisées de la même manière que sous les autres éditeurs. Saisissez un texte à l'emplacement du curseur, déplacez-vous par les touches PgPréc et PgSuiv, supprimez le caractère à gauche du curseur par la touche Retour arrière.

Le menu File

Sous **File** figurent les commandes classiques s'appliquant aux fichiers, telles que l'ouverture (**Open File**), l'enregistrement (**Save Buffer**), l'enregistrement sous un autre nom (**Save Buffer As**) et l'arrêt du programme (**Exit Emacs**). La commande **Make New Frame** permet d'ouvrir une autre fenêtre emacs. La commande **Kill Current Buffer** arrête le travail sur le fichier actuel sans fermer emacs.

Le menu Buffers

L'éditeur emacs permet d'ouvrir plusieurs fichiers en même temps. Pour chacun d'eux, emacs crée un tampon, le menu **Buffers** vous autorisant à passer de l'un à l'autre.

Le menu Edit

Figurent ici les fonctions classiques pour modifier un texte telles que copier (**Copy**), couper (**Cut**) et insérer (**Select and Paste**). La fonction Insérer est intéressante : comme son nom l'indique, **Select and Paste** (sélectionner et coller), permet d'insérer non seulement le dernier texte coupé ou copié, mais aussi les derniers blocs traités ; vous pouvez réinsérer des blocs précédemment supprimés. Cette fonctionnalité justifie à elle seule l'utilisation d'emacs. Pour insérer le dernier bloc, il existe une commande spéciale, **Paste Most Recent**.

La fonction Annuler (**Undo**) permet de revenir successivement sur une suite de modifications.

Spell lance le correcteur automatique d'orthographe, emacs utilisant évidemment le composant ispell dont seule la version anglaise est ici disponible.

Le menu Search

L'éditeur emacs est également capable d'effectuer des recherches dans un document. Lancez une recherche classique par la commande **Search** (chercher). L'occurrence suivante sera trouvée par **Repeat Search** (répéter la recherche). Les experts pourront utiliser des expressions comme critère de recherche, par **Regexp Search** (*regular expression search*, "recherche par expressions").

Et l'impression ?

Le menu **Tools** comprend, entre autres, les deux commandes **Print** et **PostScript Print**. Alors que **Print** transmet le fichier actuel au format ASCII à l'imprimante lpr, **PostScript Print** crée, avant, un fichier PostScript qui sera ensuite imprimé.

Informations supplémentaires sur emacs

L'ensemble emacs comprend une importante documentation. Vous pouvez y réaliser des recherches par le programme *info*, *info emacs*, ou utiliser l'aide d'emacs par la commande **Help/Info (Browse Manuals)**. Les deux méthodes renvoient les mêmes informations.

L'éditeur xemacs

L'éditeur xemacs ne fait pas partie de la distribution Mandrake. Il est plus pratique qu'emacs, et est disponible sur Internet. Il permet de créer des fichiers C, TeX, HTML et d'autres types de fichiers. Outre les menus adaptés d'emacs, vous trouverez également une fonction très utile de mise en valeur de la syntaxe (*syntax highlighting*) : les mots réservés, les commentaires et les autres expressions spécifiques aux langages de programmation sont désignés par des caractères en gras, en italique ou en couleur. La figure suivante représente le traitement d'un fichier HTML dans xemacs.

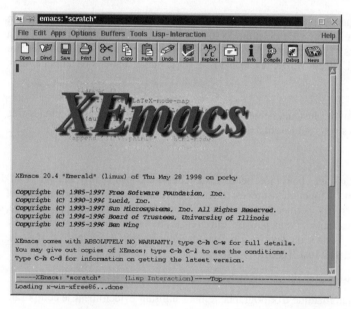

Fig. 5.13 :
Fenêtre de l'éditeur xemacs avec ses boutons supplémentaires

Les fonctions les plus importantes sont activées par des boutons.

L'utilisation ressemblant largement à celle d'emacs, nous ne nous étendrons pas davantage.

L'éditeur joe

Ceux qui maîtriseraient encore les raccourcis clavier de WordStar ou des environnements de développement de Borland, plus particulièrement de Turbo Pascal, apprécieront l'éditeur joe, puisqu'il les reprend, par exemple Ctrl+Y pour supprimer une ligne.

L'éditeur joe n'est pas fourni dans le CD-Rom de la distribution Mandrake, Vous pouvez néanmoins le télécharger sur Internet à l'adresse www.rpmfind.net et l'installer de la même manière que vi et emacs que nous venons de décrire.

Démarrez joe dans un shell en tapant son nom, joe. À l'instar de vi, joe fonctionne en mode texte, il ressemble à une fenêtre xterm dans la console.

Aux nouveaux utilisateurs, joe propose un tableau des commandes les plus importantes, qui peut s'afficher en permanence. Utilisez le raccourci clavier [Ctrl]+[K], [H] pour qu'il s'affiche dans la partie supérieure de la fenêtre ou de l'écran.

Activé classiquement, joe démarre avec une affectation du clavier conforme aux environnements Turbo Pascal, Turbo C, etc., de Borland. Vous obtiendrez une émulation WordStar en activant joe par la commande jstar. Pour comparer, ouvrez en même temps joe et jstar dans deux fenêtres xterm et examinez la liste des commandes.

L'éditeur joe s'accompagne d'un manuel détaillé (man joe).

Commandes les plus importantes

Nous avons regroupé les commandes les plus importantes des éditeurs présentés.

Tab. 5.11 : Commandes courantes des éditeurs				
Action	vi	emacs	xemacs	joe
Mode insertion	i	-	-	-
Mode commande	[Échap]	-	-	-
Effacer un caractère	x	[Retour arrière]	[Retour arrière]	[Retour arrière]
Effacer une ligne	dd	[Ctrl]+[A] ; [Ctrl]+[K]	[Ctrl]+[A] ; [Ctrl]+[K]	[Ctrl]+[y]
Début de ligne	[Début]	[Ctrl]+[A]	[Ctrl]+[A]	[Ctrl]+[A]
Fin de ligne	[Fin]	[Ctrl]+[E]	[Ctrl]+[E]	[Ctrl]+[E]
Début du texte	1G	[Début]	[Début]	[Ctrl]+[K], [U]
Fin du texte	G	[Début]	[Fin]	[Ctrl]+[K], [V]
Enregistrer	:w	[Ctrl]+[X] ; [Ctrl]+[S]	[Ctrl]+[X] ; [Ctrl]+[S]	[Ctrl]+[K], [S]
Quitter avec sauvegarde	:wq ou ZZ	[Ctrl]+[X] ; [Ctrl]+[C], [Y]	(Menu)	[Ctrl]+[K], [X]
Quitter sans sauvegarde	:q!	[Ctrl]+[X] ; [Ctrl]+[C], [N]	(Menu)	[Ctrl]+[C], [Y]
Annuler	:undo	[Ctrl]+[X], [U] ou [Ctrl]+[]	[Ctrl]+[X], [U] ou [Ctrl]+[]	[Ctrl]+[]
Aide	:h	[Ctrl]+[U]	[Ctrl]+[U]	[Ctrl]+[K], [H]

Chapitre 6

Gestion des processus

Nous avons déjà parlé à plusieurs reprises des spécificités du système Linux en matière de gestion des fichiers. Nous avions attiré votre attention sur l'emploi d'un certain nombre de commandes permettant cette gestion.

Dans ce chapitre, nous allons nous intéresser à la seconde grande composante de Linux : le système de processus.

6.1   Le concept de processus

Pour une première approche de ce système de processus, il nous faut commencer par en expliquer le concept de base.

Un processus se compose de deux grandes parties :

► un programme ;
► un environnement de processus.

Pour pouvoir parler d'un processus, il nous faut tout d'abord un programme. Mais, attention, pas un programme tel qu'on en trouve sous forme de fichier binaire dans l'arborescence des fichiers. Il s'agit ici d'un programme chargé en mémoire centrale et en cours d'exécution. Et voici pourquoi.

Un programme se présente sous la forme d'un fichier binaire (*binary file*). Le contenu de ce fichier est formé de commandes en code machine. Dès qu'un programme de ce type, donc le contenu du fichier binaire, est en mémoire centrale, la machine peut exécuter les commandes en langage machine.

Mais un programme chargé en mémoire ne peut rien faire sans l'appui du système d'exploitation. Ce système d'exploitation doit fournir nombre d'informations au programme pour lui permettre une exécution correcte. L'ensemble des données d'identification pour chaque programme en cours est appelé l'environnement de processus. Et nous voici déjà à la deuxième composante de notre liste.

Un programme ne peut pas être exécuté sans les informations fournies par le système d'exploitation. Programme et environnement de processus sont donc liés par nécessité.

Dès qu'une commande est transmise au shell, un processus est créé. Le shell lui-même est, bien évidemment, un programme et est géré par le système d'exploitation en tant que processus à part entière.

6.2   Gestion des processus

Pour chaque processus exécuté dans le système d'exploitation sont stockées un certain nombre d'informations. Un des éléments principaux dans lequel ces données sont stockées est la table des processus. Dans cette table sont regroupées toutes les données d'identification essentielles du processus.

Nous allons d'abord vous les présenter rapidement, puis nous reviendrons sur certaines d'entre elles dans une explication plus détaillée :

► numéro unique de processus (*process identification* ou PID) ;

► numéro de processus parent (*parent process id*, PPID), à partir duquel ce processus a été lancé ;

► numéro d'utilisateur (*user id*, UID) ;

► numéro de groupe (*group id*, GID) ;

► durée de traitement par le processeur (temps CPU) et priorité du processus ;

► référence au répertoire de travail courant ;

► table de références des fichiers ouverts.

Numéro de processus (PID)

Sous Linux, plusieurs programmes peuvent être exécutés simultanément, Linux étant un système multitâche. Les processus individuels doivent néanmoins pouvoir être différenciés. C'est pourquoi le système leur affecte un numéro unique, afin de les adresser individuellement.

Vous vous adresserez à un processus en indiquant de manière explicite et correcte son numéro d'identification, par exemple pour lui transmettre des données.

Processus parent

Chaque processus peut créer lui-même des processus. Ces nouveaux processus sont alors appelés processus enfants (*child process*). Pour que les enfants connaissent leur origine, le système leur communique le numéro d'identification de leur processus parent (*parent process* ou PPID). Tous les processus sont ainsi dotés d'un numéro de processus parent, puisqu'ils sont tous créés par un autre processus.

Il y a bien évidemment, comme toujours, une exception à cette règle : le pseudo-processus. Il est créé au moment du démarrage du système. Ce pseudo-processus a très souvent le numéro 0. Il crée lui-même un processus enfant, avec le numéro 1.

Le processus numéro 1, appelé aussi processus *init*, a une signification particulière pour l'ensemble du système de processus de Linux. Il est responsable, directement ou indirectement, de tous les processus en cours dans le système. Il fournit la base permettant d'afficher à l'écran le login et d'utiliser le shell.

Numéro d'utilisateur et de groupe

Chaque processus reçoit, à sa naissance, un numéro d'utilisateur et un numéro de groupe. Avec ces numéros, le processus devra justifier, lors de chaque accès à un fichier, de sa qualité d'utilisateur autorisé.

Les numéros d'utilisateurs et de groupes sont hérités par le processus enfant de son processus parent. Ce n'est qu'exceptionnellement qu'un processus pourra refuser cet héritage et modifier ses autorisations.

Durée de traitement et priorité

Un processus ne peut pas travailler indéfiniment. Cela se ferait au détriment des autres processus qui veulent aussi être traités par le processeur. C'est pour cette raison que l'accès au processeur est strictement réglementé. Le temps de processeur total disponible est divisé en petites plages (le quantum, *time slice*) et un processus ne peut rester dans le processeur que le temps d'une de ces plages. Lorsque son temps est écoulé, le système vérifie s'il y a un autre processus à traiter.

Pour permettre le passage correct d'un processus à l'autre, chacun est doté d'une priorité. Le processus ayant la plus haute priorité sera traité en premier. Pour chaque plage de temps de traitement où le processus n'a pas accès au processeur, sa priorité sera augmentée. Lorsqu'il est en cours de traitement et qu'il est exécuté, sa priorité diminue. Ce système permet à tous les processus d'être traités à tour de rôle.

C'est la priorité qui définit le processus suivant. Une partie du noyau du système d'exploitation de Linux, le *scheduler*, veille à ces priorités et écarte le processus du CPU dès que sa priorité est devenue trop faible par rapport à celle de ses congénères.

La priorité de base avec laquelle tous les processus commencent leur vie est un paramètre que vous ne pouvez normalement pas modifier. Mais les utilisateurs ont la possibilité d'intervenir personnellement dans une certaine mesure, lors de la fixation de la priorité du processus. Pour cela, ils disposent de la commande nice.

Répertoire courant de processus

Nous avons déjà parlé dans ce livre de chemins d'accès et de noms de chemin. Nous avons vu que Linux savait faire la différence entre un chemin absolu et un chemin relatif. Pour permettre à Linux de créer des chemins relatifs, chaque processus doit contenir l'indication du répertoire courant. Ce répertoire est indiqué par la commande pwd. La valeur en place peut être modifiée par la commande cd.

Table des fichiers ouverts

Pour permettre aux processus d'accéder en lecture et en écriture à des fichiers, il leur faut les références des fichiers ouverts en mémoire de travail. C'est pourquoi une table des fichiers ouverts est créée pour chaque processus.

Les trois premières indications de cette table sont prédéfinies. Elles contiennent les références de l'écran (le terminal) et du clavier. Le premier élément (celui qui a le numéro 0) est également appelé le canal d'entrée standard. Le second, avec le numéro 1, est le canal de sortie standard et le troisième (numéro 2) est le canal d'erreur standard.

Les autres éléments sont vides. Ils seront utilisés partiellement par le shell. Grâce au langage C, vous pourrez disposer de ces canaux et les utiliser à votre guise.

Lister les processus actifs

Pour permettre à un utilisateur de maîtriser tous ces processus, il dispose de la commande ps (*process status*), qui l'informe des processus en cours de traitement. L'extrait suivant montre l'effet de cette commande.

```
microapp:~$ ps
  PID TTY STAT   TIME COMMAND
  190 pp0 S      0:00 -bash
  264 pp0 R      0:00 ps
microapp:~$
```

Comme le montre cette illustration, la commande ps, lancée sans paramètre complémentaire, affiche uniquement les processus en cours, lancés à partir de l'écran (ou du terminal) de l'utilisateur. Ces informations sont donc très circonstanciées. Pour chaque processus, vous verrez :

► le numéro de processus ;

► le terminal ;

► l'état actuel du processus (*S* pour *Sleeping* ou *R* pour *Running*) ;

► la durée de traitement (temps processeur) en secondes ;

► l'abréviation du nom de la commande.

En général, le shell courant est précisé, sous la colonne COMMAND, par l'indication -bash. Seul le shell créé au moment de la procédure de connexion a un signe - devant son nom. Ce shell est appelé le *login shell*.

Une extension de la commande ps est obtenue par l'option -1. Dans ce cas, voici les données qui sont présentées pour chaque processus (entre parenthèses, vous trouverez le nom affiché dans les en-têtes des colonnes) :

► une indication d'état, précisant entre autres si le processus est exécuté en mémoire centrale ou s'il a été déporté sur la zone de spool ;

► le numéro de l'utilisateur (UID) ;

► le numéro du processus (PID) ;

► le numéro du processus parent (PPID) ;

► le facteur de priorité (PRI) ; plus la valeur est grande et plus le processus sera activé rapidement pour être traité en mémoire centrale ;

► le facteur nice, définissant un délai de report pour le processus ;

► espace mémoire total du processus (SIZE) ;

► espace mémoire du processus en RAM (RSS, *resident set size*) ;

► l'adresse d'une fonction du noyau, si le processus est en attente d'un signal (WCHAN, *waiting channel*) ;

► l'état du processus ;

► l'heure de lancement du processus (STIME) ;

► le nom du terminal (TTY) ;

► la durée de traitement (temps de processeur) du processus (TIME) ;

► la commande (COMMAND).

L'option -a étend le champ d'application de la commande ps à tous les processus en cours d'exécution. Il y a cependant une restriction en ce qui concerne la validité du terminal de contrôle (colonne TTY), certains processus n'ayant pas été lancés à partir d'un terminal (Fig. 6.1).

Grâce aux possibilités de la commande ps, il est facile d'avoir un aperçu des processus personnels en cours. Pour voir aussi les autres processus, ceux des autres utilisateurs, il faut utiliser une combinaison des options -a, -1 et -x (Fig. 6.2).

Fig. 6.1 :
*La commande ps et
ses options -l et -a*

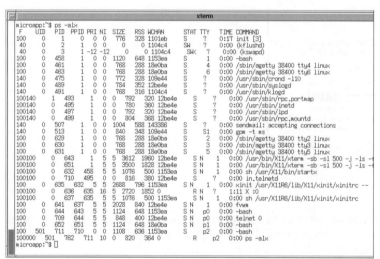

Fig. 6.2 :
Commande ps -alx

6.3 Traitement en tâche de fond

Jusqu'à présent, nous avons évoqué des processus qui ont vu le jour par la saisie d'un nom de
commande. Dès que le shell (qui est, lui aussi, un processus) reconnaît ces noms de programme
(de commande), un nouveau processus est créé pour exécuter le programme.

Les commandes internes du shell forment cependant une exception à cette règle. Il est difficile de
déterminer, au premier abord, si un nom de commande est une commande interne ou non. Les
commandes cd et exit sont, par exemple, des commandes internes.

Si la commande tapée n'est pas une commande interne du shell, un nouveau processus sera automatiquement créé, comme nous venons de le voir. Ce processus ne traite que la commande et fonctionne comme processus enfant du shell.

Le prompt du shell peut réapparaître à l'écran dès que le traitement de cette commande est terminé et que le processus est clos. C'est le shell qui supervise tout cela, se mettant en attente de la fin du processus. Le shell et le processus enfant étant synchronisés par l'attente, on parle d'exécution synchrone du processus.

Mais nous n'avons pas encore abordé le fait de lancer des commandes complexes sans attendre la fin de leur exécution. Le shell dispose d'une technique simple mais très efficace pour lancer des processus dont il n'est pas besoin d'attendre la fin. Ce processus sera également un processus enfant du shell.

Il suffit pour cela d'ajouter à la fin de la commande le signe esperluette dit également et commercial (&, *ampersand*). Si vous placez ce signe à la fin de la ligne de commande, comme dans l'illustration suivante, vous reviendrez directement au prompt du shell. Ce dernier sera alors immédiatement prêt à accepter une nouvelle commande.

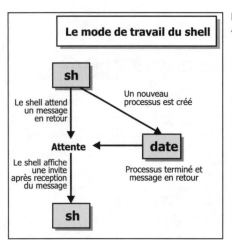

Fig. 6.3 :
Mode de travail du shell

On parle dans ce cas d'un processus en tâche de fond ou d'un traitement en tâche de fond. Le shell et son processus enfant fonctionnent en parallèle, sans qu'aucune coordination n'existe entre les deux. Dans ce cas, on parle d'exécution de processus asynchrone.

Fig. 6.4 :
Processus asynchrone

Mais, avant le retour au prompt, apparaît un numéro de tâche et le numéro du processus lancé. Ces numéros sont à noter avec soin. Ils sont les seuls éléments vous permettant par la suite de vous informer sur l'état du processus.

Dans l'exemple précédent, on peut encore observer deux points supplémentaires. On voit tout d'abord que, pour chaque exécution de commande, on tient compte du fait qu'un traitement à l'arrière-plan est terminé ou non. Si oui, le message "*Done*" apparaît à l'écran. Il existe en outre la commande jobs permettant de s'informer aisément sur les processus en cours de traitement à l'arrière-plan. Cette commande sera présentée plus en détail par la suite.

Mais, avant de placer le signe & derrière une ligne de commande, il faut être conscient de certaines contraintes :

▶ Le nouveau processus en tâche de fond ne doit pas attendre de saisie au clavier. À défaut, la saisie ne sera effective que lors du retour du processus au premier plan.

▶ Le processus en tâche de fond ne doit pas retourner ses résultats à l'écran ou sur le terminal. Sinon, les sorties de ce processus risquent d'entrer en conflit avec celles du shell ou d'une autre commande et l'on obtient une belle pagaille.

▶ Les commandes en tâche de fond dépendent du shell, car c'est lui qui les a lancées. Si vous quittez le shell par la commande exit ou par les touches [Ctrl]+[D] sur une ligne vierge, vous forcerez également la fin des processus en tâche de fond.

Liste des processus en tâche de fond

La commande jobs fournit un aperçu des processus que l'on a soi-même envoyés s'exécuter à l'arrière-plan. En interne, le shell numérote toutes les activités qui se déroulent à l'arrière-plan. Chacune possède donc un numéro de tâche. Ainsi que cela a déjà été dit précédemment, la commande jobs sans option liste les processus en tâche de fond en indiquant leur numéro de tâche, leur état et le texte de la commande.

Si vous spécifiez l'option -l, un numéro de processus s'affiche en plus. Ce numéro de tâche peut être utilisé avec certaines commandes servant à la gestion des processus (voir les commandes kill, fg ou bg) pour identifier clairement le processus à l'arrière-plan.

```
                              xterm
microapp:~# ls -lR / > liste 2> /dev/null &
[1] 575
microapp:~# jobs
[1]+  Running                /bin/ls $LS_OPTIONS -lR / >liste 2>/dev/null &
microapp:~# jobs -l
[1]+  575 Running              /bin/ls $LS_OPTIONS -lR / >liste 2>/dev/null &
microapp:~# []
```

Fig. 6.5 :
Commande ls à l'arrière-plan

Durant le travail, le processus qui se déroule à l'arrière-plan a le statut *Running*. En cas de fin normale du processus, on obtient au niveau du shell le message indiquant que le processus s'est terminé et que le statut *Done* a été atteint. Dans certains cas, on obtient le message "*Exit*" en fin de processus.

Il est également possible de suspendre temporairement un processus. Cet état est indiqué par la mention "*Stopped*". Un processus qui a été obligé d'interrompre son exécution à la suite d'un signal est listé avec la mention "*Terminated*".

Passage Arrière-plan/Premier plan

Avec le Bourne Again Shell (bash), il est possible de faire passer des processus de l'arrière-plan au premier plan et inversement. Un processus en cours d'exécution au premier plan doit être suspendu (et non arrêté). On utilise à cet effet la combinaison de touches [Ctrl]+[Z]. De manière plus générale, on utilisera la combinaison de touches qui est indiquée par la commande stty -a derrière la mention susp=.

Une fois le processus au premier plan suspendu, on peut l'envoyer à l'arrière-plan avec la commande bg (*background*) : il pourra alors continuer son exécution de manière asynchrone. La commande bg attend comme paramètre un numéro de tâche précédé d'un signe de pourcentage (%).

Par exemple :

```
bg %1
```

Le shell reprend ensuite la main. Le signe de pourcentage peut être suivi par d'autres modes d'identification du processus, notamment le nom de commande.

Si plusieurs processus d'arrière-plan ont été démarrés à partir du shell, on peut les ramener au premier plan un à un. On utilise pour cela la commande fg (*foreground*). De la même façon que la commande bg, fg attend comme paramètre un numéro de tâche précédé d'un signe de pourcentage. Si vous tapez la commande suivante, le texte de la commande s'affiche et le shell ne reprend la main que lorsque la commande est terminée ou suspendue avec la combinaison de touches Ctrl+Z.

```
fg %1
```

Vous en trouverez un exemple à la fin de la section suivante.

Suspendre, puis reprendre un processus

Un processus au premier plan peut être suspendu avec Ctrl+Z si l'on veut ensuite le placer à l'arrière-plan. Mais qu'en est-il des processus d'arrière-plan que l'on aimerait voir exécutés au premier plan ? Dans ce cas, il faut utiliser la commande kill. L'éventail des fonctions de cette commande dépasse cependant nettement le cadre du sujet traité dans cette section. La commande sera traitée plus en détail un peu plus loin.

L'utilisation des deux commandes fg et bg en relation avec la combinaison de touches Ctrl+Z peut être étendue aux processus à l'arrière-plan avec la commande kill accompagnée des options STOP ou CONT.

Le processus d'arrière-plan avec le numéro de tâche 1 peut être suspendu avec la commande suivante.

```
kill -STOP %1
```

Puis il est repris après un certain temps avec cette commande.

```
kill -CONT %1
```

Dans l'exemple ci-après, on a d'abord démarré un long processus à l'arrière-plan. Il est ensuite suspendu avec kill -STOP. Son état est ensuite déterminé à l'aide de la commande jobs -l. Puis le processus est amené au premier plan avec fg et plus aucune saisie n'est alors possible au clavier. Avec la combinaison de touches Ctrl+Z, on suspend à nouveau le processus et on le replace à l'arrière-plan avec bg.

```
                              xterm
microapp:~# ls -lR / > liste 2> /dev/null &
[1] 598
microapp:~# kill -STOP %1
microapp:~# jobs -l
[1]+   598 Stopped (signal)        /bin/ls $LS_OPTIONS -lR / >liste 2>/dev/null
microapp:~# fg %1
/bin/ls $LS_OPTIONS -lR / >liste 2>/dev/null

[1]+  Stopped                      /bin/ls $LS_OPTIONS -lR / >liste 2>/dev/null
microapp:~# bg %1
[1]+ /bin/ls $LS_OPTIONS -lR / >liste 2>/dev/null &
[[Amicroapp:~# jobs -l
[1]+   598 Running                 /bin/ls $LS_OPTIONS -lR / >liste 2>/dev/null &
microapp:~# []
```

Fig. 6.6 :
Arrêt de processus

Attendre la fin d'un processus

Dès qu'un processus est lancé en tâche de fond, vous avez immédiatement à nouveau la main au niveau du shell, et vous pouvez continuer à travailler comme si de rien n'était. Mais, de temps en temps, vous aurez besoin d'attendre les résultats du processus lancé en tâche de fond.

Une solution consiste alors à s'informer en permanence de la liste des processus en cours par la commande ps, pour voir si un processus est encore en activité. Une autre solution fait appel à la commande wait.

La commande wait ne rend la main que lorsque tous les processus en tâche de fond sont terminés. Elle permet ainsi de transformer une exécution asynchrone de processus en une exécution synchrone.

Avec l'indication d'un numéro de processus comme paramètre, la commande wait est en mesure de n'attendre que la fin du processus spécifié.

```
microapp:~$ jobs -l
[1]+   253 Running            /bin/ls $LS_OPTIONS -lR / >liste 2>/dev/null &
microapp:~$ wait %1
... Un certain temps d'attente s'écoule à cet endroit...
[1]+   Exit 1                 /bin/ls $LS_OPTIONS -lR / >liste 2>/dev/null
microapp:~$
```

Avantages et inconvénients

Pour des commandes complexes ou pour celles qui nécessitent de longs temps de traitement, l'exécution en tâche de fond est recommandée. Ainsi, l'utilisateur reprend immédiatement la main et peut effectuer d'autres opérations.

Mais cette technique doit être utilisée à bon escient, et vous éviterez de lancer en tâche de fond des commandes nécessitant des saisies au clavier. Les programmes qui fonctionnent seuls, sans l'intervention de l'utilisateur, sont également appelés des programmes batch. Ce concept remonte à l'époque des cartes perforées que l'on remettait dans le temps au centre de traitement pour que les opérateurs les chargent en mémoire dans le système. Lorsque le paquet de cartes était déposé au centre de calcul, il ne restait plus qu'à prier pour que le programme ne contienne pas d'erreur.

Durant le traitement du programme, il n'y avait aucun moyen de corriger ni d'intervenir dans les opérations. Ce n'était qu'à la fin du traitement ou après une interruption due à des erreurs que vous receviez un listing permettant de déterminer si le programme avait bien fonctionné ou si des erreurs étaient apparues.

Bien que, lors de la conception du système Linux, un accent particulier ait été mis sur l'utilisation interactive des commandes, ces traitements batch sont malgré tout d'un intérêt certain. Mais Linux n'offre cependant pas tout le confort des véritables traitements batch, comme ceux des gros systèmes. Le tout est de savoir s'il est vraiment très pénalisant de ne plus pouvoir disposer d'un traitement batch de premier ordre.

Bien que les processus fonctionnant en tâche de fond travaillent indépendamment du shell actif, il existe quand même des liens entre shell et processus d'arrière-plan. D'abord, il y a toujours un lien de parenté entre les deux, puisque le processus est un enfant du shell. Le PPID du processus d'arrière-plan correspond au PID du shell.

D'autre part cette parenté fait qu'à la fin du shell tous les processus en tâche de fond doivent automatiquement s'arrêter. Si vous souhaitez continuer un processus en tâche de fond après avoir quitté le shell, vous devrez faire appel à la commande nohup (voir ci-dessous).

6.4   Traitement des signaux

Les processus en tâche de fond ne peuvent pas être arrêtés par les touches ordinaires d'interruption. Si vous appuyez sur la touche d'interruption de processus, cette action sera interceptée par le shell et ce dernier se contentera de vous présenter une nouvelle fois le prompt.

Dès lors, vous devez utiliser la commande kill pour envoyer un signal au processus d'arrière-plan que vous souhaitez arrêter.

La notion de signal mérite une brève explication pour bien comprendre la façon de travailler de la commande kill.

Envoi de signaux

Un signal est symbolisé par un chiffre ayant une signification particulière. Lorsqu'on envoie un signal à un processus, donc un numéro particulier, il se doit de réagir en fonction de la valeur de ce signal. La réaction normale à l'arrivée d'un signal est l'arrêt du processus.

Lorsque l'utilisateur appuie sur la touche d'interruption de la commande (en général avec les touches Ctrl+C), le signal 2 est envoyé au processus en cours. Les signaux disposent également de noms mnémotechniques. Le signal de numéro 2 est aussi appelé SIGINT. Le processus de premier plan réagit à ce signal en mettant fin à son action. Mais, si le processus s'exécute en tâche de fond, le processus considéré comme actif sera le shell. Comme le montre la réaction du shell lorsque survient ce signal de numéro 2, il existe des possibilités de s'immuniser contre ces signaux, c'est-à-dire de les ignorer.

Pour un processus en tâche de fond, il est possible d'envoyer un signal par la commande kill. Cette commande a besoin de deux informations pour pouvoir être exécutée correctement :

▶   le numéro de signal à envoyer ;

▶   le numéro du processus auquel ce signal doit être envoyé.

La syntaxe de la commande kill est la suivante.

```
kill [-Numérodesignal] PID [PID...]
```

Tab. 6.1 : Principaux signaux	
Signal	**Utilisation**
1 (SIGHUP)	Le signal de numéro 1, SIGHUP (*hang up*), est envoyé par le processus parent à tous ses enfants lorsqu'il termine son activité (voir la commande nohup).

Tab. 6.1 : Principaux signaux

Signal	Utilisation
2 (SIGINT)	Signal d'interruption d'un processus. Il est envoyé par l'activation de la combinaison de touches [Ctrl]+[C] (voir la commande stty).
3 (SIGQUIT)	Le signal de numéro 3 n'est que peu différent du signal SIGINT. Il est également lancé par une combinaison de touches. La commande stty affiche, dans la ligne quit=, la combinaison à utiliser. À la différence du signal SIGINT, le signal SIGQUIT stocke dans le répertoire actif un état de la mémoire (*core dump*).
9 (SIGKILL)	Le signal 9 ne peut être ignoré par aucun processus. C'est le frein de secours pour tous les processus qui ne réagissent plus aux autres commandes.
15 (SIGTERM)	Le signal SIGTERM est le signal par défaut de la commande kill. TERM ne signifie pas "terminal", comme on pourrait le penser, mais "terminer" (*terminate*).

Sans l'indication d'un numéro de signal, c'est le signal numéro 15 qui sera automatiquement envoyé (SIGTERM) au processus destinataire. À la place du numéro de signal, la commande accepte également un nom mnémotechnique derrière le caractère d'option. Pour savoir quels noms peuvent être employés comme option derrière la commande kill, utilisez l'option -l.

L'utilisation de la commande kill est limitée aux processus appartenant à l'utilisateur. La seule exception à cette règle concerne encore une fois l'administrateur système. Lui seul est en mesure d'envoyer des signaux à tous les processus de tous les utilisateurs.

```
                              xterm
microapp:~$ ls -lR / > /tmp/liste 2>/dev/null &
[1] 773
microapp:~$ ps
  PID TTY STAT  TIME COMMAND
  711 p2 S     0:00 -bash
  773 p2 R     0:00 /bin/ls --8bit --color=tty -F -b -T 0 -lR /
  774 p2 R     0:00 ps
microapp:~$ kill -9 773
microapp:~$ ps
  PID TTY STAT  TIME COMMAND
  711 p2 S     0:00 -bash
  775 p2 R     0:00 ps
[1]+ Killed              /bin/ls $LS_OPTIONS -lR / >/tmp/liste 2>/dev/null
microapp:~$ []
```

Fig. 6.7 :
Exemple d'utilisation de la commande kill

Ignorer un signal

Lorsqu'un programme finit son traitement, soit à la suite d'une erreur, soit parce qu'il est arrivé à son terme, le processus est arrêté. Si ce processus a des processus enfants, il leur envoie un signal de numéro 1, juste avant de conclure sa propre activité.

Dans la plupart des cas, cela signifie pour les enfants qu'ils doivent également finir leur traitement. Cette procédure est répétée, le cas échéant, pour tous les processus enfants des processus enfants.

Mais, concrètement, cette technique peut avoir des suites fâcheuses. Voyons un exemple pratique.

Un utilisateur s'est donné beaucoup de mal et a créé un tube complexe pour pouvoir entreprendre une série de tris et de sélections sur ses données. Lorsque le développement de ce tube est terminé, il essaie de lancer sa série de commandes. Comme le traitement risque de durer très longtemps, il l'envoie pour traitement en tâche de fond.

Lorsqu'il aperçoit, avec la commande ps, que l'ensemble fonctionne bien, il décide de s'accorder une pause-café. En utilisateur consciencieux, il se déconnecte par la commande exit et va à la cafétéria.

Ayant savouré sa tasse de café avec délectation, il revient à sa machine et se reconnecte. À son grand étonnement, la série de commandes n'a pas fini son traitement et le processus n'est plus mentionné sur la liste des processus en cours.

Au moment où il a quitté le shell par la commande exit, ce dernier a envoyé à tous ses processus enfants le signal SIGHUP. Le processus en tâche de fond est un processus enfant du shell et reçoit aussi le signal SIGHUP. Mais, comme ce processus ne s'est pas protégé de ce signal, il a arrêté son activité.

La commande nohup (*no hang up*) neutralise l'action du signal de numéro 1. Elle est placée comme premier mot de la ligne de saisie. Vient ensuite la commande qui doit continuer son activité, en l'occurrence lors de la sortie du shell. La commande nohup devant se trouver devant la commande proprement dite, on l'appelle commande de précommutation.

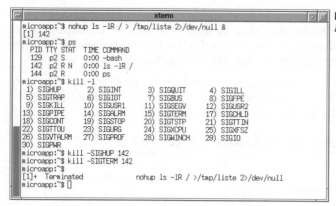

Fig. 6.8 :
La commande nohup

On voit clairement, sur cet exemple, que ps affiche, dans la colonne STAT, que le processus a été lancé avec nohup (lettre N). Le signal SIGHUP (1) est en outre ignoré par le processus à l'arrière-plan. Seule la réception du signal SIGTERM met fin au processus.

Du fait de sa méthode de travail, la commande nohup doit être dotée d'un certain nombre de spécificités que nous allons aborder maintenant.

La commande nohup entreprend d'office une redirection des entrées-sorties, si celle-ci n'a pas été spécifiée dans la commande elle-même. La commande redirigera le canal de sortie standard et le canal d'erreur standard vers le fichier *nohup.out*. Le canal d'entrée standard est lié au fichier */dev/null*.

N'oubliez pas d'indiquer, à la fin de la ligne de commande, le signe & pour le traitement en tâche de fond.

6.5   Priorité d'un processus

Au début de ce chapitre, nous avons évoqué le fait que les processus étaient dotés de priorités. Indépendamment du fait qu'un processus tourne en tâche de fond (asynchrone) ou au premier plan (synchrone), sa priorité initiale sera la même. Ainsi, tous les processus contribuent également à la charge de travail du processeur.

Chaque utilisateur peut décider qu'un de ses processus doit travailler avec une priorité moindre. Ce dernier aura alors besoin de plus de temps pour arriver au terme de son activité. Comme il est possible de définir ce paramètre de manière ciblée, il pourra être avantageux de s'en servir dans certaines circonstances, par exemple pour des commandes longues mais non urgentes.

La commande nice permet de baisser la priorité d'un processus. Pour parler vrai, il s'agit en fait de jouer sur la part de priorité qui est du ressort de l'utilisateur. Dans ce cas, on parle du *facteur nice* d'un processus.

Comme premier paramètre, la commande nice attend l'indication du nombre d'unités de priorité qu'il faut soustraire au processus. Il s'agira d'une valeur comprise entre 1 et 20. Puis vient le nom de la commande dont la priorité doit être baissée. En l'absence de paramètres, la commande nice affiche le facteur dont la priorité est diminuée en temps normal.

La commande nice est placée en tête de ligne, tout comme la commande nohup. Il est même possible de combiner les deux dans une même ligne.

La syntaxe de la commande éclairera mieux ses possibilités.

```
nice [-n Valeur] [Commande [Arguments ...]]
```

Malheureusement, il n'est pas possible de prévoir dans quelles proportions le processus sera ralenti si vous jouez sur ce facteur nice. De toute façon, la plupart des commandes utilisateurs sont traitées si rapidement que l'effet du facteur nice n'est pratiquement pas discernable à l'œil nu.

L'administrateur système est en mesure de faire tourner ses propres commandes avec une priorité accrue. Comme il doit pouvoir réduire le facteur nice de départ (fixé à 20, voir la commande ps -1) pour accélérer ses commandes, le premier paramètre sera formé d'une valeur négative. L'activation de la commande nice ressemblera alors à ceci.

```
nice -n -20 ...&
```

Dans ce cas, le facteur nice est diminué de 20 unités de priorité et le processus est accéléré au maximum.

Sur certains systèmes Linux, il existe en plus la commande renice, permettant de modifier le facteur de priorité d'une commande même après son lancement. Cette commande attend deux paramètres, d'abord le nouveau facteur nice et ensuite le numéro de groupe de processus ou un numéro d'utilisateur auquel il doit être appliqué.

▼ **Listing 6.1 :** *Syntaxe de la commande renice*

```
microapp:~$ renice --help
usage: renice priority [ [ -p ] pids ] [ [ -g ] pgrps ] [ [ -u ] users ]
microapp:~$
```

Comme toujours, il ne sera possible de modifier cet élément que pour les processus appartenant à l'utilisateur.

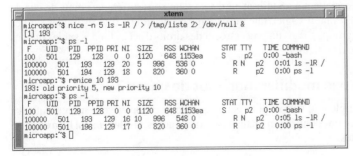

Fig. 6.9 :
Commandes nice et renice

Mesure de la vitesse de traitement

La commande time permet de mesurer le temps nécessaire à une commande. Elle retourne trois valeurs :

▶ le temps réel, c'est-à-dire la durée, en heures, minutes et secondes, qui s'est écoulée entre le lancement de la commande et sa fin ;

▶ le temps utilisateur, c'est-à-dire la durée nécessaire au processeur pour exécuter les ordres du programme ;

▶ le temps système, c'est-à-dire la durée en secondes nécessaire au processeur pour le traitement des ordres du système d'exploitation. Il s'agit des ordres système activés par le programme lui-même.

Un programme ne contient pas forcément toutes les commandes nécessaires à la résolution du problème. Dans les chapitres précédents, nous avons vu qu'une des fonctions essentielles du système d'exploitation était de mettre à la disposition des programmes des fonctionnalités de base. Sous Linux, ces fonctionnalités font l'objet d'appels système (*system calls*) du langage de programmation C.

Si un programme active la fonction de lecture ou d'écriture dans un fichier, le travail effectif sera effectué par les fonctions du système d'exploitation. Le temps utilisé pour cela ne sera pas comptabilisé comme temps utilisateur, mais comme temps système.

La commande time fournit en standard toute une série de valeurs dont la plupart ne sont pas exploitables pour le commun des mortels. On peut cependant formater les indications de time pour les obtenir comme on le souhaiterait. Pour obtenir davantage d'informations à ce sujet, reportez-vous au fichier */usr/info/time.info*.

On obtient un facteur d'évaluation en divisant la somme des temps utilisateur et système par le temps réel. Un bon rapport entre ces deux valeurs signifie que la machine travaille vite. Les bonnes machines arrivent à un facteur de 1:5 à 1:10. C'est le cas par exemple si vous mesurez un temps utilisateur de 0,1 seconde et un temps système de 0,2 seconde, ces deux valeurs (soit 0,3 seconde) étant mises en relation avec un temps réel de 2 à 3 secondes. On observe fréquemment des valeurs de cet ordre de grandeur.

De mauvaises valeurs (1:20 ou plus) sont le signe d'une surcharge du système.

6.6   Droits d'accès étendus

Dans le cadre du traitement des processus, on est amené à s'intéresser aux droits d'accès étendus sous Linux.

Les droits d'accès étendus permettent à un utilisateur d'assouplir, sous différents points de vue, le concept des droits d'accès. En fait, il s'agit d'une mise en regard des droits d'accès fondés sur des numéros d'utilisateurs et de groupes, dans un processus, et des droits d'accès fondés sur les mêmes éléments, mais dans le cadre d'un fichier.

Pourquoi ne puis-je pas modifier mon mot de passe ?

Nous allons utiliser un exemple tout simple pour éclaircir cette question et vous montrer que les explications que nous vous avions données en matière de droits d'accès, si elles étaient bien exactes, étaient cependant incomplètes.

Si vous jetez un coup d'œil sur les autorisations d'accès de la commande passwd du répertoire */usr/bin*, voici ce que vous trouverez.

```
microapp:~$ ls -l /usr/bin/passwd
-rws--x--x  1 root     bin        8024 Jun  2 08:24 /usr/bin/passwd*
microapp:~$ ls -l /etc/passwd
-rw-r--r--  1 root     root        814 Sep 20 17:23 /etc/passwd
microapp:~$ []
```

Fig. 6.10 :
*Exemple du droit
d'accès SUID*

Repérez bien le nouveau droit d'accès, celui qui apparaît avec la lettre *s* dans les droits du propriétaire. Avec la commande passwd, l'utilisateur individuel peut modifier son mot de passe. Ce mot de passe est stocké sous forme codée dans le fichier */etc/passwd*. L'utilisateur lambda n'a qu'un accès en lecture à ces fichiers. Une modification du mot de passe n'est donc théoriquement pas possible.

Si on part de l'hypothèse que l'utilisateur n'est pas root, on peut s'étonner de la possibilité bien réelle de définir un nouveau mot de passe pour son usage personnel.

Set User ID bit et Set Group ID bit

Linux utilise une astuce ! Il fait appel aux droits d'accès étendus. Ceux-ci permettent, le temps du traitement, d'affecter à un programme le numéro d'utilisateur du propriétaire du fichier ainsi que son numéro de groupe. Le premier des deux mécanismes est autorisé par le Set User ID bit (abrégé en SUID bit), le second par le Set Group ID bit (SGID bit).

Si le SUID bit est placé sur un programme, celui-ci se voit affecté, le temps de son traitement, du numéro d'utilisateur du propriétaire du fichier programme, avec bien évidemment tous les droits d'accès correspondants. De la même façon, le numéro de groupe normal est remplacé par le numéro de groupe du propriétaire du fichier programme si le SGID bit est positionné pour le fichier programme.

Dans l'exemple évoqué plus haut, le SUID bit est placé pour le fichier */usr/bin/passwd*. Ainsi, chaque utilisateur qui lance le programme passwd se voit affecté du numéro d'utilisateur 0 (le numéro de l'utilisateur root), puisque ce fichier programme appartient à l'utilisateur root. Avec ces nouveaux droits, il a également la possibilité d'accéder en modification au fichier */etc/passwd* et ainsi de changer son mot de passe. Lorsque le programme passwd a terminé son travail, l'utilisateur retourne au shell et reprend ses anciens droits d'accès.

L'utilisation des SUID bit et SGID bit est intéressante lorsque l'on veut permettre l'accès à ses fichiers à d'autres utilisateurs, mais sous une forme bien précise. Le but sera, par exemple, de permettre à tous de visualiser les données ou de les modifier. Mais, pour cela, ils sont obligés de passer par un programme particulier qui ne montre qu'une partie des données ou qui lie les possibilités de modification à un contrôle de plausibilité de façon à ne pas retrouver n'importe quoi dans le fichier.

Il suffit alors d'écrire un programme permettant un accès ciblé au fichier, de le doter du SUID bit ou du SGID bit et de le copier dans un répertoire contenant déjà les autres programmes (par exemple */bin* ou */usr/bin*, voir la variable PATH, plus loin). Ces SUID bit et SGID bit ne sont utilisables qu'avec des programmes binaires et non avec les scripts du shell que nous allons aborder dans un moment.

Le SUID bit est matérialisé par un s dans les autorisations d'accès de l'utilisateur, à l'endroit où, normalement, est placé un x.

Définition du SUID bit et du SGID bit

Mais comment définir ces droits particuliers ? La réponse est simple, elle tient à la commande chmod, car c'est elle qui gère les droits d'accès étendus.

Pour placer le SUID bit sur un fichier, la commande vous propose deux possibilités. La première forme reprend l'écriture symbolique de la commande chmod, la seconde forme passe par un chiffre en base 8.

Parallèlement aux autorisations *r*, *w* et *x*, l'écriture symbolique dispose également de l'autorisation *s* pour positionner le SUID bit d'un fichier. Si par exemple vous avez écrit un programme appelé *Voirdonnees*, vous utiliserez la commande suivante pour y placer le SUID bit.

```
chmod u+s Voirdonnees
```

Il en va de même pour le SGID bit, avec cette commande.

```
chmod g+s Voirdonnees
```

Pour l'écriture en base 8, la logique est étendue d'un caractère. Les autorisations d'accès étendues sont mentionnées à la position des milliers du chiffre en base 8.

```
Droit d'accès    Valeur
SUID bit         4000
SGID bit         2000
```

Pour activer les deux mécanismes, vous disposerez des deux commandes suivantes.

```
chmod 4755 Voirdonnees
```

ou

```
chmod 2755 Voirdonnees
```

Le SUID bit et le SGID bit ne sont utiles que si les autorisations d'exécution sont définies en conséquence. Si elles font défaut pour le propriétaire ou pour le groupe du fichier, l'identificateur *s* est affiché en majuscule (*S*).

Comme pour les autres droits d'accès, les SUID bit et SGID bit ne peuvent être attribués que par le propriétaire ou l'administrateur système.

Numéro d'identification réel et numéro d'identification effectif

Les numéros d'utilisateur ou de groupe d'un processus sont hérités du parent. Si vous utilisez un SUID bit ou un SGID bit, les numéros d'utilisateur et de groupe s'en trouvent modifiés.

Dans cette situation, le processus conserve cependant ces informations d'origine concernant les autorisations d'accès du parent. Le système fera alors la distinction entre un numéro d'utilisateur réel (*real user ID* ou RUID) et un numéro d'utilisateur effectif (*effective user ID* ou EUID). Il en va de même pour les numéros de groupe, différenciés en numéro de groupe réel (*real group ID* ou RGID) et numéro de groupe effectif (*effective group ID* ou EGID).

Dès que l'utilisateur *david* (UID = 501 et GID = 100) lance la commande passwd, la distinction entre les numéros réels et effectifs devient évidente dans le processus de la commande. Le numéro d'utilisateur reste inchangé, avec la valeur 100. Mais le numéro d'utilisateur effectif est remplacé par le numéro de root (0). Le résultat de cette conversion est à peu près le suivant.

```
Numéro d'utilisateur réel         501
Numéro d'utilisateur effectif     0
Numéro de groupe réel             501
Numéro de groupe effectif          100
```

Seuls les droits effectifs font foi pour l'accès au fichier.

Droits d'accès étendus pour les répertoires

Le SUID bit et le SGID bit sont déterminants pour les droits d'accès des processus. Ils ne sont applicables qu'à des fichiers de programme. Mais il existe également divers droits d'accès pour les répertoires.

Nous allons en voir le principe en prenant un exemple. Partons de la situation peu réjouissante où deux utilisateurs (*david* et *gaelle*) ne sont pas en très bons termes. À longueur de journée, ils n'attendent que les occasions de se jouer de mauvais tours. L'utilisateur *david* souhaite créer de manière tout à fait temporaire et pendant très peu de temps un fichier dans le répertoire */tmp*. Il en a la possibilité, car ce répertoire est doté des droits d'accès *rwxrwxrwx*.

Lorsque *david* a créé ce fichier, il a tout à coup été appelé d'urgence à une autre tâche. L'utilisatrice *gaelle* profite de cette situation et supprime le fichier de *david*, car elle dispose des mêmes autorisations d'accès que son collègue. Elle devrait normalement être confrontée à une demande de confirmation, mais, comme elle est maligne, elle l'évite en utilisant la commande rm avec son option -f.

Pour éviter ce type de situation, il existe ce qu'on appelle le Sticky bit ou *bit collant* pour les répertoires. Dans ce cas, le signe t apparaît dans les droits attribués au *reste du monde*. Si le Sticky bit est positionné, seul le propriétaire pourra supprimer un fichier du répertoire. La seule exception est à nouveau l'utilisateur root, avec le numéro d'utilisateur 0.

Après la mise en place par l'une des deux commandes suivantes de ce Sticky bit (tâche que ne peut effectuer que le propriétaire du répertoire */tmp*, donc l'utilisateur root), *gaelle* n'aura plus la possibilité de supprimer les fichiers de *david* dans le catalogue */tmp*.

```
chmod u+t /tmp
```

ou

```
chmod 1777 /tmp
```

Le Sticky bit d'un répertoire n'autorise une suppression d'un de ses fichiers que par le propriétaire du fichier ou par l'administrateur.

```
microapp:~$ ls -ld /tmp
drwxrwxrwt   6 root       root           1024 Sep  5 13:25 /tmp/
microapp:~$
```

Chapitre 7

Administration système

III

L'utilisateur de Linux accède souvent seul à son PC. Il le fait généralement depuis un compte aux droits d'accès restreints et ne peut donc compromettre l'intégrité du système d'exploitation. Il y a cependant des situations dans lesquelles il doit intervenir en tant qu'administrateur aux droits d'accès étendus. Ce chapitre présente ces tâches d'administration.

7.1 Rôle de l'administrateur système

L'administrateur intervient dans ces grands domaines :
- ▶ configuration du noyau ;
- ▶ sauvegarde des données ;
- ▶ réparation des systèmes de fichiers ;
- ▶ gestion des utilisateurs ;
- ▶ installation d'une imprimante, de nouveaux logiciels ;
- ▶ intégration de nouveaux disques durs et de nouvelles partitions ;
- ▶ configuration du processus de démarrage et du réseau.

En général, on créera en plus de l'utilisateur root un deuxième utilisateur sous le nom duquel on se connectera le plus souvent. Cette étape a été réalisée lors du processus d'installation.

7.2 Remarques importantes pour l'administration

L'administrateur d'un système Linux doit posséder un certain nombre de connaissances fondamentales concernant le système, notamment l'emplacement des fichiers de configuration.

Hiérarchie des répertoires système

L'utilisateur a une vue du système limitée à son répertoire personnel. L'administrateur circule, quant à lui, dans l'ensemble de l'arborescence Linux. Il doit donc bien connaître l'organisation du système. Nous allons vous présenter ici le rôle des répertoires les plus importants. Cette liste ne saurait en aucun cas être exhaustive. Il existe des différences d'un système à l'autre.

Tab. 7.1 : Principaux répertoires système	
Répertoire	**Signification**
/bin	Utilitaires généraux
/boot	Informations du chargeur Linux (LILO, GRUB)

Tab. 7.1 : Principaux répertoires système

Répertoire	Signification
/dev	Fichiers de périphériques
/etc	Fichiers de configuration du système
/lib	Bibliothèques partagées
/proc	Entrées relatives aux processus en cours d'exécution et à l'état du système
/root	Répertoire personnel de l'administrateur
/sbin	Utilitaires système
/tmp	Fichiers temporaires
/usr	Voir le deuxième tableau
/var	Données variables, par exemple spool de courrier ou de nouvelles

Sous /usr se trouvent des répertoires dans lesquels Linux héberge des données parfois très importantes.

Tab. 7.2 : Contenu du répertoire /usr

Répertoire	Signification
/usr/X11R6	Données de X-Window
/usr/bin	Utilitaires annexes
/usr/share/doc	Documentation générale de Linux et des applications
/usr/include	Fichiers d'en-tête (header files) du compilateur C
/usr/share/info	Le système d'information des commandes GNU
/usr/lib	Bibliothèques standard
/usr/share/man	Le manuel en ligne
/usr/sbin	Commandes système d'usage peu fréquent
/usr/src	Code source du noyau Linux et d'autres programmes

Quelques conseils

Les procédures décrites ici devront être entreprises sous un compte root. Dans ce cadre, aucune mesure de sécurité n'est plus disponible. Les commandes sont systématiquement exécutées par le système. Une erreur peut alors avoir des conséquences fâcheuses. Pensez par exemple à la disparition du fichier /etc/passwd.

Il est conseillé d'ouvrir plusieurs sessions par le biais des consoles virtuelles. Une erreur pourra éventuellement être corrigée en passant d'une console à l'autre. Opérez toujours dans le calme. Sous Linux, les fichiers effacés sont irrémédiablement perdus.

7.3   Configuration du noyau

Vous connaissez probablement le principe d'installation sous Windows d'un pilote gérant un matériel supplémentaire : contrôleur SCSI, carte son, carte graphique, etc. Linux accède de deux manières à un nouveau matériel : par le biais des modules de noyau qui figurent dans le répertoire /lib/modules/2.4.3-20mdk et qu'il est possible de charger au moyen des commandes insmod et modprobe et par la création d'un nouveau noyau intégrant directement le code nécessaire.

Cette seconde méthode doit toujours être adoptée lorsque les périphériques doivent être reconnus dès l'amorçage. C'est le cas, par exemple, d'un nouveau contrôleur SCSI, si vous souhaitez amorcer l'ordinateur à partir d'un disque dur qui lui est raccordé. Un noyau standard ne gérant que les contrôleurs IDE s'arrêterait au lancement parce qu'il ne pourrait pas accéder au contrôleur SCSI et monter le système de fichiers racine /.

Même si votre système fonctionne très bien avec le noyau actuel, vous pouvez avoir néanmoins intérêt à compiler votre propre noyau. Vous pouvez, par exemple, supprimer la gestion de composants que vous n'employez pas comme un disque dur IDE dans un système SCSI, ou celle de systèmes de fichiers étrangers que vous n'utilisez jamais.

Dans ce chapitre, nous expliquons comment générer un nouveau noyau. Linux propose un outil ergonomique piloté par menus. Créer un noyau ne pose alors aucun problème. À la différence de Windows où l'installation d'un seul pilote défectueux peut empêcher le démarrage du système, voire exiger une réinstallation complète avec perte de la configuration, vous réaliserez, avec notre aide, l'installation d'un nouveau noyau de telle manière que, en cas d'erreur, vous puissiez toujours accéder à l'ancien noyau.

Mesures de sécurité préventives

Vous allez dans un premier temps vous prémunir contre tout incident. Créez une disquette d'amorçage pour assurer le démarrage de Linux en toute situation. Déclarez-vous en tant qu'administrateur root ou devenez administrateur par la commande su.

Créer une disquette d'amorçage

Introduisez une disquette vide formatée dans le lecteur. Déterminez la version de noyau que vous utilisez.

```
uname -r
```

Vous obtenez par exemple la sortie suivante.

```
2.4.3-20mdk
```

À partir du noyau *2.4.3-20mdk* fourni avec Mandrake 8.0, tapez la commande suivante.

```
[root@client root]# mkbootdisk 2.4.3-20mdk
Insert a disk in /dev/fd0. Any information on the disk will be lost.
Press <Enter> to continue or ^C to abort:
```

Introduisez la disquette et confirmez par Entrée. L'amorce est créée.

Si, lors de l'exécution de la commande mkbootdisk, vous obtenez le message d'erreur "*/lib/modules/2.4.3-20mdk is not a directory*", c'est probablement que vous avez tapé un numéro de version erroné. Essayez à nouveau.

Sauvegarder le noyau

Lors de la génération du noyau, des modules sont créés et copiés dans le répertoire */lib/modules/2.4.3-20mdk*. Pour sauvegarder les anciens modules, passez dans le répertoire */lib/modules* et créez un répertoire *backup*. Copiez la totalité du contenu de *2.4.3-20mdk* dans *backup*.

```
[root@client root]# cd /lib/modules
[root@client root]# mkdir backup
[root@client root]# cp -a 2.4.3-20mdk/* backup
```

Sauvegarder le fichier de configuration du gestionnaire d'amorçage LILO

Exécutez la commande suivante pour créer une sauvegarde du fichier */etc/lilo.conf* chargé de la configuration du gestionnaire d'amorçage LILO. Si vous n'amorcez pas votre système avec LILO, mais lancez Linux par une disquette d'amorçage ou au moyen du programme DOS *loadlin.exe*, vous pouvez ignorer cette étape.

```
[root@client root]# cp /etc/lilo.conf /etc/lilo.conf.backup
```

Les sauvegardes nécessaires sont réalisées : nous pouvons nous consacrer à la création du nouveau noyau.

Installer les sources du noyau

Pour compiler un noyau, vous devez en installer les sources sur votre ordinateur. Vérifiez au moyen de la commande suivante s'ils sont déjà disponibles.

```
[root@client root]# rpm -q kernel-source
kernel-source-2.4.x
```

Si vous obtenez un affichage du type `kernel-source-2.4.x`, les sources de la version correspondante sont déjà installées. À vous de décider si vous allez travailler avec cette version ou avec une version mise à jour. Nous vous conseillons d'utiliser la version stable la plus récente. Le système gagnera en performance et en robustesse.

Inernet @

Télécharger les sources du noyau

Le code de la dernière version stable du noyau peut être téléchargé à l'adresse http://www.kernel.org/.

Modifier la version 2.4.3-20mdk

Votre distribution est fondée sur la version 2.4.3 du noyau. Cette version vous a permis d'amorcer l'ordinateur, la première fois, à partir de la disquette d'installation, et a lancé votre système après l'installation, si vous n'avez rien modifié.

Les sources de la version 2.4.3 figurent sur le deuxième CD-Rom des packs Mandrake, dans le répertoire */Mandrake/RPMS*. Installez-les si vous désirez modifier ce noyau, sinon vous pouvez installer directement le dernier noyau 2.4.x en lisant la section suivante.

Passez dans ce répertoire et installez les en-têtes, puis les sources du noyau par les commandes suivantes.

```
[root@client /root]# cd /mnt/cdrom/Mandrake/RPMS
[root@client i386]# rpm -i kernel-headers-2.4.3-20mdk.i586.rpm
[root@client i386]# rpm -i kernel-source-2.4.3-20mdk.i586.rpm
```

Installer le dernier noyau 2.4.x

Si vous trouvez sur Internet une version plus récente du noyau, vous pouvez vous procurer les composants nécessaires. Ils ne figurent pas au format rpm, mais au format tar.gz. L'installation de cette archive est légèrement différente :

1 Téléchargez l'archive *linux-2.4.x.tar.gz* ou *linux-2.4.x.tar.bz2*.

2 Copiez cette archive dans le répertoire */usr/src*.

3 Par mesure de sécurité, sauvegardez les sources de votre noyau actuel, au cas où elles seraient installées sur votre système. Pour cela, avant de décompresser la nouvelle archive, renommez le répertoire actuel */usr/src/linux* en */usr/src/linux-old*.

```
[root@client src]# mv /usr/src/linux /usr/src/linux-old
```

N'oubliez pas d'adapter chemins et noms de fichier à votre environnement.

4 Passez dans le répertoire */usr/src* et décompressez les sources du noyau avec `tar`.

```
[root@client root]# cd /usr/src
[root@client src]# tar xzf linux-2.4.x.tar.gz
```

Un nouveau répertoire, */usr/src/linux*, est créé, comme lors de l'installation d'un noyau en package RPM.

Les nouveautés du noyau 2.4.x

Le noyau 2.4 apporte des améliorations au niveau de la gestion des dispositifs multimédias. À noter également que la combinaison de touches Ctrl+Alt+Delete déclenche maintenant un redémarrage à froid au lieu d'un redémarrage à chaud. Si vous voulez conservez le redémarrage à

> **Attention**
>
> **Commande reboot=bios**
>
> Certaines machines ont besoin de la commande reboot=bios pour être relancées par l'intermédiaire du BIOS.

chaud, et si vous êtes sûr qu'il ne causera pas de problèmes sur votre matériel, ajoutez la commande `reboot=warm` dans le fichier de configuration de LILO.

Les supports *cua** sont obsolètes au niveau du noyau 2.4. Les noyaux 2.2 acceptent la nouvelle notation, mais utilisent toujours l'ancienne.

Si vous exécutez *glibc-2.0.9x* ou une version ultérieure, alors vous pourrez également prendre en charge les dispositifs PTY d'Unix 98. Vous devrez recompiler votre noyau avec CONFIG_UNIX98_PTY et CONFIG_DEVPTS_FS pour le permettre. Les noyaux 2.4 ont besoin du compilateur C Gcc en version 2.7.2 pour être compilés.

Le protocole réseau

Un changement principal est introduit dans le protocole de gestion de réseau. À chaque fois qu'un paquet venait du réseau, dans les anciens noyaux, tous les processus avec une connexion ouverte (socket) étaient invoqués. Évidemment, seulement un processus pouvait être le destinataire de ce paquet, d'où une efficacité moyenne. Avec le noyau 2.4, seul le processus de destination sera réveillé. Les protocoles FTP et HTTP profitent de cette amélioration.

Le système de fichiers Ext2 est robuste mais déjà ancien. Le noyau 2.4 apporte un système de fichiers amélioré. On discute en ce moment des bienfaits des systèmes de fichiers Efs et ReiserFS.

Actuellement, sur un serveur Linux possédant 40 ou 50 Go de disque, le contrôle d'intégrité du système de fichiers (fsck) peut prendre de 30 à 40 minutes. Avec un système de fichiers journalier, ce temps est ramené à 2 ou 3 secondes.

Nouveaux supports de bus, de contrôleurs et de périphériques

La nouvelle version du noyau prend en charge beaucoup plus de bus, de contrôleurs et de périphériques. La gestion USB fonctionne parfaitement sur des dispositifs à bas débit tels que les claviers et les souris. Il existe quand même certains problèmes pour des supports USB plus complexes, tels que certains modems ou certaines imprimantes.

Le gestionnaire de ports parallèles est généralisé. Un programme a la possibilité de lire ou d'écrire sur le port comme sur n'importe quel autre support. La console de boot peut également attaquer le port parallèle, ce qui vous donne la possibilité d'imprimer tous les messages de boot. L'accès au port parallèle utilise un accès direct à la mémoire, ce qui améliore la vitesse.

Enfin, il faut mettre en avant la possibilité de prendre en charge huit contrôleurs IDE (au lieu de quatre). Linux reconnaîtra correctement et configurera presque tous les contrôleurs IDE dès le lancement du système. Vous ne devriez pas rencontrer de problèmes pour la détection d'un lecteur CD lors d'une installation.

Configuration du noyau

Voyons maintenant la configuration du noyau. Cela ne prendra que quelques minutes.

Passez dans le répertoire contenant les sources de la version de noyau que vous avez choisie. Dans le cas précédemment décrit, il s'agit du répertoire */usr/src/linux* qui contient les sources de la version 2.4.x que nous venons de décompacter.

La première étape pour générer un nouveau noyau est la configuration. Elle se fera par l'activation d'une des trois commandes situées dans le répertoire */usr/src/linux* :

►   La commande make config utilise une méthode ligne à ligne destinée aux utilisateurs avancés.

►   La commande make menuconfig est orientée menu. Elle est activée dans une console.

►   La commande make xconfig est activée sous X-Window.

Sous X-Window, lancez la configuration par la commande make xconfig. Quelques lignes de texte s'affichent alors. La configuration est prête. La fenêtre d'accueil **Linux Kernel Configuration** apparaît.

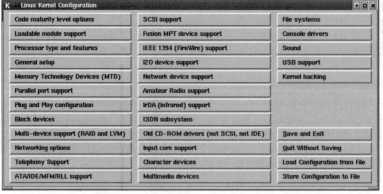

Fig. 7.1 :
Menu de configuration du noyau

Expliquons brièvement comment vous pouvez parcourir les différentes zones. Sous X-Window, choisissez simplement la première option et passez à la fenêtre suivante après avoir effectué les réglages, en appuyant sur le bouton **Next**. Vous pouvez revenir au menu principal uniquement par **Main Menu**. En mode texte, sélectionnez les options les unes après les autres au moyen des touches fléchées et ouvrez par la touche (Entrée) la fenêtre correspondante. Lorsque les réglages dans une fenêtre sont terminés, **Exit** vous ramène au menu principal dans lequel vous pouvez choisir l'option suivante.

Pour désactiver un pilote, choisissez toujours **N** (*no*). Pour l'activer, vous avez le plus souvent le choix entre **Y** (*yes* : compiler dans le noyau) et **M** (*module* : compiler en tant que module exécutable). Les pilotes dont vous avez besoin dès le boot doivent être intégrés par **Y**, et ceux qui demandent une configuration complémentaire, notamment le pilote de la carte son, doivent être intégrés en tant que modules.

Pour recevoir des informations complémentaires, en anglais, sur les différents modules, lancez par **Help** l'aide en ligne du programme de configuration.

Menu "Code maturity level options"

Choisissez *Prompt for development and/or incomplete drivers* si vous avez besoin d'une fonction au stade de prototype. Le système vous proposera alors les pilotes qui sont en cours de développement. Nous vous recommandons de décliner la proposition dans les situations ordinaires.

Menu "Processor type and features"

Choisissez la famille à laquelle appartient votre processeur parmi 386, 486, Pentium, K6, Athlon, Duron, Crusoë, etc. Vous obtiendrez ainsi une vitesse d'exécution optimale.

Loadable module support

Activez l'option *Enable loadable module support*. Un noyau modulaire est un gage d'efficacité. Les modules sont chargés grâce aux commandes insmod et modprobe. Activez également l'option *Kernel daemon support* qui automatise le chargement des modules par le noyau.

Carte des menus

Les options proposées par défaut lors du premier lancement de l'utilitaire de configuration conviennent dans la majorité des cas. Rien ne remplace la lecture des pages d'aide liées à chaque option du noyau en cas de besoin particulier. Le tableau suivant esquisse la carte des options les plus importantes.

Tab. 7.3 : Principales options du noyau	
Menu	**Fonctions ou matériels gérés**
General setup	Gestion générale réseau ; stations SGI ; bus PCI, ISA, EISA et MCA ; Plug and play ; formats binaires *a.out*, *elf* et divers ; gestion d'énergie APM et ACPI ; système de fichiers */proc*
Memory technology devices	Supports de masse compacts : DiskOnChip, Ramix ; interface flash CFI
Parallel port support	Ports parallèles ; mode bidirectionnel IEEE 1284 ; accélération FIFO/DMA
Plug & Play support	Plug and play dont ISA
Block devices	Lecteurs de disquettes ; disques durs XT ; périphériques sur port parallèle ; disques RAM ; système de fichiers virtuel (*loopback*)
Multiple device support	RAID matériel et logiciel

Tab. 7.3 : Principales options du noyau	
Menu	**Fonctions ou matériels gérés**
Networking options	Interface raw ; infos routage ; protocoles WAN Ipv6, X25, ATM ; protocoles LAN Appletalk, IPX ; filtre pare-feu ; IP Sec ; qualité de service (*QoS*)
ATA/IDE/MFM/RLL support	Contrôleurs de disques ATA/IDE ; mode DMA
SCSI support	Contrôleurs SCSI
IEEE 1394	Contrôleurs Firewire TI PCILynx et OHCI
Network device support	Cartes réseau Ethernet, FDDI ; PPP ; PPP sur ATM ; profileur de trafic
IrDA support	Protocoles de liaison infrarouge de la famille IrDA ; contrôleurs Winbond, Toshiba, etc.
ISDN support	Réseaux à intégration de services (*RNIS*) ; contrôleurs Hisax, Elsa, etc.
Old CD-ROM drivers	Contrôleurs de CD-Rom propriétaires
Input core support	Périphériques E/S USB
Character devices	Terminaux virtuels ; PTY Unix 98 ; contrôleurs série et parallèle
Multimedia devices	Video for Linux ; contrôleurs webcams CPiA
File systems	Systèmes de fichiers *E2fs*, *Efs*, *Reiserfs*, *DOS*, *VFAT*, *ISO9660*, etc. ; systèmes de fichiers */proc*, */dev/pts* ; quotas
Console drivers	Console VGA
Sound	Gestion de nombreuses cartes son
USB support	Gestion USB ; contrôleurs UHCI, OHCI, etc.

Sous X-Window, revenez à l'écran d'accueil du programme de configuration par **Main Menu** et quittez-le par **Save and Exit**. En mode texte, passez au menu principal du programme de configuration par **Exit** et choisissez de nouveau **Exit**. Répondez **Yes** à la question "*Do you wish to save your new kernel configuration?*".

Compilation du noyau

La compilation du noyau n'influe pas sur le comportement de Linux. Les modifications ne seront prises en compte que lorsqu'il sera employé pour l'amorçage. C'est le sujet de la section *Amorçage du nouveau noyau Linux*. Vous ne risquez rien à changer la configuration : un noyau défectueux peut sans difficulté être remplacé par l'ancien, ce qui rétablit l'état antérieur.

Réinitialiser par make dep clean

Vous devez d'abord supprimer d'éventuelles traces d'une précédente compilation du noyau. Tapez la commande suivante.

```
[root@client linux]# make dep clean
```

Plusieurs lignes de texte s'affichent, que vous pouvez ignorer. Le prompt du shell s'affiche.

Construire le noyau par make zImage

Lancez ensuite la compilation par la commande suivante.

```
[root@client linux]# make zImage
```

zImage s'écrit avec un I majuscule. Selon la puissance du processeur, l'opération peut prendre de quelques minutes à plus d'une heure. Cela dépend bien sûr aussi du nombre de pilotes sélectionnés à la configuration. Le processus achevé, vous possédez un fichier noyau *zImage* compressé dans le répertoire */usr/src/linux/arch/i386/boot*.

En cas de noyau trop volumineux

Si vous intégrez de très nombreux pilotes dans le noyau, vous pouvez recevoir un message d'erreur vous informant qu'il est trop volumineux. Vous devez alors créer une *big kernel image*, un fichier de noyau structuré légèrement différemment, et qui permet des noyaux plus importants. Utilisez dans ce cas la commande suivante.

```
[root@client linux]# make bzImage
```

Compiler et installer les modules

Vous devez maintenant compiler et installer les modules du noyau. Lancez la commande ci-dessous.

```
[root@client linux]# make modules modules_install
```

Cette étape prendra aussi un certain temps. Un nouveau répertoire */lib/modules/2.4.x* (avec éventuellement un numéro différent de noyau) est créé, et il reçoit les modules.

Installer le noyau

Sous Linux-Mandrake, les noyaux sont déposés dans le répertoire */boot*. Le noyau standard y figure sous le nom *vmlinuz-2.4.3-20mdk*. Ce numéro de version est identique au numéro de version dans le nom du répertoire, */lib/modules/2.4.3-20mdk*, qui reçoit les modules standard à la première installation.

Nous vous conseillons de respecter cette convention et de créer le nouveau noyau sous le nom de vmlinuz-2.4.x (ou un autre numéro de version), ce qui vous permettra d'utiliser le programme mkbootdisk pour créer une disquette d'amorçage. Pour la copie, utilisez la commande suivante.

```
[root@client linux]# cp arch/i386/boot/zImage /boot/vmlinuz-2.4.x
```

Ou cette commande si l'image est trop volumineuse.

```
[root@client linux]# cp arch/i386/boot/bzImage /boot/vmlinuz-2.4.x
```

Créer une disquette d'amorçage

Par mesure de sécurité, créez une disquette d'amorçage avec le nouveau noyau. Deux méthodes sont possibles.

▶ **dd**

Vous pouvez copier le noyau compressé par la commande dd sur une disquette formatée.

```
[root@client linux]# dd if=arch/i386/boot/zImage of=/dev/fd0
```

Cette disquette ne peut être lue ni sous DOS ni sous Linux. Elle ne contient pas de système de fichiers, elle contient uniquement le noyau.

▶ **mkbootdisk**

Linux-Mandrake contient un programme créant automatiquement une disquette d'amorçage. Elle comprend alors un système de fichiers Linux Ext2 recevant le noyau et quelques fichiers complémentaires.

Pour pouvoir utiliser le programme Mkbootdisk, vous devez avoir respecté la convention selon laquelle le noyau doit porter un nom de la forme */boot/vmlinuz-(version)* et les modules figurer dans le répertoire */lib/modules/(version)*. Par exemple : nom du noyau */boot/vmlinuz-2.4.x*, les modules figurant dans le répertoire */lib/modules/2.4.x*.

La commande mkbootdisk 2.4.x crée dans ce cas une disquette d'amorçage fondée sur ce noyau.

```
[root@client linux]# mkbootdisk 2.4.x
Insert a disk in /dev/fd0. Any information on the disk will be lost.
Press <Enter> to continue or ^C to abort : _
```

Amorçage du nouveau noyau Linux

Le nouveau noyau étant créé, relancez l'ordinateur de façon à l'exploiter. Vous devez adapter le processus d'amorçage. Les sections suivantes présentent les instructions nécessaires, variables selon la manière dont vous effectuez l'amorçage. Nous présentons l'amorçage par le gestionnaire Linux LILO ainsi que par loadlin.

Si vous avez fait une erreur à la compilation du noyau, il est possible que vous ne parveniez plus à lancer le système. Par mesure de précaution, vous devez avoir sous la main le nouveau et l'ancien noyau. Cela vous permettra de recourir à l'ancienne version et de lancer Linux comme auparavant. Ce sujet sera abordé dans les sections correspondantes.

Vous pouvez également utiliser une disquette d'amorçage réalisée maintenant ou pendant l'installation. Une fois le système démarré, vous avez le loisir de répéter la configuration et la création du noyau jusqu'à ce que vous parveniez à en générer un qui fonctionne.

Ajouter un second noyau au menu de LILO

Voici comment procéder si vous utilisez LILO pour démarrer Linux et éventuellement d'autres systèmes d'exploitation. Ce sera notamment le cas si seul Linux est installé sur l'ordinateur.

Nous supposons que vous souhaitiez intégrer dans le menu de LILO le nouveau noyau figurant sous */boot/vmlinuz-2.4.x*. Ouvrez le fichier */etc/lilo.conf* dans l'éditeur de votre choix. Pour une installation standard, vous devez trouver une section contenant les commandes suivantes.

```
image=/boot/vmlinuz-2.4.3-20mdk
 label=linux
 root=/dev/hda2
 read-only
```

La ligne root=... dépend de votre configuration.

Ajoutez immédiatement avant ou après ce bloc une copie des quatre lignes.

Dans le second des deux blocs, changez la ligne

```
label=linux
```

en

```
label=linux.nouveau.
```

Ce bloc assurera le démarrage du noyau supplémentaire.

Remplacez aussi la ligne

```
image=/boot/vmlinuz-2.4.3-20mdk
```

par

```
image=/boot/vmlinuz-2.4.x
```

2.4.x représente le numéro de version de votre nouveau noyau.

Le fichier /etc/lilo.conf contient maintenant les deux blocs.

```
image=/boot/vmlinuz-2.2.17-21mdk
 label=linux
 root=/dev/hda2
 read-only
image=/boot/vmlinuz-2.4.x
 label=linux.nouveau
 root=/dev/hda2
 read-only
```

Enregistrez le fichier et réinstallez LILO par la commande lilo. Le système affiche les lignes suivantes.

```
[root@client]# lilo
Added linux *
Added linux.nouveau
Added dos
```

La dernière ligne, Added dos, ne figurera que si DOS ou Windows existent sur votre disque dur et si vous avez précisé une partition amorçable DOS à la configuration initiale de LILO.

Si vous n'avez reçu aucun message d'erreur, la configuration est terminée. Redémarrez l'ordinateur, par exemple par shutdown -r now. Si, au prompt de LILO, vous appuyez simplement sur la touche (Entrée) ou si vous tapez linux, le système démarre avec l'ancien noyau. Le nouveau s'active par linux.nouveau. S'il fonctionne de manière satisfaisante, modifiez l'ordre dans le fichier /etc/lilo.conf pour que le nouveau noyau soit automatiquement lancé. Vous pouvez aussi supprimer la référence à l'ancien noyau.

Appel du nouveau noyau par loadlin

Au cours de l'installation, vous avez appris à vous servir du programme loadlin. Vous deviez copier le noyau de Linux dans la partition DOS et l'activer par loadlin pour lancer Linux. La description du processus figure dans la section *Activer loadlin* au chapitre *Installation de Linux*.

Vous devez conserver l'ancienne version du noyau. Pour cela, changez son nom et copiez le nouveau noyau sous l'ancien nom dans la partition DOS. Vous pouvez également donner un autre nom au nouveau noyau, mais vous devez alors changer le nom inscrit dans le script de démarrage.

Procédez de la manière habituelle. Utilisez le nouveau noyau qui figure dans le répertoire */usr/src/linux/arch/i386/boot* sous le nom *zImage* ou *bzImage*. Si vous rencontrez des difficultés à l'amorçage, rétablissez le précédent noyau et lancez l'ancienne version de Linux. Essayez ensuite de trouver l'erreur dans la configuration du nouveau noyau et faites un nouvel essai.

Dépannage

Si vous ne parvenez plus à lancer Linux, c'est qu'une erreur s'est glissée dans votre configuration. Il est impossible de décrire toutes les causes possibles. Retirez la disquette d'amorçage ou amorcez l'entrée linux du menu LILO.

Restaurer l'ancienne configuration

Cette procédure n'est nécessaire que si vous amorcez au moyen de LILO. Supprimez l'entrée lilo.conf.nouveau du fichier de configuration *lilo.conf*. Une nouvelle activation de LILO rétablira la configuration d'origine.

Vérifier le répertoire des modules

Lorsque la création d'un nouveau noyau a écrasé les fichiers de module des sous-répertoires de */lib/modules*, restaurez-les : une sauvegarde figure dans */lib/modules/backup*. Ce ne devrait généralement pas être nécessaire.

Redémarrer l'ordinateur

Redémarrez l'ordinateur. Linux doit être exactement dans l'état dans lequel il était avant que vous n'ayez créé un nouveau noyau.

7.4   La sauvegarde de données

Les données peuvent être détruites, supprimées ou rendues inutilisables pour tous les systèmes, et pour des causes assez diverses :

- ► erreur matérielle ;
- ► erreur logicielle ;
- ► manipulation hasardeuse ou sabotage.

La sauvegarde de données désigne la copie des données les plus importantes depuis le disque dur vers un support de sauvegarde. Les composants matériels les plus divers étant accessibles de manière uniforme grâce aux fichiers de périphériques, on peut utiliser toutes sortes de supports de sauvegarde :

- ► des disquettes ;
- ► un lecteur de bandes (floppy streamer, streamer QIC02 ou SCSI) ;
- ► un lecteur DAT ;
- ► un disque dur amovible.

Linux se soucie peu du support sur lequel vous effectuez vos sauvegardes. Dans la plupart des cas, les commandes à utiliser ne se différencient que très légèrement. En fait, seul le nom du périphérique de destination change.

De nombreux utilisateurs renoncent à sauvegarder leurs données, car ils utilisent essentiellement Linux pour diverses expériences, mais pas pour réaliser un projet précis. La suite de cette section ne concerne pas cette catégorie d'utilisateurs. Ce qui suit s'adresse surtout à ceux qui se montrent productifs avec Linux et qui ne veulent pas vivre dans la crainte de voir des heures et des heures de travail réduites à néant.

Commandes disponibles

Les systèmes Linux disposent au minimum des trois commandes suivantes pour la sauvegarde des données :

- ► tar (*tape archiver*) ;
- ► cpio (*copy in/out*) ;
- ► dd (*copy and convert*, cc est le compilateur C, d'où dd !).

De ces trois commandes, seules les deux premières sont d'utilisation courante. La commande dd procède plutôt à une copie physique. Certains systèmes Linux étendent la liste des commandes de sauvegarde par des commandes personnelles, quelquefois plus performantes et confortables que les commandes de base. Malheureusement, elles sont en général spécifiques à tel ou tel système, et elles ne sont pas disponibles sur tous. Elles peuvent être téléchargées à partir du serveur FTP ibiblio.org, depuis le répertoire */pub/Linux/system/backup*.

La commande cpio

Pour une sauvegarde régulière, l'administrateur du système peut utiliser la commande cpio. Elle utilise un format d'enregistrement interne lisible sur presque tous les systèmes Unix. Pour le transfert entre des systèmes Unix et Linux de provenance variée, cette commande est même vivement recommandée. La condition pour réaliser une bonne sauvegarde est de vérifier que le système de fichiers à sauvegarder est cohérent. Vous vérifierez cette cohérence par la commande fsck.

La commande cpio lit les noms des fichiers à sauvegarder par le canal d'entrée standard. Elle envoie ensuite le contenu de ces fichiers par le canal de sortie standard. Vous travaillerez avec une redirection des entrées-sorties, pour éviter d'avoir à saisir manuellement les noms de fichier et faire en sorte que les données à sauvegarder n'apparaissent pas sur l'écran mais sur la bande ou la disquette. Les noms de fichier peuvent être :

- ► saisis au clavier ;
- ► lus dans un fichier par une redirection d'entrée ;
- ► produits par la commande find.

Lors de la lecture des données du support de sauvegarde, la commande cpio accède à ce support par le canal d'entrée standard. Là encore, il faudra une redirection d'entrée. Lors de la lecture des données, vous pourrez utiliser un critère de sélection, pour ne restaurer que certains fichiers.

La possibilité de copier des fichiers, avec cpio, d'un endroit vers un autre de l'arborescence ne sera pas décrite en détail ici.

Pour les commandes tar et cpio, vous ferez attention à indiquer des chemins d'accès absolus ou relatifs. Si vous sauvegardez des fichiers ou des répertoires avec des chemins absolus, vous ne pourrez les restaurer qu'à leur emplacement d'origine dans l'arborescence. La restauration des données avec chemins relatifs est un peu plus souple. Mais il faut faire attention, dans ce cas, au répertoire dans lequel on se trouve au moment de l'activation de la commande de restauration. Si vous vous trouvez au mauvais emplacement au moment où la commande cpio -r est lancée, l'ensemble des fichiers et des répertoires rechargés sera placé au mauvais endroit (relativement au répertoire courant).

Syntaxe et utilisation

La syntaxe générale de la commande cpio est la suivante.

```
cpio [Options] [répertoire] [<Nomdefichier] [>Nomdefichier]
```

Elle doit être accompagnée d'une des trois options suivantes : -o (*output*), -i (*input*) ou -p (*porting*). Il est bien évidemment possible de ne stipuler qu'une seule option.

Tab. 7.4 : Options principales de la commande cpio

Option	Signification
-o	La commande cpio lit les noms de fichier à partir de l'entrée standard et les envoie vers la sortie standard.
-i	Cette option demande à la commande cpio de lire à partir de l'entrée standard.
-p	L'option -p définit que la commande cpio doit lire des noms de fichier par l'entrée standard et placer ces fichiers dans un répertoire indiqué comme paramètre complémentaire (copie d'arborescences).

Outre ces trois options, il est possible d'ajouter d'autres indications de pilotage de la commande influant sur son comportement à l'exécution.

Tab. 7.5 : Options complémentaires de cpio

Option	Signification
-B	La commande cpio travaille avec des blocs plus grands, en l'occurrence des blocs de 5 120 octets.
-c	La commande cpio utilise, pour chaque fichier, un en-tête de gestion composé de caractères ASCII. C'est ce qui autorise par la suite le portage des sauvegardes effectuées avec la commande cpio.
-t	En collaboration avec l'option -i, cette option crée une table des matières (*table of contents*) pour le support de données concerné.
-v	Affiche le nom des fichiers copiés (*verbose*).
-d	Lors de la lecture, de nouveaux répertoires sont créés si nécessaire.

Les exemples suivants illustrent le travail avec la commande cpio.

```
find / -mtime -7 -print | cpio -ocvB > /dev/rft0
```

La commande find affiche des noms de fichier par le canal de sortie standard, ces noms étant ensuite lus par le canal d'entrée standard par la commande cpio. Les données de ces fichiers sont ensuite écrites sur la bande du streamer (fichier de périphérique */dev/rft0*) par le canal de sortie standard. L'en-tête avec les données de gestion de l'inode est composé uniquement de caractères ASCII. Les noms des fichiers sauvegardés sont affichés par le canal d'erreur standard. La commande cpio écrit sur la bande des blocs de 5 ko.

```
cpio -ivcBd < /dev/rft0
```

Les données précédemment sauvegardées sont restaurées. Lors de la lecture et de leur écriture sur le disque dur, le système vérifie si le répertoire lu existe déjà. Si ce n'est pas le cas, l'option -d le crée.

```
cpio -ivcB "[a-k]*" < /dev/rft0
```

Grâce à l'emploi d'un critère de sélection, on ne restaure ici que les fichiers dont le nom commence par une minuscule entre *a* et *k*.

```
cpio -ivtBc < /dev/rft0
```

Avec l'emploi de l'option -t, seule la table des matières de la bande de sauvegarde est affichée. Aucune donnée n'est restaurée.

La commande tar

Cette commande permet, tout comme cpio, de sauvegarder des fichiers individuels ou des hiérarchies complètes de répertoires. Mais, contrairement à cpio, les fichiers et les répertoires à sauvegarder sont spécifiés sur une ligne de saisie. Si la commande tar reconnaît, parmi les paramètres, le nom d'un répertoire, ce répertoire sera intégralement sauvegardé, avec tous ses sous-répertoires et ses fichiers.

La commande tar utilisait dans le passé des lettres clés (*key letters*), n'utilisant donc pas la notation -option. Les systèmes Linux ont abandonné cette particularité et permettent de spécifier des options. Dans la suite des explications de cette commande, nous utiliserons cependant toujours les lettres clés, même si, dans certains cas, il serait possible de spécifier une option.

Voici les lettres clés utilisables avec la commande tar.

Tab. 7.6 : Options principales de la commande tar	
Lettre	**Signification**
c	Création (*create*) d'une nouvelle sauvegarde et initialisation du support
r	Ajout (*append*) de données à celles qui sont déjà en place sur le support de sauvegarde
t	Affichage de toutes les données sauvegardées (*table of content*)
u	Remplacement des anciens fichiers (*update*), ceux pour lesquels il existe une version plus récente sur le disque dur
x	Restauration (*extract*) des données sauvegardées, du support de sauvegarde vers le disque dur

Outre ces lettres clés permettant de contrôler le travail de la commande tar, vous disposez des lettres suivantes, plus spécialement destinées à définir précisément l'origine et la destination des données à traiter. L'ordre dans lequel ces lettres apparaissent dans la ligne de saisie définit également l'ordre dans lequel les indications complémentaires doivent être placées derrière.

Tab. 7.7 : Autres options de tar	
Lettre	**Signification**
b	Indication d'un facteur de bloc. Le plus grand facteur de bloc possible est 1 024 (la taille du bloc est de 512 octets).
f	Suit l'indication d'un périphérique de sortie si vous ne souhaitez pas utiliser les disquettes.
z	Les données doivent être transmises sous forme compressée.
k	La commande attend une indication en kilo-octets comme prochain argument. Cette taille en kilo-octets définit la taille de l'espace libre sur une bande de sauvegarde ou une disquette.

Un exemple sera plus parlant.

```
tar -cvf /dev/fd0 /home
```

Tous les fichiers et répertoires placés sous le répertoire */home* sont sauvegardés. Dans ce cas précis, la sauvegarde a lieu sur la disquette.

```
tar -cvfbk /dev/rct0 20 125000 .
```

Toutes les indications souhaitées doivent apparaître dans la ligne de commande. L'ordre des lettres clés (f, b puis k) détermine également l'ordre des indications complémentaires (/dev/rct0, 20, puis 125000). Dans cet exemple, tous les fichiers et répertoires du répertoire courant seront sauvegardés. C'est la raison pour laquelle le dernier paramètre est un point.

```
tar -cvf /dev/fd0 ./home
```

Toutes les données du répertoire *./home* sont sauvegardées. Nous vous rappelons encore une fois les conséquences de la désignation du chemin sous forme relative. Avec cette commande, c'est le périphérique de sauvegarde par défaut qui est utilisé.

```
tar -tvf /dev/rft0
```

Les fichiers sauvegardés sur la bande vont être affichés. Avec la lettre clé v, les noms de fichier et de répertoire sont accompagnés de l'indication de leurs droits d'accès.

La commande dd

La commande dd, contrairement aux commandes cpio ou tar, sert à créer une copie physique. Elle lit les données octet par octet, bloc par bloc, les convertit et les enregistre ensuite octet par octet et bloc par bloc. Les données peuvent être lues à partir d'un fichier normal ou d'un fichier de périphérique. Ces deux possibilités existent aussi pour l'écriture.

Le paramétrage de la commande dd est différent de celui des deux commandes précédentes.

```
if=
```

ou

```
of=
```

if signifie *input file* et of *output file*. Il suffit ensuite de faire suivre directement ces abréviations par les noms de fichier.

Ainsi, la commande suivante copie le fichier *david* dans le fichier *gaelle*.

```
dd if=david of=gaelle
```

Théoriquement, il serait également possible de copier le contenu d'une disquette dans un fichier. La commande serait la suivante.

```
dd if=/dev/fd0 of=/tmp/Disquette
```

Le fichier *Disquette* du répertoire */tmp* contiendra ainsi tous les blocs de la disquette. Le format final est totalement indépendant des données individuelles traitées. S'il s'agit d'une disquette de 3,5 pouces en haute densité, le fichier aura une taille approximative de 1,4 Mo.

Si vous ne souhaitez pas sauvegarder toutes les données de la source, mais simplement quelques blocs pour avoir des informations sur les données contenues sur la disquette, activez la commande dd sous la forme suivante.

```
dd if=/dev/fd0 of=/tmp/Disquette count=2
```

Avec le paramètre count=2, le nombre de blocs à lire est à 2.

Il est aussi possible de visualiser le fichier */tmp/Disquette* avec la commande od (*octal dump*).

Les autres options de la commande dd en font un instrument des plus intéressants pour l'administrateur.

Tab. 7.8 : Options complémentaires de la commande dd	
Paramètre	**Signification**
bs=	Indication d'une taille de mémoire tampon définissant l'unité avec laquelle les données seront lues, converties et réécrites. Par défaut, cette valeur est de 512 octets.
skip=	Avant le début de la lecture, quelques blocs sont à sauter. Le nombre de ces blocs est à définir après ce paramètre.
seek=	Avant le début de la phase d'écriture, le nombre de blocs spécifié après ce paramètre sera ignoré.
conv=	Les mots-clés placés derrière conv effectuent divers types de conversion. ebcdic : conversion en jeu de caractères EBCDIC. ascii : conversion en jeu de caractères ASCII. lcase : conversion en minuscules. ucase : conversion en majuscules.

Compression des données

Dans certains cas, il peut être judicieux de compresser les données avant de les sauvegarder. Il convient de signaler, à ce propos, les commandes gzip et gunzip, en plus de la commande tar.

La commande tar est capable de sauvegarder des données au format compressé grâce à l'option -z. La compression étant dans ce cas intégrée à la commande, on n'a normalement pas besoin des autres commandes.

Nous allons néanmoins vous présenter d'autres programmes de compression/ décompression. Ils sont en effet susceptibles d'être employés dans d'autres circonstances que la seule sauvegarde de données. Certains fichiers d'information se présentent aussi sous forme compressée après l'installation, pour ne citer que cet exemple. Ils doivent d'abord être décompressés si l'on veut pouvoir les lire.

Voici d'abord la syntaxe générale des commandes gzip et gunzip.

```
gzip [Options] Nomfichier(s)
gunzip [Options] Nomfichier(s)
```

Ces commandes compressent ou décompressent le fichier dont le nom est spécifié en guise d'argument. Il est possible d'indiquer plusieurs fichiers à compresser. Le fichier original est remplacé par la version compressée. Par défaut, les fichiers compressés auront l'extension *.gz*. Si l'on ne spécifie pas d'option particulière, gunzip utilisera cette extension et gzip l'ajoutera aux fichiers qu'il génère.

La commande zcat lit des données compressées par le canal d'entrée standard et les restitue sous forme lisible par le canal de sortie standard. Cette commande peut donc être utilisée sans problème dans des tubes.

7.5   Gestion des utilisateurs

Linux est un système multi-utilisateur, on n'est donc pas toujours tout seul à bord. Les utilisateurs doivent par conséquent être administrés.

Principes de base

Sous Linux, vous n'aurez que rarement besoin de faire beaucoup de frais en matière de gestion des utilisateurs. Il vous suffira en général d'inscrire un utilisateur supplémentaire sur le système, en plus de l'utilisateur root, de manière à pouvoir faire en toute tranquillité tous les essais et expériences que vous voulez. En revanche, si vous avez installé Linux sur un ordinateur utilisé par plusieurs personnes, vous apprécierez sans doute les conseils qui vont vous être donnés dans cette section.

Le stockage de données propres à la gestion des utilisateurs se fait dans les fichiers /etc/passwd et /etc/group, avec une importance primordiale pour le premier cité. Depuis très longtemps maintenant, ce fichier /etc/passwd contient le mot de passe codé de chaque utilisateur. Sous Mandrake 8.0, ces mots de passe sont déportés dans le fichier /etc/shadow pour des raisons de sécurité.

Les étapes de la création d'un nouvel utilisateur sont les suivantes.

1 Création d'une entrée dans le fichier /etc/passwd.

2 Création d'une entrée dans le fichier /etc/group.

3 Création du répertoire personnel de l'utilisateur.

4 Création du fichier de configuration personnel du shell.

Ces différentes étapes sont automatiquement gérées par la commande adduser. Mais, si l'on parcourt ces étapes une à une, on comprend mieux le processus et la logique sur lesquels se fonde la gestion des utilisateurs sous Linux.

Le fichier /etc/passwd

Tous les utilisateurs sont gérés de manière centrale par le fichier /etc/passwd. Dans ce fichier se trouvent le nom de l'utilisateur, le mot de passe codé et quelques autres informations d'identification.

Chaque ligne de ce fichier est une entrée pour un utilisateur spécifique. Chaque entrée est bâtie sur la structure présentée ci-après (les deux-points servent de caractères de séparation entre les divers champs).

```
Nom:x:numéro_d'utilisateur:numéro_de_groupe:champ_spécial:
<répertoire_personnel:programme_de_démarrage
```

Nom

C'est le nom sous lequel l'utilisateur se connecte au système. Ce nom doit, bien sûr, être unique. Si plusieurs entrées font état du même nom, seule la première sera systématiquement trouvée, car le fichier est exploité de manière séquentielle, du haut vers le bas.

Mot de passe

Le deuxième champ contient le mot de passe codé ou un x si les mots de passe *shadow* sont employés. L'attribution du mot de passe n'est pas obligatoire. Dans ce cas, si vous partagez votre ordinateur avec d'autres personnes, ne soyez pas surpris si des données se perdent de temps en temps ou sont modifiées accidentellement.

Tant que l'on travaille tout seul sur un PC, le mot de passe est tout à fait inutile. Sachant que nul n'a une mémoire infaillible et qu'il est impossible de retrouver le mot de passe écrit en clair quelque part sur le système, il n'est pas utile d'en définir un pour l'utilisateur root.

Si l'on partage son ordinateur avec d'autres utilisateurs, il faut que root ait un mot de passe absolument fiable. Personne ne pourra dans ce cas bloquer le système, ni gêner intentionnellement les utilisateurs.

Numéros d'utilisateur et de groupe

Ces deux numéros sont des entiers définissant les droits d'accès de l'utilisateur concerné lors des accès aux fichiers et de la communication interprocessus. Pour le numéro d'utilisateur, il est judicieux d'attribuer des numéros exclusifs et uniques. Linux crée, pour les utilisateurs, un système à deux niveaux. Soit l'utilisateur a le numéro 0, soit il ne l'a pas. Dans le premier cas, il a tous les droits ; dans le deuxième, il est soumis à des contraintes de droits d'accès. La commande ls utilise le contenu du fichier */etc/passwd* pour dériver le nom de l'utilisateur à partir du numéro d'utilisateur.

Le nom du groupe et de ses membres est lui aussi associé à un numéro de groupe dans le fichier */etc/group*.

Champ spécial

Les informations de ce champ ne sont pas exploitées par les programmes standard, et ne sont utilisables qu'à des fins d'installation (par exemple numéro de téléphone ou adresse e-mail d'un utilisateur).

Répertoire personnel

Le répertoire personnel de l'utilisateur est mentionné à cet emplacement et doit être choisi de manière unique et exclusive. Le répertoire personnel est toujours indiqué par un chemin absolu. Il doit être placé dans un système de fichiers déjà intégré au moment de la connexion de l'utilisateur. De plus, l'utilisateur doit être le propriétaire de ce répertoire. Le chemin du répertoire personnel est stocké dans la variable HOME. Il détermine le comportement de la commande cd lorsqu'elle est activée sans paramètre complémentaire.

Programme de démarrage

Dans le dernier champ du fichier */etc/passwd* est mentionné le programme à exécuter au moment de la connexion. On y trouve normalement le nom d'un shell, par exemple */bin/bash*. Voici un exemple de fichier */etc/passwd*.

Le fichier /etc/group

Ce fichier fait le lien entre les numéros de groupes et leurs noms. Vous pourrez également y spécifier les utilisateurs pouvant venir compléter un groupe par la commande newgrp. Une entrée de ce fichier a la structure suivante.

```
Nom_de_groupe:Champ_spécial:Numéro_de_groupe:Membre1, Membre2, etc.
```

Nom de groupe

Le nom de groupe doit être unique. Il sera affiché par certains programmes, par exemple ls, si une entrée existe pour le groupe en question. Cette conversion est nécessaire, car dans l'inode d'un fichier n'est mentionné que le numéro du groupe et non son nom. Si la commande ls ne trouve pas d'entrée correspondante, c'est le numéro de groupe qui est dans ce cas affiché à l'écran.

Champ spécial

Aucun utilitaire n'a accès à ce champ. Il est d'ailleurs vide le plus souvent.

Numéro de groupe

C'est ce numéro qui fait le lien entre le fichier */etc/group* et le fichier */etc/passwd*. Le numéro de groupe d'un utilisateur mentionné dans le fichier */etc/passwd* est appelé le numéro de groupe primaire (*primary group id*). Tous les numéros de groupe primaires doivent normalement avoir une entrée dans le fichier */etc/group*.

Membres

Chaque groupe est affecté d'une liste des membres, les noms étant séparés par une virgule. Les utilisateurs mentionnés sur cette liste peuvent entrer dans un groupe par la commande newgrp. Ils ont ainsi la possibilité de changer de numéro de groupe le temps de la session. Tous les groupes dans lesquels un utilisateur s'est inscrit par la commande newgrp forment ce qu'on appelle un groupe secondaire (*secondary group set*). Un même utilisateur peut apparaître dans plusieurs groupes. C'est une façon de se procurer des droits d'accès pour d'autres fichiers.

Fig. 7.2 :
Le fichier /etc/group

Création du répertoire personnel

Par la commande mkdir, le répertoire personnel est créé à l'emplacement voulu de l'arborescence. Pour faciliter ultérieurement la sauvegarde des données, vous veillerez tout particulièrement à regrouper tous les répertoires personnels de tous les utilisateurs à un emplacement central de l'arborescence.

Avec les commandes chown et chgrp, mettez en place les droits d'accès à ces répertoires personnels pour les utilisateurs concernés.

Initialisation du shell

Les divers shells exigent parfois des fichiers d'initialisation. Par exemple, le Bourne Again Shell cherche en premier lieu, après une connexion réussie, le fichier */etc/profile*, pour exécuter les instructions qu'il y trouve. Cela fait, il cherche le fichier *.profile* dans le répertoire personnel de l'utilisateur (cinquième champ du fichier */etc/passwd*). Cette distinction permet d'enregistrer des commandes communes à tous les utilisateurs tout en créant également des commandes spécifiques à chacun d'eux.

À chaque lancement d'un nouveau shell, un fichier nommé *.bashrc* est cherché dans le répertoire personnel. S'il existe, les commandes qu'il contient sont également exécutées.

Création d'un nouvel utilisateur

On peut faire l'économie de toutes les étapes décrites précédemment si l'on utilise la commande adduser pour créer un nouvel utilisateur. Cette commande copie automatiquement certains fichiers du répertoire */etc/skel* vers le répertoire personnel du nouvel utilisateur. On peut ainsi préparer et affecter des fichiers pour tous les utilisateurs.

Fig. 7.3 :
Création d'un nouvel utilisateur

```
microapp:~# adduser

Adding a new user. The username should not exceed 8 characters
in length, or you may run into problems later.

Enter login name for new account (^C to quit): nathalie

Editing information for new user [nathalie]

Full Name: Nathalie Thouesny
GID [100]:
Group 'users', GID 100
First unused uid is 504

UID [504]:

Home Directory [/home/nathalie]:

Shell [/bin/bash]:

Password [nathalie]:

Information for new user [nathalie]:
Home directory: [/home/nathalie] Shell: [/bin/bash]
uid: [504] gid: [100]

Is this correct? [y/N]: y

Adding login [nathalie] and making directory [/home/nathalie]

Adding the files from the /etc/skel directory:
./.kermrc -> /home/nathalie/./.kermrc
./.less -> /home/nathalie/./.less
./.lessrc -> /home/nathalie/./.lessrc
./.term -> /home/nathalie/./.term
./.term/termrc -> /home/nathalie/./.term/termrc

microapp:~# []
```

Suppression d'un utilisateur

La suppression d'un utilisateur est traitée en deux étapes. La première consiste à écarter l'utilisateur de toute activité par la mise en place d'un mot de passe de verrouillage dans le fichier */etc/passwd* ou */etc/shadow*. Pour cela, vous placerez une étoile (*) dans la zone du mot de passe. Elle ne correspond en effet à aucun mot de passe valide, l'utilisateur concerné ne pourra donc plus se connecter.

La seconde étape consiste à sauvegarder les données de l'utilisateur à supprimer. Pour cela, soit vous faites cadeau des fichiers correspondants à un autre utilisateur, soit vous les envoyez sur un support de sauvegarde.

Ce n'est qu'après ces deux opérations que vous supprimerez les entrées dans les fichiers */etc/passwd*, */etc/shadow* et */etc/group*, et que vous effacerez les fichiers de l'utilisateur.

Définir un mot de passe

Vous définirez ou redéfinirez le mot de passe à intervalles réguliers. Plus sa durée de vie est longue et plus le risque grandit de voir quelqu'un se l'approprier. Cela ne s'applique bien évidemment que si vous n'êtes pas seul à travailler sur une machine Linux. Pour définir un nouveau mot de passe, vous utiliserez la commande passwd.

Cette commande n'affiche jamais en clair les caractères utilisés pour le mot de passe. Le curseur se déplace simplement vers la droite au cours de la saisie. L'illustration suivante montre la procédure de définition du mot de passe.

```
microapp:~$ passwd
Changing password for david
Enter old password:
Enter new password:
Re-type new password:
Password changed.
```

N'oubliez pas votre mot de passe. Il n'est lisible ou visible dans aucun fichier pouvant être édité. Seule la machine dispose d'une version codée de ce mot de passe. Si vous avez un trou de mémoire, vous devez vous connecter en tant qu'utilisateur root et vous attribuer un nouveau mot de passe.

L'utilisateur root a le droit d'accompagner la commande passwd d'un nom d'utilisateur en tant qu'argument. Dans ce cas, il ne modifie pas son propre mot de passe mais celui de l'utilisateur spécifié. Il n'a, bien entendu, pas besoin de connaître l'ancien mot de passe. D'ailleurs, comment le connaîtrait-il ?

```
microapp:~# passwd david
Changing password for david
Enter new password:
Re-type new password:
Password changed.
```

Personne ne pouvant décoder un mot de passe, il est évidemment très important que l'utilisateur root n'oublie pas le sien. De nombreux possesseurs de système Linux pensent qu'il n'est pas nécessaire de définir un mot de passe pour root. C'est sans doute vrai tant que l'on sait exactement qui a accès au PC Linux. En revanche, si l'on a l'intention, par la suite, de partir à la conquête d'Internet, il faudra alors revoir ce principe !

Utiliser Userdrake

Le programme Userdrake est un frontal graphique simplifiant la gestion des utilisateurs. Exécutez la commande userdrake. Vous obtenez la fenêtre suivante.

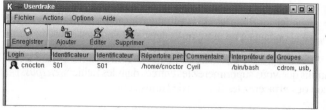

Fig. 7.4 :
Gestion des utilisateurs avec Userdrake

Des icônes donnent accès à la création, à la suppression et à l'édition des comptes utilisateurs.

7.6   Installation de nouveaux packages RPM

La plus grande partie des logiciels que l'on installe sous Linux est disponible sous forme de code source et doit donc être compilée avant de pouvoir être utilisée. Il faut par conséquent disposer, avant toute autre chose, du compilateur C. Il y a cependant quelques points qu'il est intéressant de connaître en ce qui concerne l'installation de logiciels, si l'on ne veut pas perdre trop de temps.

Les distributions de la société Mandrake reposent sur le programme Rpm et des outils maison pour toutes les opérations effectuées sur les packages. C'est ce programme qui est également activé par les frontaux Rpmdrake, Gnorpm ou Kpackage. Vous aurez notamment recours à Rpm si le système X-Window n'est pas encore installé et si vous ne pouvez donc pas encore utiliser Rpmdrake pour effectuer les installations et désinstallations nécessaires. En combinaison avec d'autres commandes Unix, vous pouvez en outre rechercher des informations dans la base de données.

Prise en charge des RPMs avec Rpmdrake

Autrefois, le programme Glint (Graphical Linux Installation Tool) permettait l'utilisation du programme Rpm de manière graphique sous X-Window. C'est aujourd'hui à des programmes comme Rpmdrake que revient ce rôle. La gestion des packages RPM se fait de manière très confortable avec cette interface. C'est pourquoi on la trouve au centre de toutes les descriptions du système RPM. Le programme Rpmdrake doit être démarré à partir de l'interface X-Window. Entrez, à cet effet, la commande rpmdrake & dans une fenêtre de terminal ou choisissez-le dans le menu des programmes ou sur le bureau (icône intitulée *Software manager*). Vous obtenez alors l'interface représentée à l'illustration suivante. Elle ressemble à un gestionnaire de fichiers.

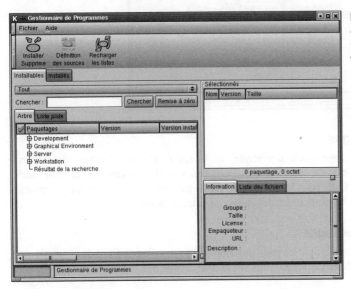

Fig. 7.5 :
L'interface de Rpmdrake ressemble à la fenêtre d'un gestionnaire de fichiers

Organisation des packages

Rpmdrake charge automatiquement la liste des packages disponibles sur le pack Mandrake. Deux onglets permettent de commuter entre cette liste et la liste des packages effectivement installés. Ces listes sont triées par catégories. Une catégorie peut être développée en cliquant sur le signe + placé à sa gauche. Dans le dossier *Graphical Environment*, par exemple, se trouvent les gestionnaires de fenêtres. Ceux-ci sont à leur tour regroupés dans des sous-dossiers spécifiques. Cliquez sur l'onglet **Liste plate** pour obtenir une liste à un seul niveau.

Sélection des packages

Différentes opérations peuvent être effectuées avec les packages affichés. La première étape consiste toujours à les sélectionner. Double-cliquez à cet effet sur un package. Une coche jaune apparaît dans la case située à sa gauche. Les informations générales sur le package et la liste des fichiers qu'il contient s'affichent dans l'angle inférieur droit de la fenêtre.

Il est possible de sélectionner plusieurs packages en même temps. Les opérations choisies sont alors appliquées à tous ces packages sélectionnés. Les packages sélectionnés peuvent se trouver dans différents dossiers.

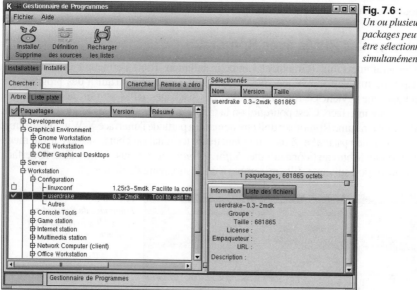

Fig. 7.6 :
Un ou plusieurs packages peuvent être sélectionnés simultanément

Supprimer des packages

Pour désinstaller un package, sélectionnez-le et cliquez sur le bouton de légende **Installe/Supprime**. Une liste de tous les packages à supprimer s'affiche. Contrôlez-la, puis validez le processus en cliquant sur **Oui**. Tous les fichiers des packages en question sont alors supprimés. Rpmdrake détermine automatiquement les dépendances entre packages.

Ajout de nouveaux packages

Si vous souhaitez installer par exemple les packages non encore installés du CD 1 de la distribution, cliquez sur l'onglet **Installables**. Déplacez-vous sur la liste et sélectionnez les paquetages désirés.

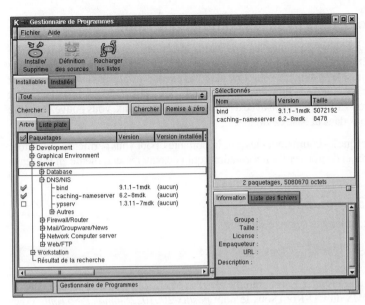

Fig. 7.7 :
*Sélection des packages
à installer*

Cliquez sur le bouton marqué Installe/Supprime. Rpmdrake détermine automatiquement la source des packages. Les packages des CD-Rom composant le pack Mandrake 8.0 sont sélectionnés par défaut. Vous pouvez modifier la liste des sources en cliquant sur le bouton marqué **Définition des sources**.

Un module spécifique prend en charge l'installation (*rpminst*).

Recherche de packages

La recherche de packages peut être effectuée directement dans la zone de saisie *Chercher*.

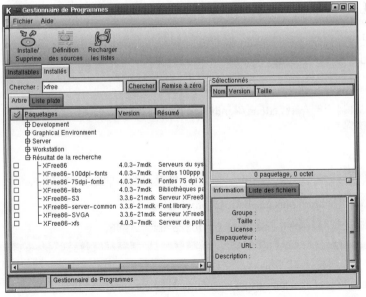

Fig. 7.8 :
Recherche de packages

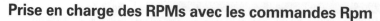

Prise en charge des RPMs avec les commandes Rpm

Le programme Rpm est à la base de toutes les opérations effectuées sur les archives RPM. La distribution Mandrake 8.0 ajoute un ensemble de commandes maison décrites plus loin. Vous aurez notamment recours à Rpm si le système X-Window n'est pas encore installé et si vous ne pouvez donc pas encore utiliser Rpmdrake, Gnorpm ou Kpackage pour effectuer les installations et désinstallations nécessaires. En combinaison avec d'autres commandes Unix, vous pouvez en outre rechercher des informations dans la base de données.

Nous ne vous décrivons ici que les commandes les plus importantes, pour vous permettre d'effectuer les installations nécessaires et de trouver les informations qui vous intéressent, même en l'absence d'un frontal graphique.

Installation à l'aide du paramètre -i

Pour installer un package, utilisez la syntaxe suivante.

```
[root@localhost RPMS]# rpm -i <package>
```

Vous souhaitez par exemple installer le programme Postfix. Vous savez qu'il se trouve dans le répertoire */Mandrake/RPMS* du CD-Rom sous le nom *postfix-20010228-6mdk.i586.rpm*. Voici comment procéder :

1 Avant l'installation, connectez-vous en tant qu'utilisateur root (superutilisateur) ou, le cas échéant, utilisez la commande su pour bénéficier des droits de l'administrateur.

```
[ldemaret@linux ldemaret]$ su
Password: (entrez et validez votre mot de passe d'utilisateur root)
[root@linux ldemaret]# cd /root
```

2 Placez le CD-Rom de Mandrake 8.0 dans le lecteur et intégrez-le dans le système de fichiers avec la commande suivante.

```
[root@linux /root]# mount -t iso9660 -r /dev/cdrom /mnt/cdrom
```

ou plus simplement

```
[root@linux /root]# mount /dev/cdrom /mnt/cdrom
```

3 Déplacez-vous dans le répertoire des packages sur le CD.

```
[root@linux /root]# cd /mnt/cdrom/Mandrake/RPMS
[root@linux  RPMS]#
```

4 Installez Postfix.

```
[root@linux  RPMS]# rpm -i postfix-20010228-6mdk.i586.rpm
```

La variante ci-dessous affiche en plus une barre de progression.

```
[root@linux  RPMS]# rpm -ivh postfix-20010228-6mdk.i586.rpm
postfix            #################################################
```

Les fichiers contenus dans le package sont installés, et le package est enregistré dans la base de données.

Le programme détermine toutefois au préalable si le package n'est pas déjà contenu dans la base de données ; autrement dit, s'il n'y a pas déjà une version plus ancienne installée. Si oui, vous devez soit désinstaller d'abord l'ancien package et recommencer l'installation, soit utiliser directement la commande de mise à jour qui sauvegarde les fichiers de configuration modifiés.

Il arrive que d'autres packages ou fichiers soient nécessaires, les informations correspondantes étant spécifiées dans le package à installer. Dans ce cas, Rpm affiche également un message d'erreur et vous demande d'installer les packages dont dépend celui que vous voulez installer.

D'autres conflits peuvent aussi interrompre l'installation. Un fichier ne doit appartenir qu'à un seul package, par exemple. Il existe bien des options permettant de contourner le contrôle, mais cela peut avoir des conséquences dommageables quant à la cohérence de la base de données, et vous risquez alors de ne plus pouvoir mettre à jour certains packages par la suite.

Wrapper urpmi

La commande `urpmi` reprend un principe déjà exploité par Debian Linux. Ce *wrapper* détermine les dépendances avant d'installer un package. Les packages requis mais absents du système sont alors chargés à partir des CD-Rom du pack, d'une base locale, via FTP ou HTTP. Prenons l'exemple des sources du noyau. Ils sont rassemblés dans le package *kernel-source-2.4.3-20mdk.i586.rpm*. Ce dernier dépend du package *libncurses5-devel-5.2-12mdk.i586.rpm*. L'activation de la commande suivante entraînera la vérification des dépendances et l'installation de la librairie de développement ncurses si nécessaire.

```
[root@linux  RPMS]# urpmi kernel-source-2.4.3-20mdk.i586.rpm
```

Autres commandes urpm

La commande `urpmi.addmedia`, réservée à l'administrateur du système, définit une nouvelle source de packages RPM, par exemple un site web hébergeant une arborescence Mandrake. À l'inverse, `urpmi.removemedia` supprime une de ces sources.

La commande `urpmf` retourne le nom du package contenant un fichier donnée, s'il existe. Recherchons par exemple à quel package appartient la commande `startx` chargée de l'exécution de l'interface X-Window.

```
[root@linux  RPMS]# urpmf startx
XFree86: /usr/X11R6/bin/startx

...
```

La commande `urpmi_rpm-find-leaves` retourne la liste des packages installés qui ne sont pas requis par d'autres packages (feuilles de l'arborescence des packages). Cette recherche est intéressante si vous souhaitez libérer de l'espace disque sur votre système.

```
[root@linux  RPMS]# urpmi_rpm-find-leaves


ammonite


anacron


...
```

La commande `urpmi.update` synchronise finalement les informations locales relatives aux packages RPM. Elle se révèle particulièrement utile lors du rapatriement de packages depuis une base distante de type FTP ou HTTP.

Désinstallation avec le paramètre -e

Le paramètre -e permet de supprimer des packages déjà installés et inscrits dans la base de données. Les packages sont désignés par leur nom abrégé. Utilisez la syntaxe suivante.

```
[root@localhost RPMS]# rpm -e <nom de package abrégé>
```

Par exemple :

```
[root@localhost RPMS]# rpm -e postfix
```

Ne désinstallez que les packages qui ne sont pas réclamés par d'autres packages. Cette dépendance est définie dans la base de données. Le cas échéant, la désinstallation est interrompue, et la dépendance vous est signalée dans un message d'erreur. Le processus peut être exécuté de force grâce à certaines options, mais nous vous déconseillons cette méthode.

Mise à jour avec le paramètre -U

Si vous vous êtes procuré une nouvelle version d'un package, vous n'êtes pas obligé de désinstaller l'ancienne version pour installer la nouvelle. Utilisez la même syntaxe que pour l'installation, mais avec le paramètre -U.

```
[root@localhost RPMS]# rpm -U <package>
```

ou

```
[root@localhost RPMS]# rpm -Uvh <package>
```

Lors d'une mise à jour, le programme Rpm tient compte de vos fichiers de configuration. S'ils n'ont pas été modifiés depuis l'installation, ils sont remplacés par les nouveaux. Dans le cas contraire, une copie de sauvegarde des fichiers de configuration existants est créée avec l'extension *rpmorig* ou *rpmsave*.

Lecture d'informations avec le paramètre -q

Un package RPM contient de nombreuses informations telles que la liste des fichiers qui y sont contenus ou la description du package. Voici quelques moyens de déterminer ces informations.

Le paramètre -q vous permet de vous renseigner sur un package installé.

```
[root@localhost RPMS]# rpm -q <nom de package abrégé>
```

Le numéro de version du package installé vous est alors communiqué.

```
[root@localhost RPMS]# rpm -q postfix
postfix-20010228-6mdk
```

En ajoutant le paramètre -l, vous obtenez la liste de tous les fichiers du package.

```
[root@localhost RPMS]# rpm -ql postfix
/etc/aliases
/etc/cron.daily/postfix
/etc/postfix
...
```

L'option -i fournit la description du package.

```
[root@localhost RPMS]# rpm -qi postfix
Name : postfix  Relocations : (not relocateable)
Version : 20010228  Vendor: MandrakeSoft
Realease : 6mdk  Build Date: mar 17 avr 2001 11:36:55 EDT
Install date : lun 18 jun 2001 12:41:32 EDT  Build Host: no.mandrakesoft.com
Group : System/Servers  Source RPM: postfix-20010228-6mdk.src.rpm
Size : 3641496  Licence: IBM Public License
Packager : Yoann Vandoorselaere(yoann@mandrakesoft.com)
URL : http://www.postfix.org/

Summary : Agent de transport de courrier électronique (MTA) Postfix
```

Avec le paramètre -f, vous pouvez déterminer à quel package appartient un fichier.

```
[root@localhost RPMS]# rpm -qf /usr/sbin/postfix
postfix-20010228-6mdk
```

Pour obtenir des informations à propos d'un package non encore installé, utilisez l'option -p.

```
[root@localhost RPMS]# rpm -qpl postfix-20010228-6mdk.i586.rpm
/etc/aliases
/etc/cron.daily/postfix
/etc/postfix
...
```

La combinaison de paramètres -qa est également intéressante : elle permet d'afficher la liste des packages installés.

Vérification avec le paramètre -V

Le programme Rpm offre la possibilité de contrôler si des packages ont été modifiés depuis leur installation. Utilisez le paramètre -V avec la syntaxe suivante.

```
[root@localhost RPMS]# rpm -V <nom de package abrégé>
```

Par exemple :

```
[root@localhost RPMS]# rpm -V postfix
```

Les modifications des différents fichiers sont à présent affichées. Aucune réponse n'est donnée à la commande s'il n'y a pas de différence avec la version initialement installée. Ce sont les fichiers de configuration que l'on retrouve le plus souvent sur cette liste.

Prise en charge des RPMs avec Rpm2html et Rpmfind

Nous tenons tout particulièrement à remercier Daniel Veillard (veillard@w3.org), l'auteur de ces deux outils extrêmement pratiques, pour son aide dans la rédaction de cette partie. Nous lui souhaitons bonne chance pour ses prochains développements.

Rpm2html

Rpm2html est un logiciel qui permet de créer une base de données web pour les fichiers RPMs.

Le but de Rpm2html est aussi d'identifier les dépendances entre les différents packages, et ainsi de trouver le package fournissant la ressource recherchée pour installer un package donné. Chaque package est analysé pour récupérer ses dépendances et les ressources qu'il offre. Ces relations sont exprimées en utilisant les liens hypertextes dans les pages HTML générées. Trouver le package qui fournit la ressource recherchée n'est plus l'affaire que de quelques clics !

La dernière commodité procurée par l'indexation de l'ensemble des pages HTML permet à l'utilisateur de trouver instantanément le package correspondant à une fonction donnée, par exemple une application pour Internet (tant que son créateur a correctement commenté le RPM).

Rpm2html essaie ainsi de résoudre deux gros problèmes qui se posent quand on a récupéré un package RPM sur Internet et que l'on essaie de l'installer :

▶   Il donne de nombreuses informations autres que le nom du package.

▶   Il essaie de résoudre les problèmes de dépendances, en analysant ce que fournit et ce que requiert l'ensemble des packages. Il montre les références croisées grâce à des liens hypertextes.

Le second point n'est efficace qu'avec un certain nombre de RPMs.

Au moment de l'impression de ce manuel, la version de Rpm2html était la 1.3, mais vous pouvez télécharger la dernière version sur le site Internet http://rpmfind.net /linux/rpm2html/download.html. On l'installe simplement à l'aide de la commande suivante.

```
rpm -Uvh rpm2html-1.3-1.i386.rpm.
```

La configuration de Rpm2html s'effectue grâce à un fichier de configuration donné, ou à plusieurs, en argument lors de l'exécution. L'utilisation de Rpm2html est la suivante.

```
rpm2html fichier(s)_de_config
```

Chaque fichier de configuration est pris en charge de manière indépendante, comme s'il s'agissait d'une nouvelle activation de Rpm2html.

Un fichier de configuration représente une liste de répertoires. Toutes les références entre les packages listés dans les répertoires d'un de ces fichiers sont marquées dans les liens hypertextes lors de la création des pages HTML résultantes.

Voici le processus suivi pour la création des pages HTML :

▶ Une analyse grammaticale du fichier de configuration est effectuée afin de placer les valeurs par défaut à utiliser pour Rpm2html. Ensuite les entrées de répertoires du fichier sont analysées, et une liste des répertoires à parcourir est établie.

▶ Pour chaque répertoire, les packages RPM sont scannés et la page HTML décrivant chaque fichier RPM est générée immédiatement.

▶ Une fois que tous les RPMs spécifiés par le fichier de configuration ont été scannés, un fichier HTML pour chaque ressource est créé avec des liens vers les RPMs qui fournissent cette ressource.

▶ Les listes des packages triés suivant plusieurs critères sont générées, et les pages HTML correspondantes sont créées.

▶ La page principale est générée avec des liens vers les différentes autres pages, les statistiques et les descriptions des packages analysés.

Voyons, dans le détail, un exemple de fichier de configuration.

Dans ce fichier texte, les lignes commençant par un point-virgule sont des commentaires.

La première partie de ce fichier contient une section globale qui permet de définir quelques paramètres importants de Rpm2html. Les paramètres sont définis de la manière suivante.

```
variable=valeur
```

Les valeurs ne doivent pas être entre guillemets, et chaque ligne doit se terminer avec le caractère de fin de ligne.

Les variables suivantes sont prises en charge.

Tab. 7.9 : Variables pour Rpm2html	
Variable	**Description**
maint	Nom du webmestre
mail	Adresse e-mail du webmestre
html	Création de fichiers HTML ; valeur : true ou false, true par défaut
dir	Chemin absolu du répertoire pour stocker les pages HTML générées
url	Le chemin relatif du répertoire contenant les pages HTML, par rapport à la racine du serveur web
rdf	Création de fichiers RDF ; valeur : true ou false, false par défaut
rdf_dir	Chemin du répertoire pour stocker les fichiers RDF générés
tree	Création de pages d'arborescence ; valeur : true ou false, false par défaut

La seconde partie concerne les répertoires où se situent les RPMs.

Après les variables ci-dessus, une section doit être remplie pour chaque répertoire contenant des fichiers RPMs. Chaque section commence avec le nom du répertoire entre crochets.

> **Astuce**
>
> **Une seconde utilisation de Rpm2html**
>
> Le nom de répertoire particulier *[localbase]* permet à Rpm2html d'extraire les informations de la base de données RPM des logiciels installés au lieu de la liste des RPMs du répertoire. Il permet donc de créer des pages HTML pour les RPMs installés sur une machine.

Tab. 7.10 : Section du fichier de configuration pour chaque répertoire

Variable	Description
name	Nom général pour tous les packages du répertoire
ftp	L'URL permettant de télécharger les packages sur le serveur d'origine
ftpsrc	L'URL permettant de télécharger les packages de sources
color	Couleur codée en RGB pour différencier les RPMs des différents répertoires
url	Le chemin du répertoire contenant les pages HTML de la section sur le serveur web
subdir	Le sous-répertoire où sont stockées les pages HTML concernant le répertoire précisé
mirror	L'URL du site miroir le plus proche

Exemple de fichier de configuration

```
; Configuration file for rpm2html-1.0
;

; maintainer of the local rpm mirror
maint=Laurent Demaret
; mail for the maintainer
mail=ldemaret@microapp.com

; Directory to store the HTML pages produced
dir=/home/httpd/html/RPM

; The relative URL for front pages
;Change url to the prefix to access the pages on your HTTP server.
;For example if you are serving them from /home/httpd/html/RPM,
;the full URL to access them is http://my.server.org/RPM
;and the correct value would be : url=/RPM.
url=/RPM

; Export the local packages in HTML format
html=true

; Extra headers in generated pages
header=http://servlinux/

; Build the tree for the distributions
tree=true

;
; Metadata mirrors list
;
[metadata]
mirror=http://rpmfind.net/linux/RDF
mirror=http://linux.inrialpes.fr/linux/RDF
mirror=http://www.userfriendly.net/linux/RDF
```

```
mirror=http://SunSITE.auc.dk/linux/RDF
mirror=http://www.doc.ic.ac.uk/~jpc1/linux/sunsite/RDF
mirror=http://gd.tuwien.ac.at/opsys/linux/RDF


;
; Configuration for an RPM directory
;
; [The name between brackets is the directory, NEEDED !]
; name=A significant name for this mirror, NEEDED !
; ftp=The original FTP/HTTP url, NEEDED !
; ftpsrc=Where the associated sources are stored
; subdir=subdirectory for generated pages
; color=Background color for pages
; url= relative URL for pages in this directory
; URL can be defined for mirrors the first one is the 'local' one
; mirror = ftp://rpmfind.net/linux/redhat/redhat-6.0/i386/RedHat/RPMS
; mirror = ftp://ftp.redhat.com/pub/redhat/redhat-6.0/i386/RedHat/RPMS
;

[/root/gnome1.0]
name=Gnome1.0 for RedHat(i386)
ftp=ftp://updates.redhat.com/6.0/i386
ftpsrc=ftp://updates.redhat.com/6.0/SRPMS
subdir=redhat/6.0/i386/gnome1.0
color=#b0b0ff
mirror=ftp://rpmfind.net/linux/redhat/redhat-6.0/updates/i386
mirror=ftp://linux.inrialpes.fr/linux/redhat/redhat-6.0/updates/i386

[/root/powertools]
name=PowerTools for RedHat(i386)
ftp=ftp://ftp.redhat.com/pub/powertools/5.2/i386
ftpsrc=ftp://ftp.redhat.com/pub/powertools/5.2/SRPMS
subdir=redhat/5.2/i386/powertools
color=#b0ffb0
mirror=ftp://rpmfind.net/linux/powertools/5.2/i386
mirror=ftp://linux.inrialpes.fr/linux/powertools/5.2/i386
```

Rpmfind

Lors de la mise sous presse du livre, la version 1.5 de Rpmfind était disponible, mais vous pouvez télécharger la dernière version sur le site http://rpmfind.net/linux/rpm2html/download.html. Elle s'installe à l'aide de la commande suivante.

```
rpm -Uvh rpmfind-1.5-1.i386.rpm.
```

Rpmfind est, en quelque sorte, un programme client pour Rpm2html. En effet, ce dernier exporte au format rdf (format de métadonnées proposé par le W3C et fondé sur XML) les informations à propos des packages disponibles sur le site Internet http://rpmfind.net. De cette façon, une description simple de tous les packages RPM et de leurs ressources associées est exportée sous forme de petits fichiers.

Quand une requête à propos d'un package est effectuée à l'aide de Rpmfind, il cherche dans la base de données RPM locale si elle est disponible, sinon il va solliciter le fichier RDF correspondant sur le site http://rpmfind.net. Ce fichier est ensuite analysé pour trouver les différents packages correspondant à la requête.

Sur cette base, Rpmfind trie les différents packages suivant ses critères, prend le premier de la liste et l'analyse plus en détail. Il vérifie en particulier que les différentes dépendances de ce package sont satisfaites ; sinon, il récupère les packages qui lui manquent pour les satisfaire sur Internet.

Pour finir, Rpmfind affiche à l'écran la liste des packages à télécharger ainsi que la place qu'ils prendront sur le disque.

Rpmfind peut être utilisé de différentes façons.

Pour trouver des packages

Ce mode est utilisé pour trouver des packages sur un sujet donné en utilisant des mots-clés.

Par exemple :

```
[root@servlinux /root]# rpmfind --apropos "window manager"
Loading catalog to /root/.rpmfinddir/fullIndex.rdf.gz
Searching the RPM catalog for window manager ...
1: ftp://rpmfind.net/linux/SuSE-Linux/5.3/suse/xwm1/afterstp.rpm
   afterstp : NeXTStep-like window manager

2: ftp://rpmfind.net/linux/SuSE-Linux/5.3/suse/xwm1/amiwm.rpm
   amiwm : AMIGA-like window manager
...

23: ftp://rpmfind.net/linux/rawhide/1.0/i386/RedHat/RPMS/
>< AfterStep-1.7.75-2.i386.rpm
   AfterStep : AfterStep Window Manager
...

26: ftp://rpmfind.net/linux/rawhide/1.0/i386/RedHat/RPMS/
>< WindowMaker-0.51.2-4.i386.rpm
   WindowMaker : A window manager for the X Window System.

27: ftp://rpmfind.net/linux/rawhide/1.0/i386/RedHat/RPMS/
>< enlightenment-0.15.3-6.i386.rpm
   enlightenment : The Enlightenment window manager.
```

Les packages répondant à la question sont ceux qui ont la chaîne de caractères spécifiée présente dans leur nom ou dans leur description.

Pour installer des packages

Ce mode est utilisé quand on connaît le nom d'un package que l'on veut installer. Rpmfind va localiser le "meilleur" package, en accord avec la distribution présente sur votre ordinateur, et le télécharger ainsi que tous les packages nécessaires pour résoudre les problèmes de dépendances.

Par exemple :

```
[root@servlinux /root]# rpmfind nedit
Installing nedit will require 12136 KBytes

### To Transfer:
ftp://rpmfind.net/linux/powertools/5.2/i386/lesstif-0.86.5-2.i386.rpm
ftp://rpmfind.net/linux/powertools/5.2/i386/nedit-5.0.2-1.i386.rpm
Do you want to download these files to /tmp [Y/n/a] ? : y
```

> **Info**
>
> **Droits d'accès**
>
> Rpmfind peut être exécuté par tous les utilisateurs, mais l'installation des packages téléchargés nécessite un accès root (rpm -i /tmp/nom_du_package.rpm).

Pour mettre à jour des packages

Ce mode fonctionne comme le mode précédent, mais il permet de mettre à jour un ancien package présent sur votre machine, ainsi que tous les packages qui satisfont ses dépendances. On se sert de l'option --upgrade de Rpmfind.

On l'utilise de la façon suivante.

```
[root@servlinux /root]# rpmfind --upgrade emacs
Installing emacs will require 17337 KBytes

### To Transfer:
ftp://rpmfind.net/linux/redhat/redhat-6.0/i386/RedHat/RPMS/
✂ emacs-20.3-3.i386.rpm
Do you want to download these files to /tmp [Y/n/a] ? : y
```

Pour rechercher des packages contenant des sources (src.rpm)

Il arrive que certains packages ne soient disponibles que sous la forme de sources pour votre plate-forme/environnement, ou que vous vouliez simplement recompiler les sources, car les packages sous forme binaire sont inappropriés pour votre distribution. Dans ces deux cas, il vous faut récupérer les packages correspondants à l'aide de l'option --sources de Rpmfind, comme le montre la commande suivante.

```
[root@servlinux /root]# rpmfind --sources cdrecord
Installing cdrecord will require 720 KBytes

### To Transfer:
ftp://rpmfind.net/linux/freshmeat/cdrecord/cdrecord-1.8a19-1.src.rpm
Do you want to download these files to /tmp [Y/n/a] ? : y
```

Pour télécharger la dernière version d'un package

Rpmfind va donner une priorité plus élevée aux packages en provenance de la distribution installée sur votre machine (par exemple Mandrake), mais il proposera la version la plus récente du package, même si elle ne correspond pas à votre distribution. On utilise pour cela l'option --latest de Rpmfind comme ci-dessous.

▼ **Listing 7.1 :** *Le fichier de configuration $HOME/.rpmfind*

```
[root@servlinux /root]# rpmfind --latest nedit
Installing nedit will require 5763 KBytes

### To Transfer:
ftp://rpmfind.net/linux/contrib/libc6/i386/nedit-5.02-1.i386.rpm
Dc you want to download these files to /tmp [Y/n/a] ? : y
```

> **Attention**
>
> **Installation de packages d'autres distributions**
>
> Cette commande peut être dangereuse. En effet, si vous installez des packages qui n'ont pas été construits pour votre distribution, vous pouvez rencontrer des problèmes lorsque vous mettrez à jour votre système avec une nouvelle version.

Le fichier de configuration de Rpmfind

Rpmfind utilise un fichier de configuration par utilisateur. Celui-ci est stocké dans le répertoire maison (*/home/<nom d'utilisateur>*) de chaque utilisateur dans le fichier *.rpmfind*.

Ce fichier se présente sous la forme suivante.

```
;
; Configuration file for rpmfind-1.0
; Last updated : Tue Mar 30 09:05:17 1999
;


;
; General configuration variables
;

version=1.0

 ; the server to contact, e.g: http://rufus.w3.org/linux/RDF
server=http://rufus.w3.org/linux/RDF/

 ; base for RPM database, / by default
prefix=/

 ; where to save RPMs
downloadDir=/tmp

 ; Where rpmfind stores temporary files, ~/.rpmfinddir by default
```

```
tempDir=

; your HTTP proxy/cache if any: http://myhttpproxy/
httpProxy=

; your FTP proxy/cache if any: ftp://myftpproxy/
ftpProxy=

; Default mode upgrade, latest or lookup (default)
mode=latest

; Run in automatic mode: yes or no (default)
auto=no

; Always use origin server: 0 no (default), 1 yes (paranoid)
useOrigin=0

; Auto upgrade the mirror lists: 0 no, 1 yes (default)
mirrorUpgrade=1

;
; Packages rejection criteria
;
[packages]


;
; Metadata databases
;
[metadata]
mirror=http://rpmfind.net/linux/RDF
mirror=http://www.userfriendly.net/linux/RDF
mirror=http://www.doc.ic.ac.uk/~jpc1/linux/sunsite/RDF
mirror=http://SunSITE.auc.dk/linux/RDF
mirror=http://linux.inrialpes.fr/linux/RDF
mirror=http://gd.tuwien.ac.at/opsys/linux/RDF


;
; Distributions rating and informations
;
; Rating: 0 normal (default) <0 disable >0 preference
;      a preference of 1000 is rather large
;
; To define a prefered mirror per distribution add
; myMirror=ftp://ftp.mymirror.org/pub/distrib
;
; If it's not in the default list, please send it to
; Daniel.Veillard@w3.org so I can add it, thanks.
```

```
;

[redhat/6.0/i386]
name=RedHat-6.0 for i386
rating=0
origin=ftp://ftp.redhat.com/pub/redhat/redhat-6.0/i386/RedHat/RPMS

[mandrake]
rating=0
origin=ftp://sunsite.uio.no/pub/unix/Linux/Mandrake

[suse/5.3]
rating=0
origin=ftp://ftp.suse.com/pub/SuSE-Linux/5.3/suse

[solaris]
rating=0
origin=ftp://ftp.real-time.com/pub/real-time

[Mirror]
rating=0
mirror=ftp://rpmfind.net/linux/SuSE-Linux/6.0/suse
mirror=ftp://linux.inrialpes.fr/linux/SuSE-Linux/6.0/suse
mirror=ftp://ftp.suse.org/pub/SuSE-Beta/6.0/suse
mirror=ftp://rpmfind.net/linux/redhat/redhat-6.0/i386/RedHat/RPMS
mirror=ftp://linux.inrialpes.fr/linux/redhat/redhat-6.0/i386/RedHat/RPMS
mirror=ftp://rpmfind.net/linux/freshmeat
mirror=ftp://linux.inrialpes.fr/linux/freshmeat
mirror=ftp://rpmfind.net/linux/TurboLinux/turbolinux-3.0
mirror=ftp://linux.inrialpes.fr/linux/TurboLinux/turbolinux-3.0
mirror=ftp://rpmfind.net/linux/contrib/libc6/i386
mirror=ftp://linux.inrialpes.fr/linux/contrib/libc6/i386
```

Le tableau suivant donne la liste des principales options de ce fichier.

Tab. 7.11 : Liste des principales options du fichier .rpmfind		
Option	**Signification**	**valeur par défaut**
server	Adresse du serveur RDF à contacter	http://rpmfind.net/linux/RDF/
prefix	Répertoire où se situe la base de données RPM locale sur le disque	/
downloadDir	Répertoire où sauvegarder les fichiers téléchargés	/tmp
tempDir	Répertoire permettant de stocker tous les fichiers temporaires	~/.rpmfinddir
httpProxy	URL du proxy HTTP, si vous en utilisez un	Aucune
ftpProxy	URL du proxy FTP, si vous en utilisez un	Aucune
mode	Permet de définir le mode par défaut (upgrade, latest ou lookup)	latest
auto	Permet de choisir si on veut utiliser le mode automatique	no

Tab. 7.11 : Liste des principales options du fichier .rpmfind		
Option	**Signification**	**valeur par défaut**
useOrigin	Utilise toujours le serveur défini à l'origine	0 pour non
mirrorUpgrade	Mise à jour automatique de la liste des sites miroirs	1 pour oui

Il y a aussi, dans ce fichier, d'autres sections, comme celle qui contient la liste de tous les sites miroirs, ou celle qui permet de définir des miroirs préférés par distribution ainsi que des ordres de préférence.

La variable globale country du fichier de configuration est à placer si Rpmfind se plaint de ne pas pouvoir trouver l'information par lui-même.

Installation de patches

Si l'on veut suivre de près l'évolution des versions du noyau de Linux, il faut se procurer une version à jour sur Internet. Pour que cela ne devienne pas à chaque fois une révolution et pour que l'administrateur système ne soit pas régulièrement surchargé de travail à cette occasion, on utilise ce que l'on appelle des fichiers *diff*.

Si vous possédez par exemple un logiciel écrit pour la version 2.4.3 du noyau Linux et si vous travaillez actuellement avec un système contenant un noyau de la version 2.4.5, il faut vous procurer la dernière version de ce logiciel ainsi qu'un fichier qui gomme les différences entre ces deux versions du noyau.

Les fichiers diff sont créés avec la commande diff. Ils contiennent les instructions qui transforment un logiciel conçu pour la version 2.4.3 en un logiciel sachant travailler avec la version 2.4.5. On pourrait en principe effectuer ces modifications manuellement, mais il existe la commande patch spécialement dédiée à cette action.

Elle lit, par le canal d'entrée standard, les commandes qui doivent être exécutées sur un fichier existant afin d'en faire une nouvelle version. L'ancienne version est enregistrée sous le même nom, mais avec l'extension *orig*.

Les fichiers de l'ancienne version et ceux qui contiennent les commandes de conversion (fichiers diff) doivent se trouver dans le même répertoire. La commande patch peut alors être utilisée de la façon suivante.

```
patch < FichierDiff
```

À la fin de l'exécution de cette commande, le répertoire contient l'ancien fichier original (avec l'extension *orig*) et la nouvelle version sous l'ancien nom de fichier. Voici, à titre d'exemple, l'extrait d'un fichier diff.

```
xterm
*** gs.c.org    Sun Oct 24 18:47:50 1993
--- gs.c        Sun Oct 24 18:48:00 1993
***************
*** 25,30 ****
--- 25,31 ----
  #include "string_.h"
  /* Capture stdin/out/err before gs.h redefines them. */
  #include <stdio.h>
+ #include <stdlib.h>
  static FILE *real_stdin, *real_stdout, *real_stderr;
  static void
  get_real(void)
***************
*** 108,116 ****
--- 109,127 ----
  private int quiet;
  private int batch;
"gs.c.diff"  155 lines, 3971 chars
```

Fig. 7.9 :
Un fichier diff

Informations relatives aux systèmes de fichiers

La commande mount peut être activée sans aucun paramètre. Dans ce cas, tous les systèmes de fichiers intégrés seront affichés. Cet affichage est constitué au minimum d'une ligne, celle qui correspond au système de fichiers racines, avec les informations suivantes :

► fichier de périphérique ;

► chemin d'accès au point de montage ;

► type du système de fichiers (par exemple *ext2*, *msdos*, etc.) ;

► indications d'état, par exemple un système de fichiers intégré uniquement en lecture (commande mount -r) aura le statut *readonly*.

```
microapp:/etc/rc.d# mount
/dev/hda3 on / type ext2 (rw)
/dev/hda1 on /dosc type msdos (rw)
none on /proc type proc (rw)
microapp:/etc/rc.d#
```

D'autre part, en tant qu'utilisateur Linux, vous devez vous informer en permanence du niveau de saturation des systèmes de fichiers. Vous saurez ainsi si vous pouvez encore installer d'autres logiciels ou non.

La commande df (*disk free*) indique le degré de saturation des systèmes de fichiers. En l'absence de tout autre paramètre, elle montre pour chaque système de fichiers l'espace disque libre en kilo-octets, ainsi que les inodes disponibles.

Il est aussi possible d'accompagner cette commande df avec les noms de fichier de périphérique (par exemple */dev/hda3* ou */dev/sdb1*, etc.). Les informations auront alors trait expressément à ces systèmes de fichiers.

```
tucholsky:/etc/rc.d# df
Filesystem          1024-blocks   Used Available Capacity Mounted on
/dev/hda3              500591    162693   312043     34%    /
/dev/hda1              204876    107864    97012     53%   /dosc
tucholsky:/etc/rc.d#
```

Parallèlement à la commande df, on emploie souvent aussi la commande du (*disk usage*). Elle montre, pour chaque fichier et pour chaque répertoire, l'espace disque occupé en kilo-octets.

Si vous activez du sans paramètre complémentaire, elle parcourra de manière récursive tous les sous-répertoires du répertoire actif, et vous présentera les tailles des fichiers, ainsi que la somme des tailles pour l'ensemble du répertoire. Par un simple script du shell, il est facile de calculer les données utilisées par chaque répertoire.

```
tucholsky:/etc# for n in /usr/doc /home /var /etc
> do
>     cd $n
>     kilobytes=$(du -s)
>     echo "Répertoire $n occupe $kilobytes KB"
> done
Répertoire /usr/doc occupe 6912        . KB
```

```
Répertoire /home occupe 126    . KB
Répertoire /var occupe 1294    . KB
Répertoire /etc occupe 404     . KB
tucholsky:/etc#
```

Dans ce script, nous avons utilisé l'option -s (*sum*). Elle masque les informations propres à chaque fichier et ne présente que le résumé, avec la taille totale occupée en kilo-octets.

7.7   Le module de démarrage LILO

Le démarrage de Linux est un processus qui paraît d'une extrême simplicité à première vue, mais qui se décompose, en réalité, en une suite complexe de nombreuses étapes intermédiaires. L'utilisateur Linux expérimenté saura tirer profit de certaines informations relatives à ce sujet. Même s'il nous est impossible d'approfondir la question dans le cadre de cet ouvrage, voici néanmoins quelques informations essentielles.

À propos du démarrage de Linux

Lorsque vous allumez votre ordinateur Linux, le système d'exploitation est chargé en mémoire vive en plusieurs étapes. La première étape est l'exécution d'un code de démarrage à l'intérieur du BIOS (Basic Input Output System) de l'ordinateur. Après quelques autres opérations préliminaires, on recherche un système d'exploitation dans un ordre bien précis. La recherche commence en général sur la disquette et se poursuit sur le disque dur.

On y lit le premier secteur où devrait être indiquée la manière d'accéder à un système d'exploitation. Le premier secteur d'un disque s'appelle le Master Boot Record (MBR). Il contient un petit programme ainsi que la table des partitions, contenant quatre entrées au maximum (les partitions primaires).

Le petit programme, que l'on trouve également dans le MBR, charge le premier secteur de la partition marquée comme étant la partition active. Dans ce secteur se trouve un autre programme qui démarre le système d'exploitation proprement dit.

Quel est le rôle de LILO ?

Le Linux Loader (LILO), qui est utilisé par la plupart des formes de distribution, peut être hébergé soit dans le MBR, soit dans le premier secteur de la partition Linux. Il peut donc être utilisé aux deux étapes du processus de démarrage.

S'il se trouve dans le MBR, il devient visible dès l'allumage de l'ordinateur et il peut alors donner à l'utilisateur la possibilité de choisir entre deux systèmes d'exploitation, s'il en existe deux sur le disque dur. On peut en effet imaginer que, outre la partition Linux, il existe une partition DOS sur l'ordinateur. LILO peut alors être configuré de telle sorte que, à l'allumage de l'ordinateur, on puisse choisir entre MS-DOS et Linux.

Si LILO est inscrit dans le secteur d'amorçage de la partition Linux, on n'a plus cette possibilité de choix. Il existe cependant également quelques possibilités de configuration.

Dans tous les cas cités, il convient de considérer LILO comme un programme exécutable qui prépare le processus de chargement du noyau du système d'exploitation. Le noyau *vmlinuz* doit être chargé en mémoire et activé pour que l'on puisse dire que Linux est prêt.

Configurer LILO

Le paquet LILO ne renferme pas seulement le "chargeur" (le programme). On y trouve aussi un fichier qui contient la configuration de LILO. On peut entrer jusqu'à 16 formes de configuration différentes dans ce fichier. On y trouve en général une, deux ou au maximum trois entrées. Ce fichier s'appelle */etc/lilo.conf*.

On peut le créer manuellement, mais, dans le cas de la distribution Slackware, il y a une solution bien plus élégante et confortable, grâce à la commande /sbin/liloconfig. Vous obtenez alors le message suivant à l'écran.

```
LILO INSTALLATION

LILO (the Linux Loader) is the program that allows booting Linux directly from
the hard drive. To install, you make a new LILO configuration file by creating
a new header and then adding at least one bootable partition to the file. Once
you've done this, you can select the install option. Alternately, if you
already have an /etc/lilo.conf, you may reinstall using that. If you make a
mistake, just select (1) to start over.

1 -- Start LILO configuration with a new LILO header
2 -- Add a Linux partition to the LILO config file
3 -- Add an OS/2 partition to the LILO config file
4 -- Add a DOS partition to the LILO config file
5 -- Install LILO
6 -- Reinstall LILO using the existing lilo.conf
7 -- Skip LILO installation and exit this menu
8 -- View your current /etc/lilo.conf
9 -- Read the Linux Loader HELP file

Which option would you like (1 - 9)?
```

Pour commencer, il faut créer un nouveau fichier de configuration (option 1). Vous devez alors répondre à trois questions :

1. Quels sont les arguments optionnels qui doivent éventuellement être spécifiés pour le chargement du système d'exploitation ?

   Ces arguments peuvent, par exemple, être une indication de taille pour le disque dur. On laisse en général cette rubrique vide.

2. Où LILO doit-il être installé ?

   On a le choix entre les trois options suivantes : MBR, secteur d'amorçage de la partition Linux ou disquette.

3. Quel doit être le délai d'attente au démarrage ?

   C'est-à-dire combien de temps faut-il attendre une éventuelle saisie de la part de l'utilisateur avant de poursuivre le processus de démarrage.

Lorsque vous avez répondu à ces trois questions, vous devez ajouter une partition Linux au fichier de configuration LILO. Le dialogue suivant s'affiche alors.

```
SELECT LINUX PARTITION
These are your Linux partitions:
   Device Boot  Begin   Start    End Blocks    Id  System
/dev/hda4   *     501     501   1003 515072    83  Linux native
Which one would you like LILO to boot? /dev/hda4
SELECT PARTITION NAME
Now you must select a short, unique name for this partition.
You'll use this name if you specify a partition to boot at the
LILO prompt. 'Linux' might not be a bad choice.
THIS MUST BE A SINGLE WORD.
Enter name: FHenry
```

Vous devez donc indiquer la partition souhaitée et le nom logique de cette partition dans le fichier de configuration LILO.

Éventuellement, vous pouvez aussi sélectionner une partition DOS pour LILO. Cela n'a cependant un intérêt que si vous avez choisi d'héberger LILO dans le MBR. Pour terminer, le Linux Loader doit être installé.

Le listing suivant montre un exemple de fichier */etc/lilo.conf* tel qu'il a été créé avec la commande `liloconfig`.

```
# LILO configuration file
# generated by 'liloconfig'
#
# Start LILO global section
boot = /dev/hda4
#compact          # faster, but won't work on all systems.
delay = 50
vga = normal      # force sane state
ramdisk = 0       # paranoia setting
# End LILO global section
# Linux bootable partition config begins
image = /vmlinuz
  root = /dev/hda4
  label = FHenry
  read-only # Non-UMSDOS filesystems should be mounted read-only for checking
# Linux bootable partition config ends
# DOS bootable partition config begins
other = /dev/hda1
  label = DOS
  table = /dev/hda
# DOS bootable partition config ends
```

Gardez cependant à l'esprit que la configuration de LILO n'est que la première étape du démarrage de Linux.

Autres étapes du démarrage de Linux

Après le chargement du noyau du système d'exploitation a lieu l'initialisation d'un grand nombre de tables de gestion internes, de même qu'une zone est réservée en tant que mémoire tampon pour les opérations de lecture et d'écriture sur le disque dur. Toutes les autres opérations qui doivent être exécutées lors du démarrage du système sont prises en charge par la commande init. C'est le premier programme exécuté.

Le fichier inittab

Le programme init lit le fichier */etc/inittab* et configure le système en fonction du contenu de ce fichier. En général, les tâches à effectuer sont groupées selon une certaine logique en niveaux d'exécution (*run levels*). Le niveau d'exécution 1 correspond au mode *singleuser* (mono-utilisateur) et le niveau 2 au mode *multiuser* (multi-utilisateur). En mode mono-utilisateur, un seul utilisateur (en principe l'administrateur du système) peut travailler à l'écran (console) de l'ordinateur, tandis qu'en mode multi-utilisateur le système est partagé entre tous les utilisateurs, éventuellement en réseau.

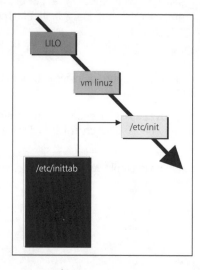

Fig. 7.10 :
Principales étapes de démarrage d'un système Linux

Le fichier */etc/inittab* est traité ligne par ligne par la commande init. Chaque ligne contient une instruction et chaque ligne est séparée en quatre champs au moyen des deux-points.

Certaines instructions ne sont traitées que lors du démarrage du système. D'autres sont affectées comme second champ d'une entrée, dans un niveau d'exécution. Les niveaux sont symbolisés par des numéros. Mais toutes les entrées affectées à un niveau ne sont analysées par la commande init qu'après passage à ce niveau. En général, on distingue les instructions de niveau 1 (instructions pour le mode mono-utilisateur) et celles du niveau 2 (instructions pour le mode multi-utilisateur).

La structure syntaxique des entrées du fichier */etc/inittab* est la suivante.

```
Abréviation:Niveau_exécution:Mode:Commande
```

Abréviation

Chaque action doit être dotée d'une abréviation de quatre caractères au maximum. Les entrées ne sont différenciées que par cette abréviation.

Niveau d'exécution

Il s'agit de l'indication du niveau pour lequel l'action correspondante doit être entreprise. En général, ces niveaux sont matérialisés par les chiffres de 0 à 6 et les lettres S ou *s*. Les niveaux 1, 2 ou 5 représentent les étapes courantes de la machine (modes mono-utilisateur ou multi-utilisateur). Il est parfaitement possible de mentionner plusieurs niveaux les uns à côté des autres.

Les niveaux 0 et 6 sont souvent réservés pour des activités qui sont à exécuter avant la mise hors tension de la machine. Les niveaux 3 et 4 sont généralement libres.

Mode

Dans le troisième champ, des mots-clés définissent avec quelle fréquence et de quelle manière la commande du dernier champ doit être exécutée. Voici les modes possibles.

Tab. 7.12 : Modes d'exécution possibles d'une entrée du fichier /etc/inittab	
Mode	**Signification**
respawn	Si la commande du dernier champ n'a pas encore été lancée, un processus enfant est créé en vue de son exploitation. Le processus enfant travaille de façon asynchrone. Dès qu'il a fini son travail, un nouveau processus enfant est mis en place (*spawned*).
off	La commande du dernier champ ne doit pas être exécutée.
wait	Attente de l'exécution de la commande. Le travail se fait par un processus enfant synchrone.
sysinit	La commande correspondante n'est lancée qu'au démarrage du système. On attend la fin du processus enfant.
powerfail	Cette entrée et sa commande ne sont traitées que si le processus *init* a obtenu un signal SIGPWR. Ce signal est utilisé pour informer d'une rupture de l'alimentation électrique (*powerfail*).
initdefault	Ce mode permet de définir que le niveau d'exécution de l'entrée doit être traité au démarrage du système. Si aucune entrée correspondante n'existe, le niveau sera demandé sur la console.

Commande

La commande du dernier champ est traitée par le Bourne Again Shell. Différents fichiers de contrôle sont activés pour les différents niveaux d'exécution. Ils sont contenus dans les répertoires */etc/rc.d/rc1.d* (pour le mode mono-utilisateur), */etc/rc.d/rc3.d* (pour le mode multi-utilisateur)...

Le listing suivant montre le contenu du fichier */etc/inittab*. On y voit clairement que le fichier */etc/rc.d/rc* est activé avec comme argument le niveau d'exécution *X* souhaité. Les démons à lancer sont stockés sous forme de liens dans le répertoire */etc/rc.d/rcX.d*.

```
#
#
# inittab        This file describes how the INIT process should set up
#                the system in a certain run-level.
#
# Author:        Miquel van Smoorenburg, <miquels@drinkel.nl.mugnet.org>
#                Modified for RHS Linux by Marc Ewing and Donnie Barnes
#

# Default runlevel. The runlevels used by RHS are:
#   0 - halt (Do NOT set initdefault to this)
#   1 - Single user mode
#   2 - Multiuser, without NFS (The same as 3, if you do not have networking)
#   3 - Full multiuser mode
#   4 - unused
#   5 - X11
#   6 - reboot (Do NOT set initdefault to this)
#
```

```
id:3:initdefault:

# System initialization.
si::sysinit:/etc/rc.d/rc.sysinit

l0:0:wait:/etc/rc.d/rc 0
l1:1:wait:/etc/rc.d/rc 1
l2:2:wait:/etc/rc.d/rc 2
l3:3:wait:/etc/rc.d/rc 3
l4:4:wait:/etc/rc.d/rc 4
l5:5:wait:/etc/rc.d/rc 5
l6:6:wait:/etc/rc.d/rc 6

# Things to run in every runlevel.
ud::once:/sbin/update

# Trap CTRL-ALT-DELETE
ca::ctrlaltdel:/sbin/shutdown -t3 -r now

# When our UPS tells us power has failed, assume we have a few minutes
# of power left.  Schedule a shutdown for 2 minutes from now.
# This does, of course, assume you have powerd installed and your
# UPS connected and working correctly.
pf::powerfail:/sbin/shutdown -f -h +2 "Power Failure; System Shutting Down"

# If power was restored before the shutdown kicked in, cancel it.
pr:12345:powerokwait:/sbin/shutdown -c "Power Restored; Shutdown Cancelled"


# Run gettys in standard runlevels
1:2345:respawn:/sbin/mingetty tty1
2:2345:respawn:/sbin/mingetty tty2
3:2345:respawn:/sbin/mingetty tty3
4:2345:respawn:/sbin/mingetty tty4
5:2345:respawn:/sbin/mingetty tty5
6:2345:respawn:/sbin/mingetty tty6

# Run xdm in runlevel 5
# xdm is now a separate service
x:5:respawn:/etc/X11/prefdm -nodaemon

#end of /etc/innittab
```

Arrêt d'un système Linux

Les systèmes Linux ne peuvent pas être éteints tout simplement. Contrairement aux autres systèmes d'exploitation, quelques préparatifs sont nécessaires. Comme Linux stocke dans une mémoire tampon toutes les opérations de lecture et d'écriture sur le disque dur ou la disquette pour minimiser les accès disque, il est possible qu'une nouvelle version d'un fichier, d'un inode ou d'un répertoire soit dans la mémoire tampon, c'est-à-dire dans la mémoire vive, le disque dur ne contenant que l'ancienne version. Si vous éteignez alors votre ordinateur, le système de fichiers sera incohérent, avec tous les risques de perte de données que cela suppose.

Voici les précautions à prendre avant d'arrêter un système Linux et d'éteindre l'ordinateur :

► interrompre tous les processus utilisateurs en cours sur le système ;
► transférer le contenu de la mémoire tampon sur le disque dur, à l'aide de la commande `sync` ;
► éteindre la machine.

Linux offre pour cette procédure la commande `shutdown`. Comme paramètre, elle accepte une indication du délai à l'issue duquel le système sera arrêté.

```
Heures:Minutes
```

Si l'on ne veut pas attendre davantage, on peut aussi spécifier le mot-clé `now` en guise de paramètre. Cela provoque alors immédiatement l'arrêt du système. Les options suivantes peuvent aussi se révéler intéressantes pour la commande `shutdown`.

Tab. 7.13 : Options principales de la commande shutdown	
Option	**Signification**
`-f`	Choix d'un processus plus rapide pour l'arrêt (*fast shutdown*)
`-r`	L'ordinateur doit être redémarré dès que la procédure d'arrêt est terminée (*reboot*)
`-q`	Les messages ne doivent pas être affichés à l'écran (*quiet*)
`-h`	Le système doit être arrêté entièrement

Il existe encore quelques autres commandes du même environnement thématique que `shutdown`. Ce sont les commandes `reboot`, `halt`, etc. Ce ne sont ni plus ni moins que des variantes de la commande `shutdown`, qui permettent d'économiser la spécification d'une option.

7.8   Lancer des commandes à un moment précis

Pour une exécution régulière de certaines commandes, il existe le mécanisme *cron*. L'élément central de ce mécanisme est le programme */usr/sbin/crond*, qui est lancé comme processus au moment du passage au mode multi-utilisateur. C'est pourquoi on parle de processus *cron*. La commande `crontab` permet de demander à ce processus *cron* d'exécuter une commande à intervalles réguliers.

crontab

Si un utilisateur désire lancer un programme à intervalles réguliers, il doit activer la commande `crontab`. Cette commande essaie de lire ensuite les informations suivantes, par l'intermédiaire du canal d'entrée standard :

► indication des minutes ;
► indication de l'heure ;
► indication du jour dans le mois ;
► indication du mois ;
► indication du jour de la semaine ;
► commande à exécuter.

Si le moment défini est atteint, la commande placée en queue est immédiatement exécutée.

Les données doivent être placées sur une même ligne et séparées au minimum par un espace. Toutes les indications sont des valeurs numériques. Il est possible de combiner plusieurs valeurs. Ainsi pourrez-vous par exemple déterminer que la commande df sera exécutée toutes les heures pleines, au quart, à la demie et aux trois quarts. L'entrée ressemblera à ceci.

```
0,15,30,45 * * * * /bin/df > /tmp/libre
```

Comme les indications relatives à l'heure, au quantième du mois, au mois et au jour de la semaine sont remplacées par des étoiles, chaque valeur valide est ainsi acceptée. La commande df sera donc exécutée toute l'année, chaque jour, chaque mois et toutes les heures quatre fois.

Il est aussi possible de regrouper toute une série de valeurs sur une liste. Pour les jours de la semaine, le 0 représente le dimanche, le 1 le lundi, etc. Pour ne lancer une commande que les jours ouvrables, à 17 heures, l'entrée sera la suivante.

```
0 17 * * 1-5 /usr/bin/banner Réveil | /sbin/wall
```

La commande de réveil des utilisateurs n'est exécutée que les jours ouvrables, donc du lundi au vendredi, à 17 heures. À l'activation de la commande crontab, il est possible d'indiquer plusieurs commandes dans des lignes séparées.

Après la dernière commande, vous appuierez sur la touche (Entrée), puis sur la combinaison de touches (Ctrl)+(D). Chaque nouvelle activation de la commande crontab écrase les tâches définies précédemment.

Par cette commande, les utilisateurs peuvent créer une liste des tâches qu'ils confient au processus *cron*.

```
crontab -l
```

Avec cette commande, ils peuvent supprimer tous les ordres confiés au processus *cron*.

```
crontab -r
```

Avec l'option -u suivie du nom d'un utilisateur, l'administrateur du système peut intervenir sur les ordres des autres utilisateurs.

7.9   Le système de fichiers /proc

Sous Linux, on a repris quelques particularités d'Unix System V Release 4, et l'on a intégré le pseudo-système de fichiers */proc*. Aucun espace disque n'est alloué à ce pseudo-système. Il établit simplement un lien logique entre une grande quantité d'informations issues du noyau du système d'exploitation.

La liaison réussit grâce au fait que ce pseudo-système contient des fichiers qui représentent un accès aux structures de données internes du noyau. Ces fichiers peuvent seulement être lus, car l'écriture est naturellement interdite dans ces fichiers. On utilise en général la commande cat pour lire les données de ces pseudo-fichiers.

Le listing ci-après montre un exemple de contenu possible du répertoire */proc*.

```
tucholsky:/proc# ls -l
total 0
dr-xr-xr-x   3 root     root            0 Jul  3 20:22 1/
dr-xr-xr-x   3 root     root            0 Jul  3 20:22 109/
```

```
dr-xr-xr-x   3 root     root           0 Jul  3 20:22 110/
dr-xr-xr-x   3 root     root           0 Jul  3 20:22 45/
dr-xr-xr-x   3 root     root           0 Jul  3 20:22 59/
dr-xr-xr-x   3 root     root           0 Jul  3 20:22 6/
dr-xr-xr-x   3 root     root           0 Jul  3 20:22 61/
dr-xr-xr-x   3 bin      root           0 Jul  3 20:22 63/
dr-xr-xr-x   3 root     root           0 Jul  3 20:22 65/
dr-xr-xr-x   3 root     root           0 Jul  3 20:22 67/
dr-xr-xr-x   3 root     root           0 Jul  3 20:22 7/
dr-xr-xr-x   3 root     root           0 Jul  3 20:22 70/
dr-xr-xr-x   3 root     root           0 Jul  3 20:22 72/
dr-xr-xr-x   3 root     root           0 Jul  3 20:22 80/
dr-xr-xr-x   3 root     root           0 Jul  3 20:22 81/
dr-xr-xr-x   3 root     root           0 Jul  3 20:22 82/
dr-xr-xr-x   3 root     root           0 Jul  3 20:22 83/
dr-xr-xr-x   3 root     root           0 Jul  3 20:22 84/
dr-xr-xr-x   3 root     root           0 Jul  3 20:22 85/
dr-xr-xr-x   3 root     root           0 Jul  3 20:22 86/
dr-xr-xr-x   3 root     root           0 Jul  3 20:22 87/
dr-xr-xr-x   3 root     root           0 Jul  3 20:22 88/
-r--r--r--   1 root     root           0 Jul  3 20:22 cpuinfo
-r--r--r--   1 root     root           0 Jul  3 20:22 devices
-r--r--r--   1 root     root           0 Jul  3 20:22 dma
-r--r--r--   1 root     root           0 Jul  3 20:22 filesystems
-r--r--r--   1 root     root           0 Jul  3 20:22 interrupts
-r--r--r--   1 root     root           0 Jul  3 20:22 ioports
-r--------   1 root     root     8654848 Jul  3 20:22 kcore
-r--------   1 root     root           0 Jul  3 20:08 kmsg
-r--r--r--   1 root     root           0 Jul  3 20:22 ksyms
-r--r--r--   1 root     root           0 Jul  3 20:22 loadavg
-r--r--r--   1 root     root           0 Jul  3 20:22 meminfo
-r--r--r--   1 root     root           0 Jul  3 20:22 modules
dr-xr-xr-x   2 root     root           0 Jul  3 20:22 net/
dr-xr-xr-x   2 root     root           0 Jul  3 20:22 scsi/
lrwxrwxrwx   1 root     root          64 Jul  3 20:22 self -> 109/
-r--r--r--   1 root     root           0 Jul  3 20:22 stat
-r--r--r--   1 root     root           0 Jul  3 20:22 uptime
-r--r--r--   1 root     root           0 Jul  3 20:22 version
tucholsky:/proc#
```

On voit bien qu'un répertoire est aménagé pour chaque processus en cours, et que ce répertoire contient à son tour des pseudo-fichiers. Lorsqu'un processus est terminé, le répertoire correspondant est automatiquement supprimé.

Lorsque l'on passe dans un tel répertoire de processus, on obtient l'affichage des fichiers suivants.

```
tucholsky:/proc# ls
1/          68/         85/         cpuinfo    kmsg       self@
197/        7/          86/         devices    ksyms      stat
```

```
  48/              70/              87/              dma         loadavg      uptime
  6/               73/              88/              filesystems meminfo      version
  62/              75/              89/              interrupts  modules
  64/              83/              90/              ioports     net/
  66/              84/              91/              kcore       scsi/
tucholsky:/proc# cd 91
tucholsky:/proc/91# ls -l
total 0
-r--r--r--   1 root      root           0 Jul  6 16:32 cmdline
lrwx------   1 root      root          64 Jul  6 16:32 cwd -> [0001]:5963778
-r--------   1 root      root           0 Jul  6 16:32 environ
lrwx------   1 root      root          64 Jul  6 16:32 exe -> [0303]:8104
dr-x------   1 root      root           0 Jul  6 16:32 fd/
pr--r--r--   1 root      root           0 Jul  6 16:32 maps|
-rw-------   1 root      root           0 Jul  6 16:32 mem
lrwx------   1 root      root          64 Jul  6 16:32 root -> [0303]:2
-r--r--r--   1 root      root           0 Jul  6 16:32 stat
-r--r--r--   1 root      root           0 Jul  6 16:32 statm
tucholsky:/proc/91# cat stat
91 (bash) S 90 91 91 1216 199 0 1063 11197 118 2128 64 93 883 933 24 15 0 0 2289
4 111655 165 2147483647 134500000 134518664 3221225204 3221224760 1073854839 0 6
5536 2151170052 125910779 1131616
tucholsky:/proc/91#
```

Pour le processus 91, les fichiers *cmdline*, *cwd*, *environ*, etc., sont gérés dans le système de fichiers */proc*. Le contenu du fichier *stat* a été listé à titre d'exemple. On obtient un affichage à l'écran, bien que le fichier soit en réalité vide à la suite de la commande ls. Les données affichées sont les données les plus importantes du processus identifié par le PID 91 :

- ► le PID ;
- ► le nom de programme ;
- ► l'état du programme (ici S pour *sleeping*) ;
- ► le numéro du processus parent (PPID) ;
- ► le numéro de groupe de processus (ici 91), etc.

Bien que les fichiers *version* et *meminfo* du répertoire */proc* semblent aussi être vides, on peut y lire différentes informations.

```
tucholsky:/proc# cat version
Linux version 1.3.20 (root@tucholsky) (gcc version 2.7.0) #4 Sun Jun 30 13:41:05
 MET DST 1996
tucholsky:/proc# cat meminfo
        total:    used:    free:   shared:  buffers:
Mem:   7385088  7032832   352256  5222400   3461120
Swap: 25800704        0 25800704
tucholsky:/proc#
```

Le fichier *version* contient le numéro de version actuel du noyau du système d'exploitation, et le fichier *meminfo* affiche les données les plus importantes concernant l'utilisation de la mémoire.

Chapitre 8

Autres fonctions de Linux

8.1   Arborescence des répertoires

JournalisationLes tâches dévolues à l'arborescence des répertoires sont nombreuses. Le système de fichiers Ext2FS est un standard sous Linux, mais ReiserFS pourrait s'imposer dans les prochaines années. Les noms de fichier peuvent comporter jusqu'à 255 caractères et une différence est faite entre les majuscules et les minuscules. La possibilité de créer des liens entre les fichiers constitue l'une des caractéristiques intéressantes des répliques d'Unix. Les systèmes de fichiers DOS, Windows 9x, Windows NT et OS/2 peuvent également être montés sous Linux. Cela vous permet d'accéder à des données créées dans ces environnements.

Inernet @

ReiserFS

ReiserFS est un système de fichiers novateur.

▸ Les écritures sont enregistrées dans des journaux, évitant ainsi le long travail de test du disque en cas d'arrêt brutal du système.

▸ Des arbres de recherche indexent les fichiers, améliorant les temps d'accès dans le cas de répertoires chargés.

▸ Les fichiers de petite taille sont regroupés afin d'économiser l'espace disque.

ReiserFS est toujours en phase de développement. Le support de ReiserFS est intégré au noyau depuis la version 2.4.1-pre4. Les utilitaires peuvent être téléchargés à l'adresse http://www.namesys.com/.

Répertoires de lecteur sous Linux

Si vous avez travaillé antérieurement avec des systèmes autres qu'Unix, vous avez peut-être pris l'habitude d'accéder aux différents lecteurs (disquette, disque dur, lecteur de CD-Rom) par l'intermédiaire de lettres. Sous Linux, ce n'est pas une lettre qui est affectée au lecteur mais un répertoire greffé à l'arborescence générale des répertoires. Vous pouvez définir, par exemple, que votre lecteur de CD-Rom doit être accessible depuis le répertoire /mnt/cdrom. Consultez, dans ce cas, le contenu du répertoire /mnt/cdrom pour savoir ce qui se trouve sur le CD-Rom que vous avez introduit dans le lecteur. Cette affectation est obtenue avec la commande mount et peut être annulée avec umount.

Renvoi ● Cette commande est expliquée un peu plus loin dans ce chapitre, à la section *Utilisation de nouveaux lecteurs*. Au chapitre *Intégration de nouveaux périphériques*, sa mise en œuvre sera présentée pas à pas.

De cette manière, tous les lecteurs sont accessibles en un point de l'arborescence. Les lecteurs peuvent être formatés avec différents systèmes de fichiers, et le mode d'accès aux données peut donc changer à partir d'un certain répertoire dans l'arborescence. Si vous passez, par exemple, dans le répertoire */mnt/cdrom*, pour reprendre l'exemple précédent, vous ne pourrez pas enregistrer de fichiers, car l'écriture sur un CD-Rom est impossible. Et, si vous avez rendu une partition Windows 95 accessible sous */win95*, il ne sera plus fait aucune distinction entre majuscules et minuscules dans le répertoire */win95*.

Fichiers de périphériques

L'arborescence contient également des fichiers dédiés à des tâches particulières, notamment les fichiers de périphériques que l'on trouve dans le répertoire */dev*. Vous avez déjà utilisé de tels fichiers de périphériques lors de l'installation, par exemple */dev/hda1*, pour accéder à une partition du disque dur.

Fichiers et partitions de swap

Parmi les fichiers particuliers créés dans l'arborescence de répertoires figurent les fichiers de swap, également appelés fichiers d'échange. Ils servent à décharger temporairement sur un lecteur certaines parties de la mémoire vive lorsque celle-ci ne suffit plus pour tous les programmes en cours d'exécution. Ce processus est géré automatiquement par le système d'exploitation. Vous devez simplement veiller à libérer suffisamment d'espace sur le disque dur. Sous Linux, on préférera cependant utiliser une partition de swap plutôt que de simples fichiers, car un système de fichiers spécifique est créé sur la partition, ce qui accélère le processus.

La création de zones d'échange, que ce soit sous forme de fichiers ou de partitions, ressemble à l'affectation de lecteurs à des répertoires. Elle est décrite plus loin dans ce chapitre, à la section *Davantage de mémoire avec les zones d'échange*. Toute la configuration s'effectue avec un programme de gestion commun, et les paramètres sont enregistrés dans le même fichier.

Déterminer l'état du matériel et du système

Parmi les fichiers particuliers, il convient de mentionner également les fichiers de processus. On les trouve dans le répertoire */proc* et ils permettent de déterminer l'état du système. La commande cat/proc/meminfo, par exemple, affiche la taille de la mémoire vive disponible. Ces fichiers permettent donc de lire des informations issues du noyau Linux.

8.2   Accès aux disques durs, aux CD-Rom et aux disquettes

Avant de décrire en détail l'accès aux lecteurs, à la section *Utilisation de nouveaux lecteurs*, voici d'abord un mode d'emploi, sous forme de petites procédures pas à pas, pour l'accès aux lecteurs les plus importants. Nous vous expliquons d'abord où vous pouvez trouver les fichiers de la partition système et des autres partitions. Puis nous vous parlons des lecteurs de CD-Rom et des disquettes.

Le lecteur le plus important est sans conteste celui sur lequel a été installé le système Linux. Il s'agit généralement d'une partition de disque dur. Dans un système d'exploitation autre qu'Unix, elle serait désignée par la lettre de lecteur C:. Les lettres de lecteur ne sont pas employées sous Linux. L'arborescence des répertoires est construite directement à partir de la structure de la partition système. Vous pouvez ainsi accéder directement à un répertoire par */repertoire* et non par *C:\repertoire*.

Bien souvent, d'autres partitions ont été intégrées dans l'arborescence lors de l'installation, et il s'agit à présent d'y accéder. Au moment de l'installation, vous avez affecté à la partition un répertoire par lequel elle doit être accessible. Ces répertoires sont créés dans l'arborescence et associés aux partitions. On parle de "montage". Vous retrouverez par conséquent les fichiers d'une partition dans un tel répertoire.

Pour des supports amovibles comme les disquettes ou les CD-Rom, ce processus ne peut pas être effectué automatiquement. Des problèmes se poseraient en effet s'il n'y avait pas de disquette ou de CD-Rom dans le lecteur. Vous verrez, dans les sections suivantes, comment intégrer aussi ces supports dans l'arborescence.

Accès direct au lecteur de CD-Rom

Le répertoire /mnt/cdrom est prévu pour l'accès au lecteur de CD-Rom. Lorsque le CD-Rom est introduit dans le lecteur, il suffit d'établir le lien entre le répertoire et le CD-Rom. En cas de changement de support, il faut d'abord annuler le lien, remplacer le CD-Rom et établir un nouveau lien.

Info

Montage automatique des supports amovibles

Le noyau de la distribution Mandrake 8.0 intègre une procédure de montage/démontage automatique des supports amovibles. L'administrateur l'active en exécutant la commande supermount -i enable. Il la désactive en exécutant supermount -i disable. Les modifications sont répercutées directement dans le fichier /etc/fstab où vous noterez la présence du mot-clé supermount. Dans la suite, nous supposerons que l'option est désactivée.

Introduire un CD-Rom

1. Placez le CD-Rom dans le lecteur.

2. Assurez-vous que vous ne vous trouvez pas dans une fenêtre console dans le répertoire /mnt/cdrom.

3. Tapez la commande mount /mnt/cdrom.

4. Vous pouvez alors accéder au CD-Rom par le répertoire /mnt/cdrom. Utilisez, par exemple, la commande ls /mnt/cdrom pour consulter le contenu du CD.

Remplacer le CD-Rom

1. Assurez-vous que vous ne vous trouvez pas dans une fenêtre console dans le répertoire /mnt/cdrom ou dans un des sous-répertoires de /mnt/cdrom.

2. Le cas échéant, les programmes démarrés alors que vous vous trouviez dans le répertoire /mnt/cdrom ou dans un des sous-répertoires de /mnt/cdrom doivent être arrêtés.

3. Tapez la commande umount /mnt/cdrom.

4. Le CD-Rom peut à présent être retiré du lecteur. Pour accéder à un autre CD-Rom, procédez comme nous venons de le décrire à la section précédente.

Supermount

Supermount permet à l'interface de gestion d'autoriser ou d'interdire le dispositif de montage automatique offert dans les nouveaux noyaux de Mandrake. Ce dispositif contrôle automatiquement, pour les supports, le montage et le démontage des médias.

Dépannage

Voici quelques messages d'erreur typiques et les causes possibles.

```
mount: special device /dev/cdrom does not exist
```

L'accès au lecteur de CD-Rom se fait par un fichier de périphérique. Ce fichier de périphérique peut être */dev/scd0*, par exemple. D'autres désignations sont possibles, en fonction du lecteur.

Dans le message d'erreur ci-dessus est mentionné le nom */dev/cdrom*. Il ne s'agit pas d'un fichier de périphérique mais d'un lien vers un fichier de périphérique. Accéder à */dev/cdrom* revient dans ce cas à accéder à ce fichier de périphérique, en l'occurrence */dev/scd0*. Si vous obtenez ce message, vous devez par conséquent créer un lien vers le fichier de périphérique de votre lecteur de CD-Rom. Dans notre exemple, la commande à employer est `ln -s /dev/scd0 /dev/cdrom`.

```
mount: mount point /mnt/cdrom does not exist
```

Le lecteur de CD-Rom doit être accessible par un répertoire également appelé *mount point* (point de montage). Le répertoire */mnt/cdrom* est prévu par défaut à cet effet. Ce répertoire n'est pas créé automatiquement par la commande `mount` : il doit déjà exister. Créez donc ce répertoire avec la commande `mkdir /mnt/cdrom`, puis répétez la commande `mount`.

```
mount: can't find /mnt/cdrom in /etc/mtab or /etc/fstab
```

La commande `mount` est un peu plus complexe que ce que nous vous en avons montré jusqu'à présent. Dans la version simplifiée que nous utilisons ici, le système recherche dans un fichier quel lecteur doit être associé au répertoire */mnt/cdrom* spécifié. Le fichier en question est */etc/fstab*. Si aucune indication n'y figure, le message d'erreur ci-dessus est affiché. Cela peut être corrigé aisément.

Renvoi   **Reportez-vous à ce sujet à la section *Gestion des lecteurs avec Linuxconf*, un peu plus loin dans ce chapitre.**

Utiliser des disquettes

Différents systèmes de fichiers peuvent être créés sur des disquettes, par exemple Ext2FS ou Minix. Souvent, on emploie cependant tout simplement le système de fichiers DOS sur ce support. Comme les autres médias amovibles, une disquette doit être intégrée dans l'arborescence avec la commande `mount`, et elle peut en être retirée avec `umount`.

Les disquettes au format DOS ont une particularité. Il existe une série de programmes nommés Mtools, qui permettent un accès direct à ces disquettes. Nous vous présentons ici le travail avec ces programmes, qui sont intéressants pour les débutants, car ils peuvent leur éviter de commettre quelques erreurs.

Accès aux disquettes via les Mtools

Les commandes Mtools ressemblent aux commandes DOS, à la différence près qu'elles commencent toutes par la lettre *m*. Il existe notamment les commandes `mcd`, `mcopy`, `mdel`, `mdeltree`, `mdir`, `mmd`, `mmove` et `mrd`. À la place des fichiers de périphérique évoqués précédemment, on utilise les désignations de lecteurs conventionnelles du DOS, à savoir *a:* pour le premier, et *b:* pour le deuxième lecteur de disquette. Voici quelques exemples d'utilisation de ces commandes. Pour plus de détails, utilisez la commande `man` pour afficher les informations souhaitées.

Créer des répertoires

Avec la commande `mmd`, créez le répertoire test sur une disquette du premier lecteur. La commande est `mmd a:/test`.

Afficher le contenu d'un répertoire

La commande mdir équivaut à la commande dir du DOS. Affichez le contenu de la disquette du premier lecteur avec la commande mdir a:.

```
>mdir a:
Volume in drive A has no label
Directory for A:/

test          <DIR>      08-10-1998  21:15   test
1 file(s)                         0  bytes
                          1 457 152  bytes free
```

Supprimer des répertoires et des fichiers

Pour supprimer des répertoires, utilisez la commande mrd. La ligne mrd a:/test supprime le répertoire test.

Cela ne fonctionne toutefois que si le répertoire est vide. Si ce n'est pas le cas, la commande mdeltree doit être utilisée. La ligne mdeltree a:/test supprime le répertoire test ainsi que tous les fichiers et sous-répertoires qu'il contient.

La commande mdel sert à supprimer des fichiers. Si le fichier *tesdat* doit être effacé dans le répertoire *a:/test*, par exemple, vous devez taper la ligne suivante.

```
mdel a:/test/tesdat
```

Copier des fichiers et des répertoires

mcopy est une des commandes les plus importantes. Elle permet d'échanger des fichiers entre une partition Linux et une disquette sans qu'il soit nécessaire de monter la disquette dans l'arborescence à l'aide de la commande mount. S'il existe par exemple un fichier *tesdat* dans le répertoire */tmp* de l'arborescence Linux, la ligne mcopy /tmp/tesdat a: permet de le copier sur la disquette. De la même manière, un fichier *tesdat* peut être copié de la disquette vers un répertoire de l'arborescence Linux avec la commande suivante.

```
mcopy a:/tesdat /tmp
```

Déplacer ou renommer des fichiers et des répertoires

La commande mmove permet de déplacer des fichiers ou de les renommer. Si le fichier *tesdat1* existe sur la disquette, la commande suivante le renomme en *tesdat2*.

```
mmove a:/tesdat1 a:/tesdat2
```

Contrairement à la commande move de MS-DOS, mmove est capable de déplacer des répertoires entiers. Avec la commande suivante, par exemple, vous déplacez le répertoire *test1* en *test2*.

```
mmove a:/test1 a:/test2
```

Le champ d'action de mmove est cependant limité à la disquette et ne peut être utilisé pour l'échange entre la partition Linux et la disquette.

Changer de répertoire sur une disquette

Vous pouvez changer le répertoire actif sur la disquette avec la commande mcd. Vous ne quittez cependant pas l'arborescence Linux pour passer sur la disquette ; les commandes suivantes de Mtools sont alors exécutées avec ce nouveau répertoire actif.

La commande mdir, par exemple, affiche le contenu de la disquette. Si vous définissez le répertoire *a:/test* comme étant actif avec mcd a:/test, la commande mdir affiche cette fois le contenu de *a:/test*.

8.3 Utilisation de nouveaux lecteurs

Dans cette section, vous trouverez les informations nécessaires pour accéder, sous Linux, à n'importe quelle mémoire de masse, qu'il s'agisse de disques durs, de CD-Rom, de disquettes, de disquettes ZIP, etc., dans la mesure où le périphérique en question est pris en charge par Linux. Les commandes mount et umount seront expliquées de manière plus détaillée que précédemment.

Il existe une série de paramètres supplémentaires pour la commande mount. Pour vous éviter de devoir les saisir à chaque fois, vous pouvez les inscrire dans le fichier */etc/fstab*. Vous pouvez ainsi définir, par exemple, que des données ne sont accessibles qu'en lecture sur un lecteur ou que les utilisateurs normaux sont également autorisés à exécuter la commande mount. Dans le cas des distributions Mandrake, le programme linuxconf vous vient en aide pour la création et la gestion de ce fichier.

 Renvoi   **Le programme Linuxconf est décrit plus loin dans ce chapitre, à la section intitulée *Gestion des lecteurs avec Linuxconf*. D'autres informations sont données sur le fichier *fstab* à la fin de cette section.**

Intégrer des lecteurs avec la commande mount

La commande mount décrite jusqu'à présent était assez simple, car elle tirait bénéfice du fait que le système Linux était préconfiguré. La variante complète de cette commande n'est cependant guère plus compliquée. Trois paramètres doivent être indiqués. Vous devez spécifier quel lecteur doit être monté, quel système de fichiers doit être utilisé sur ce lecteur et par quel répertoire le lecteur doit être accessible. Une fois ces données inscrites dans le fichier */etc/fstab* évoqué précédemment, la commande se limite à l'indication du répertoire.

Lecteurs utilisables

Outre les lecteurs évoqués jusqu'à présent, c'est-à-dire les disques durs et les lecteurs de CD-Rom et de disquette, sont également pris en charge les lecteurs ZIP et magnéto-optiques. De manière générale, vous pouvez utiliser tous les lecteurs pris en charge par le noyau de Linux. En définitive, l'accès à tous les lecteurs se fait par le biais d'un fichier de périphérique dans le répertoire */dev*.

Systèmes de fichiers disponibles

Un lecteur peut être formaté de différentes manières. Si le système de fichiers est pris en charge par Linux, des données peuvent être lues et, en fonction du système de fichiers, écrites sur le lecteur.

Les systèmes de fichiers pris en charge dépendent des options choisies lors de la compilation du noyau Linux. Même si Linux prend généralement en charge le système de fichiers DOS, il est tout à fait possible que cette prise en charge soit désactivée dans le noyau. Un système de fichiers ne peut donc être utilisé que si le module correspondant est activé.

Si le programme *Mount* n'est pas capable de déterminer automatiquement le système de fichiers d'un lecteur, ce système doit être spécifié formellement. Le tableau ci-dessous présente les systèmes de fichiers les plus importants pour un ordinateur monoposte.

Tab. 8.1 : Systèmes de fichiers souvent employés sur les ordinateurs monopostes	
Système de fichiers	**Description**
ext2	Système de fichiers standard de Linux, utilisé en particulier sur les disques durs. Les noms de fichier peuvent avoir une longueur de 255 caractères, et il est fait une distinction entre les majuscules et les minuscules. Des liens à d'autres fichiers peuvent être créés.
hpfs	Système de fichiers d'OS/2. Actuellement, l'accès à ce système de fichiers est limité à la lecture.
iso9660	Système de fichiers standard d'un CD-Rom.
minix	Premier système de fichiers de Linux. Il est encore utilisé occasionnellement sur des disquettes.
msdos	Système de fichiers de DOS. Les noms de fichier peuvent compter huit caractères au maximum avec une extension de trois caractères.
ntfs	Système de fichiers de Windows NT. Actuellement, l'accès à ce système de fichiers est limité à la lecture.
umsdos	Extension du système de fichiers DOS (FAT16), autorisant les noms de fichier longs et les liens. Les informations supplémentaires sont stockées dans un répertoire supplémentaire, dans chaque répertoire. Linux peut ainsi démarrer à partir d'un système de fichiers DOS.
vfat	Système de fichiers étendu de DOS (FAT32), avec des noms de fichier d'une longueur de 255 caractères au maximum. Il n'est pas fait de distinction entre les majuscules et les minuscules.

Répertoire

Le troisième paramètre est le répertoire par lequel le lecteur sera accessible. Ce répertoire doit être créé au préalable, avant l'exécution de la commande mount. Utilisez, à cet effet, la commande mkdir.

Le répertoire devrait être vide, car, lors d'un lien avec un lecteur, toutes les données qu'il contient y sont cachées. Elles ne sont pas supprimées, mais elles ne redeviennent accessibles qu'après l'exécution de la commande umount.

Syntaxe de la commande mount

La commande a la syntaxe ci-après. Les exemples qui suivent illustrent sa mise en œuvre.

```
mount -t <système de fichiers> <fichier de périphérique> <répertoire>
```

Exemple 1 : monter un CD-Rom

En supposant que le fichier de périphérique de votre lecteur de CD-Rom soit */dev/scd0*, si vous souhaitez qu'un CD-Rom que vous y avez introduit soit accessible par le répertoire */mnt/cdrom*, utilisez la commande suivante.

```
mount -t iso9660 /dev/scd0 /mnt/cdrom
```

En général, un lien au fichier de périphérique est créé sous le nom */dev/cdrom* et vous pouvez donc utiliser */dev/cdrom* à la place de */dev/scd0*.

```
mount -t iso9660 /dev/cdrom /mnt/cdrom
```

Exemple 2 : monter une partition Windows 9x

Supposons que vous ayez installé Windows 98 sur la partition */dev/hda* du disque dur et que vous souhaitiez pouvoir y accéder par le répertoire */win98*. Windows 98 utilisant le système de fichiers VFAT, la ligne de commande à employer est la suivante.

```
mount -t vfat /dev/hda1 /win98
```

La commande umount

Une affectation créée avec la commande mount peut être annulée avec umount. Le lien correspondant peut être indiqué soit par le fichier de périphérique, soit par le répertoire.

Les associations définies dans les exemples précédents peuvent être annulées à l'aide des commandes ci-après.

Dans l'exemple 1 :

```
umount /dev/cdrom
```

ou

```
umount /mnt/cdrom
```

Dans l'exemple 2 :

```
umount /dev/hda1
```

ou

```
umount /win98
```

Utilisation de disques amovibles

Lorsqu'un support de données est affecté à un répertoire, ce support ne doit pas être retiré de son lecteur. Les lecteurs de CD-Rom réagissent à cette règle en interdisant toute ouverture du chariot tant que la commande umount n'a pas été exécutée.

Rien ne vous empêchera toutefois de retirer une disquette du lecteur de disquette d'un PC. Les stations Unix, en revanche, sont équipées de lecteurs de disquette électroniques qui éjectent la disquette automatiquement, mais uniquement après exécution de la commande umount. Ce mécanisme permet de garantir qu'un support ne sera retiré que lorsque l'utilisateur n'en aura plus besoin. C'est très important dans le cadre d'un fonctionnement en réseau.

Éviter les problèmes
avec les commandes mount et umount

Les répertoires concernés ne doivent pas être en cours d'utilisation lors de l'exécution de la commande mount ou umount. Autrement dit, aucun utilisateur ne doit se trouver dans le répertoire par lequel le lien doit être établi au moment où vous exécutez la commande mount. Si vous vous trouvez justement dans le répertoire */mnt/cdrom*, la commande mount ci-après échouera.

```
mount /dev/cdrom /mnt/cdrom
```

Lorsque vous libérez un support, celui-ci ne doit pas être en cours d'utilisation, et aucun utilisateur ne doit se trouver dans le répertoire associé. En outre, aucun programme ne doit accéder aux fichiers contenus dans ce répertoire. Le cas échéant, vous pouvez être conduit à quitter les programmes activés dans ce répertoire.

Les fichiers /etc/mtab et /etc/fstab

Dans le fichier *etc/mtab* sont définies toutes les associations actives entre les lecteurs et les répertoires. Elles peuvent être affichées avec la commande cat /etc/mtab, par exemple, ou avec la commande mount sans arguments. Vous obtenez alors une liste de toutes les associations, comme dans cet exemple.

```
/dev/sdb4 on / type ext2 (rw)
none on /proc type proc (rw)
/dev/sda1 on /mnt/dos type vfat (rw)
/dev/sdc4 on /mnt/zip type vfat (rw)
/dev/scd0 on /mnt/cdrom type iso9660 (ro)
```

Dans le fichier *etc/fstab*, vous pouvez inscrire les commandes mount habituelles dans une notation bien précise. Afin d'éviter d'effectuer ces inscriptions manuellement, vous pouvez là aussi utiliser plutôt le programme Linuxconf. Le programme Mount utilise le contenu de ce fichier et il vous suffit, dans ce cas, d'indiquer le répertoire sur la ligne de commande.

```
mount <répertoire>
```

Le fichier *etc/fstab* a une signification particulière au moment du démarrage du système. Les lecteurs devant être montés automatiquement dans l'arborescence des répertoires y sont recherchés. Cette définition aussi peut être opérée à l'aide du programme Linuxconf.

Toujours dans ce fichier, on trouve les zones de swap qui sont également activées lors du démarrage du système. Ce n'est cependant pas la commande mount qui est utilisée dans ce cas. Le mécanisme pour les fichiers ou partitions de swap est décrit à la section suivante.

8.4 Davantage de mémoire avec les zones d'échange

Linux est un système multitâche. Cela signifie qu'il permet à plusieurs processus, autrement dit à plusieurs programmes, de s'exécuter en parallèle. Chaque processus prend à son compte une partie de la mémoire vive lors de son exécution et, si la mémoire disponible n'est pas suffisante pour tous les processus, ceux-ci sont mis en sommeil les uns après les autres et déchargés temporairement sur un support de données. Ce lecteur doit offrir suffisamment d'espace pour ces zones dites d'échange ou de swap.

Le mécanisme d'échange, également appelé *swapping*, est transparent pour l'utilisateur, du moins tant que le rapport entre la mémoire vive disponible et les programmes en cours d'exécution reste raisonnable. Lorsque vous exécutez un nombre trop important de programmes en même temps, la vitesse d'exécution diminue sensiblement, car l'ordinateur est fortement sollicité pour l'échange de processus.

Une partition spécifique, formatée avec un système de fichiers particulier, devrait être utilisée pour l'échange. L'accès à une telle partition est plus rapide qu'à un fichier d'échange. Toutefois, si la partition initialement créée à cet effet n'est pas suffisante et si aucune nouvelle partition n'est disponible, il est judicieux de créer un fichier d'échange supplémentaire.

Pour activer et désactiver les zones d'échange, il existe les commandes swapon et swapoff expliquées ci-après. Les zones d'échange devraient être activées automatiquement lors du démarrage du système. Les inscriptions adéquates devraient par conséquent être ajoutées au fichier */etc/fstab*, comme pour la commande mount. Dans ce cas aussi, mieux vaut utiliser le programme Linuxconf pour la gestion du contenu de ce fichier.

Créer une partition de swap

La partition de swap créée au moment de l'installation est en général suffisante. Il convient de l'agrandir uniquement lorsque vous ajoutez de la mémoire vive supplémentaire à votre ordinateur. La règle habituellement retenue veut que le fichier d'échange ait une taille double de celle de la mémoire vive. Lorsque la mémoire est très fortement sollicitée, il peut être judicieux d'en mettre davantage à disposition.

Suivez les étapes ci-après pour créer une nouvelle partition de swap. Une partition du disque dur doit être préparée à cet effet et ajoutée à la zone d'échange à l'aide de la commande swapon. Pour une activation automatique lors du démarrage du système, des inscriptions doivent être ajoutées dans le fichier */etc/fstab* avec le programme Linuxconf.

Préparation de la partition avec fdisk

Lorsque la partition est créée sur le disque dur, elle doit être identifiée en tant que partition de swap. Utilisez, à cet effet, le programme fdisk de la manière suivante :

1 Au lancement de fdisk, vous devez mentionner le fichier de périphérique du lecteur contenant la partition à identifier en tant que partition de swap. Si ce lecteur est le premier disque dur SCSI (*/dev/sda*), par exemple, activez le programme fdisk avec la commande suivante.

```
/sbin/fdisk /dev/sda
```

Le message suivant s'affiche.

```
Command (m for help):
```

2 Si vous tapez m, vous obtenez l'aide ci-après. Les lettres de la première colonne correspondent à de nouvelles commandes.

```
Command action
a    toggle a bootable flag
b    edit bsd disklabel
c    toggle the dos compatibility flag
d    delete a partition
l    list known partition types
m    print this menu
n    add a new partition
p    print the partition table
q    quit without saving changes
t    change a partition's system id
u    change display/entry units
v    verify the partition table
w    write table to disk and exit
x    extra functionality (experts only)
```

3 Affichez les partitions du disque dur à l'aide de la commande p. Elles s'affichent sous la forme ci-dessous. Dans cet exemple, la partition */dev/sda3* doit être définie comme partition de swap. Son identification (Id) doit être modifiée à cet effet. Elle a actuellement la valeur 83.

```
Disk /dev/sda: 67 heads, 62 sectors, 1017 cylinders
Units = cylinders of 4154 * 512 bytes
Device Boot    Begin    Start      End    Blocks   Id  System
/dev/sda1    *     1        1       50    103819    6  DOS 16-bit >=32M
/dev/sda2         51       51      672   1291894    5  Extended
/dev/sda3        673      673      707     72695   83  Linux native
/dev/sda4        708      708     1017    643870   83  Linux native
/dev/sda5         51       51      494    922157    6  DOS 16-bit >=32M
/dev/sda6        495      495      672    369675   83  Linux native
```

4 Affichez les identifications des types de partitions avec la commande 1. Vous obtenez l'affichage ci-dessous. Vous voyez, par exemple, que la partition */dev/sda3* est actuellement désignée par la valeur 83 en tant que Linux native. Il convient de changer cette valeur en 82, c'est-à-dire en Linux swap.

```
0  Empty          9  AIX bootable   75  PC/IX         b7  BSDI fs
1  DOS 12-bit FAT a  OS/2 Boot Manag 80 Old MINIX      b8  BSDI swap
2  XENIX root     b  Win95 FAT32    81  Linux/MINIX    c7  Syrinx
3  XENIX usr     40  Venix 80286    82  Linux swap     db  CP/M
4  DOS 16-bit <32M 51 Novell?       83  Linux native   e1  DOS access
5  Extended      52  Microport      93  Amoeba         e3  DOS R/O
6  DOS 16-bit >=32 63 GNU HURD      94  Amoeba BBT     f2  DOS secondary
7  OS/2 HPFS     64  Novell Netware a5  BSD/386        ff  BBT
8  AIX           65  Novell Netware
```

5 Utilisez la commande t pour changer l'Id de partition. À la question demandant le numéro de partition, nous répondons, dans cet exemple, par 3. Indiquez ensuite l'Id correspondant au type de partition swap, c'est-à-dire 82. Les différentes lignes de commande se présentent comme ci-après.

```
Command (m for help): t
Partition number (1-6): 3
Hex code (type L to list codes): 82
```

6 La modification est visible si vous affichez à nouveau les partitions à l'aide de la commande p.

```
Disk /dev/sda: 67 heads, 62 sectors, 1017 cylinders
Units = cylinders of 4154 * 512 bytes

Device Boot    Begin    Start      End    Blocks   Id  System
/dev/sda1    *     1        1       50    103819    6  DOS 16-bit >=32M
/dev/sda2         51       51      672   1291894    5  Extended
/dev/sda3        673      673      707     72695   82  Linux swap
/dev/sda4        708      708     1017    643870   83  Linux native
/dev/sda5         51       51      494    922157    6  DOS 16-bit >=32M
/dev/sda6        495      495      672    369675   83  Linux native
```

(7) Cette modification ne devient cependant active qu'après que vous avez quitté fdisk avec la
commande w.

Formater la partition de swap

La commande mkswap crée un système de fichiers particulier sur la partition, qui est ainsi préparée
pour le processus d'échange. Si la partition s'appelle par exemple */dev/sda3*, la ligne de commande
à taper est la suivante.

```
mkswap -c /dev/sda3
```

Agrandir la zone d'échange

La partition préparée peut être ajoutée à la zone d'échange initiale pendant que le système est en
fonctionnement, grâce à la commande swapon. Dans l'exemple, la ligne à taper est la suivante.

```
swapon /dev/sda3
```

La commande swapoff permettant de désactiver une partition d'échange est rarement utilisée. Vous
n'en aurez besoin que si vous devez employer une partition à d'autres fins. Dans notre exemple, la
commande complète serait celle-ci.

```
swapoff /dev/sda3
```

La commande cat /proc/meminfo permet de déterminer la taille de la zone d'échange disponible.
L'affichage se présente ainsi.

```
total:     used:     free:  shared: buffers:  cached:
Mem:   64827392 60452864  4374528 69718016  1712128 29216768
Swap: 20967424         0 20967424
MemTotal:      63308 kB
MemFree:        4272 kB
MemShared:     68084 kB
Buffers:        1672 kB
Cached:        28532 kB
SwapTotal:     20476 kB
SwapFree:      20476 kB
```

Sous MemTotal est indiquée la mémoire vive disponible, en l'occurrence environ 63 Mo. La taille
de la zone d'échange en cours peut être lue sous SwapTotal. Elle est ici de 20 Mo. Vous disposez
ainsi de 83 Mo de mémoire au total. Après l'ajout de la nouvelle partition, la zone d'échange passe
à 93 Mo environ.

```
total:     used:     free:  shared: buffers:  cached:
Mem:   64827392 60571648  4255744 69718016  1777664 29245440
Swap: 95399936         0 95399936
MemTotal:      63308 kB
MemFree:        4156 kB
MemShared:     68084 kB
Buffers:        1736 kB
Cached:        28560 kB
```

```
SwapTotal:    93164 kB
SwapFree:     93164 kB
```

Pour que la partition soit ajoutée systématiquement à chaque démarrage du système, il convient d'ajouter une ligne dans le fichier */etc/fstab*. Utilisez, à cet effet, le programme Linuxconf.

Préparation de la partition avec Diskdrake

Vous pouvez également créer la partition de swap à l'aide de l'outil Diskdrake développé par Mandrake. Ouvrez le centre de contrôle Mandrake.

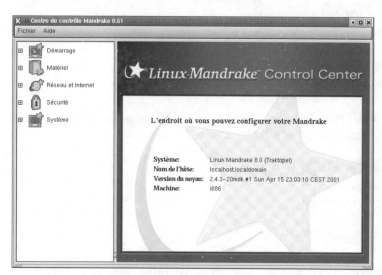

Fig. 8.1 :
Écran d'accueil du centre de contrôle

Développez le menu **Matériel > Matériel** situé dans le panneau gauche de l'écran d'accueil. Développez l'entrée *Disks* qui apparaît alors dans le panneau droit. Sélectionnez votre disque dur (ici un modèle fabriqué par Fujitsu).

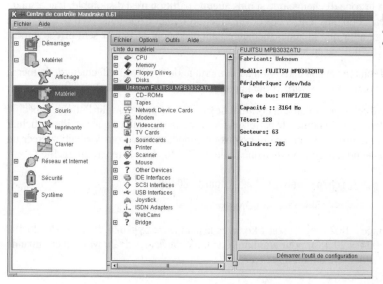

Fig. 8.2 :
Sélection du disque dur

Cliquez ensuite sur le bouton **Démarrer l'outil de configuration**.

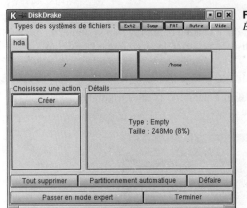

Fig. 8.3 :
État des partitions

Cliquez sur l'onglet **Vide**. Pointez la zone symbolisant l'espace libre dans la représentation graphique de l'espace disque. Cliquez sur le bouton **Créer**.

Fig. 8.4 :
Propriétés de la partition de swap

Précisez la taille de la partition en mégaoctets. Elle sera du type `Linux swap`. Cliquez finalement sur le bouton **Formater**.

Créer un fichier d'échange

N'ajoutez un fichier à la zone d'échange que si plus aucune partition n'est disponible. L'accès à un fichier est en effet beaucoup plus lent. Vous devez créer un fichier d'une taille bien définie. C'est la seule manière de garantir que la zone d'échange annoncée pour le fichier sera effectivement disponible et pourra être utilisée en toutes circonstances.

L'ajout d'un fichier d'échange et son activation au démarrage du système s'effectuent de la même manière que pour une partition de swap. Toute la procédure est expliquée pas à pas ci-après.

Pour créer un fichier d'échange, utilisez la commande ci-dessous pour remplir le fichier spécifié avec des octets de valeur zéro du fichier de périphérique */dev/zero*, jusqu'à ce que la taille de fichier souhaitée soit atteinte. Utilisez la syntaxe ci-dessous en supposant que vous souhaitiez créer un fichier d'échange sous le nom *FichierSwap* d'une taille de 20 Mo, dans le répertoire racine */*.

```
dd if=/dev/zero of=/FichierSwap bs=1024 count=20480
sync
```

La taille de bloc est fixée à 1 024 octets, soit 1 ko, avec le paramètre bs=1024. Il faut écrire 20 480 de ces blocs (20 x 1 024 = 20 480) pour atteindre une taille de fichier de 20 Mo. La commande sync garantit que le fichier sera entièrement créé.

Formater un fichier d'échange

La commande mkswap doit ensuite être appliquée au fichier d'échange, comme à la partition de swap, pour créer une structure interne. Le nombre de blocs de la commande dd précédente doit cependant, cette fois, être spécifié.

```
mkswap -c /FichierSwap 20480
sync
```

Activer un fichier d'échange

Pour ajouter le fichier d'échange à la zone de swap existante, utilisez la commande swapon /FichierSwap. Dans ce cas aussi, une ligne doit être ajoutée au fichier /etc/fstab, pour que le fichier d'échange soit activé à chaque démarrage du système.

8.5   Gestion des lecteurs avec Linuxconf

 LlinuxconfLe programme de configuration de Mandrake, Linuxconf, vous vient en aide aussi pour la gestion des lecteurs. Il vous permet, plus précisément, de créer les lignes nécessaires dans le fichier /etc/fstab. Ces inscriptions simplifient considérablement l'utilisation de la commande mount. Il suffit ensuite d'indiquer à quel lecteur vous voulez accéder. Mais vous pouvez également indiquer uniquement le répertoire par le biais duquel le lien est créé. Toutes les autres informations sont lues dans le fichier /etc/fstab par le programme Mount.

Le contenu du fichier /etc/fstab a une signification plus importante encore pour le démarrage du système. Il y est indiqué quels lecteurs doivent être intégrés dans l'arborescence des répertoires de Linux et rendus accessibles dès le démarrage du système. Les zones de swap (les partitions et fichiers d'échange) qui doivent être activées lors du démarrage du système sont également inscrites dans ce fichier.

Administrer les lecteurs

En tant qu'utilisateur root, vous pouvez accéder aux programmes de configuration en mode X par la commande **linuxconf**. La fenêtre représentée dans l'illustration suivante s'affiche alors. Elle comporte une liste de paramètres dans le volet gauche. Activez l'option *Systèmes de fichiers*.

Le programme Linuxconf peut également être démarré dans une fenêtre console et commandé à l'aide du clavier. Nous ne vous présentons que la variante X-Window dans cet ouvrage, mais vous trouverez les mêmes commandes dans la version texte.

Intégration de différents lecteurs

Dans nos précédentes explications, il était toujours question de la commande mount pour intégrer des lecteurs locaux. Ces inscriptions peuvent s'effectuer à l'aide de la commande **Accéder au disque local**, tandis que celles qui concernent les partitions et fichiers d'échange se font à l'aide de la commande **Configurer les partitions et fichiers d'échange**.

Il est également possible d'intégrer des lecteurs réseau à l'aide de la commande **Accéder au volume nfs**. L'intégration est réalisée dans ce cas par le biais de Network File System (NFS), comme c'est habituellement le cas sous Unix. Dans la commande mount, on spécifiera, dans ce cas, le paramètre nfs comme système de fichiers, et, à la place d'un fichier de périphérique, on indiquera le nœud de réseau et le répertoire de cet ordinateur sous lequel ce lecteur sera accessible. À ces différences près, la mise en œuvre des commandes mount et umount ne varie pas. On peut ainsi inscrire dans le fichier */etc/fstab* les lecteurs réseau avec lesquels une association doit être établie au démarrage du système.

Par *disk quota*, on entend la possibilité de définir une valeur maximale pour l'espace pouvant être alloué à un utilisateur sur un lecteur. La prise en charge de cette fonction doit être activée dans le noyau de Linux. Elle peut alors être configurée ici à l'aide de la commande **Fixer les quota par défaut**.

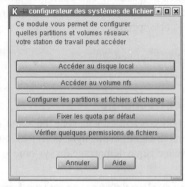

Fig. 8.5 :
Fenêtre de configuration des lecteurs locaux ainsi que des fichiers et partitions d'échange

L'option Accéder au disque local

Lorsque vous choisissez la commande **Accéder au disque local**, un tableau contenant la liste des lecteurs déjà configurés s'affiche. Dans les trois premières colonnes figurent les paramètres déjà utilisés avec la commande mount. Le fichier de périphérique est indiqué dans la colonne *Source*, le répertoire associé (le point de montage) sous *Point de montage*, et le système de fichiers du lecteur sous *Type fs*.

Les informations des deux dernières colonnes découlent du mode de partitionnement du support et ne peuvent pas être modifiées. Dans cet exemple, le système de fichiers standard ext2 est utilisé sur la partition système */dev/hda1*. Aucune disquette, ni CD-Rom ne se trouvent pour le moment dans le premier lecteur de disquette */dev/fd0*, ni dans le lecteur de CD-Rom */dev/cdrom*.

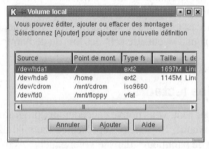

Fig. 8.6 :
Liste des lecteurs configurés

C'est la raison pour laquelle aucune capacité n'est indiquée pour ces lecteurs.

Édition et création de définitions

En cliquant sur une définition, vous ouvrez une fenêtre dans laquelle vous pouvez éditer les paramètres du lecteur correspondant. Cliquez sur le bouton **Ajouter** pour créer une nouvelle entrée. La même fenêtre s'affiche pour la création ou la modification.

Paramètres de base

Sous l'onglet **Base**, vous pouvez effectuer les configurations nécessaires pour la commande mount. Les lecteurs disponibles sont déterminés automatiquement et mis à disposition sur la liste déroulante *Partition*. Le cas échéant, les lecteurs qui manquent peuvent être inscrits manuellement.

Le système de fichiers peut être sélectionné sur la liste déroulante *Type*. Le point de montage doit être inscrit manuellement dans la zone de saisie *Point de montage*. Si le répertoire que vous spécifiez n'existe pas encore, il est créé automatiquement après confirmation de votre part.

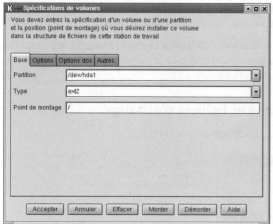

Fig. 8.7 :
La partition /dev/hda1 est formatée avec le système de fichiers ext2 et accessible par le répertoire /

Paramètres avancés

Sous l'onglet **Options**, vous pouvez définir des paramètres qui n'ont pas encore été décrits jusqu'à présent. Ils peuvent, en principe, également être spécifiés comme arguments de la commande mount, mais c'est certainement plus facile dans cette version graphique.

L'accès en lecture seule est défini impérativement pour les CD-Rom avec l'option *Lecture seule*, puisqu'il est impossible d'écrire des données sur ce type de support. Vous pouvez cependant aussi interdire l'écriture sur d'autres lecteurs de votre choix, avec cette même option.

Avec l'option *montable par un utilisateur*, vous décidez si tous les utilisateurs ont l'autorisation d'activer les commandes mount et umount pour ce lecteur. Ce privilège est normalement réservé à l'administrateur, à l'exception des lecteurs de supports amovibles tels que les disquettes, CD-Rom ou disquettes ZIP, que chaque utilisateur devrait pouvoir introduire et retirer des lecteurs correspondants.

L'option *Pas monté au démarrage* détermine qu'il n'y aura pas d'intégration automatique du lecteur lors du démarrage du système. Le montage automatique des lecteurs à supports amovibles, notamment, provoque des messages d'erreur et ralentit le démarrage lorsqu'il n'y a pas de disquette ou de CD-Rom dans le lecteur. Cette option devrait par conséquent être activée pour tous les lecteurs de ce type.

Les options *Pas de programme autorisé à l'exécution*, *Pas de fichiers de périph. spéciaux* et *Pas de programme setuid autorisé* permettent d'interdire l'exécution sur ce lecteur de certains programmes présentant un risque potentiel pour la sécurité du système Linux. C'est le cas lorsqu'un utilisateur normal peut accéder aux droits de l'administrateur. Activez l'aide à ce sujet en cliquant sur le bouton **Aide**.

L'espace alloué à un utilisateur ou à un groupe d'utilisateurs peut être limité avec les options *Quota utilisateur activé* et *Quota de groupe activé*.

La valeur que vous entrez dans la zone de saisie *fréquence de dump* détermine la fréquence des sauvegardes. La valeur 0 signifie qu'il ne doit pas y avoir de sauvegarde.

En ce qui concerne l'option *priorité fsck*, il convient de préciser que la commande fsck permet de contrôler un lecteur pour vérifier qu'il ne comporte pas d'erreurs. Une telle vérification est effectuée à chaque fois que le système Linux n'a pas été arrêté dans les règles de l'art, par exemple à la suite d'une coupure de courant. Elle est également exécutée automatiquement après un certain nombre de démarrages. La commande fsck peut, en outre, être exécutée directement, à votre initiative.

Indiquez, dans la zone de saisie *priorité fsck*, la priorité du lecteur en ce qui concerne les contrôles. La valeur 1 est généralement attribuée à la partition système, et la valeur 2 à toutes les autres. La valeur 0 signifie qu'aucun contrôle ne doit être effectué.

L'option Configurer les partitions et fichiers d'échange

Cette commande affiche une liste des zones d'échange avec leur taille.

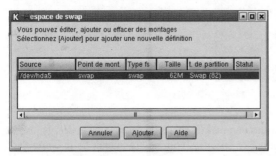

Fig. 8.8 :
Affichage des zones d'échange exploitées

La structure du tableau ressemble à celle de la commande précédente. Le système de fichiers et le point de montage sont cependant imposés dans ce cas, et ces paramètres ne peuvent donc pas être utilisés comme avec la commande mount. C'est la commande swapon qui doit, en l'occurrence, être utilisée.

Pour ajouter une nouvelle zone d'échange, cliquez sur le bouton **Ajouter**. Une liste de toutes les partitions de swap s'affiche. Vous devez y sélectionner celle que vous voulez activer au prochain démarrage du système.

Un candidat potentiel pour un fichier de swap ne peut naturellement pas être identifié automatiquement. Un tel fichier peut toutefois être inscrit manuellement.

Après la définition d'une nouvelle zone d'échange, celle-ci est également affichée sur la liste. Dans notre exemple, c'est le fichier d'échange *FichierSwap* que nous avons créé précédemment.

8.6   Le programme d'archivage Tar

Le terme "tar" est la contraction de *tape archiver*. Ce programme est essentiellement utilisé pour la création de sauvegardes, en particulier sur des lecteurs de bandes. Pendant très longtemps, et encore à l'heure actuelle, les archives logicielles pour l'installation de Linux ont été fournies dans ce format. La plupart des packages Linux disponibles sur Internet sont encore proposés sous cette forme. Et, même en décompressant une archive source RPM, vous risquez de tomber sur des archives tar. En un mot, il est toujours utile de savoir manipuler ces archives.

Les paramètres pouvant être utilisés avec ce programme sont assez nombreux, si bien que l'on peut l'utiliser même pour des tâches très complexes. Pour vous donner une idée du principe fondamental de l'utilisation de ce programme, nous allons d'abord vous présenter les paramètres les plus importants avec lesquels vous pourrez mener à bien les tâches les plus caractéristiques.

Création d'archives tar

Le programme est un outil pratique lorsqu'il s'agit d'archiver une branche complète de l'arborescence. Supposons que vous souhaitiez archiver le contenu du répertoire *MonRepertoire*, qui se trouve sous */home/user/MonRepertoire* dans l'arborescence. Procédez de la façon suivante :

1 Avec la commande `cd /home/user`, placez-vous dans le répertoire contenant *MonRepertoire*, en l'occurrence */home/user*.

2 Choisissez un nom d'archive. Il se termine habituellement par l'extension *.tar*, bien que ce ne soit nullement obligatoire. Dans notre exemple, nous utilisons le nom *MonRepertoire.tar*.

3 Utilisez la commande ci-dessous pour créer l'archive. Le paramètre c signifie ici *create* et f signifie *file*. Après le paramètre f est indiqué le nom de l'archive à créer. Par la suite, ce paramètre sera toujours le dernier, suivi du nom de l'archive.

```
tar -cf MonRepertoire.tar MonRepertoire/
```

Si vous procédez ainsi, lors de l'extraction, le répertoire *MonRepertoire* sera créé à nouveau et les fichiers seront reconstruits dans ce répertoire. La plupart des archives tar sont construites de cette manière.

Chemins absolus

Si, en revanche, vous indiquez le chemin absolu lors de la création de l'archive, celle-ci sera à nouveau extraite au même endroit. Dans ce cas, la commande à utiliser est la suivante.

```
tar -cf MonRepertoire.tar /home/user/MonRepertoire/
```

Archiver des contenus de répertoires

Si vous ne souhaitez pas inclure des noms de répertoire dans l'archive, utilisez la commande cd pour passer dans le répertoire à archiver.

Dans notre exemple :

```
cd /home/user/MonRepertoire
```

La commande ci-dessous archive ensuite la totalité du contenu (*) du répertoire. S'il contient des sous-répertoires, ceux-ci sont inclus dans l'archive avec leur contenu.

```
tar -cf MonRepertoire.tar *
```

Aucun répertoire n'est créé lors de l'extraction. Tous les fichiers sont copiés dans le répertoire courant.

Consulter des contenus d'archives

Vous avez appris ci-dessus que des archives peuvent être créées avec ou sans indication de chemin. L'expérience montre qu'il arrive très fréquemment que, lors de l'extraction du contenu d'une archive, des fichiers soient copiés à un endroit de l'arborescence où l'on ne souhaite normalement pas les trouver. Dans l'avant-dernier cas, des fichiers peuvent être remplacés dans le répertoire spécifié par le chemin absolu. Dans le dernier cas, des centaines de fichiers sont extraits et copiés dans le répertoire courant où l'on ne désire pas forcément les placer. Vous devez alors rechercher, parmi la multitude de fichiers, ceux qui se trouvaient initialement dans ce répertoire. Nous ne saurions donc trop vous recommander de consulter le contenu d'une archive avant d'en extraire des fichiers.

Contenu d'archives tar

Vous pouvez consulter le contenu d'une archive tar à l'aide de la commande ci-dessous. Le paramètre t signifie *table* (répertoire).

```
tar -tf MonRepertoire.tar
```

Si le répertoire *MonRepertoire* est créé lors de l'extraction, vous obtenez un affichage semblable à celui-ci.

```
MonRepertoire/
MonRepertoire/a.txt
MonRepertoire/b.txt
MonRepertoire/c.txt
```

Si aucun répertoire n'est créé lors de l'extraction, l'affichage ressemble à ceci.

```
a.txt
b.txt
c.txt
```

Extraire des archives tar

Si aucune indication de chemin ne figure dans l'archive tar, le contenu de l'archive est extrait dans le répertoire courant. Normalement, vous créerez à cette occasion un répertoire dans lequel seront copiés les fichiers. Utilisez à cet effet la commande mkdir et placez-vous dans le répertoire nouvellement créé avant de procéder à l'extraction.

```
mkdir MonRepertoire
cd MonRepertoire
```

La commande ci-dessous est à utiliser pour l'extraction ; le paramètre x signifie *extract*.

```
tar -xf MonRepertoire.tar
```

Archive tar compressée

Il est souvent judicieux de réduire la taille de l'archive. Un programme de compression peut lui être appliqué à cet effet. On utilise généralement le programme Gzip qui est décrit à la section suivante. Il ajoute l'extension *.gz* derrière le nom de l'archive. Le fichier archive de notre exemple deviendrait ainsi *MonRepertoire.tar.gz*. L'extension *.tar.gz* est aussi abrégée parfois en *.tgz*.

La commande tar prend en charge la compression directe lors de l'archivage et la décompression lors de l'extraction, grâce au paramètre z. Si vous voulez bénéficier de cette fonction, utilisez les variantes ci-après des commandes présentées précédemment.

```
tar -czf MonRepertoire.tgz MonRepertoire/
tar -tzf MonRepertoire.tgz
```

```
tar -xzf MonRepertoire.tgz
```

Affichage détaillé

Le paramètre v (*verbose*) est également intéressant. Il produit des affichages plus détaillés de la part de la commande tar. Les fichiers sont affichés au fur et à mesure qu'ils sont ajoutés à l'archive ou qu'ils en sont extraits et, lorsque vous consultez le contenu de l'archive, vous pouvez aussi prendre connaissance des attributs de fichiers.

Archives sur disquettes

Les disquettes sont encore un moyen de "transport" relativement prisé. Mais le volume de données est parfois tel que même une archive compressée est encore trop grande pour tenir sur une seule disquette. Grâce à un petit artifice, il est possible de répartir une archive sur plusieurs disquettes.

L'écriture sur disquettes peut être activée à l'aide d'un paramètre. Le programme Tar exige cependant d'exécuter un programme lors du changement de disquette et ce fichier de programme doit être spécifié. Un tel programme doit d'abord être créé.

Changer de disquette

Nous allons écrire à cet effet un tout petit programme, appelé aussi *shell script*. Entrez les lignes ci-dessous dans n'importe quel éditeur de votre choix. Enregistrez le texte dans votre répertoire */home* en l'appelant par exemple *ChangeDisquette*. Dans une ligne de commande, vous pourrez ainsi spécifier ce fichier dans sa forme abrégée *~/ChangeDisquette*.

```
echo "Veuillez introduire la disquette suivante"
echo "et appuyer sur la touche <Entrée> !"
read
```

Ce programme affiche à l'écran le texte "Veuillez introduire la disquette suivante et appuyer sur la touche <Entrée> !" et attend une frappe de la touche [Entrée]. Les attributs du fichier doivent être modifiés de la façon suivante afin qu'il devienne exécutable.

```
chmod 777 ~/ChangeDisquette
```

Création d'une archive sur disquettes

La commande tar peut générer une archive en spécifiant un fichier de programme à l'aide du paramètre F. Au lieu du nom d'archive, c'est le fichier de périphérique du lecteur de disquette qui est utilisé, soit */dev/fd0* pour le premier et */dev/fd1* pour le second lecteur. La commande à employer pour le premier lecteur de disquette est la suivante.

```
tar -cvF ./ChangeDisquette  -f /dev/fd0 MonRepertoire
```

Lorsqu'une disquette est pleine, le programme ChangeDisquette est activé et le texte correspondant s'affiche. Vous devez alors remplacer la disquette, puis appuyer sur la touche [Entrée] pour mettre fin au programme. Le programme Tar poursuit alors la copie. Le programme est à nouveau exécuté lorsque la deuxième disquette est pleine, et ainsi de suite jusqu'à ce que l'archive soit entièrement copiée.

Info

Étiquetez dans l'ordre les disquettes d'archivage

La commande tar écrit directement sur la disquette sans utiliser aucun système de fichiers. Cela signifie que toutes les données se trouvant sur la disquette seront perdues. En outre, vous n'avez aucune possibilité de consulter le contenu d'une de ces disquettes par la suite. Il est donc impératif d'étiqueter les disquettes afin de pouvoir les relire dans le bon ordre ultérieurement.

Extraire une archive sur disquettes

Nous allons maintenant vous expliquer comment extraire une archive d'un jeu de disquettes. Utilisez la ligne de commande suivante à cet effet.

```
tar -xvF ./ChangeDisquette  -f /dev/fd0
```

La consultation de l'archive est possible également avec le paramètre t.

Lors de l'extraction aussi, le programme ChangeDisquette est activé pour vous inviter à remplacer la disquette. Si vous voulez réutiliser une telle disquette à d'autres fins, elle doit être formatée. La commande suivante permet de créer le système de fichiers DOS, par exemple.

```
mformat a:
```

Autres possibilités

La commande split offre une autre possibilité de répartir des archives sur plusieurs supports. La commande cat permet alors de reconstituer l'archive initiale à partir des différentes parties.

8.7   Le programme de compression Gzip

Parallèlement à Tar, voici un complément d'information sur l'utilitaire Gzip. Le programme Gzip permet de réduire l'espace disque nécessaire pour un fichier en compressant celui-ci. Le fichier compressé est inutilisable tel quel. Il doit d'abord être décompressé pour retrouver son état initial. Gzip utilise l'algorithme Lempel Ziv pour la compression.

Compression de fichiers

Pour compresser un fichier, utilisez la commande gzip en spécifiant comme argument le nom de ce fichier.

```
gzip fichier
```

Le fichier d'origine est alors remplacé par la version compressée et l'extension *.gz* est automatiquement ajoutée. Le programme ne peut pas être appliqué à des liens. Ceux-ci peuvent cependant être archivés à l'aide du programme Tar et compressés ensuite. Pour compresser des répertoires, vous devrez également passer au préalable par Tar.

Des paramètres permettent d'intervenir sur la vitesse de compression et sur la taille du fichier. Avec l'option --fast, la compression est assez rapide, mais le fichier est en général plus volumineux, tandis qu'avec l'option --best le taux de compression est meilleur, mais l'opération dure plus longtemps. La commande ci-après génère la plus petite archive possible, la compression durant un peu plus longtemps que la moyenne.

```
gzip --best fichier
```

Gzip ne contrôle pas si le fichier compressé est plus volumineux que l'original. Celui-ci est systématiquement remplacé par la version compressée. En général, la taille de fichier n'augmente pas, bien au contraire. Vous ne risquez d'obtenir un fichier plus gros que l'original que dans le cas où vous tentez de compresser une nouvelle fois un fichier qui a déjà été compressé.

Décompression de fichiers

La commande `gunzip` permet de décompresser les fichiers. Ce programme s'emploie de la même manière que Gzip.

```
gunzip fichier.gz
```

Vous pouvez cependant aussi employer la commande `gzip -d`. Dans les deux cas, le fichier d'origine est remplacé, et l'extension *.gz* est retirée du nom de fichier.

Les programmes Gzip et Gunzip sont également capables de décompresser les fichiers générés par les programmes Zip, Compress et Pack, qui sont aussi des programmes de compression.

Ils réagissent donc aussi aux extensions *-gz, .z, -z, _z* et *.Z* en plus de *.gz*. Les extensions *.tgz* et *.taz* sont utilisées pour les archives tar compressées qui devraient normalement se terminer par *.tar.gz* ou *.tar.Z*.

8.8   Le programme de compression Bzip2

Le programme Bzip2 exécute la même opération que le programme Gzip : il compresse des fichiers. Toutefois, le taux de compression est généralement supérieur à celui qui est obtenu avec Gzip. L'utilisation des deux programmes est identique. La commande `bzip2 fichier` compresse le fichier, qui reçoit alors l'extension *.bz2*. La commande `bunzip2 fichier.bz2` décompresse le fichier compressé et restitue le fichier de départ.

Selon ce procédé, les archives peuvent se voir attribuer l'extension de fichier *.tar.bz2* (outre le format standard *tar.gz*). Malheureusement, il n'existe à ce jour aucune option pour la commande `tar` avec laquelle vous pourriez décompresser une archive *tar.bz2*.

Dans le cas des archives compressées Gzip, vous pouvez utiliser la commande suivante.

```
tar -xzf paquet.tar.gz
```

Elle résume les deux commandes suivantes.

```
gunzip paquet.tar.gz; tar -xf paquet.tar
```

Dans le cas des archives *tar.bzip2*, deux commandes sont toujours nécessaires.

```
bunzip2 paquet.tar.bz2; tar -xf paquet.tar
```

Si vous ne trouvez pas les deux programmes Bzip2 et Bunzip2, c'est que votre pack Bzip2 n'est pas installé. Ce pack se trouve sur le CD-Rom et se nomme *./Mandrake/RPMS/ bzip2-1.0.1-10mdk.i586.rpm*.

La série de commandes nécessaire à l'installation (en tant qu'administrateur root) est la suivante.

```
mount /mnt/cdrom
```

```
rpm -i /mnt/cdrom/Mandrake/RPMS/bzip2-1.0.1-10mdk.i586.rpm
```

8.9   Émulation DOS et Windows

Nombreux sont les utilisateurs de Linux qui profitent de la possibilité de travailler alternativement avec plusieurs systèmes d'exploitation, grâce à un gestionnaire d'amorçage. Pour vous épargner les fréquents redémarrages de l'ordinateur que cela suppose, vous pouvez aussi utiliser des émulateurs qui permettent d'exécuter sous Linux des programmes d'autres systèmes d'exploitation.

Wine contre Wabi

Pour l'émulation de Microsoft Windows, vous avez le choix entre deux solutions. La première est proposée par Caldera, avec son produit commercial Wabi 2.2, qui exige, pour l'installation, qu'une version originale de Windows 3.1/3.11 soit présente. Wabi fonctionne de manière très stable sous la plupart des versions de Linux et permet d'installer un grand nombre de programmes Windows, simplement en exécutant le programme d'installation à partir du gestionnaire de programmes ou de fichiers. Vous ne pourrez cependant exécuter que des programmes Windows 3.1 et 3.11. Ceux qui sont conçus pour Windows 95/NT, par exemple Word 95, ne sont pas pris en charge. Ils ne le sont d'ailleurs pas davantage sous le vrai Windows 3.1.

Le projet Wine suit une autre voie (l'abréviation peut avoir deux origines : *WINdows Emulator* ou *Wine Is Not an Emulator*). Il n'exige pas de Windows original, car tous les composants Windows nécessaires sont émulés. Contrairement à Wabi, vous ne lancez pas une "session Windows" dans le Gestionnaire de programmes, mais laissez à Wine le soin d'exécuter les différents programmes Windows. L'avantage est que chaque programme Windows s'exécute dans un environnement spécifique avec une zone de mémoire séparée, le blocage d'un programme ne pouvant pas, de ce fait, entraîner l'arrêt d'autres programmes Windows. Avec Wabi, les blocages provoquent les mêmes problèmes que sous le Windows original : dans le pire des cas, c'est toute la session Windows qui se bloque, y compris tous les programmes qui ne sont pas responsables et leurs fichiers ouverts.

Inernet @

Le projet Wine

Le site officiel de Wine peut être consulté à l'adresse http://www.winehq.com/.

Installer Wine

Info

Version Alpha de Wine !

Wine, contrairement à Wabi, se trouve encore à un stade très précoce de son développement (version Alpha !) et il n'est pas encore en mesure d'exécuter sans erreur des programmes importants. Attendez-vous à ce que certains programmes Windows se bloquent dans Wine sans qu'il soit possible d'enregistrer leurs données. Pour protéger votre installation Linux, n'exécutez pas Wine en tant qu'utilisateur root : autorisez-le à accéder uniquement à des sous-répertoires réservés aux données Wine.

Considérez Wine, pour le moment, comme un intéressant exercice de style. Pour une utilisation régulière de programmes Windows sous Linux, mieux vaut envisager l'achat d'une licence Wabi.

Vous avez deux possibilités pour installer Wine :

▶   Vous pouvez télécharger l'archive RPM correspondante, qui porte un nom analogue à *wine-20010305-1mdk.i586.rpm*.

▶ Vous pouvez utiliser un fichier *.tar.gz* avec les textes sources Wine, par exemple *Wine-20010305.tar.gz* ou la version la plus récente que vous trouverez sur Internet. Consultez les adresses des miroirs sur le site officiel.

Placez-vous dans le répertoire à partir duquel vous installez habituellement vos nouveaux programmes (par exemple */usr/local/src*) et décompressez l'archive avec la commande suivante.

```
tar -xzf [Chemin]/Wine-[Version].tar.gz
```

Un nouveau répertoire */usr/local/src/wine[Version]* est créé et vous pouvez vous y rendre. Avant la compilation, il convient de contrôler quelques paramètres de votre système. Cela peut être fait avec la commande ./configure. Wine peut ensuite être compilé avec la commande make depend; make. Si la compilation se termine sans incident, vous pouvez installer Wine avec make install. Des fichiers sont alors copiés dans les répertoires */usr/local/lib*, */usr/local/bin* (qui contient le fichier exécutable *wine*), */usr/local/include/wine* et */usr/local/man/man1*.

De plus, un fichier */usr/local/etc/wine.conf* ou un fichier *.winerc* doit être créé dans votre répertoire *home*. Un exemple d'un tel fichier, construit au format *.ini* de Windows, se trouve sous le nom *wine.ini* dans le répertoire d'installation. Voici son contenu.

```
;;
;; MS-DOS drives configuration
;;
;; Each section has the following format:
;; [Drive X]
;; Path=xxx        (Unix path for drive root)
;; Type=xxx        (supported types are 'floppy', 'hd',
;; 'cdrom' and 'network')
;; Label=xxx       (drive label, at most 11 characters)
;; Serial=xxx      (serial number, 8 characters hexadecimal number)
;; Filesystem=xxx (supported types are 'msdos','win95','unix')
;; Device=/dev/xx (only if you want to allow raw device access)
;;
[Drive A]
Path=/mnt/fd0
Type=floppy
Label=Floppy
Serial=87654321
Device=/dev/fd0

[Drive C]
Path=/c
Type=hd
Label=MS-DOS
Filesystem=msdos

[Drive D]
Path=/cdrom
Type=cdrom
Label=CD-Rom
```

```
[Drive E]
Path=/tmp
Type=hd
Label=Tmp Drive

[Drive F]
Path=${HOME}
Type=network
Label=Home
Filesystem=unix

[wine]
Windows=c:\windows
System=c:\windows\system
Temp=e:\
Path=c:\windows;c:\windows\system;e:\;e:\test;f:\
SymbolTableFile=./wine.sym

[options]
AllocSystemColors=100

[fonts]
 ;Read documentation/fonts before adding aliases
Resolution = 96
Default = -adobe-times-

[serialports]
Com1=/dev/cua0
Com2=/dev/cua1
Com3=/dev/modem,38400
Com4=/dev/modem

[parallelports]
Lpt1=/dev/lp0
[spooler]
LPT1:=|lpr
LPT2:=|gs -sDEVICE=bj200 -sOutputFile=/tmp/fred -q -
LPT3:=/dev/lp3

[ports]
 ;read=0x779,0x379,0x280-0x2a0
 ;write=0x779,0x379,0x280-0x2a0

[spy]
Exclude=WM_SIZE;WM_TIMER;
```

Au début de ce fichier figurent des affectations de lettres de lecteurs à certains répertoires : vous devez les adapter à votre situation, en remplaçant par exemple */c* par */mnt/dosc*, si vous avez monté une partition DOS sous */mnt/dosc*. Vous devez ensuite définir des valeurs pour les variables Windows, System et Temp, par exemple Windows=d:\windows et System=d:\windows\system, si vous avez installé une version de Windows sous *[chemin]/windows, d:* étant dans ce cas le chemin. Si vous n'avez pas installé Windows, vous devez créer à un endroit quelconque un répertoire *Windows* avec un sous-répertoire *System*. Dans ce cas, vous avez besoin d'un fichier *win.ini* "cohérent", que vous pouvez récupérer d'un autre système Windows 3.1/3.11 et copier dans le répertoire *Windows*.

Vous pouvez ensuite exécuter des programmes Windows avec la commande suivante.

```
wine [chemin]/[program].exe
```

Voici, par exemple, la commande permettant de démarrer le jeu de cartes Solitaire.

```
wine /mnt/dosd/windows/sol.exe
```

Wine est capable de gérer un certain nombre de paramètres de lancement pour adapter son exécution. Pour commencer, la version de Windows à émuler peut être indiquée avec le paramètre -winver.

```
-winver win31   pour Windows 3.1/3.11
-winver win95   pour Windows 95
-winver nt351   pour NT 3.51
-winver nt40    pour NT 4.0
```

Un lancement du Solitaire en mode d'émulation de NT 4.0 aurait donc cette forme.

```
wine -winver nt40 /mnt/dosd/windows/sol.exe
```

Wine dote les fenêtres Windows de leur propre bordure, semblable à celle que l'on trouve également sous Windows 3.1. Vous pouvez cependant demander que le gestionnaire de fenêtres X soit utilisé. Les fenêtres Wine possèdent alors les mêmes bordures et éléments de commande que les autres fenêtres X. Utilisez à cet effet le paramètre -managed. Les paramètres peuvent, bien entendu, être combinés.

```
wine -winver nt40 -managed /mnt/dosd/windows/sol.exe
```

À la place du chemin */mnt/dosd/...*, vous pouvez aussi indiquer un chemin avec une lettre de lecteur, conformément à la syntaxe Windows, en utilisant la barre oblique inversée comme séparateur (en fonction des informations contenues dans *wine.conf* ou *.winerc*). Vous devez cependant remplacer la barre oblique inversée simple (\) par une double barre (\\), sinon le shell interprètera le signe \ comme un caractère spécial. Dans cette notation, la commande précédente se présente ainsi.

```
wine -winver nt40 -managed d:\\windows\\sol.exe
```

En ce qui concerne le nom de fichier, notez que vous ne pouvez utiliser que des programmes qui se trouvent sur des partitions auxquelles a été affectée une lettre de lecteur, sinon vous obtenez un message d'erreur indiquant que le chemin spécifié n'est pas accessible pour Wine. Vous n'êtes cependant pas obligé d'utiliser des partitions DOS : vous pouvez aussi travailler exclusivement avec des répertoires situés sur une partition ext2 si celle-ci est inscrite dans le fichier *wine.conf* (ou *.winerc*).

Vous obtenez une liste de tous les paramètres possibles en activant la commande wine sans argument ou en consultant la page d'aide (man wine) qui contient également une description du format *wine.conf*.

Sur Internet, à l'adresse http://www.winehq.com/Apps/query.cgi, vous trouverez une liste de tous les programmes Windows qui ont déjà passé avec succès un test de fonctionnement avec Wine.

Émulation DOS avec Dosemu

L'émulateur DOS Dosemu n'émule pas réellement MS-DOS, mais plutôt un PC (386) complet amorcé avec MS-DOS ou un autre DOS. Il comporte cependant de nombreuses restrictions par rapport aux produits plus élaborés que sont MS-DOS ou DR DOS. Lors de nos tests, FreeDOS (c'est ainsi que s'appelle la variante libre) a provoqué un tel nombre de blocages qu'il n'est guère envisageable d'en recommander l'utilisation dans l'état actuel de son développement. Installez plutôt une autre version DOS (par exemple MS-DOS ou DR DOS de Caldera) si vous envisagez de travailler avec des programmes DOS sous Linux.

Dosemu est également configuré dans un fichier du répertoire */etc*. Ce fichier s'appelle */etc/dosemu.conf*, et vous ne devriez le modifier qu'après une lecture attentive de l'aide (man dos). Il est assez long, c'est la raison pour laquelle nous ne le reproduisons pas dans ce livre. Il existe également un fichier nommé */etc/dosemu.users* contenant la liste de tous les utilisateurs autorisés à activer dosemu.

Sous X-Window, Dosemu se démarre avec la commande **xdos**, dans une fenêtre console avec dos.

Conseil

Utiliser dosemu avec MS-DOS 7.0 (Windows 95)

Notez bien que, si vous utilisez MS-DOS 7.0 contenu dans Windows 95 (à la place de DOS-C/FreeDOS), vous devez appuyer sur la touche [F8] immédiatement après le démarrage et choisir l'option *Ligne de commande uniquement*, sinon le programme tente de démarrer l'interface graphique de Windows 95, ce qui n'est pas possible dans l'émulateur. Vous pouvez vous dispenser d'appuyer chaque fois sur [F8] en supprimant le caractère # devant la ligne suivante dans */etc/dosemu.conf* : une frappe de la touche [F8] est alors simulée automatiquement à chaque démarrage de DOS.

```
# keystroke "\F8;"
```

Les programmes DOS en mode texte, comme l'éditeur DOS, une réplique de Norton Commander (DCC), et même l'utilitaire de diagnostic système MSD, fonctionnent sans problème. En cas d'activation depuis une fenêtre console, vous pouvez même exécuter des programmes DOS graphiques. Des modifications dans le fichier */etc/dosemu.conf* sont cependant nécessaires dans ce cas : le caractère # doit être supprimé dans cette ligne.

```
# allowvideoportaccess on
```

Par ailleurs, la ligne suivante doit être transformée en commentaire par l'ajout d'un # devant.

```
video {vga}
```

Une des autres lignes commençant par video doit en revanche être activée. Sur notre ordinateur, il s'agit de la ligne suivante.

```
video { vga  console  graphics  chipset s3  memsize 2048 }
```

À la suite de ces manipulations, nous avons pu faire fonctionner Cpcemu, l'émulateur CPC Schneider, dans l'émulateur DOS sous Linux ; un exemple intéressant de "double émulation".

Adaptez aussi Dosemu au clavier français.

Remplacez à cet effet la ligne

```
keyboard {  layout us  keybint on  rawkeyboard off  }
```

par

```
keyboard {  layout fr-latin1 keybint on  rawkeyboard on  }
```

Après la modification du mode vidéo, ne vous effrayez pas à la vue des messages d'initialisation de votre carte graphique apparaissant au démarrage de Dosemu : Linux n'est pas bloqué. L'émulation amorce simplement le PC en incluant l'initialisation de la carte graphique. Vous pouvez, à tout moment, basculer vers une autre fenêtre console avec [Ctrl]+[Alt]+[Fx], la même combinaison de touches qui vous permet aussi de changer de fenêtre console sous X-Window.

8.10   La commande file

Parfois, en explorant les répertoires, on tombe sur un fichier dont l'extension ne permet absolument pas de dire à quel programme ce fichier pourrait être associé. Le programme file est susceptible de vous renseigner dans ce cas. En une, deux ou trois étapes, il tente de déterminer des informations à propos du format de fichier.

Une première interrogation au niveau du système d'exploitation livre des informations fondamentales : s'agit-il d'un fichier ou d'un répertoire, d'un lien symbolique, d'un périphérique ou autre ?

Si un fichier a été détecté, le programme tente ensuite de déduire des informations quant à son type à partir de son contenu. Il utilise pour cela les *magic numbers*. Ces nombres magiques se trouvent dans le fichier */usr/share/magic/magic*. Les inscriptions suivantes servent par exemple à la reconnaissance des scripts bash.

```
# bash shell magic, from Peter Tobias (tobias@server.et-inf.fho-emden.de)
0        string    #!/bin/bash       Bourne-Again shell script text
0        string    #!\ /bin/bash     Bourne-Again shell script text
0        string    #!/usr/local/bin/bash   Bourne-Again shell script text
0        string    #!\ /usr/local/bin/bash Bourne-Again shell script text
```

Si un fichier texte est détecté, le programme tente en plus de reconnaître un langage de programmation.

La structure des lignes du fichier *magic* est la suivante : le premier chiffre (toujours un 0 dans notre exemple) indique l'offset, c'est-à-dire l'endroit dans le fichier à partir duquel une comparaison doit être effectuée. En deuxième et troisième position figure l'information recherchée : dans l'exemple, il s'agit des commentaires #!/bin/bash, etc., qui introduisent un script de shell bash. Le mot-clé string signifie qu'une chaîne de caractères est recherchée. Les espaces dans l'expression recherchée sont marqués par des \ afin que la fin de l'expression ne fasse aucun doute. Voici un autre exemple, celui des inscriptions correspondant à quelques programmes de Microsoft Office.

```
# Popular applications
2080     string   Microsoft\ Word\ 6.0\ Document   %s
0        belong   0x31be0000       Microsoft Word Document
2080     string   Microsoft\ Excel\ 5.0\ Worksheet            %s
0        belong   0x00001a00       Lotus 1-2-3
```

Mais le programme File est capable de faire mieux encore : si le format a été reconnu, il sait lire des informations supplémentaires dans le fichier. Sur l'exemple suivant, vous pouvez reconnaître aisément les inscriptions correspondant au format bmp pour les images Windows ou OS/2.

```
# PC bitmaps (OS/2, Windoze BMP files)  (Greg Roelofs, newt@uchicago.edu)
0        string   BM     PC bitmap data
>14      leshort   12     \b, OS/2 1.x format
>>18     leshort   x      \b, %d x
>>20     leshort   x      %d
>14      leshort   64     \b, OS/2 2.x format
>>18     leshort   x      \b, %d x
>>20     leshort   x      %d
>14      leshort   40     \b, Windows 3.x format
>>18     lelong    x      \b, %d x
>>22     lelong    x      %d x
>>28     leshort   x      %d
```

Le programme vérifie d'abord que le fichier commence par les deux caractères BM. Puis, il lit l'octet à la position 14 (le 15e octet du fichier, le premier se trouvant à la position 0). Si une des valeurs 12, 64 ou 40 est trouvée à cet endroit, le fichier est identifié comme étant du format OS/2 1.x, 2.x ou Windows 3.x. Les autres lignes lisent aux positions 18 et 20 (ou 18 et 22) les dimensions de l'image et, pour finir, à la position 28, la profondeur de couleur.

Le fichier *magic* contient des informations permettant d'identifier des systèmes de fichiers : si vous utilisez par exemple la commande head /dev/sdb6 > test.fs pour copier le début de votre partition Linux dans le fichier *test.fs* (*/dev/sdb6* devant être remplacé par le nom de périphérique d'une partition Linux ext2), vous obtenez le résultat suivant.

```
essai@client:/home/moi > file test.fs
test.fs: Linux/i386 ext2 filesystem
```

Chapitre 9

Intégration de nouveaux périphériques

III

D ans ce chapitre, nous vous expliquons comment procéder pour ajouter à votre ordinateur des composants matériels supplémentaires, par exemple un disque dur, un lecteur de CD-Rom ou un scanneur. Nous vous guidons pas à pas pour vous aider à intégrer parfaitement ces nouveaux périphériques.

9.1 Disques durs et lecteurs de CD-Rom

Disques durs

Le volume des données qui s'accumulent sur un ordinateur au fil du temps est souvent tel que, tôt ou tard, il devient indispensable d'ajouter un disque dur supplémentaire.

Avant de procéder au montage du nouveau disque, nous vous recommandons de créer une disquette de démarrage Linux, car, si le disque dur d'origine n'est plus le premier disque à l'issue de cette opération, vous n'aurez plus d'accès au gestionnaire de démarrage. Le CD-Rom d'installation Mandrake intègre un mode de sauvetage. Relancez votre système à partir du CD-Rom, pressez la touche ⌈F1⌋ puis tapez rescue à l'invite. Vous pouvez également créer une disquette de démarrage à moins que vous ne l'ayez déjà fait lors de la phase d'installation.

Création d'une disquette de démarrage Linux (mode console)

La disquette de démarrage contient essentiellement le noyau de Linux. Pour créer une disquette de démarrage, procédez ainsi :

1. Placez le CD-Rom d'installation Mandrake dans le lecteur et montez-le avec la commande suivante.

```
mount /mnt/cdrom
```

2. Placez une disquette formatée vierge dans le lecteur de disquette (plus précisément dans le lecteur a: si vous disposez de plusieurs lecteurs) et copiez l'image de la disquette de secours avec cette commande.

```
dd if=/mnt/cdrom/images/cdrom.img of=/dev/fd0
```

La commande dd copie l'entrée if vers la sortie of, /dev/fd0 étant le nom de périphérique de votre premier lecteur de disquette.

3 Imprimez le contenu du fichier */etc/fstab*. Tous les systèmes de fichiers utilisés par Linux sur vos disques durs y sont mentionnés, avec les points de montage correspondants. Utilisez la commande suivante pour l'impression.

```
lpr /etc/fstab
```

Vous êtes maintenant prêt. Arrêtez votre système Linux et montez le nouveau disque dur dans le boîtier.

Création d'une disquette de démarrage Linux (centre de contrôle)

La disquette de démarrage peut également être créée depuis le centre de contrôle Mandrake. Cliquez sur l'entrée **Disquette de démarrage** du menu **Démarrage**. Le panneau droit donne accès aux principales options de création de la disquette. Le périphérique sera */dev/fd0* si vous disposez d'un lecteur de disquettes. Le noyau par défaut porte le numéro *2.4.3-20mdk*. Insérez une disquette formatée, puis cliquez sur le bouton **Build the disk**.

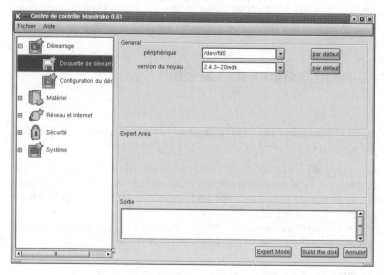

Fig. 9.1 :
Création d'une disquette de démarrage avec Drakfloppy

Installation d'un disque dur IDE

Si vous voulez ajouter un disque dur IDE sur un système comprenant déjà un ou plusieurs disques de ce type, nous vous recommandons de conserver l'ordre initial des disques.

Avant le montage d'un disque dur IDE, rappelez-vous qu'il doit être configuré à l'aide de cavaliers : comme disque simple (*single*) s'il se trouve seul sur un contrôleur ; mais comme maître (*master*) s'il est le premier de deux disques connectés à un même contrôleur, comme esclave (*slave*) s'il est le second disque connecté à un contrôleur. Si vous ajoutez un second disque sur un contrôleur qui n'en gérait qu'un jusqu'à présent, les deux doivent être configurés en conséquence : le premier (l'ancien) doit passer de simple à maître, et le second (le nouveau) doit être configuré en tant qu'esclave.

Si vous connectez le disque dur en solo au second contrôleur, vous devez le configurer en tant que disque simple.

Si vous connectez en même temps un disque dur et un lecteur de CD-Rom ATAPI sur un contrôleur, le disque dur devrait être configuré en maître et le lecteur de CD-Rom en esclave.

Inernet @

L'installation d'un disque dur en images

Le site ZDNet France consacre une page pratique largement illustrée à l'installation d'un nouveau disque dur.

http://www.zdnet.fr/prat/guide/mate/a0015524.html

De cette manière, le nouveau disque est ajouté à la suite dans l'ordre des disques existants. Il y a trois avantages à cela :

▶ Le premier disque dur dont le secteur d'amorçage sert à démarrer Linux (et éventuellement d'autres systèmes d'exploitation) conserve sa fonction. Lorsque vous redémarrerez l'ordinateur, le gestionnaire d'amorçage sera exécuté, et tous les systèmes d'exploitation pourront être activés comme par le passé.

▶ La liste de partitions dans */etc/fstab* reste d'actualité : les fichiers de périphériques */dev/hda*, */dev/hdb*, etc., désignent les mêmes disques durs qu'auparavant, si bien qu'au démarrage de Linux les partitions Ext2 qui contiennent votre système Linux et la zone d'échange sont reconnues correctement. Il suffit ensuite d'ajouter de nouvelles partitions au fichier *fstab*, les inscriptions existantes ne nécessitant aucun changement.

▶ Les autres systèmes d'exploitation profitent également de cette méthode "conservatrice". Les lettres de lecteurs C:, D:, etc., sont préservées sous Windows 9x/Me, du moins tant que vous ne créez pas de partitions principales DOS sur le nouveau disque dur. Dans ce cas, ces nouvelles partitions principales DOS viennent se ranger derrière les autres partitions principales existantes et devant les anciennes partitions logiques.

Création de partitions sur le nouveau disque

Pour que le nouveau disque soit utilisable sous Linux, vous devez y créer des partitions et les formater.

Démarrez Linux, connectez-vous en tant qu'utilisateur root et exécutez le programme Fdisk en spécifiant le nom de périphérique de votre nouveau disque dur en guise d'argument. Il s'appelle */dev/hda* pour le disque maître et */dev/hdb* pour le disque esclave du port IDE primaire ; */dev/hdc* pour le disque maître et */dev/hdd* pour le disque esclave du port IDE secondaire (*hd* signifie ici *hard disk*, les disques SCSI s'appellent */dev/sda*, */dev/sdb*, etc., *sd* signifiant *SCSI disk*). Pour un second disque IDE, la commande à employer est la suivante.

```
/sbin/fdisk /dev/hdb
```

La commande `/sbin/fdisk -1` affiche un aperçu de tous les disques détectés par Linux avec leurs partitions.

Le programme Fdisk n'est pas un modèle de convivialité : à l'instar du programme FDISK.EXE de MS-DOS, il ne possède pas d'interface utilisateur digne de ce nom. Vous devez taper des commandes constituées toujours d'un seul caractère. Fdisk se manifeste avec l'invite Command (m for help), puis attend vos ordres. Vous pouvez y travailler comme dans le shell bash : si vous tapez une commande et la validez avec la touche (Entrée), Fdisk l'exécute. Tapez p pour commencer. La table des partitions du disque dur spécifié s'affiche.

```
Command (m for help): p

Disk /dev/hdb: 66 heads, 63 sectors, 1016 cylinders
```

```
Units = cylinders of 4158 * 512 bytes

   Device Boot    Begin    Start     End    Blocks    Id   System

Command (m for help):
```

Cet affichage correspond à un nouveau disque dur sans partition. Si vous lancez Fdisk en spécifiant le nom de périphérique d'un disque dur contenant des partitions, vous obtenez un affichage analogue à celui-ci.

```
Disk /dev/hdb: 66 heads, 63 sectors, 1016 cylinders
Units = cylinders of 4158 * 512 bytes

   Device Boot    Begin    Start     End    Blocks    Id   System
/dev/hdb1    *        1        1     172   357556+   83   Linux native
/dev/hdb2            173      173    1016  1754676    5   Extended
/dev/hdb5    *       173      173     247   155893+    7   OS/2 HPFS
/dev/hdb6    ?       248      248     740  1024915+   83   Linux native
/dev/hdb7    ?       741      741     888   307660+    6   DOS 16-bit >=32M
/dev/hdb8    ?       889      889     889     2047+   83   Linux native
/dev/hdb9    *       890      890    1016   264001+    6   DOS 16-bit >=32M

Command (m for help):
```

Dans cet exemple, vous reconnaissez une partition principale ext2 Linux nommée /dev/hdb1 et une partition étendue, /dev/hdb2, contenant deux partitions logiques DOS, /dev/hdb7 et /dev/hdb9, et deux partitions logiques Linux, /dev/hdb6 et /dev/hdb8. Linux reconnaît le type des partitions à leur identification (Id). Celle-ci devrait naturellement être différente pour les divers formats des différents systèmes d'exploitation, mais tous les fabricants ne respectent malheureusement pas cette convention. L'autre partition logique /dev/hdb5, par exemple, contient une partition NTFS de Windows NT, bien que l'affichage fasse mention d'une partition OS/2 HPFS. Microsoft a en effet attribué le même Id de partition au format NTFS qui est apparu comme le successeur de HPFS.

Revenons à l'organisation de votre nouveau disque dur. Voici d'abord un aperçu des fonctions de Fdisk dont vous allez avoir besoin. Tapez m pour obtenir de l'aide.

```
Command action
   a   toggle a bootable flag
   b   edit bsd disklabel
   c   toggle the dos compatibility flag
   d   delete a partition
   l   list known partition types
   m   print this menu
   n   add a new partition
   p   print the partition table
   q   quit without saving changes
   t   change a partition's system id
   u   change display/entry units
   v   verify the partition table
   w   write table to disk and exit
```

```
    x   extra functionality (experts only)

Command (m for help):
```

Les commandes qui nous intéressent sont d (supprimer une partition), n (ajouter une nouvelle partition), p (afficher la table des partitions), t (changer un Id de partition), q (quitter sans enregistrer les modifications) et w (quitter en enregistrant les modifications).

Vous pouvez expérimenter sans grand risque toutes les commandes, à l'exception de la commande w : cette dernière enregistre sur le disque dur toutes les modifications que vous avez effectuées auparavant.

1. Tapez n pour créer une nouvelle partition. Fdisk vous demande si vous souhaitez créer une partition principale, étendue ou logique. Quel que soit le cas de figure, il n'y a cependant que deux de ces possibilités qui sont proposées à un moment donné.

   ► Sur un disque dur possédant déjà une partition étendue, vous ne pouvez plus créer d'autre partition de ce type.

   ► Sur un disque dur sans partition étendue, vous ne pouvez pas créer de partitions logiques, car celles-ci doivent être créées à l'intérieur d'une partition étendue.

   Dans notre exemple, nous partons d'un disque dur vierge qui ne contient aucune partition. Si le vendeur a cru vous rendre service en formatant le disque avec DOS, vous devez d'abord supprimer toutes les partitions existantes.

2. Répondez par e à la question qui vous est posée pour créer une partition étendue. Fdisk vous demande d'indiquer le premier cylindre pour la partition, la plage des valeurs possibles étant précisée. Dans le cas d'un disque vierge, vous pouvez indiquer le cylindre 1.

3. Vous devez encore définir la taille de la nouvelle partition. Vous avez plusieurs possibilités : vous pouvez indiquer un numéro de cylindre désignant la fin de la partition ou spécifier la taille en kilo-octets ou en mégaoctets sous la forme +25000k ou +500m. Dans cet exemple, nous créons une partition étendue unique, qui contiendra par la suite plusieurs partitions logiques. Entrez le plus grand numéro de cylindre proposé.

4. Tapez p pour afficher la nouvelle table des partitions. Voici l'ensemble du "dialogue" entre vous et le programme à ce stade de l'opération (les saisies effectuées par l'utilisateur sont en italique).

```
Command (m for help): n
Command action
   p   primary partition (1-4)
   e   extended partition (1-4)
e
First cylinder (1-789): 1
Last cylinder or +size or +sizeM or +sizeK ([608]-789): 789

Command (m for help): p

Disk /dev/hdb: 255 heads, 63 sectors, 790 cylinders
Units = cylinders of 16065 * 512 bytes

   Device Boot    Begin    Start     End   Blocks    Id  System
/dev/hdb1             2        2     789  6329610     5  Extended
```

À l'étape suivante, vous allez créer une nouvelle partition Linux ext2 de 500 Mo et une partition DOS de 200 Mo. Cette dernière sera accessible par la suite sous Windows ou MS-DOS.

5 Tapez d'abord n à l'invite de Fdisk pour créer la partition Linux de 500 Mo. Tapez ensuite l pour spécifier le type de partition logique.

6 Spécifiez le plus petit numéro de cylindre proposé comme premier cylindre de la partition et saisissez +500m pour la taille.

7 Pour la partition DOS, tapez une nouvelle fois la commande n, puis l pour créer une partition logique.

8 Indiquez également le plus petit numéro de cylindre proposé et tapez +200m pour la taille de la partition.

9 Contrôlez le résultat avec p. Les deux nouvelles partitions figurent bien dans la table, mais les deux sont identifiées comme des partitions Linux ext2, alors que la seconde devrait être une partition DOS. Fdisk attribue à toutes les nouvelles partitions le type 81 Linux native qui correspond au format ext2. La commande t permet de modifier le type. Tapez t et spécifiez ensuite le type 06, DOS FAT. La commande l affiche une liste de tous les types de partition connus de Fdisk.

Voici la suite du dialogue tel qu'il se déroule pour la création des partitions logiques et la création de la deuxième de ces partitions.

```
Command (m for help): n
Command action
   l   logical (5 or over)
   p   primary partition (1-4)
l
First cylinder (1-789): 1
Last cylinder or +size or +sizeM or +sizeK ([1]-789): +500m

Command (m for help): n
Command action
   l   logical (5 or over)
   p   primary partition (1-4)
l
First cylinder (65-789): 65
Last cylinder or +size or +sizeM or +sizeK ([65]-789): +200m

Command (m for help): p

Disk /dev/hdb: 255 heads, 63 sectors, 790 cylinders
Units = cylinders of 16065 * 512 bytes

   Device Boot   Begin    Start     End   Blocks    Id  System
/dev/hdb1           2        2     789   6329610     5  Extended
/dev/hdb5           2        2      64   514048+    83  Linux native
/dev/hdb6          65       65      90   208813+    83  Linux native

Command (m for help): t
```

```
Partition number (1-9): 6
Hex code (type L to list codes): 06
Changed system type of partition 9 to 6 (DOS 16-bit >=32M)

Command (m for help): p

Disk /dev/hdb: 255 heads, 63 sectors, 790 cylinders
Units = cylinders of 16065 * 512 bytes

   Device Boot    Begin    Start    End   Blocks    Id  System
/dev/hdb1             2        2    789  6329610     5  Extended
/dev/hdb5             2        2     64   514048+   83  Linux native
/dev/hdb6            65       65     90   208813+   83  DOS 16-bit >=32M

Command (m for help):
```

10 Après avoir vérifié que toutes les valeurs sont correctes, vous pouvez enregistrer les modifications dans les tables des partitions du disque dur (la table principale du disque dur qui contient les partitions principales et étendues et la table de la partition étendue) avec la commande w. Quittez ensuite Fdisk.

```
Command (m for help): w
The partition table has been altered!

Calling ioctl() to re-read partition table.
(Reboot to ensure the partition table has been updated.)
Syncing disks.

server:~damien#
```

Si Fdisk affiche la formule Syncing disks (synchronisation des disques) en conclusion de son travail, vous pouvez vous consacrer directement au formatage des nouvelles partitions. Dans certains cas, par exemple si des partitions du disque dur étaient déjà montées, vous obtenez le message d'avertissement ci-dessous.

```
Re-read table failed with error 16: Device or resource busy.
Reboot your system to ensure the partition table is updated.
```

Les nouvelles données de partition n'ont pas pu être intégrées dans votre système Linux en cours de fonctionnement. Si ce message s'affiche, vous devez impérativement redémarrer l'ordinateur avant de formater les nouvelles partitions.

Astuce

Comment éviter le redémarrage

Si vous avez l'intention de modifier avec Fdisk les partitions d'un disque dur comprenant déjà des partitions montées (intégrées dans le système de fichiers), vous pouvez contrôler auparavant s'il est possible de démonter éventuellement ces partitions. Tapez par exemple la commande mount /dev/hdb | grep hdb pour le disque dur et démontez toutes les partitions affichées avec umount /dev/hdbn. Si plus aucune partition de ce disque dur n'est montée, il devrait être possible d'en modifier les partitions sans obtenir le message d'erreur mentionné précédemment. Cela ne fonctionne pas si le système de fichiers root / se trouve sur ce disque dur.

Formatage des nouvelles partitions

Pour terminer, vous devez formater les nouvelles partitions afin de pouvoir les utiliser sous Linux ou sous les autres systèmes d'exploitation.

Les partitions Linux ext2 doivent être formatées avec mke2fs (*make ext2 file system*) et les partitions MS-DOS avec mkdosfs (*make DOS file system*).

Tapez les commandes suivantes pour la nouvelle partition Linux Ext2 /dev/hdb5 et pour la partition DOS /dev/hdb6.

```
mke2fs /dev/hdb5
mkdosfs -v /dev/hdb6
```

Le paramètre -v de la commande mkdosfs signifie *verbose* ; il entraîne un affichage détaillé durant le déroulement de l'opération.

```
server:~damien # mke2fs /dev/hdb5
mke2fs 1.17, 26-Oct-99 for EXT2 FS 0.5b, 95/08/09
Linux ext2 filesystem format
Filesystem label=
128520 inodes, 514048 blocks
25702 blocks (5.00%) reserved for the super user
First data block=1
Block size=1024 (log=0)
Fragment size=1024 (log=0)
63 block groups
8192 blocks per group, 8192 fragments per group
2040 inodes per group
Superblock backups stored on blocks:
        8193, 16385, 24577, 32769, 40961, 49153, 57345, 65537, 73729,
        81921, 90113, 98305, 106497, 114689, 122881, 131073, 139265,
        155649, 163841, 172033, 180225, 188417, 196609, 204801, 212993,
        229377, 237569, 245761, 253953, 262145, 270337, 278529, 286721,
        303105, 311297, 319489, 327681, 335873, 344065, 352257, 368641,
        376833, 385025, 393217, 401409, 409601, 417793, 425985, 442369,
        450561, 458753, 466945, 475137, 483329, 491521, 499713, 507905

Writing inode tables: done
Writing superblocks and filesystem accounting information: done

server:~damien # mkdosfs -v /dev/hdb6
mkdosfs 0.4, 27th February 1997 for MS-DOS/FAT/FAT32 FS
/dev/hdb6 has 255 heads and 63 sectors per track,
using 0xf8 media descriptor, with 417626 sectors;
file system has 2 16-bit FATs and 8 sectors per cluster.
FAT size is 204 sectors, and provides 52148 clusters.
Root directory contains 512 slots.
Volume ID is 359fe226, no volume label.
server:~damien #
```

> **Info**
>
> **Évitez les partitions DOS supérieures à 2 Go**
>
> Avec Fdisk et Mkdosfs, vous pouvez créer des partitions DOS supérieures à 2 Go. Sous Linux, vous pouvez ensuite travailler sans problème avec ces partitions, mais vous ne pourrez pas les utiliser sous MS-DOS, Windows 95 ou Windows NT : FDISK.COM et l'administrateur de disque de NT se bloquent lors d'un accès à des partitions DOS de cette taille !

Pour pouvoir travailler avec ce nouvel espace disque sous Linux, vous devez générer une entrée correspondante dans le fichier */etc/fstab*. Vous pouvez ajouter manuellement les deux lignes ci-après.

```
/dev/hdb5     /home2        ext2     defaults    0   1
/dev/hdb6     /mnt/dosd     vfat     defaults    0   0
```

/home2 et /mnt/dosd sont des propositions de points de montage pour les nouveaux systèmes de fichiers. Vous pouvez aussi utiliser le programme Linuxconf dont l'emploi est beaucoup plus confortable.

Renvoi **Reportez-vous à la section intitulée *Gestion des lecteurs avec Linuxconf* du chapitre *Autres fonctions de Linux*, pour une description de ce programme.**

La configuration du nouveau disque dur est terminée.

Installation d'un disque dur SCSI

Il existe deux possibilités pour l'installation d'un nouveau disque dur SCSI :

► Soit vous possédez déjà un contrôleur SCSI, et les périphériques qui y sont connectés sont détectés par Linux (c'est le cas le plus simple).

► Soit vous installez un nouveau contrôleur SCSI, et Linux n'est pas encore configuré pour l'utilisation de périphériques SCSI (c'est un tout petit peu plus compliqué, mais ce n'est pas insurmontable).

Dans les deux cas, vous devez d'abord déterminer un numéro SCSI libre à affecter au nouveau disque dur.

► Si votre ordinateur possède déjà un contrôleur SCSI, une liste de tous les périphériques connectés, avec leur numéro SCSI respectif, devrait s'afficher au démarrage du système. Sélectionnez un Id entre 0 et 6 dans le cas d'un système 8 bits (le numéro 7 est réservé au contrôleur, et ne doit être utilisé par aucun autre périphérique). Configurez ce numéro à l'aide des cavaliers prévus sur le disque dur (consultez la documentation fournie ou l'autocollant apposé sur le disque dur). Choisissez, si possible, un numéro supérieur à ceux des autres disques durs existants, vous conserverez ainsi l'ordre des disques.

► Si vous installez un nouveau contrôleur SCSI, sélectionnez des numéros aussi faibles que possible pour le ou les nouveaux disques durs, par exemple 0 pour un disque ou 0 et 1 pour deux disques. Les numéros que vous attribuerez aux éventuels futurs disques viendront ainsi à la suite et ne perturberont pas non plus l'ordre initial des premiers disques durs. Le disque portant le numéro 0 sera accessible sous */dev/sda*, celui qui porte le numéro 1 le sera sous */dev/sdb*, etc.

Soyez également attentif au problème de la terminaison SCSI lors du montage. Les périphériques connectés à un système SCSI (y compris le contrôleur) forment une chaîne qui doit être fermée à chacune de ses deux extrémités par des "terminaisons".

Lorsque vous connectez uniquement des périphériques internes sur un câble en nappe, une des extrémités est constituée par le contrôleur, l'autre par l'appareil qui en est le plus éloigné. Dans ce cas, le contrôleur et le dernier périphérique doivent avoir une terminaison. Si vous complétez un système existant, vous avez deux possibilités :

▶   Soit vous placez le nouveau disque dur entre le contrôleur et un autre périphérique. Dans ce cas, le disque dur ne doit pas avoir de terminaison.

▶   Soit vous ajoutez le disque dur après le dernier périphérique. Vous devez alors retirer la terminaison de ce dernier périphérique (qui deviendra l'avant-dernier) et vous devez la placer sur le nouveau disque dur. La terminaison se définit habituellement à l'aide de cavaliers. Consultez la documentation ou les informations figurant sur les autocollants apposés sur les appareils.

Si vous utilisez également des périphériques externes, le contrôleur se trouve à l'intérieur de la chaîne SCSI, et il ne doit donc pas être fermé. Le dernier périphérique externe doit cependant présenter une terminaison. Les règles énoncées précédemment s'appliquent dans ce cas également pour la terminaison du nouveau disque dur.

Après avoir monté le disque dans le boîtier, redémarrez votre système Linux. Si vous avez déjà configuré la prise en charge SCSI pour votre contrôleur, la commande ci-dessous vous permet d'afficher la liste des périphériques SCSI détectés.

```
cat /proc/scsi/scsi
```

Vous obtenez une liste analogue à celle-ci.

```
Attached devices:
Host: scsi0 Channel: 00 Id: 00 Lun: 00
  Vendor: IBM       Model: DPES-31080       Rev: S31Q
  Type:   Direct-Access                     ANSI SCSI revision: 02
Host: scsi0 Channel: 00 Id: 01 Lun: 00
  Vendor: IBM       Model: DORS-32160       Rev: WA0A
  Type:   Direct-Access                     ANSI SCSI revision: 02
Host: scsi0 Channel: 00 Id: 02 Lun: 00
  Vendor: IBM       Model: DCAS-34330       Rev: S65A
  Type:   Direct-Access                     ANSI SCSI revision: 02
Host: scsi0 Channel: 00 Id: 03 Lun: 00
  Vendor: SONY      Model: CD-ROM CDU-55S   Rev: 1.0t
  Type:   CD-ROM                            ANSI SCSI revision: 02
Host: scsi0 Channel: 00 Id: 06 Lun: 00
  Vendor: IOMEGA    Model: ZIP 100          Rev: R.41
  Type:   Direct-Access                     ANSI SCSI revision: 02
```

Votre nouveau disque doit y figurer également. Vous pouvez alors enchaîner avec la création des partitions et le formatage comme pour les disques durs IDE. Au lieu des noms de périphériques /dev/hdn, vous devez cependant utiliser /dev/sdn.

Si vous n'obtenez aucun affichage, parce que le sous-répertoire */proc/scsi* n'existe pas, cela signifie que le contrôleur SCSI n'est pas encore pris en charge par Linux.

Activez, dans ce cas, le répertoire */lib/modules/2.4.3-20mdk/kernel/drivers/scsi* et affichez-en le contenu. Si vous pouvez affecter clairement l'un de ces modules à votre contrôleur SCSI, essayez de le charger, sinon reportez-vous au document SCSI-HOWTO sous */usr/share/doc/HOWTO/ unmaintained/SCSI-HOWTO*. Si le document ne se trouve pas à cet endroit, vous pouvez le rechercher avec la commande locate SCSI-HOWTO. La commande locate examine une base de données de noms de fichier. Nous vous conseillons de mettre la base à jour de temps en temps à l'aide de la commande updatedb.

Si cette recherche n'aboutit pas, tentez votre chance sur Internet à l'adresse ftp://sunsite.unc.edu/pub/Linux/docs/LDP. Vous y trouverez des informations détaillées sur les pilotes disponibles.

Supposons que vous utilisiez un contrôleur NCR pris en charge par le module *ncr53c8xx.o*. Vous pouvez charger ce module avec la commande modprobe ncr53c8xx. Ce module et les suivants se trouvent dans le répertoire */lib/modules/2.4.3-20mdk /kernel/drivers/scsi* sous forme compressée (extension *.gz*). Si le module ne peut être chargé, vous devez compiler un nouveau noyau. Après le démarrage de ce noyau, votre contrôleur SCSI et le nouveau disque dur devraient être reconnus. Vous pouvez alors suivre la procédure décrite précédemment pour les disques IDE.

 Reportez-vous au chapitre *Administration système* pour savoir comment compiler un nouveau noyau Linux.

Problèmes au démarrage

Si votre système ne démarre plus après l'installation du disque dur, c'est probablement parce que vous avez modifié l'ordre des disques durs.

C'est le moment de faire intervenir la disquette de secours que vous avez créée lors de l'installation de Linux ou, au plus tard, avant le montage du nouveau disque dur. Si vous avez négligé cette étape ou si la disquette est inutilisable, vous pouvez créer une disquette de démarrage ou de secours sous DOS ou Windows grâce au programme rawrite.exe. Le fichier dont vous avez besoin est *\images\cdrom.img*. Il se trouve sur le CD-Rom d'installation Linux qui accompagne ce guide. Vous pouvez également booter depuis ce CD-Rom si votre PC l'accepte.

Démarrer depuis la disquette de secours ou le CD-Rom d'installation

Démarrez l'ordinateur après avoir inséré la disquette de démarrage ou le CD-Rom d'installation et tapez rescue à l'invite de démarrage. Au terme du processus de chargement, le prompt bash# s'affiche sans qu'il vous ait été demandé de décliner votre identité. Vous vous trouvez à présent en mode Rescue. Voici d'abord une brève description de ce mode.

Un Linux minimal a été démarré à partir de la disquette avec les utilitaires de configuration les plus importants (Fdisk, E2fsck, Mount, Rpm, Dd, l'éditeur vi et quelques utilitaires réseau). Seul un disque RAM est monté. La structure de répertoires que vous voyez n'est, par conséquent, pas votre structure habituelle, bien que vous y retrouviez des répertoires tels que */etc*, */bin*, etc. Vous avez démarré un système Linux indépendant, sans rapport, dans un premier temps, avec le Linux qui se trouve sur votre disque dur.

Vous êtes connecté à ce système Linux en tant qu'administrateur, ce qui signifie que vous jouissez de tous les droits et permissions.

Consoles avec clavier américain

Outre la console sur laquelle s'affichent les messages du démarrage, vous pouvez en activer une autre avec [Alt]+[F2]. Cela fonctionne comme dans votre système Linux habituel, mais vous ne pouvez ici activer que deux consoles, le passage de l'une à l'autre se faisant avec [Alt]+[F1] et [Alt]+[F2]. Vous pouvez ainsi travailler sur deux opérations en même temps. Notez que c'est le clavier américain qui est chargé dans un premier temps. Tapez loadkeys fr pour charger le clavier français.

Tapez fdisk -l pour afficher les tables de partition de vos disques durs. Si leur nombre ne permet pas de les afficher toutes à l'écran, les touches [PgPréc] et [PgSuiv] permettent de faire défiler l'affichage.

```
Disk /dev/hda: 255 heads, 63 sectors, 790 cylinders
Units = cylinders of 16065 * 512 bytes

Disk /dev/hdb: 255 heads, 63 sectors, 790 cylinders
Units = cylinders of 16065 * 512 bytes
```

Device Boot	Begin	Start	End	Blocks	Id	System
/dev/hdb1	2	2	789	6329610	5	Extended
/dev/hdb5	2	2	262	2096451	6	DOS 16-bit >=32M
/dev/hdb6	263	263	517	2048256	83	Linux native
/dev/hdb7	518	518	607	722893+	83	Linux native
/dev/hdb8	608	608	722	923706	83	Linux native

Dans cet exemple, nous avons configuré en esclave un ancien disque dur dont le nom, avant la transformation, était */dev/hda*, et nous avons installé un disque dur de même type en tant que maître sur le même contrôleur (primaire). C'est maintenant ce nouveau disque dur qui porte le nom */dev/hda*. Aucune partition n'y a encore été créée, c'est la raison pour laquelle il n'y a pas de liste de partitions sous ce disque. L'ancien disque dur s'appelle à présent */dev/hdb*, et les partitions auxquelles on accédait par */dev/hdan* se nomment maintenant */dev/hdbn*.

En installant le nouveau disque dur, vous avez changé les noms de périphériques de vos anciennes partitions ; c'est ce qui explique que Linux ait été incapable de démarrer. À partir des informations fournies par Fdisk, déterminez laquelle est votre partition root ; s'il n'y a qu'une seule partition du type Linux native, c'est celle-ci. Sinon, vous pouvez éventuellement vous orienter d'après la taille de la partition indiquée dans la colonne *Blocks*. Si cela ne vous aide pas non plus, vous devez vous décider pour l'une ou l'autre à titre d'essai. Nous supposons, ci-dessous, que */dev/hdb6* est la partition root. Pour la suite des opérations, vous devrez par conséquent remplacer */dev/hdb6* par le nom de votre partition root.

Monter l'ancienne partition root

Montez la partition root avec les commandes suivantes, et utilisez la commande chroot pour faire du répertoire */mnt/rootpart* le nouveau répertoire racine /.

```
bash# mkdir /mnt/rootpart
bash# mount /dev/hdb6 /mnt/rootpart
bash# chroot /mnt/rootpart
shell-init: could not get current directory:
getwd: cannot access parent directories
```

```
bash# cd /
bash# _
```

La commande chroot démarre un nouveau shell bash auquel vous faites croire que /mnt/rootpart est effectivement la partition root. Cela vous facilitera les étapes suivantes, car vous retrouverez votre structure de répertoires habituelle, comme si vous aviez démarré votre système Linux normal. Vous pouvez ignorer le message d'erreur obtenu à l'activation de la commande chroot.

Tapez la commande ls pour vérifier que vous avez bien monté la partition root de votre système Linux. Notez que le changement de partition root n'est pas valable dans la console accessible par [Alt]+[F2], à moins d'exécuter aussi la commande chroot. Pour annuler la commande chroot, tapez exit. Le shell bash en cours est alors terminé, ainsi que la commande chroot.

Adapter les fichiers /etc/fstab et /etc/lilo.conf

Tapez les commandes suivantes.

```
bash# cd etc
bash# vi fstab
```

L'éditeur vi est démarré, et le fichier /etc/fstab de votre système Linux y est ouvert.

Renvoi Reportez-vous au chapitre *Systèmes de fichiers et droits d'accès* pour savoir comment travailler avec ce programme.

Info

Utiliser un autre éditeur

Au lieu de vi, vous pouvez utiliser un éditeur plus confortable. Si le répertoire /usr se trouve sur votre partition root, vous pouvez par exemple utiliser Emacs ou Joe, qui se trouvent dans /usr/bin. Si /usr se trouve sur une partition spécifique, vous devez monter cette partition avec la commande mount. Nous utilisons ci-après l'éditeur vi, bien qu'il soit moins facile à mettre en œuvre. Il se trouve en effet dans /bin et est, de ce fait, toujours disponible.

Vous devez obtenir à l'écran un affichage analogue à celui-ci.

```
/dev/hda6      /            ext2      defaults     1    1
/dev/hda5      /mnt/dos     vfat      defaults     0    0
none           /proc        proc      defaults     1    1
~
```

Le travail suivant consiste à remplacer les a par des b dans /dev/hda*n*. Avec les touches de direction, amenez le curseur sur le premier caractère à modifier et tapez x. Le caractère courant est effacé. Tapez ensuite i (pour *insert*, "insérer"), puis b. Le caractère b apparaît à la position où se trouvait le a auparavant. Quittez le mode insertion de vi en appuyant sur [Échap]. Vous reconnaissez le mode d'insertion à la mention --INSERT-- qui figure sur la dernière ligne. Modifiez de la sorte tous les noms de fichier de périphérique. Après la dernière modification, vous devez de nouveau sortir du mode d'insertion avec [Échap], puis taper wq pour enregistrer le fichier et quitter vi.

À l'étape suivante, vous modifiez le fichier *lilo.conf* afin de réinstaller le gestionnaire d'amorçage LILO. Tapez la commande vi lilo.conf à l'invite du shell.

Vous obtenez un affichage semblable à celui-ci.

```
boot=/dev/hda
map=/boot/map
install=/boot/boot.b
default=linux
keytable=/boot/fr-latin1.klt
prompt
timeout=50
other=/dev/fd0
label=floppy
unsafe

image=/boot/vmlinuz
        label=linux
        root=/dev/hda6
        read-only
"lilo.conf" 9 lines, 125 characters
```

Changez la ligne root=/dev/hda6 en root=/dev/hdb6. La première ligne, boot=/dev/hda, doit éventuellement être modifiée : elle indique où le gestionnaire d'amorçage LILO doit être installé. Dans cet exemple, avant l'installation d'un nouveau disque dur, le système était démarré par le biais de LILO qui lançait le système d'exploitation Linux. Il n'y avait pas d'autre système d'exploitation sur le disque dur. Si cette configuration correspond à votre système, vous pouvez laisser la ligne en question inchangée ; LILO sera alors installé dans le MBR (Master Boot Record) de votre nouveau disque dur (le premier maintenant). Si vous avez utilisé un autre gestionnaire de boot jusqu'à présent, indiquez un endroit approprié pour l'installation de LILO, par exemple */dev/hdb*, le MBR de l'ancien disque dur. Vous devez ensuite adapter votre ancien gestionnaire d'amorçage de manière qu'il soit en mesure de démarrer LILO. Consultez le mode d'emploi du programme. Une autre possibilité serait d'utiliser le secteur d'amorçage de votre partition Linux, en l'occurrence */dev/hdb6*.

Lorsque les modifications sont effectuées, quittez l'éditeur avec wq. Installez LILO avec la commande /sbin/lilo.

```
bash# /sbin/lilo
Added linux *
```

Toutes les modifications de votre système Linux sont ainsi réalisées. Terminez l'activation de chroot avec exit, démontez la partition root de Linux et tapez une nouvelle fois exit pour arrêter le système.

```
bash# exit
bash# umount /mnt/rootpart
bash# exit
Unmounting filesystems
Halting system.. All fixed? :-)
```

Utilisez la combinaison de touches Ctrl+Alt+Suppr pour redémarrer votre ordinateur. Si vous avez installé le gestionnaire d'amorçage LILO dans */dev/hda*, comme dans notre exemple, vous devriez en voir très rapidement l'invite, et vous pouvez alors démarrer votre système Linux comme par le passé.

Dans le cas contraire, votre gestionnaire d'amorçage habituel est exécuté, et vous devez alors y effectuer les adaptations nécessaires pour pouvoir redémarrer Linux depuis ce programme.

Les lecteurs de CD-Rom

Lors de l'installation de lecteurs de CD-Rom, vous n'avez pas à vous soucier d'un quelconque problème relatif à l'ordre des lecteurs. Les lecteurs de CD-Rom ATAPI et SCSI peuvent être installés sur n'importe quel contrôleur IDE en tant que maître ou esclave, ou avec n'importe quel numéro SCSI. Un nombre très important de lecteurs de CD-Rom plus anciens, fournis avec leur propre contrôleur (par exemple, les premiers lecteurs Mitsumi), sont également pris en charge. La liste suivante des lecteurs pris en charge est extraite du *HOWTO CDROM*.

Tab. 9.1 : Modèles de lecteurs de CD-Rom pris en charge			
Fabricant	**Type**	**Pilote de noyau**	**Observations**
Aztech	CDA268-01A	aztcd	1
Conrad	TXC	aztcd	-
Creative Labs	CD-200	sbpcd	-
CyCDROM	CR520ie	aztcd	-
CyCDROM	CR940ie	aztcd	-
GoldStar	R420	gscd	2
IBM	ISA externe	sbpcd	3
Lasermate	CR328A	optcd	-
Longshine	LCS-7260	sbpcd	-
MicroSolutions	Backpack	bpcd	-
Mitsumi	CRMC LU005S	mcd/mcdx	4, 5
Mitsumi	FX001	mcd/mcdx	4, 5
Okano/Wearnes	CDD110	aztcd	-
Optics Storage	Dolphin 8000AT	optcd	-
Orchid	CDS-3110	aztcd	-
Panasonic	CR-521	sbpcd	6
Panasonic	CR-522	sbpcd	6
Panasonic	CR-523	sbpcd	6
Panasonic	CR-562	sbpcd	6
Panasonic	CR-563	sbpcd	6
Philips/LMS	CM206	cm206	7
Sanyo	H94A	sjcd	-
Sony	CDU-31A	cdu31a	-
Sony	CDU-33A	cdu31a	-
Sony	CDU-531	sonycd535	-
Sony	CDU-535	sonycd535	8
Teac	CD-55A	sbpcd	-
Divers	Divers	isp16	9

Légende (colonne Observations)

1 Ce pilote ne convient qu'au modèle CDA268-01A. Les autres modèles, y compris CDA268-03I et CDA269-031SE, ne possèdent pas de contrôleur propriétaire et devraient fonctionner avec le pilote IDE.

2 Commercialisé également en tant qu'élément du kit multimédia Reveal.

3 Ce lecteur est identique au modèle Panasonic CR-562.

4 Également vendu sous l'appellation Radio Shack.

5 Il existe deux pilotes pour ce modèle : *mcd* est le pilote d'origine et *mcdx* est un nouveau pilote intégrant davantage de fonctions.

6 Ces lecteurs sont également commercialisés sous les marques Creative Labs, Panasonic, Matsushita ou Kotobuki.

7 Le modèle Philips CM205 n'est pas pris en charge par ce pilote, mais il existe un pilote spécifique sur le site ftp://www.ibiblio.org, sous /pub/Linux/kernel/patches/cdrom/lmscd0.4.tar.gz.

8 Également vendu sous la marque Procomm.

9 Ce pilote prend en charge des lecteurs de CD-Rom connectés à l'interface d'une carte son ISP16, MAD16 ou Mozart.

Après l'installation du lecteur de CD-Rom, vous pouvez contrôler si le noyau actuel prend en charge le lecteur. Ce devrait être le cas des lecteurs ATAPI ou SCSI si vous utilisez déjà d'autres périphériques IDE ou SCSI (normalement des disques durs).

Si le lecteur n'est pas pris en charge par Linux, vous devez effectuer la même procédure que lors de l'intégration d'un nouveau disque dur : essayez de charger un module pour le contrôleur SCSI. Pour un Mitsumi FX001, la commande est modprobe mcd.

Essayez ensuite de monter un CD-Rom que vous aurez au préalable introduit dans le lecteur. Déterminez d'abord le nom de périphérique du lecteur de CD-Rom : un (premier) lecteur de CD-Rom SCSI porte le nom */dev/scd0*, le second s'appelant */dev/scd1*. Un lecteur de CD-Rom ATAPI est accessible par les fichiers de périphérique */dev/hda*, */dev/hdb*, */dev/hdc* ou */dev/hdd*. Les fichiers de périphérique des lecteurs ayant leur propre contrôleur sont nommés d'après leur pilote, par exemple */dev/mcd* pour le pilote *mcd*. Saisissez les commandes suivantes pour monter un lecteur de CD-Rom ATAPI */dev/hdb*.

```
mkdir /mnt/cdrom
mount -t iso9660 -r /dev/hdb /mount/cdrom
```

Si le répertoire */mnt/cdrom* existe déjà, vous pouvez vous dispenser de la première commande. Vous devriez à présent être en mesure d'accéder au contenu du CD-Rom sous */mnt/cdrom*.

Module non trouvé

Si vous ne pouvez charger le module nécessaire avec modprobe, par exemple parce que vous utilisez un nouveau noyau et n'avez pas compilé de modules, vous devez compiler un nouveau noyau. Sélectionnez votre contrôleur SCSI et activez la prise en charge du lecteur de CD-Rom SCSI, activez la prise en charge du lecteur de CD-Rom ATAPI ou la prise en charge pour votre lecteur de CD-Rom avec son contrôleur spécifique. Votre lecteur devrait être reconnu après l'installation et le chargement du nouveau noyau.

Liens pour /dev/cdrom

De nombreux programmes exigent, comme nom de périphérique pour le lecteur de CD-Rom, */dev/cdrom*. Le lecteur de CD KDE *kscd* cherchera, par exemple, à accéder au lecteur de CD-Rom sous ce nom. Il est donc recommandé de créer un lien du nom de périphérique vers */dev/cdrom*. Utilisez, à cet effet, les commandes suivantes.

```
rm /dev/cdrom
ln -s /dev/hdb /dev/cdrom
```

Ce n'est, bien entendu, pas valable si votre système possède déjà un autre lecteur de CD-Rom et si le nouveau vient en supplément.

Grâce à ce lien, tous les accès à */dev/cdrom* sont déviés vers */dev/hdb*.

9.2 Imprimantes

Vous avez probablement installé une imprimante dès la première installation de Linux-Mandrake. Si ce n'est pas le cas, vous allez pouvoir réaliser cette opération maintenant et en profiter pour découvrir quelques aspects fondamentaux des files d'attente d'impression de Linux. Nous décrivons ici l'installation d'une imprimante locale sur le port parallèle ; les imprimantes série ne sont plus guère employées actuellement.

Depuis la version 7.2, Linux-Mandrake est fondé sur un nouveau système d'impression multiplateformes nommé CUPS (Common Unix Printing System). CUPS, dans sa version 1.1, repose sur le standard IPP (Internet Printing Protocol) standardisé par l'IETF. L'administration des tâches d'impression et l'interrogation des ressources disponibles passe désormais par un serveur web intégré. Les commandes d'administration classiques en mode texte sont reprises par CUPS. Elles sont réécrites à partir d'une API spécifique.

CUPS en ligne

Le site de CUPS peut être consulté à l'adresse http://www.cups.org/.

Prise en charge de l'imprimante par le noyau

Si vous n'avez jamais imprimé sous Linux jusqu'à présent, vous devriez d'abord contrôler si le système Linux est préparé pour le pilotage d'une imprimante. C'est sûrement le cas si vous avez utilisé le noyau standard de l'installation initiale. En revanche, si vous avez généré un noyau personnalisé entre-temps, il se peut que vous ayez désactivé la prise en charge de l'imprimante.

Tapez la commande suivante.

```
cat /proc/devices | grep lp
```

Si vous obtenez une ligne du type 6 lp, c'est que votre noyau a été compilé avec la prise en charge de l'imprimante via le port parallèle. Dans ce cas, vous pouvez vous dispenser de l'adaptation du noyau. Dans le cas contraire, suivez les instructions du chapitre traitant de l'administration système, créez un nouveau noyau prenant également en charge le pilotage d'une imprimante.

Quel fichier de périphérique ?

À l'étape suivante, vous devez vérifier sous quel nom de périphérique votre port d'imprimante (parallèle) est accessible. La règle LPT1 = */dev/lp0*, LPT2 = */dev/lp1*, LPT3 = */dev/lp2*, pour la conversion des noms de périphérique DOS, ne s'applique malheureusement pas toujours, car l'affectation des noms de périphérique Linux dépend des adresses matérielles d'entrée-sortie des interfaces. En mode utilisateur root, testez les différents noms de périphérique en envoyant un petit fichier ASCII (par exemple */etc/fstab*) vers ces périphériques.

```
cat /etc/fstab > /dev/lp0
cat /etc/fstab > /dev/lp1
cat /etc/fstab > /dev/lp2
```

Vous pouvez naturellement interrompre cette série d'essais dès qu'un test a réussi. Notez alors le nom de périphérique avec lequel vous avez pu accéder à l'imprimante. Ne vous faites pas de souci si le résultat obtenu, à cette occasion, présente une mise en forme inhabituelle (inutilisable !) : vous n'aurez pas besoin d'imprimer de cette manière lors de votre travail. Sur certaines imprimantes, vous n'obtiendrez même aucun résultat, seul l'allumage ou le clignotement des témoins lumineux indique qu'un accès à l'imprimante a eu lieu : cela suffit pour dire que le fichier de périphérique spécifié est le bon.

Configurer l'imprimante avec Printtool (Printerdrake)

En mode utilisateur root, démarrez sous X-Window le programme de configuration de l'imprimante, printtool. Il s'agit d'un lien vers printerdrake sous Mandrake. La fenêtre suivante apparaît si des files d'impression sont déjà définies.

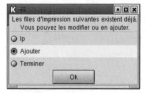

Fig. 9.2 :
La liste des files d'attente d'impression

Dans ce cas, choisissez une des files pour en modifier les propriétés ou la commande **Ajouter** pour définir une nouvelle file d'impression.

À défaut, la fenêtre suivante s'affiche dans laquelle le programme vous demande si vous voulez installer une imprimante locale, réseau ou d'origine SMB/Windows 95/98/NT. Sélectionnez l'option *Imprimante locale*.

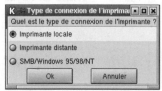

Fig. 9.3 :
Choix du type d'imprimante

Dans la fenêtre suivante, indiquez les informations basiques de l'imprimante (nom, localisation...). Acceptez le périphérique sélectionné.

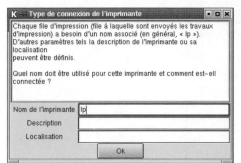

Fig. 9.4 :
Choix des noms de la file et de l'imprimante

Indiquez la marque et le modèle de votre imprimante sur la liste ci-contre.

Si votre imprimante n'est pas disponible, sélectionnez un modèle compatible : les imprimantes Kyocera-FS-* sont, par exemple, compatibles avec le modèle HP LaserJet 4 ; de nombreuses imprimantes à jet d'encre sont compatibles avec la HP DeskJet 500, et de nombreuses imprimantes matricielles présentent un mode de compatibilité Epson. En choisissant un modèle compatible, vous risquez cependant de ne pas pouvoir bénéficier pleinement de toutes les possibilités de votre imprimante. Consultez la documentation de votre matériel pour déterminer quels sont les modèles compatibles.

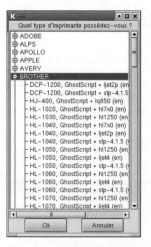

Fig. 9.5 :
Choix de l'imprimante

Configurer l'imprimante depuis le centre de contrôle Mandrake

Les manipulations précédentes peuvent également être réalisées depuis le centre de contrôle Mandrake. La configuration de l'imprimante est accessible dans le menu **Matériel**.

Fichiers de configuration de CUPS

Les fichiers de configuration de CUPS sont rassemblés dans le répertoire */etc/cups*, les documents à imprimer dans le spool */var/spool/cups*. Le fichier *cupsd.conf* contient la configuration du serveur web local. La définition de l'imprimante est placée sous le répertoire *ppd*. Le fichier porte le nom *lp.ppd* dans notre cas. Ce fichier est généré automatiquement lors de l'installation de l'imprimante.

Administration web de CUPS

CUPS peut également être administré localement via un serveur web intégré. Lancez votre navigateur web favori et chargez le document d'URL *http://localhost:631/*. La page d'accueil de CUPS s'affiche.

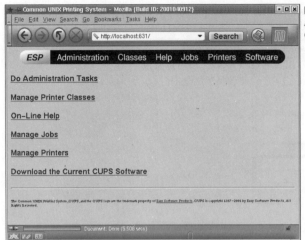

Fig. 9.6 :
Page d'accueil de CUPS

L'administrateur doit s'identifier pour accéder à la configuration de CUPS.

L'administrateur peut ajouter, modifier la définition ou supprimer des imprimantes (**Printers**). Il peut également consulter la liste des demandes d'impression et les supprimer (**Jobs**). L'utilisateur de base pourra consulter la liste des imprimantes et des demandes d'impression.

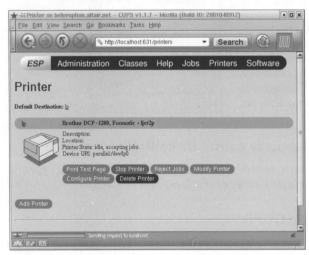

Fig. 9.7 :
Imprimantes disponibles

lpr, lpq et lprm

Pour l'impression, vous pouvez utiliser le programme lpr en lui communiquant comme paramètre le nom du fichier. Si vous voulez travailler avec une imprimante précise (par exemple, si vous disposez à la fois d'une laser et d'une jet d'encre), vous pouvez utiliser le paramètre -P<nom d'imprimante>. Si vous aviez, par exemple, défini une deuxième imprimante nommée *lp2* dans le fichier *printcap*, vous pourriez utiliser la commande ci-après.

```
lpr -Plp2 fichier.ps
```

Tous les fichiers que vous envoyez au système d'impression avec la commande lpr sont ajoutés dans la file d'attente et imprimés dans l'ordre de leur arrivée dans cette file. La commande lpq (*line printer queue*, "file d'attente d'imprimante") donne un aperçu de la file d'attente en cours : la file d'attente est alors affichée comme dans cet exemple.

```
Rank    Owner   Job  Files            Total Size
active  damien  107  linux-bigpack.ps 536447 bytes
1st     damien  108  index.html        4797 bytes
2nd     damien  109  Mdk.txt         13954 bytes
3rd     root    110  kde-gnome.ps     303799 bytes
```

Outre le nom de fichier, vous trouvez aussi le nom d'utilisateur de la personne qui a demandé l'impression ainsi que le numéro de la tâche. C'est par ce numéro que vous pouvez supprimer des tâches de la file d'attente avec la commande lprm. Activez simplement cette commande avec le numéro de la tâche à supprimer. Un fichier ne peut cependant être supprimé de la file d'attente que par l'utilisateur qui en a demandé l'impression. Seul l'utilisateur root fait exception à cette règle. Il peut supprimer n'importe quelle tâche de la file d'attente d'impression. Utilisez la commande lprm - pour supprimer toutes les tâches de la file d'attente.

9.3 Scanneurs

En ce qui concerne la prise en charge des scanneurs, un projet nommé SANE (Scanner Access Now Easy) est en cours depuis quelque temps. Son objectif est de fournir une base uniforme de pilotes pour tous les scanneurs, semblable à l'interface Twain pour les scanneurs en service sous Windows. Il existait des pilotes Linux pour différents scanneurs SCSI, mais ceux-ci avaient toujours besoin de programmes spécifiques en guise de *front end*. SANE a pour objectif de fournir, d'une part, des pilotes *back end* pour les différents scanneurs et, d'autre part, des pilotes *front end* pour la communication avec des applications. Actuellement, il existe des pilotes *back end* pour les scanneurs suivants :

- ▸ HP (ScanJet IIcx,3C, 4C, 4P, 5P, HP 6100, Photosmart) ;
- ▸ Epson GT-5000 ;
- ▸ Microtek (ScanMaker E3, E6, IISP) ;
- ▸ Mustek (MFC-600S, MFC-600CD, MFS-6000CX, -6000SP, -8000SP, MFC-800S, MFS-1200SP, -12000CX) ;
- ▸ Connectix QuickCam Camera ;
- ▸ Umax (Vista-S6, -S6E, -S8, -T630, SuperVista S-12, PSD, PL-II, Astra 600S, 1200S, Umax S-6E, S-6EG, S-12, S-12G) ;
- ▸ Linohell Office.

Des pilotes bêta non encore documentés sont également disponibles pour Canon, Tamarack et Agfa Snapscan.

Quant aux programmes *front end*, vous pouvez disposer actuellement de Xscanimage et Xcam sous X-Window ainsi que de Scanimage en mode texte. Xscanimage peut aussi fonctionner en tant que plug-in GIMP, ce qui permet de numériser des images directement dans GIMP.

Le projet SANE est constamment en évolution. Nous vous recommandons de visiter de temps en temps le site www.mostang.com/sane afin de découvrir les nouveaux pilotes.

Chapitre 10

Accès à Internet avec Linux

N ous allons maintenant nous intéresser à la configuration d'un accès Internet sous Linux. Linux jouit dans ce domaine d'un avantage certain par rapport à d'autres systèmes d'exploitation, car les standards les plus populaires en usage sur Internet ont vu le jour dans un environnement Unix. Modules de configuration PPP et utilitaires Mandrake simplifient encore la configuration d'un compte.

10.1   Choix d'un fournisseur d'accès Internet

Pour pouvoir se connecter à un FAI (Fournisseur d'Accès Internet) avec un modem sous Linux, il est impératif que le fournisseur en question respecte les standards établis : accès en PPP (Point to Point Protocol), boîte aux lettres POP3 (Post Office Protocol Version 3) et passerelle de courrier SMTP (Simple Mail Transfer Protocol), notamment. Malheureusement, des fournisseurs comme AOL imposent des protocoles et des logiciels d'accès Windows spécifiques. Ils sont inaccessibles sous Linux !

Dans la suite des explications, nous tenons également compte du fait que certains FAI prennent en charge la connexion au système par l'un des protocoles d'authentification PAP (Password Authentification Protocol) ou CHAP (Challenge Handshake Authentification Protocol), alors que d'autres réclament la saisie du nom et du mot de passe par l'ancien procédé de l'invite de connexion.

Vous devez tout d'abord connaître les informations suivantes concernant votre compte Internet.

Tab. 10.1 : Informations requises pour toute connexion Internet	
Paramètre	**Signification**
Nom d'utilisateur	Nom d'utilisateur attribué par votre FAI
Mot de passe	Mot de passe associé à ce nom
Serveur de nom	Adresses IP des serveurs de noms administrés par votre FAI
Domaine	Nom de domaine de votre FAI
Téléphone	Numéro de téléphone à composer pour la connexion

Vous devez, en outre, être en mesure de répondre aux deux questions suivantes :

▶   La connexion s'établit-elle par le protocole d'authentification du mot de passe PAP ?

▶   Le serveur démarre-t-il automatiquement PPP, ou faut-il taper une commande particulière ?

10.2   Configuration de la connexion

Pour la configuration de votre accès Internet, utilisez l'un des utilitaires de configuration Netconf ou Netdrake. Vous pouvez également utiliser Kppp sous KDE.

Configurer le modem

Vous devez d'abord configurer votre modem : il suffit en principe de définir un lien symbolique de */dev/modem* vers·le fichier de périphérique du port série auquel est connecté le modem, à savoir */dev/ttyS0*, */dev/ttyS1*, etc. Vous pouvez facilement réaliser cette configuration à l'aide de l'utilitaire Modemconf : en qualité d'utilisateur root, démarrez ce programme en tapant modemconf.

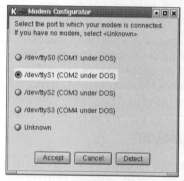

Fig. 10.1 :
Le programme de configuration
du modem

Sélectionnez l'interface utilisée par votre modem et confirmez avec **Accept**. Si vous ignorez à quelle interface série est raccordé le modem, lancez une détection automatique avec **Detect**.

Network Configurator sous Linuxconf

Démarrez Network Configurator sous X-Window, en tant qu'utilisateur root, en tapant netconf. La fenêtre ci-contre s'affiche.

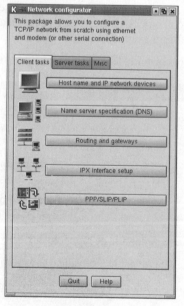

Fig. 10.2 :
Écran d'accueil de
Network Configurator

Cliquez sur le bouton **PPP/SLIP/PLIP**. Si la liste est vide, cliquez sur **Add**. L'option *PPP* est proposée par défaut. Vous pouvez la valider par **Accept**.

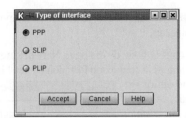

Fig. 10.3 :
Sélection du type de connexion

Network Configurator ouvre alors une nouvelle fenêtre dans laquelle vous pouvez saisir les informations concernant votre accès.

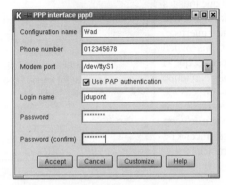

Fig. 10.4 :
Options d'une connexion PPP

Choisissez un nom pour la connexion sous la rubrique *Configuration name*, par exemple le nom de votre FAI. Tapez le numéro de téléphone du FAI sous la rubrique *Phone Number*. Si votre FAI contrôle le mot de passe au moyen du protocole PAP, cochez la case *Use PAP authentification*. Tapez, dans les deux zones de saisie suivantes, le nom d'utilisateur et le mot de passe. Cliquez sur **Customize** pour procéder à d'autres réglages.

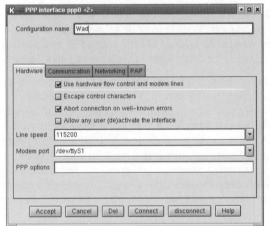

Fig. 10.5 :
Options PPP avancées

Dans la boîte de dialogue **Hardware** de la fenêtre **PPP Interface ppp0** qui s'ouvre alors, vous pouvez indiquer la vitesse maximale de votre modem sous *Line speed*. Il ne s'agit pas des vitesses habituellement indiquées pour caractériser les modems (9 600, 14 400, 28 800...), mais des taux de transfert du port série. Sélectionnez une valeur supérieure à la vitesse de votre modem, par exemple 19 200 pour un modem à 14 400, 38 400 pour un modèle à 28 800, etc.

Si l'option *Allow any user to (de)activate interface* est activée, la connexion peut être établie par n'importe quel utilisateur, et pas seulement par root. L'avantage, si vous êtes l'unique utilisateur de votre ordinateur Linux, est que vous n'êtes pas obligé de vous connecter en mode root chaque fois que vous voulez établir une connexion. Dans le cas d'un système multi-utilisateur, il vous appartient de décider si vous voulez accorder aux autres utilisateurs le droit d'établir des connexions.

La zone *Modem Port* contient le nom de périphérique du modem à utiliser, par défaut */dev/modem*. Si votre modem n'est pas configuré, ce nom de périphérique n'existe pas encore. Effectuez, dans ce cas, la configuration avec Modemconf. Vous pouvez cependant indiquer directement le nom de périphérique du port série correspondant (/dev/ttyS0, /dev/ttyS1... pour COM1, COM2...), notamment si plusieurs modems sont connectés.

Passez à présent dans la boîte de dialogue **Networking** de la même fenêtre. Cochez la case *Activate interface at boot time* si la connexion PPP doit être établie automatiquement à chaque démarrage de l'ordinateur. Cette option est désactivée par défaut. Laissez l'option *Set default route* activée afin que tous les paquets IP non locaux soient routés par cette interface. L'option *Restart link when connection fails* permet que la connexion soit rétablie automatiquement en cas de déconnexion accidentelle (par exemple, si le modem de votre fournisseur d'accès raccroche à la suite d'une erreur).

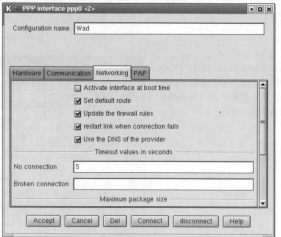

Fig. 10.6 :
Paramètres
réseau
de la
connexion
PPP

Si votre FAI vous a communiqué une adresse IP statique, vous pouvez la saisir dans la zone de saisie *Local IP address*. Vous pouvez de même saisir l'adresse IP de l'ordinateur distant dans la zone de saisie *Remote IP address* si cette adresse est toujours la même. En général, les adresses sont définies de manière dynamique, et vous pouvez donc laisser ces deux zones vides.

Cliquez ensuite sur le bouton **Communication**. Le numéro de téléphone que vous avez sélectionné à la première étape y est déjà inscrit. Vous pouvez le modifier ici, par exemple si votre FAI vous propose un nouveau numéro à tarification locale. Sous *Modem Init String*, vous pouvez entrer la commande AT servant à initialiser le modem. Saisissez, dans la zone *Modem Dial Command*, la commande AT utilisée par votre modem pour composer le numéro. Il s'agit normalement de la commande ATDT pour la numérotation par fréquences vocales, en usage presque partout à l'heure actuelle. Si vous voulez composer le numéro par impulsions, tapez ATDP dans cette zone. Vous pouvez activer l'option *Debug connection* si vous souhaitez que des informations détaillées soient écrites dans le fichier journal */var/log/messages* lors de l'établissement de la connexion.

Fig. 10.7 :
Paramètres
de communication de
la connexion PPP

Se connecter sans PAP

Cette section ne vous concerne que si votre FAI utilise à la place du procédé PAP une connexion par invite comme pour une connexion normale au système Linux. C'est le cas, entre autres, du service en ligne CompuServe. Si vous n'êtes pas dans cette situation, poursuivez votre lecture à la section suivante.

Un script de connexion est préparé dans la boîte de dialogue **Communication**. Le cas échéant, il vous suffit de l'adapter à votre FAI. Dans la plupart des cas, la connexion se fait par un dialogue demandant le nom et le mot de passe, comme pour une connexion normale à Linux. Toutefois, si votre FAI attend d'autres données avant ou après l'indication du nom d'utilisateur et du mot de passe, vous devez apporter quelques modifications dans ce script. Sélectionnez l'une des lignes du script afin de la modifier, dans la moitié inférieure de la boîte de dialogue (par exemple, pour remplacer ogin par un autre texte). Un clic sur le bouton **Remove** supprime cette ligne entièrement. Avec les boutons **Insert** et **Append**, vous pouvez ajouter une ligne vide avant ou après la ligne sélectionnée, cette nouvelle ligne étant alors disponible pour l'édition.

La configuration est achevée avec ces quelques éventuelles modifications. Cliquez sur le bouton **Done** pour enregistrer les données.

Connexion avec PAP

Cette section ne vous concerne que si votre FAI utilise le protocole PAP pour le contrôle du nom d'utilisateur et du mot de passe. C'est le cas de la plupart des fournisseurs d'accès à l'heure actuelle.

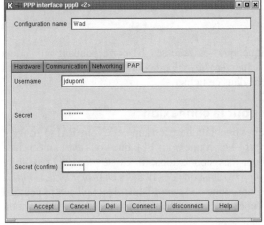

Fig. 10.8 :
*Fenêtre de paramétrage
du protocole PAP*

Tout ce qu'il vous reste à faire ici est de contrôler si les colonnes *Username* et *Secret* contiennent les valeurs correctes. L'authentification par le protocole PAP est normalisée, et il n'y a pas de script à modifier. Cliquez sur **Done** pour valider les données.

Modifications enregistrées par Netconf

Le programme Netconf n'est qu'un frontal qui se charge à votre place des modifications à effectuer dans divers fichiers de configuration. Nous vous expliquons brièvement dans cette section quels sont ces fichiers et comment vous pouvez effectuer ces modifications manuellement.

Conversion de noms d'ordinateur en adresses IP

Vous avez deux possibilités pour convertir des noms d'ordinateur Internet (par exemple, www.microapp.com) en adresses numériques IP (par exemple, 212.37.212.78). Le fichier */etc/hosts* contient une liste de ces correspondances. Si vous utilisez un réseau local, les adresses IP de toutes les machines accessibles sur le réseau devraient y figurer. Pour les autres ordinateurs (non locaux), Linux peut accéder à un serveur de noms : si vous lui communiquez un nom d'ordinateur, il vous répond en renvoyant l'adresse IP correspondante. Avec les fichiers */etc/resolv.conf* et */etc/host.conf*, vous réglez l'utilisation de ces deux possibilités.

Souvent, le fichier */etc/resolv.conf* ne contient que les deux lignes ci-après.

```
search un_domaine
nameserver un_serveur_de_nom
```

Si votre FAI a indiqué plusieurs noms de serveur, vous pouvez les inscrire dans des lignes supplémentaires. Voici ce même fichier pour CompuServe.

```
search compuserve.com
nameserver 149.174.211.5
nameserver 149.174.213.5
```

Le fichier */etc/host.conf* a le contenu suivant.

```
order hosts,bind
multi on
```

L'ordre des mentions hosts et bind indique que les adresses IP correspondant aux noms d'ordinateur sont d'abord recherchées dans le fichier */etc/hosts*. Le recours au serveur de noms n'aura lieu que si Linux ne trouve pas ce qu'il cherche dans ce fichier.

Scripts et fichiers de configuration pour la connexion

Les scripts et fichiers de configuration nécessaires pour la connexion auprès de votre FAI se trouvent dans le répertoire */etc/sysconfig/network-scripts/*. Les connexions PPP que vous avez créées avec Netconf se nomment *ppp0*, *ppp1*, etc. Pour ces connexions, il existe dans le répertoire *network-scripts* des fichiers *ifcfg-ppp0*, *ifcfg-ppp1*... ainsi que des fichiers *chat-ppp0*, *chat-ppp1*... Nous supposons que vous n'avez créé qu'une seule connexion *ppp0*. Toutes les explications peuvent être transposées à d'autres connexions, le cas échéant, en remplaçant simplement *ppp0* par un autre nom.

Le fichier *ifcfg-ppp0* a le contenu suivant.

```
PERSIST=yes
DEFROUTE=yes
ONBOOT=no
INITSTRING=ATZ
MODEMPORT=/dev/modem
LINESPEED=19200
ESCAPECHARS=no
DEFABORT=yes
HARDFLOWCTL=yes
```

```
DEVICE=ppp0
PPPOPTIONS=
DEBUG=yes
PAPNAME=<nom_utilisateur>
REMIP=
IPADDR=
BOOTPROTO=none
MTU=
MRU=
DISCONNECTTIMEOUT=
RETRYTIMEOUT=
USERCTL=no
```

Vous y retrouvez la plupart des options que vous avez définies dans le programme de configuration Netconf.

- ▶ PERSIST : valeur yes si l'option *Restart PPP when connection fails* est activée. Dans ce cas, le numéro est automatiquement recomposé en cas d'interruption de la connexion. Valeur no dans le cas contraire.

- ▶ DEFROUTE : valeur yes si l'option *Set default route when making connection* est activée. Vous définissez ainsi cette connexion comme route par défaut pour tous les paquets IP non locaux. Valeur no dans le cas contraire.

- ▶ ONBOOT : valeur yes si l'interface doit être activée au démarrage. Une connexion Internet est alors établie immédiatement lors de l'initialisation du réseau. Cette option n'est pas activée systématiquement. Valeur no dans le cas contraire.

- ▶ INITSTRING : contient la chaîne d'initialisation envoyée à votre modem. Dans notre exemple, c'est la commande ATZ, mais il peut s'agir d'une commande complexe.

- ▶ LINESPEED : vitesse de communication entre l'interface série et le modem.

- ▶ ESCAPECHARS : valeur yes si des caractères spéciaux sont autorisés dans le transfert. Valeur no dans le cas contraire.

- ▶ DEFABORT : valeur yes si certains messages d'erreur standard doivent être exploités lors de la mise en place de la connexion et conduire à l'interruption. Valeur no dans le cas contraire.

- ▶ HARDFLOWCTL : valeur yes si le contrôle de flux matériel (RTS/CTS) doit être utilisé. Valeur no dans le cas contraire.

- ▶ DEVICE : fichier de périphérique par lequel votre modem est accessible, généralement */dev/modem*.

- ▶ PPPOPTIONS : contient des options supplémentaires passées au démon *pppd* lors de la mise en place de la connexion.

- ▶ DEBUG : valeur yes si *pppd* doit écrire des informations détaillées dans le fichier journal */var/log/messages* lors de la mise en place de la connexion. Valeur no dans le cas contraire.

- ▶ PAPNME : contient le nom d'utilisateur PAP en cas d'utilisation de ce protocole. Vide dans le cas contraire.

- ▶ REMIP : contient l'adresse IP de l'ordinateur de connexion de votre fournisseur d'accès, si celui-ci vous en a communiqué une explicitement. Vide en général.

▶   IPADDR : contient une adresse IP statique pour votre ordinateur si votre fournisseur d'accès vous en a attribué une. Vide dans le cas contraire.

▶   BOOTPROTO : peut prendre les valeurs none, dhcp et bootp.

▶   MTU : ne doit être défini que si votre fournisseur d'accès le recommande. Vide dans le cas contraire.

▶   MRU : ne doit être défini que si votre fournisseur d'accès le recommande. Vide dans le cas contraire.

▶   DISCONNECTTIMEOUT : délai, en secondes, avant de recomposer le numéro en cas d'interruption de la connexion.

▶   RETRYTIMEOUT : délai, en secondes, avant de recomposer le numéro en cas d'échec d'établissement de la connexion (par exemple, si la ligne est occupée).

▶   USERCTL : valeur yes si les utilisateurs normaux (non root) sont autorisés à établir la connexion avec ifup. Valeur no dans le cas contraire.

Le fichier *chat-ppp0* a le contenu suivant.

```
'ABORT' 'BUSY'
'ABORT' 'ERROR'
'ABORT' 'NO CARRIER'
'ABORT' 'NO DIALTONE'
'ABORT' 'Invalid Login'
'ABORT' 'Login incorrect'
'' 'ATZ'
'OK' 'ATDT <no_telephone>'
'CONNECT' ''
```

Vous trouvez ensuite les questions et les réponses du dialogue de connexion si vous vous connectez manuellement, et non par l'intermédiaire du PAP.

```
'ogin:' '<nom_utilisateur>'
'assword:' '<mot_de_passe>'
```

Le fichier */etc/ppp/pap-secrets* est utilisé pour la connexion avec le protocole PAP.

```
# Secrets for authentication using PAP
# client          server  secret              IP addresses
nom_utilisateur        *          mot_de_passe
```

PAP est en réalité un protocole servant à identifier des ordinateurs, et non des utilisateurs. Le principe est qu'une connexion PPP établie sur votre ordinateur peut être utilisée par n'importe quel utilisateur de cet ordinateur. C'est la raison pour laquelle *pap-secrets* contient des noms d'ordinateur dans les colonnes *client* et *server*. Comme nous ne prenons en considération ici que les connexions de votre ordinateur avec un ordinateur de votre FAI, c'est votre nom d'utilisateur qui est indiqué comme client, server étant indifférent (*), et secret contenant votre mot de passe. La colonne *IP addresses* peut rester vide. Si vous y spécifiez une adresse IP, la connexion ne peut être établie que lorsque cette adresse a été attribuée à votre ordinateur en tant qu'adresse locale.

10.3   Établir et arrêter une connexion

Pour activer une interface PPP, vous avez le choix entre deux méthodes. Sous X-Window, vous pouvez démarrer l'utilitaire Netconf comme lors de la configuration, activer l'onglet **PPP/SLIP/PLIP**, y sélectionner la connexion PPP souhaitée et démarrer celle-ci en double-cliquant. Il est cependant plus facile de passer par la ligne de commande : il suffit que vous vous souveniez du nom de l'interface PPP à utiliser, généralement *ppp0*. Tapez alors simplement la commande ifup ppp0 dans un shell, et la liaison est établie.

Une fois la connexion établie, vous pouvez utiliser les applications Internet de votre choix : avec la version 4.77 de Netscape Communicator, vous pouvez surfer sur le Web, rédiger votre courrier ou participer à des forums de discussion. Vous pouvez également opter pour Mozilla, Konqueror, Kmail, Knode, etc.

Il existe encore deux variantes pour mettre fin à la connexion. Celle qui est fondée sur X-Window passe de nouveau par l'utilitaire Netconf. Vous devez, dans ce cas, cliquer sur **Deactivate**. La commande shell est ifdown ppp0.

Configuration de Kppp

Numéroteur PPP de KDEKppp est le numéroteur PPP intégré à la suite KDE. Sa configuration est assez semblable à celle qui est détaillée au paragraphe consacré à Netconf. Exécutez Kppp, par exemple à partir du menu **Réseau > Accès distant**. Des onglets donnent accès à la configuration.

Fig. 10.9 :
Écran d'accueil de Kppp

Onglet Périphérique

Indiquez ici le fichier de périphérique associé à la ligne série à laquelle est connecté le modem. Optez pour un contrôle de flux matériel (*CRTSCTS*).

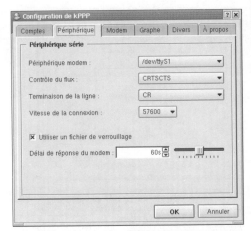

Fig. 10.10 :
Choix de la ligne série

Onglet Modem

Vous contrôlez ici le bon fonction- nement du modem. Jouez sur la position du curseur *Volume du modem* si ce dernier est bruyant.

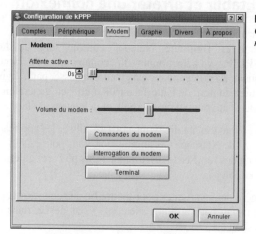

Fig. 10.11 :
Contrôle du modem

Cliquez sur **Interrogation du modem** afin d'en vérifier le bon fonctionnement. Une fenêtre de terminal apparaît. Tapez ATZ. Vous devez obtenir la réponse "OK".

Les chaînes adressées au modem, notamment la chaîne d'initialisation, peuvent être personnalisées. Cliquez sur **Commandes du modem**.

Fig. 10.12 :
Le terminal Kppp

Création d'un compte

Revenez à l'onglet **Compte**. Cliquez sur le bouton **Nouveau**, puis sur **Boîte de dialogue** dans la fenêtre qui s'affiche alors.

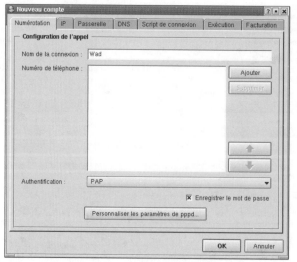

Fig. 10.13 :
Création d'un nouveau compte

Nommez le compte et entrez le numéro de téléphone du FAI. Choisissez le mode d'authentification adéquat (PAP, CHAP...). Sous l'onglet **IP**, choisissez *Adresse IP dynamique* à moins que votre FAI ne vous ait alloué une adresse fixe.

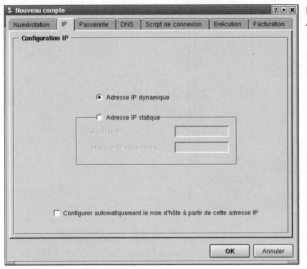

Fig. 10.14 :
Adressage IP dynamique

Sous l'onglet **Passerelle**, cliquez sur le bouton radio *Passerelle par défaut*.

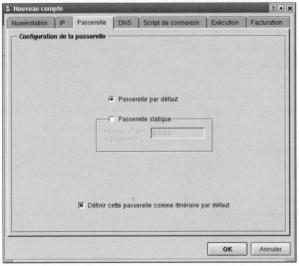

Fig. 10.15 :
Une passerelle vers Internet

Sous l'onglet **DNS**, indiquez le nom de domaine de votre FAI sous la forme domaine.fr. Choisissez la configuration *Automatique* de sorte que les adresses des serveurs de noms soient négociées automatiquement lors de la connexion.

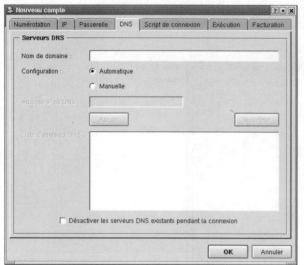

Fig. 10.16 :
Négociation automatique des DNS

Sous l'onglet **Script de connexion**, vous pouvez préciser les chaînes de caractères adressés par le serveur (*Expect*) et les réponses à retourner (*Send*) comme nous l'avons indiqué au début de ce chapitre.

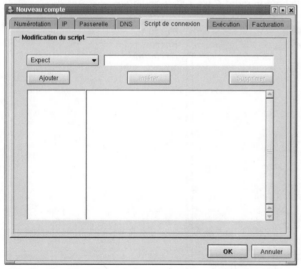

Fig. 10.17 :
Script de connexion

La connexion est établie à partir de l'écran d'accueil.

Configuration avec Draknet

Draknet est le module du centre de contrôle de Mandrake dédié à la configuration des aspects réseaux de votre station Linux.

Fig. 10.18 :
Le centre de contrôle Mandrake

Développez le menu **Réseau et Internet** situé dans le panneau gauche du centre de contrôle. Cliquez sur l'entrée *Connexion*. Vous obtenez l'écran suivant.

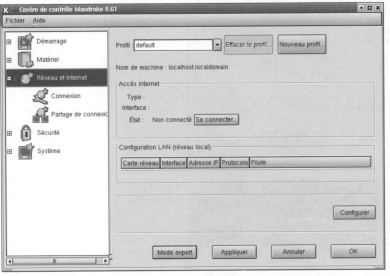

Fig. 10.19 :
Écran de configuration réseau

Cliquez sur le bouton **Configurer**. Le premier écran de l'Assistant Draknet s'affiche (Fig. 10.20).

Draknet procède à la détection automatique des périphériques susceptibles d'assurer la connexion réseau. Dans notre cas, un modem analogique est connecté au port série COM2 (Fig. 10.21).

Nous configurons ce périphérique. L'écran suivant est classique. Nous entrons nom du compte, numéro de téléphone, nom d'utilisateur, mot de passe et type d'authentification. L'accès est maintenant configuré. Vous pouvez l'activer par exemple à partir du centre de contrôle (Fig. 10.22).

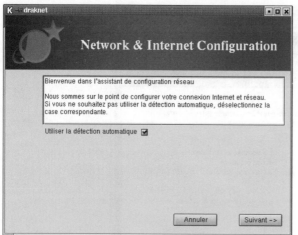

Fig. 10.20 :
L'écran d'accueil de Draknet

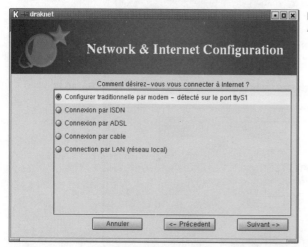

Fig. 10.21 :
Détection du modem analogique

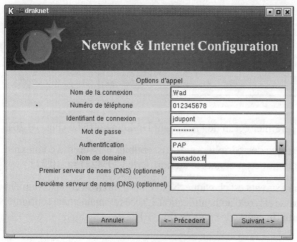

Fig. 10.22 :
Configuration de l'accès RTC

10.4   Les services FTP, Telnet et Archie

Les produits édités par la société Netscape Communication se sont affirmés comme standard dans ce domaine. La version 4.77 de Netscape Communicator accompagne la distributions Mandrake 8.0. Netscape Communicator comprend, en outre, un client pour la consultation des forums et un autre pour le courrier électronique.

Il existe cependant de nombreuses alternatives à Netscape Communicator : Amaya, par exemple, est un navigateur très facile d'emploi, et contenant un éditeur intégré. Soutenu par le World Wide Web Consortium, il intègre les derniers enrichissements CSS et XML. Le navigateur Lynx, également fourni dans la distribution Mandrake, fonctionne en mode texte, c'est-à-dire dans une fenêtre Xterm ou sur n'importe quelle console. Vous gagnerez beaucoup de temps si vous en connaissez les raccourcis clavier, car ce programme est extraordinairement rapide. Il peut également être utile pour parcourir vos répertoires : lancez-le à cet effet avec la commande lynx file:.

Télécharger Amaya

Amaya peut être téléchargé sur le site du World Wide Web Consortium (http://www.w3.org/Amaya/).

FTP

Le protocole FTP (File Transfer Protocol) sert à transférer des fichiers. Netscape Communicator et Mozilla le prennent en charge, par le biais d'URL de la forme ftp://serveur/repertoire/fichier.

Pour employer le mode FTP anonyme sous Netscape Communicator, tapez simplement une URL FTP et, pour télécharger un fichier, cliquez sur le lien en maintenant la touche [Maj] enfoncée. Une boîte de dialogue de sélection de fichier s'affiche alors. Vous pouvez y indiquer à quel endroit et sous quel nom le fichier doit être enregistré. Une barre de progression montre l'avancement du téléchargement.

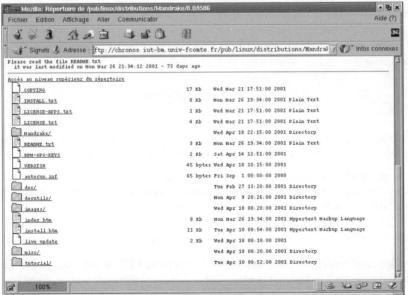

Fig. 10.23 :
Téléchargement de fichiers avec Netscape Communicator...

Gftp est plus compact et offre les mêmes possibilités. Vous pouvez aussi accéder à des serveurs FTP protégés par mot de passe, tant avec Gftp qu'avec Netscape. Sous Netscape, utilisez à cet effet des URL du type <u>ftp://utilisateur:mot_de_passe@serveur/repertoire/fichier</u>.

Sur n'importe quelle console ou fenêtre Xterm, vous pouvez aussi utiliser le programme FTP. Il offre certes peu de confort, mais quelques fonctions très performantes.

▶ Reprise d'un téléchargement interrompu : si votre connexion Internet est interrompue durant un téléchargement, vous vous retrouvez en possession d'une partie de fichier inexploitable. Vous pouvez cependant utiliser cette partie déjà chargée pour reprendre le processus avec la commande `reget` de FTP, à condition toutefois que le serveur FTP prenne cette fonction en charge. Démarrez FTP avec `ftp nom_serveur`. Tapez le nom et le mot de passe (sur les serveurs anonymes, le nom `anonymous` ou `ftp` et, en guise de mot de passe, votre adresse e-mail). Définissez, avec `ascii` ou `binary`, le bon mode de transfert et tapez finalement la commande `reget nomfichier`. FTP transmet alors au serveur la taille du fichier incomplet en votre possession, et le serveur reprend le transfert du fichier à l'octet suivant.

▶ Téléchargement de plusieurs fichiers avec des jokers : pour télécharger plusieurs fichiers (par exemple, un répertoire entier) depuis un serveur FTP, vous pouvez utiliser la commande `mget` de FTP. Si vous avez au préalable utilisé la commande `prom` pour désactiver les demandes de confirmation, la commande `mget modele` charge sur votre ordinateur tous les fichiers du répertoire courant correspondant au modèle spécifié.

Telnet

Telnet peut être utilisé pour se connecter à un autre ordinateur. Les lignes ci-dessous illustrent une session Telnet classique.

```
[essai@client essai]$ telnet opale02.bnf.fr
Trying 193.50.133.201...
Connected to 193.50.133.201.
Escape character is '^]'.
Pour acceder a BN-OPALE, vous devez taper opale comme nom d'utilisateur
Patientez quelques secondes !!!
UNIX System V Release 3.2 (opale02.bnf.fr) (ttyp4)
login: opale
Bonjour,
Bienvenue sur le catalogue BN-OPALE de la Bibliotheque nationale de France
^Q
```

Les textes en gras correspondent aux saisies effectuées sur l'ordinateur distant. L'invite ne se présente pas de la même façon sur cet ordinateur, car une distribution Unix System V y est installée.

Il n'est généralement pas possible de se connecter directement en tant qu'utilisateur root sur un autre ordinateur. Vous devez le plus souvent vous connecter comme un utilisateur normal, puis passer par la commande `su` pour obtenir les droits de l'administrateur.

Archie

Les serveurs Archie contiennent des informations sur les serveurs FTP. Si vous recherchez un fichier bien précis, Archie vous indique sur quel serveur et dans quel répertoire vous le trouverez. Si la recherche avec Archie ou Xarchie aboutit, un téléchargement direct via FTP est possible.

Les moteurs de recherche d'Internet permettent un accès rapide aux informations disséminées sur le Web. Cependant, la recherche d'un fichier précis échoue si celui-ci se trouve non pas sur un serveur WWW, mais sur un serveur FTP.

Inernet @

Moteurs de recherche

Voici une liste de moteurs de recherche efficaces. Google autorise la recherche d'informations dans les groupes de discussion.

- ► http://www.altavista.com/
- ► http://www.google.com/
- ► http://groups.google.com/
- ► http://www.hotbot.com/
- ► http://www.lycos.com/
- ► http://www.nomade.fr/

Archie apporte, dans ce cas, une solution à deux niveaux : la première est assez conviviale, car elle fonctionne sous l'interface X-Window. Elle s'appelle Xarchie. Vous devez d'abord sélectionner un serveur Archie pour vos requêtes à l'aide de la commande **Settings>Archie-Host**. Vous obtenez une longue liste de serveurs. Tapez ensuite dans la zone de saisie *Search Term* le nom du fichier recherché. Par défaut, seuls sont recherchés les fichiers dont le nom correspond exactement à celui que vous avez spécifié. Vous pouvez toutefois modifier le mode de recherche avec **Settings>Search-Type** afin de trouver aussi des fichiers dont le nom contient le terme que vous avez spécifié. Avec les types de recherche commençant par *RegExp*, vous pouvez utiliser des expressions rationnelles pour la recherche : comme avec les jokers * et ?, vous pouvez alors rechercher des fichiers dont le nom correspond à un masque que vous définissez. Ces paramétrages peuvent aussi être effectués sous **Settings>Other**, où vous devez, en outre, indiquer votre adresse d'e-mail (comme mot de passe FTP). Si vous ne tenez pas à communiquer votre adresse e-mail, vous pouvez parfaitement indiquer une adresse fantaisiste. Choisissez ensuite la commande **Query>Query Item** pour démarrer la recherche. Le programme Xarchie établit alors une connexion avec le serveur Archie sélectionné et vous communique le résultat de sa recherche en le triant dans l'ordre des serveurs FTP. Les trois colonnes de l'affichage contiennent : à gauche, les serveurs FTP ; au centre, les répertoires ; à droite, les noms de fichier. S'il doit y avoir plus que ces trois niveaux, vous pouvez avancer ou reculer d'un niveau avec les boutons droit et central de votre souris. Cliquez sur un fichier pour en afficher les propriétés dans la partie inférieure de la fenêtre.

Si vous avez trouvé le fichier, vous pouvez en demander le téléchargement en choisissant la commande **File>Get**. Indiquez un répertoire pour l'enregistrer sur votre disque dur, et l'opération commence. Les petits fichiers ASCII (les fichiers *README*, par exemple) peuvent être visualisés avec **File>Read**.

Le programme Xarchie offre bien plus encore, par exemple l'affichage de tous les fichiers d'un répertoire FTP. Vous pouvez en obtenir une description complète avec man xarchie ou dans l'aide en ligne.

Pour les inconditionnels du mode texte, il existe une version fondée sur la ligne de commande. Il s'agit du programme Archie. Il est surtout intéressant si vous ne voulez pas télécharger les fichiers directement, mais au contraire enregistrer les emplacements où ils ont été trouvés, afin d'exploiter ces informations ultérieurement, éventuellement au moyen de scripts. Les lignes reproduites ci-après représentent un lancement typique du programme Archie. Le paramètre -h permet de définir le serveur Archie à interroger.

```
essai:/home/essai/Data> archie -h archie.funet.fi nag.ps

Host ftp://ftp.sunsite.auc.dk/

    Location: ftp://ftp.sunsite.auc.dk/projects/linux-newbie/lnag.ps

        FILE -r--r--r--     1250372  Jun  1 2001  lnag.ps
```

Pour Archie également, il existe une page de manuel détaillée décrivant tous les paramètres de ligne de commande que vous pouvez utiliser (man archie).

10.5   Sécurité des serveurs Internet et intranet

La presse relate régulièrement des intrusions au cœur de serveurs connectés à Internet. Dans la plupart des cas, les pirates profitent de l'inexpérience ou de la négligence des administrateurs de ces systèmes. Notre propos ne se veut en aucun cas alarmiste. Nous ne souhaitons pas vous dissuader d'administrer un serveur avec Linux, mais vous communiquer les informations nécessaires pour le faire en sécurité.

Organisation du système

La sécurité du système doit être envisagée dès son installation. Un ordinateur destiné à héberger des services Internet doit, dans la mesure du possible, être réservé exclusivement à cet usage. Ouvrir des comptes sur une telle machine est source latente de risques. En outre, il est absolument indispensable de pouvoir effectuer des sauvegardes régulières.

Gestion des utilisateurs

La nécessité de rendre le système sûr s'oppose aux exigences de confort des utilisateurs. L'administrateur doit s'assurer que "ses" utilisateurs ne feront pas de compromis en matière de sécurité. Les discussions fréquentes à ce sujet peuvent se désamorcer à l'aide des arguments suivants. Ceux-ci concernent les possibilités de réduction des dommages en cas de problème...

Un serveur Internet ne doit pas permettre de tirer de conclusion sur d'autres machines. C'est-à-dire :

1 La machine n'exporte aucun répertoire vers d'autres machines.

2 Les utilisateurs devront se servir d'un mot de passe différent de celui qui est utilisé pour les autres machines, même s'il est tellement plus confortable de n'en employer qu'un seul. Cela interdit aussi NIS !

3 Évitez la création de fichiers *.rhosts*, *.forward* ou *.netrc*, en bloquant les comptes si nécessaire !

4 L'utilisateur devra avoir un champ *GECOS* vide dans */etc/passwd*.

5 Le fichier */etc/printcap* est vide.

6 Le fichier */etc/hosts* ne contient que les entrées nécessaires.

7 Les utilisateurs expédieront leurs mails à partir d'autres machines.

8 Finger et d'autres services qui ne sont pas nécessaires sont bloqués dans */etc/service.xinetd.conf* ne sert que pour telnet, ftp et http.

Un serveur FTP doit uniquement comporter, outre root, l'administrateur ftp. C'est parfois peu pratique, mais cela permet de limiter à une seule personne la responsabilité d'assurer la sécurité.

L'administrateur web maîtrise l'ensemble de l'arborescence des répertoires du Web. Il peut bloquer les sous-répertoires qui ne lui appartiennent pas en cas de doute fondé.

Il doit être interdit de communiquer les mots de passe ! Ceux-ci seront en permanence testés par des logiciels d'effraction, et les comptes bloqués sans préavis en cas de faille dans la sécurité.

Les adresses e-mail des pages web renvoient à d'autres machines.

Demandez aux utilisateurs que vous connaissez de vous avertir en cas d'imprudence.

Tous les navigateurs web sont à proscrire des serveurs en raison de leur manque de sécurité. Si vous ne le croyez pas, examinez attentivement, par exemple, Netscape Navigator à l'aide de strace. Vous constaterez que le mot de passe de chaque utilisateur enregistré dans /etc/passwd est lu !

À ces remarques, les utilisateurs opposent des arguments plus ou moins violents. C'est pourquoi le serveur est d'emblée configuré de façon très "légère". N'installez ni X-Window ni les nombreux outils très utiles. Un serveur n'est pas une machine de travail. Le scénario suivant illustre ce qui se passe dans le pire des cas.

Un intrus examine un fichier de mots de passe en se glissant par une faille dans la sécurité d'un service. Ce fichier contient des mots de passe faciles à percer. L'intrus trouve un .rhosts d'un utilisateur forcé et se connecte sur la machine indiquée à l'aide du même mot de passe. À partir de là, il a accès à une base de données NIS contenant des centaines de mots de passe, dont il pourra forcer certains...

Conseils généraux

Les démons FTP et HTTP sont à surveiller particulièrement. Lisez régulièrement les bulletins d'information du CERT. Si le démon utilisé présente des vices de sécurité, effectuez immédiatement la mise à jour, ou, si nécessaire, changez le démon en entier.

Utilisez des démons bien documentés et faciles à configurer. Le fichier le plus important pour le wu-ftpd présenté est le fichier *ftpaccess*, et, pour le serveur Apache, les fichiers *httpd.conf*, *srm.conf* et *access.conf*.

Un point très important aussi : réfléchissez avant de modifier quoi que ce soit !

Le démon FTP doit toujours écrire des messages dans le fichier *syslog*. La taille de celui-ci devient très importante, mais il est très utile pour la détection d'utilisateurs inconnus. Nous vous conseillons d'exploiter httpd à l'aide d'un bon logging et de passer régulièrement en revue les fichiers log du système.

Vérifiez régulièrement le système. On oublie aisément un serveur qui fonctionne tranquillement dans son coin sans panne depuis des semaines. Et ne cédez pas à la tentation fréquente de la "mise à jour". Il existe des systèmes Linux qui fonctionnent depuis des années (!) sans tomber en panne. Alors pourquoi installer un nouveau système porteur d'erreurs ? Suivez plutôt le vieil adage : ne jamais changer un système qui fonctionne (si celui-ci est fiable) !

Utilisez des outils de sécurité comme tcpd. Pensez aussi à utiliser les mots de passe du fichier *shadow*. Vous devez également exclure catégoriquement les utilisateurs qui tenteront plusieurs fois de se connecter en tant que root. Cela vaut aussi pour tous les autres comptes système. Un mail contenant les données extraites du Postmaster du site concerné est la plupart du temps très efficace.

N'utilisez pas la possibilité du téléchargement de données par le répertoire *incoming* pour le serveur FTP. Des petits malins ont développé un système génial permettant de distribuer mondialement des logiciels volés, par l'intermédiaire de répertoires cachés (*server hopping*). Vous ne découvrirez généralement ces visiteurs indésirables que lorsque la place sur le disque aura étonnamment diminué. Maintenant, si vous faites partie de ceux qui remarquent immédiatement (et sans navigateur, bien sûr) les noms de répertoire composés seulement d'un espace ou de trois points, félicitations !

Il est très utile d'avoir de bons contacts avec les administrateurs réseau. En cas de doute, ceux-ci peuvent examiner les ensembles logiciels et détecter les trouble-fête : certaines effractions de système se découvrent à l'intérieur du site lui-même !

Vous effectuerez, bien entendu, vos propres tentatives de forçage des mots de passe sur un système à part, bien isolé.

Audit de sécurité

Les logiciels Crack et Satan sont fréquemment utilisés pour tester la sécurité des systèmes Unix. Crack recherche des mots de passe valides sur votre système. Il procède par essai systématique de mots courants stockés dans des dictionnaires. Satan est l'acronyme de Security Administrator Tool for Analyzing Networks. Satan analyse les failles de sécurité de votre réseau et les récapitule dans un rapport.

Inernet @

Crack et Satan en ligne

Alec Muffet, l'auteur de Crack, maintient une page personnelle à l'adresse http://www.users.dircon.co.uk/~crypto/.

Satan dispose également d'un site sur lequel vous pouvez lancer une démonstration : http://www.fish.com/satan/.

Des groupes de discussion sont consacrés à la sécurité informatique. Citons le forum francophone fr.comp.securite. Prêtez également attention aux remarques des utilisateurs de votre système. Ils sont en première ligne et vous signaleront les dysfonctionnements majeurs.

Présentation du CERT

Le CERT (Computer Emergency Response Team) est une équipe de secours informatique. Le CERT a été créé fin 1988, lorsque le ver Internet (worm) a frappé. Il se diffusait rapidement de machine à machine. Cela prouve la nécessité de centraliser les informations sur la sécurité et de les distribuer rapidement aux personnes concernées. L'équipe la plus connue est l'AUSCERT, en Australie, qui donne constamment du travail aux administrateurs système par ses bulletins d'informations.

Inernet @

Sécurité en ligne

Le CERT et l'AUSCERT disposent évidemment de sites web.

http://www.cert.org/
http://www.auscert.org/

Linux Security diffuse des articles et des alertes de sécurité particulièrement adaptés aux systèmes Linux (http://www.linuxsecurity.com/).

En cas d'intrusion

Vous pouvez réagir de deux manières en cas d'intrusion :

▶ observer le pirate, étudier sa façon d'agir et supprimer les failles les unes après les autres ;

▶ retirer la machine du réseau et la réinstaller.

Vérifiez si des données ont été corrompues ou supprimées. Tentez de reconstituer le parcours du pirate au sein de votre système. Ce travail laborieux peut demander plusieurs jours, voire plusieurs semaines en fonction de la taille du parc. Ce travail n'est généralement pas rentable, en particulier si le pirate était root. Dans ce cas, vous n'avez plus qu'une seule chose à faire : découvrir depuis quand le pirate s'est introduit dans la machine. Ensuite seulement vous pouvez restaurer le système, car pour cela vous devez savoir jusqu'à quelle date il était sûr. Renforcez alors la sécurité du système.

Chapitre 11

Fonctionnalités réseau de Linux

L'époque où les installations Unix se composaient d'une machine principale complétée d'un ensemble de terminaux reliés par des interfaces série est révolue. Les ordinateurs Linux sont désormais connectés à Internet ou interconnectés au sein de réseaux locaux ou LAN (Local Area Networks). Dans un LAN, les machines sont reliées par du câble coaxial, de la fibre optique ou plus simplement par du câble souple à paires torsadées.

Il convient de distinguer deux types de réseaux. Dans un réseau homogène, des systèmes Linux sont connectés avec d'autres ordinateurs Unix et/ou Linux. L'échange de données est aisé, les systèmes partageant des outils et protocoles communs. Dans un réseau hétérogène, des machines Unix sont reliées à des PC tournant sous MS-DOS, Windows ou OS/2. Dans ce cas, l'échange de données est plus complexe et des problèmes d'incompatibilité peuvent apparaître.

Énumérons les principales tâches remplies par un réseau :

- transfert de fichiers (*file transfer*) ;
- exécution de programmes sur d'autres machines (*remote execution*) ;
- terminaux virtuels (*remote login*) ;
- systèmes de fichiers réseau (*network file system*).

Les trois premiers points seront assez simples à réaliser. Les programmes utilisés seront étudiés dans la section *Transfert de données et terminaux virtuels*. Le dernier point de la liste est plus difficile à mettre en œuvre. Pour l'utilisateur, c'est cependant cette dernière forme de connexion qui est de loin la plus agréable, car elle est totalement transparente.

11.1   Linux, TCP/IP et Ethernet

"Sous Linux, on utilise TCP/IP". Cette phrase est courante dans tous les ouvrages ou publications concernant Linux. Il est temps toutefois de replacer cette affirmation dans le contexte de l'architecture réseau Linux et du modèle OSI à sept couches.

TCP/IP

Le concept TCP/IP (Transmission Control Protocol/Internet Protocol) est utilisé à plusieurs niveaux. Il s'agit tout d'abord d'un moyen très répandu d'échange de données entre machines au niveau des couches OSI transport et réseau. On parle dans ce cas de protocole ou de famille de protocoles IP.

D'un autre côté, la notion TCP/IP regroupe aussi un ensemble de programmes fondés sur les protocoles réseau évoqués ci-dessus. Ces utilitaires sont également appelés DARPA utilities ou r-utilities. La DARPA (Defense Advanced Research Project Agency) est un département du ministère américain de la Défense, qui a lancé, entre autres, un projet de recherche avec l'université de Berkeley, en Californie, projet qui a abouti à la mise au point de ces utilitaires réseau. Comme beaucoup de ces programmes portent des noms commençant par la lettre *r* (*remote*), on les appelle parfois les r-utilities.

Ethernet

Sous le concept d'Ethernet, on regroupe aussi bien le média de transmission que les fonctions de la couche de liaison des données. Les définitions utilisées ont été créées par la société Xerox, qui est aussi l'auteur du principe d'Ethernet. Ethernet a servi de base à une normalisation par l'IEEE (Institute of Electrical and Electronic Engineers). L'IEEE a mis au point la norme 802.3, fondée sur l'implémentation des réseaux Ethernet de Xerox. La norme 802.3 et l'Ethernet original de Xerox se distinguent cependant par certains points. Comme dans la plupart des réseaux, c'est la norme IEEE qui est de mise et non la définition de Xerox ; il n'est donc pas tout à fait logique de parler d'Ethernet.

11.2   Configuration de TCP/IP

Pour pouvoir intégrer une machine dans un réseau, il faut d'abord que les conditions matérielles soient remplies. Il s'agit en particulier du câblage et de la connexion des cartes réseau. Nous admettrons que cette partie de l'opération est bien effectuée.

Configurer la carte réseau

Pour permettre aux programmes avec lesquels le protocole TCP/IP est implémenté de fonctionner sans anicroche, la carte réseau doit être configurée correctement. S'il s'agit d'une carte Ethernet, vous aurez besoin des informations suivantes :

► vecteur d'interruption ;
► adresse d'entrée-sortie ;
► adresse mémoire de base ;

Toutes les activités d'entrée-sortie des PC sont contrôlées par les interruptions (IRQ). Si un caractère arrive par une interface série, le processeur est informé de cet événement par un signal. Les interfaces du PC (par exemple les ports série et parallèles, les lecteurs de disquette, etc.) utilisent des interruptions prédéfinies. Il faut donc chercher une interruption libre. Lors de l'installation ou de la configuration d'une carte réseau moderne, les interruptions libres sont en général affichées. Un choix possible serait par exemple l'interruption 10.

Chaque gestionnaire de périphérique ayant à traiter des entrées-sorties a besoin d'une adresse d'entrée-sortie pour la communication (*Base I/O Address*). Les cartes et le processeur échangent des informations dans cette zone de mémoire. L'adresse d'entrée-sortie ne doit bien évidemment pas entrer en conflit avec d'autres adresses, déjà utilisées par des cartes existantes. Les programmes d'installation vous informent en général des positions possibles pour cette adresse.

Pour permettre à la carte réseau de stocker temporairement les informations entrantes, il faut lui réserver une zone mémoire. Pour cela, les éléments principaux sont l'adresse de départ et la taille de cette zone. L'indication d'une Base Memory Address permet au système de définir l'adresse de départ et celle de fin de la zone de stockage intermédiaire.

Après l'installation de la carte réseau, il faut redémarrer la machine et poursuivre par l'installation des logiciels. Si vous n'avez pas encore intégré de pilote de carte réseau dans le noyau du système d'exploitation, c'est le moment de le faire.

Configurer l'interface réseau

Il y a encore quelques étapes à parcourir sur le plan logiciel pour que l'utilisateur puisse bénéficier pleinement du réseau. En premier lieu, il faut qu'à chaque démarrage du système l'adresse Internet de l'ordinateur soit communiquée aux gestionnaires de la couche réseau. On peut, en outre, spécifier l'adresse de diffusion à toutes les machines (*broadcast*) et le nom du domaine (groupe logique d'ordinateurs) auquel l'ordinateur est rattaché.

Dans Linux, ces données sont spécifiées par la commande ifconfig. Elle est activée lors du démarrage du système. Le script */etc/rc.d/init.d/network* monte ou démonte le réseau selon l'option qui lui est transmise. Le fichier */etc/sysconfig/network* contient les paramètres globaux du réseau, le *répertoire /etc/sysconfig/network-scripts* les scripts d'activation des interfaces et des routes.

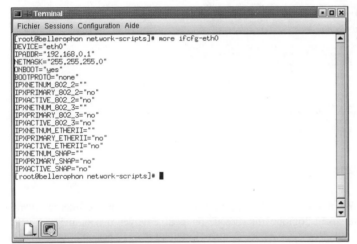

Fig. 11.1 :
Paramètres d'une carte Ethernet

Démarrer différents démons

$Irpc.mountdDifférents processus sont lancés selon les réglages de l'administrateur. Ils sont tous importants pour le travail avec TCP/IP. Dans certains cas particuliers, il peut y avoir quelques variations par rapport à la liste ci-dessous, mais, en principe, la plupart des systèmes Linux sont identiques, ou du moins fortement similaires dans ce domaine.

▸ Ils effectuent l'intégration de systèmes de fichiers distants (système de fichiers NFS, voir plus loin).

▸ L'appel du démon syslogd doit avoir lieu en premier. Il collecte les erreurs système et contrôle différents processus sur le système.

▸ Le processus portmap est utilisé pour l'affectation dynamique de ports à l'intérieur du protocole TCP. Ces ports représentent des numéros logiques pour la communication dans le réseau.

▸ Le travail du programme xinetd est défini par le fichier */etc/xinetd.conf* et les entrées du répertoire */etc/xinetd.d*. Le démon Internet xinetd démarre à la demande d'autres processus mettant à disposition différentes fonctions réseau, par exemple :

   ▸ *in.rlogind* pour la commande rlogin ;

- ▸ *in.telnetd* pour la commande `telnet` ;
- ▸ *in.rshd* pour la commande `rsh`.

- ▸ Lorsque le processus portmapper a été lancé, les processus qui utilisent ses services peuvent être démarrés à leur tour. C'est par exemple le cas de *rpc.mountd* et de *rpc.nfsd*.

Affecter un nom réseau

Avant d'utiliser TCP/IP et ses utilitaires il faut indiquer l'adresse IP de l'ordinateur. Peu d'entre nous ont la faculté de mémoriser plusieurs combinaisons chiffrées à la fois, c'est pourquoi il existe le fichier */etc/hosts*, dans lequel les adresses IP des ordinateurs sont associées à des noms. Dans chaque ligne, on trouve alors en premier l'adresse IP, un espace en guise de séparateur, puis un nom suivi éventuellement de noms complémentaires (alias).

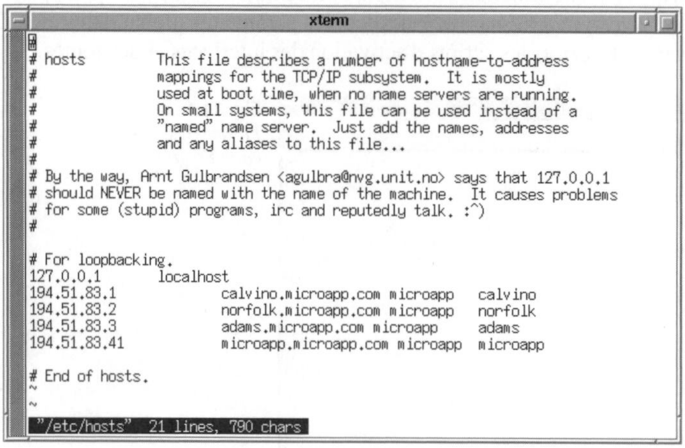

Fig. 11.2 :
Le fichier /etc/hosts

La première entrée du fichier, nommée *localhost*, est l'identification de l'adresse Internet locale. Afin de tester le fonctionnement logique du réseau, on peut envoyer des données à cette pseudo-adresse. On parle de *loopback device*, les données circulant dans ce cas en boucle au sein de la machine locale.

11.3   Contrôle du fonctionnement du réseau

Le test du fonctionnement de la carte réseau peut être effectué avec la commande `ping`. Cette commande est accompagnée du nom de la station à tester. Si la transmission des données s'effectue correctement, des messages seront affichés à intervalles réguliers pour signaler les paquets entrants et sortants.

Pour la machine dotée de l'adresse Internet 194.51.83.1, il a été défini un nom (*calvino*) et un nom complémentaire (*calvino.microapp.com*). La liaison de la station *calvino* peut être vérifiée par la commande suivante.

```
ping calvino
```

Si des problèmes apparaissent, vous utiliserez ensuite la commande `netstat` pour essayer de déterminer l'origine des erreurs.

11.4   Transfert de données et terminaux virtuels

Pour la transmission des données et la mise en place de liaisons avec des terminaux virtuels, ce sont des fichiers de périphérique qui sont utilisés. On parle de pseudo-terminaux (*pseudo ttys*) ou de PTY. Les fichiers de périphérique des pseudo-terminaux sont placés dans le répertoire */dev/pts*. Avec la commande suivante, vous pourrez vérifier le nombre de pseudo-terminaux existants.

```
ls /dev/pts | wc -l
```

11.5   Connexion à distance avec telnet et rlogin

Une fois les pseudo-terminaux créés et configurés, vous pourrez utiliser différentes commandes. Nous commencerons par expliquer celles qui se rapportent aux sessions de terminaux virtuels.

Dans cette situation, la machine Linux et le terminal devant lequel vous êtes assis servent à établir une connexion avec une autre machine. Le terminal local se comporte alors comme un terminal connecté directement à la machine à distance. Pour ce genre d'action, il existe la commande rlogin.

Vous pouvez également employer la commande telnet pour interrompre une session sur une autre machine Linux. La commande telnet est très souple. Il faut simplement que la machine cible prenne en charge le protocole TCP/IP.

11.6   La commande rlogin

La commande rlogin attend le nom d'une machine en guise de paramètre. Le système essaie ensuite d'établir une liaison avec cette machine et de créer une session de terminal virtuel.

De la machine *microapp*, l'utilisateur *david* pourra ainsi essayer d'établir une liaison avec la machine *norfolk*.

```
rlogin norfolk
```

La commande rlogin accepte aussi, à côté du nom de la machine, un nom d'utilisateur. Ce nom suit alors l'option -l (*login name*).

```
rlogin norfolk -l david
```

Si vous tapez la commande exit derrière le prompt, la liaison avec la machine cible est arrêtée, et vous retournez au prompt du shell local.

Il peut être intéressant d'intégrer le nom de la machine Linux active dans le prompt. Le fichier */etc/profile* doit pour cela utiliser la commande uname -n pour affecter le nom de la machine à la variable de shell PS1.

```
PS1="['uname -n'] $ "
export PS1
```

11.7   La commande telnet

Elle permet de construire une session terminal avec des machines distantes ne travaillant pas avec le système d'exploitation Linux. Comme paramètre, elle sera dotée soit du nom d'une machine, soit de son adresse. En mode interactif, elle peut aussi être activée seule.

La commande `telnet` interprète une série d'instructions permettant d'ouvrir une session, de charger des informations relatives à la session en cours ou d'y mettre fin. Les instructions les plus importantes que vous pourrez taper derrière le prompt `telnet>` sont les suivantes.

Tab. 11.1 : Principales commandes telnet	
Instruction	**Signification**
`open machine`	Création de la liaison avec la machine dont le nom est spécifié
`close`	Arrêt de la liaison
`status`	Affichage des informations d'état de la session active

Pendant la session, la saisie d'une séquence spéciale de caractères vous permet de commuter dans le mode commande de `telnet`. Cette séquence est normalement `^]`. Vous pouvez la modifier en lançant `telnet` avec l'option `-e` suivie d'une autre séquence.

Par exemple :

```
telnet -e '^b'
```

11.8   Transfert de données avec ftp

Pour la transmission de données entre deux machines, il existe deux commandes, que nous allons présenter brièvement. La première est `ftp` (*file transfer program*), la seconde `rcp` (*remote copy*).

La commande `ftp` est utilisable, tout comme `telnet`, entre deux machines ne fonctionnant pas toutes les deux sous Unix. La commande `rcp` est une extension de la commande `cp`, à l'usage des réseaux Unix.

L'administrateur du système peut intervenir sur le nombre d'utilisateurs extérieurs qui peuvent se connecter à une machine locale en vue d'effectuer des transferts de données. Les utilisateurs indésirables sont inscrits dans le fichier */etc/ftpusers*.

La commande ftp

Tout comme `telnet`, elle est accompagnée du nom ou de l'adresse IP d'un ordinateur distant. Cette commande demande ensuite le nom d'utilisateur désiré et son mot de passe sur la machine cible. Si tout est correctement saisi, vous obtiendrez le prompt `ftp` derrière lequel vous pourrez taper des instructions.

```
ftp>
```

Vous trouverez plus loin une liste des instructions disponibles.

Les utilisateurs individuels peuvent simplifier la procédure de connexion avec `ftp`. Pour cela, il leur suffit de créer dans leur répertoire courant un fichier appelé *.netrc*. Ce fichier contient une ligne par ordinateur :

- nom d'utilisateur ;
- mot de passe.

Ainsi, si le fichier *.netrc* de l'utilisateur *david*, sur la machine *norfolk*, contient la ligne suivante, celle-ci sera exploitable au moment de l'activation de la commande ftp.

```
machine calvino login olivier password gnulpf93
```

Lorsque l'utilisateur *david* essaiera de mettre en place une liaison avec la machine *calvino*, le système admettra qu'il souhaite se connecter sous le nom *olivier*, et que le mot de passe de l'utilisateur *olivier* soit gnulpf93. Ainsi, chaque utilisateur peut préparer un certain nombre de noms et de mots de passe pour les diverses machines du réseau auxquelles il accède fréquemment. Comme les mots de passe apparaissent en clair dans le fichier *.netrc*, affectez des autorisations d'accès très limitées à ce fichier (typiquement rw-------).

Si vous activez ftp sans paramètre, le prompt apparaîtra directement.

```
ftp>
```

Derrière, vous aurez tout loisir de taper une instruction pour initialiser la transmission et la contrôler.

Tab. 11.2 : Liste des commandes ftp	
Instructions	**Signification**
open machine	Mise en place de la liaison avec la machine spécifiée.
quit	Fermeture de la liaison et fin de la commande ftp.
ascii	Les données à transmettre sont des caractères ASCII.
binary	Les données à transmettre sont des données binaires qui ne doivent pas être interprétées.
glob	Permet d'activer ou de désactiver le traitement des caractères spéciaux utilisés pour la génération des noms de fichier (par exemple * ou ?).
help	Affichage de la liste des instructions possibles.
prompt	Par défaut, lors de l'emploi des commandes mput ou mget, le système demande pour chaque fichier à transmettre si le transfert doit effectivement avoir lieu. Après saisie de l'instruction prompt, cette demande de confirmation individuelle est désactivée. Un nouvel appel de prompt la réactive.
pwd	Lecture du répertoire courant de la station cible.
cd Chemin	Changement de répertoire sur la machine cible.
ls	Affichage des fichiers de la machine cible.
delete fichier	Suppression d'un fichier sur la machine cible.
mdelete	La commande mdelete est suivie de plusieurs noms de fichier ou d'un critère de sélection de fichiers. Tous les fichiers concernés sont supprimés sur la machine cible.
get fichier	Transmission d'un fichier depuis la machine à distance vers la station locale.
mget critère	Chargement de plusieurs fichiers à partir de la machine distante. En guise de paramètres, vous pourrez spécifier plusieurs noms de fichier ou un critère de sélection.
put fichier	Transmission d'un fichier de la machine locale vers la machine distante.
mput critère	Transmission de plusieurs fichiers de la machine locale vers la machine distante. Les paramètres possibles sont identiques à ceux de mdelete ou de mget.

La commande rcp

Cette commande élargit les possibilités de la commande cp aux réseaux. Tout comme cp, rcp sait exploiter deux paramètres. Elle accepte deux indications de fichiers, avec le chemin d'accès et le nom de la machine en question. L'opération consiste à copier le premier fichier sous le nom spécifié comme second paramètre.

```
rcp Fichier1 Fichier2
```

Il est aussi possible de spécifier plusieurs indications de fichiers. Dans ce cas, les fichiers placés en tête sont copiés dans le répertoire indiqué comme dernier paramètre.

```
rcp Fichier1 Fichier2 Cible
```

Une indication de fichier se compose toujours du nom de la machine et du nom du fichier lui-même. Les deux composantes sont séparées par un deux-points. Si l'indication concerne un fichier de la machine locale, le deux-points et le nom de la machine pourront être omis.

```
microapp:/etc/inittab
calvino:/etc/motd
```

Par exemple, l'utilisateur *david* peut, avec la commande rcp, créer une copie de son fichier *Timbres* sur la machine *calvino*.

```
rcp Timbres calvino:/tmp/Timbres
```

Pour la source et la cible, il est parfaitement possible de spécifier deux machines distantes. Ainsi l'utilisateur *david* peut par exemple copier un fichier de la machine *microapp* vers la machine *calvino*, alors qu'il travaille en fait sur la machine *norfolk*.

11.9   Autres utilitaires DARPA

La commande rcmd permet de lancer une commande quelconque sur une machine distante et de l'exploiter. Elle attend deux paramètres pour pouvoir effectuer son travail :

▸   le nom de la machine sur laquelle une commande doit être lancée ;

▸   la séquence de commandes à exécuter.

L'utilisateur *david* peut par exemple savoir quels sont les utilisateurs travaillant sur la machine *calvino* en tapant la commande suivante.

```
rcmd calvino who
```

Pour cette commande toute simple, vous pouvez imaginer toutes sortes d'applications. La commande rcmd permet à l'administrateur de résoudre deux problèmes importants. Le premier est l'impression à distance sur des machines, le second concerne l'utilisation d'unités de sauvegarde sur des machines distantes.

Pour l'impression, vous pourrez par exemple utiliser la boucle suivante dans un script shell.

```
for d
```

```
do
   rcmd microapp lpr -Plaser $d
done
```

Tous les fichiers transmis à ce script comme paramètres apparaîtront dans la file d'attente *laser* sur la machine *microapp*.

Pour la sauvegarde à distance, on tirera parti de l'aptitude de la commande rcmd à être transparente pour les redirections d'entrée-sortie. Sur la machine *adams* a été installée une nouvelle unité de sauvegarde, à laquelle vous accédez par le fichier de périphérique */dev/giga*. Pour sauvegarder les données de la machine *norfolk*, vous pourriez par exemple utiliser la commande suivante.

```
tar cvf - /home | rmcd adams dd of=/dev/giga
```

Cette ligne d'instructions demande, grâce à l'emploi de l'option -f et du paramètre -, à la commande tar d'utiliser le canal de sortie standard pour les données à sauvegarder. Tous les fichiers transmis au canal de sortie standard aboutissent dans la commande rcmd par un tube. rcmd les transmet ensuite à la commande dd, qui les lit et les transmet au fichier de périphérique */dev/giga* (option of=).

Certaines installations proposent la commande rsh à la place de la commande rcmd. La définition des paramètres et les fonctionnalités de cette commande sont cependant identiques à rcmd.

Attention

Shell sécurisé

Sous Linux-Mandrake, préférez les utilitaires du shell sécurisé (SSH). Ils codent le trafic entre machines, limitant les risques d'écoute ou de prise de contrôle de la connexion par un tiers. La commande ssh remplace les commandes telnet et rlogin, scp la commande rcp et sftp la commande ftp. Le projet Open SSH dispose d'un site web traduit en français : http://www.openssh.com/fr/.

11.10   Système de fichiers NFS

Le système de fichiers réseau NFS (Network File System) de Sun étend les fonctions du système de fichiers d'Unix pour les réseaux. Pour résumer, nous dirons qu'il permet d'intégrer dans l'arborescence locale des systèmes de fichiers provenant d'autres machines. L'objectif est d'assurer à l'utilisateur une transparence totale. Dans beaucoup de cas, les utilisateurs ne savent même pas qu'ils se trouvent dans un système de fichiers appartenant à une machine distante.

La conception de NFS date des années 1980. Les critères qui ont prévalu lors de cette conception étaient la souplesse et la simplicité. L'architecture de NFS ressemble indirectement à celle de TCP/IP. De nouvelles fonctions ont été développées dans les couches session et présentation. Elles permettent en particulier à NFS d'être disponible pour d'autres systèmes d'exploitation. Grâce à NFS, rien ne s'oppose à l'intégration de machines différentes et de systèmes d'exploitation distincts dans le cadre d'un même réseau.

Principes de base de NFS

NFS élargit l'architecture que nous avions abordée plus haut en parlant des protocoles TCP/IP. Deux composantes complémentaires ont ainsi été rajoutées au modèle en couches. Dans la couche session ont été placés des RPC (Remote Procedure Calls). Par la technique XDR (External Data Representation), d'autres extensions ont été mises en place dans la couche présentation.

Le problème à résoudre pour les RPC est l'exécution de processus sur des machines distantes, mais avec la plus grande souplesse possible. Pour parler simplement, disons que des fonctions du système d'exploitation telles que la création, la lecture ou l'écriture dans un fichier sont standardisées sur la base de numéros.

Lorsque deux machines (par exemple les stations *calvino* et *norfolk*) prennent en charge l'interface RPC, il est possible de demander la lecture d'un fichier de l'ordinateur *norfolk* à partir de l'ordinateur *calvino*. Pour cela, *calvino* envoie à *norfolk* le numéro correspondant au service de lecture, ainsi qu'une série d'informations complémentaires (quel fichier, à partir de quelle position, combien de caractères, etc.). Sur la machine *norfolk*, cette demande est reconnue et exécutée. Comme réponse, *norfolk* transfère les données lues à *calvino*.

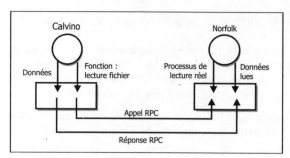

Fig. 11.3 :
Trafic RPC

Comme il n'est pas indispensable de savoir comment se déroule la lecture sur la machine distante, il n'est pas obligatoire que la machine fonctionne sous Linux. L'opération est tout à fait réalisable avec des PC sous MS-DOS.

La communication entre les deux stations peut être contrariée si elles ne parlent pas le même langage. Elles peuvent avoir, par exemple, des représentations internes différentes en matière de nombres entiers, de nombres décimaux, etc. En fonction du matériel et des systèmes d'exploitation, les différences peuvent être plus ou moins importantes. Pour résoudre ce problème, une procédure a été mise au point et standardisée. Les deux machines se mettent d'accord sur une forme de représentation des données dans le réseau. Selon les machines et les systèmes d'exploitation, les conversions seront d'importance différente au moment où les données sont envoyées dans le réseau ou réceptionnées. Cette définition d'un langage réseau commun est connue sous l'abréviation XDR.

Grâce au mécanisme RPC et à l'interface XDR, NFS est le plus souple de tous les systèmes de fichiers réseau.

Intégration de NFS

Le point le plus important que parvient à résoudre NFS est l'intégration de systèmes de fichiers placés sur d'autres machines. La station qui met son système de fichiers à la disposition des autres machines est appelée un serveur NFS. Les systèmes qui intègrent le système de fichiers du serveur sont appelés les clients NFS. Chaque machine du réseau peut être à la fois client et serveur. Il est important que les processus requis fonctionnent bien sur les divers systèmes.

Sur le serveur NFS, il faut que le démon mountd fonctionne. En complément, du côté du serveur, les tâches d'entrée-sortie des clients seront prises en charge par le démon nfsd.

Un autre processus, qui a toute son importance dans ce contexte et qui doit impérativement fonctionner sur le serveur, est le programme portmap. Il régit l'affectation des appels RPC à des canaux (ports) construits par les protocoles TCP ou UDP. Ainsi, pour le programme portmap, il existe un fichier */etc/rpc*, dans lequel plusieurs numéros de programmes sont réservés pour des prestations de service (par exemple, demande d'état pour les systèmes de fichiers à distance ou intégration de ces systèmes de fichiers distants). Le programme portmap affecte à ces canaux, de manière dynamique, les numéros des programmes serveurs. Si ce processus n'existait pas, il faudrait prédéfinir un canal pour chaque service du serveur NFS. Dans un grand réseau, cela conduirait infailliblement à des goulets d'étranglement.

Le serveur NFS doit exporter des systèmes de fichiers. L'exportation se fait par une entrée dans le fichier */etc/exports*. C'est là que, pour chaque système de fichiers en mesure d'être intégré par les clients NFS, une ligne définit le nom du système de fichiers et éventuellement une liste des clients NFS autorisés. L'exemple suivant montre le contenu possible de ce fichier.

```
/              adams(rw) microapp(rw)
/cdrom         *.microapp.com(ro)
/home          (ro,insecure)
```

La racine du système de fichiers est à la disposition des ordinateurs *adams* et *microapp* (en lecture et en écriture) sur le réseau. En ce qui concerne le système de fichiers */cdrom*, il est accessible en lecture pour tous les ordinateurs du domaine *microapp.com*. La dernière ligne autorise l'accès à tous les ordinateurs du réseau au système de fichiers sous */home*. Quelques options sont cependant spécifiées ici. On autorise par exemple aussi l'accès pour les utilisateurs qui ne sont pas connus du réseau (option insecure). L'option root_squash est activée par défaut. Si quelqu'un tente de se connecter sous le numéro d'utilisateur 0, il est transformé en pseudo-numéro NOBODY.

Avec la commande mount, les clients NFS peuvent intégrer les systèmes de fichiers des autres machines. La seule condition est l'existence d'une entrée relative au système de fichiers à intégrer dans le fichier */etc/exports* du serveur NFS.

Il faut d'abord indiquer à la commande mount qu'il s'agit d'un type de fichier particulier. Pour cela, la commande est complétée par une option. Sous Linux, il s'agit de -t.

En second lieu, ce n'est plus le nom du fichier de périphérique qui est mentionné, mais celui de la machine du réseau (le serveur NFS) et le nom du système de fichiers (voir le fichier */etc/exports*). Pour intégrer le système de fichiers */cdrom* de la machine *calvino* sur la machine *norfolk*, dans le répertoire */mnt*, la commande sera la suivante.

```
/sbin/mount -t nfs calvino:/cdrom /mnt
```

Si l'intégration de systèmes de fichiers distants doit intervenir systématiquement au moment du démarrage de la machine, il faudra le spécifier dans les fichiers de démarrage. Sur certains systèmes Linux, il existe pour cela un fichier appelé */etc/fstab*.

La commande umount est identique à celle que nous connaissons déjà. Elle contient toujours le nom du répertoire sous lequel le système de fichiers a été intégré. Qu'il s'agisse d'un système de fichiers local ou hébergé sur un ordinateur distant n'a aucune importance.

11.11   SAMBA : connecter Windows NT/9x et Linux en réseau local

Ce chapitre va décrire comment utiliser sous Linux le protocole SMB (Session Message Block) également appelé protocole NetBIOS ou LanManager.

Le protocole SMB est utilisé par Microsoft Windows 3.11, 9x et NT pour partager des disques et des imprimantes. En utilisant les outils Samba d'Andrew Tridgell inclus dans la distribution

Linux-Mandrake 8.0, les systèmes Unix (Linux inclus) peuvent également partager des disques et des imprimantes avec des hôtes Windows.

Pour utiliser Samba, vous devez disposer d'au moins deux machines reliées à l'aide d'un réseau TCP, avec l'une d'entre elles sous Windows et l'autre sous Linux.

Avec Samba, vous pouvez :

▶ partager un disque Linux pour des machines Windows ;

▶ accéder à un disque Windows depuis une machine Linux ;

▶ partager une imprimante Linux pour des machines Windows ;

▶ utiliser une imprimante Windows à partir d'un hôte Linux.

Attention

Il ne faut pas utiliser Samba dans le cas suivant

Si vous voulez partager des fichiers entre des machines Linux, il vaut mieux utiliser NFS (Network File System) qui est plus indiqué pour cette utilisation. Nous vous conseillons de vous reporter à la *Bible Linux* parue chez Micro Application pour obtenir de plus amples informations.

Précautions à prendre avant d'installer Samba

Vous devez disposer d'une connexion TCP qui fonctionne correctement entre les deux machines. Testez le fonctionnement dès maintenant, cela vous épargnera bien des déboires par la suite. Il faut pour cela utiliser la commande ping sur les deux machines. Prenons, par exemple, le cas d'une machine sous Windows, d'adresse IP : 181.36.10.131, et d'une machine sous Linux, d'adresse IP : 181.36.10.91.

Sur la machine Windows, activez la commande ping sur l'adresse IP de la machine Linux.

```
C:\WINDOWS>ping 181.36.10.91

Envoi d'une requête 'ping' sur 181.36.10.91 avec 32 octets de données :


Réponse de 181.36.10.91 : octets=32 temps=1 ms TTL=64
Réponse de 181.36.10.91 : octets=32 temps<10 ms TTL=64
Réponse de 181.36.10.91 : octets=32 temps<10 ms TTL=64
Réponse de 181.36.10.91 : octets=32 temps<10 ms TTL=64

Statistiques Ping pour 181.36.10.91:
    Paquets : envoyés = 4, reçus = 4, perdus = 0 (perte 0%),
Durée approximative des boucles en millisecondes :
    minimum = 0ms, maximum = 1ms, moyenne = 0ms
```

Puis, sur la machine Linux, activez la commande ping sur l'adresse IP de la machine Windows.

```
[root@servlinux /root]# ping 181.36.10.131
PING 181.36.10.131 (181.36.10.131): 56 data bytes
64 bytes from 181.36.10.131: icmp_seq=0 ttl=128 time=0.7 ms
64 bytes from 181.36.10.131: icmp_seq=1 ttl=128 time=0.6 ms
```

```
64 bytes from 181.36.10.131: icmp_seq=2 ttl=128 time=0.5 ms
^C
--- 181.36.10.131 ping statistics ---
3 packets transmitted, 3 packets received, 0% packet loss
round-trip min/avg/max = 0.5/0.6/0.7 ms
[root@servlinux /root]#
```

Si votre réseau TCP est bien configuré, vous devez obtenir des résultats similaires aux exemples ci-dessus lors des deux commandes ping. Passez directement à l'installation de Samba sous Linux. Si ce n'est pas le cas, nous allons voir comment configurer le réseau.

Configuration du réseau TCP sur la machine Windows

Configuration matérielle sous Windows

Cliquez avec le bouton droit de la souris sur l'icône du Poste de travail pour accéder aux propriétés système. Sous l'onglet **Gestionnaire de périphériques**, si vous voyez une carte réseau sans aucun conflit (son icône n'est pas marquée d'un point d'exclamation jaune), c'est qu'elle est convenablement configurée. Dans ce cas, passez directement à la section *Configuration logicielle sous Windows*.

Premièrement, il faut installer la carte sous Windows. Allez dans le Panneau de configuration, puis cliquez sur **Ajout de nouveau matériel**. Vous arrivez sur la fenêtre suivante.

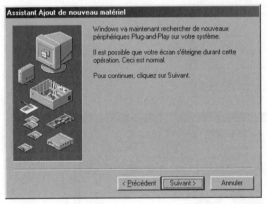

Fig. 11.4 :
Ajout de matériel

Après que vous avez cliqué sur **Suivant**, Windows recherche les nouveaux périphériques plug and play. À la fin de la détection, s'il a trouvé votre carte, suivez les instructions qui s'affichent à l'écran, sinon choisissez **non, le périphérique ne figure pas dans la liste**, puis **Suivant**. Choisissez ensuite **je veux choisir le matériel à partir d'une liste**, puis double-cliquez sur **Carte réseau**. Vous arriverez sur la fenêtre suivante où vous choisirez **Disquette fournie** (Fig. 11.5).

Insérez alors la disquette des pilotes de votre carte réseau, puis choisissez **Parcourir** pour localiser les pilotes. Après que vous avez cliqué sur OK, l'installation s'effectue. Vous devrez ensuite redémarrer la machine.

Configuration logicielle sous Windows

Cliquez avec le bouton droit de la souris sur l'icône du Voisinage réseau, puis choisissez **Propriétés**. Vous arrivez sur la fenêtre qu'illustre la figure 11.6.

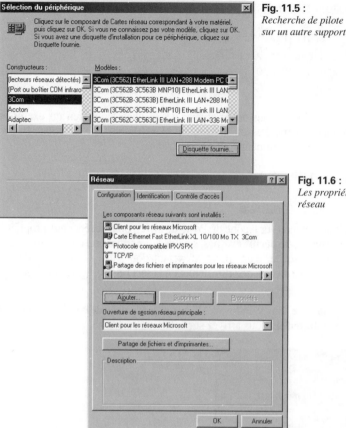

Fig. 11.5 :
*Recherche de pilote
sur un autre support*

Fig. 11.6 :
*Les propriétés
réseau*

Vous devez installer TCP/IP. Cliquez sur
Ajouter/Protocole/Microsoft>TCP/IP, le
client pour les réseaux Microsoft
(**Ajouter/Client/Microsoft/client pour
les réseaux Microsoft**) et le service de
partage des fichiers et imprimantes pour
les réseaux Microsoft (**Ajouter/Service/
partage des fichiers et imprimantes
pour les réseaux Microsoft**). Sous
l'onglet **Identification**, vous pouvez
configurer le nom de l'ordinateur ainsi
que le groupe de travail de la machine
Windows.

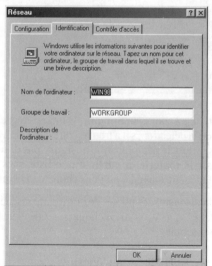

Fig. 11.7 :
*L'onglet
Identification
des propriétés
réseau*

Configurez ensuite le protocole TCP en double-cliquant sur *TCP/IP* dans les propriétés réseau. Sous l'onglet **Adresse IP**, spécifiez une adresse IP de votre choix.

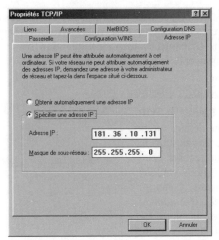

Fig. 11.8 :
Configuration de l'adresse IP

La configuration de la machine Windows étant terminée, voyons maintenant le cas de la machine Linux.

Configuration du réseau TCP sur la machine Linux

Configuration matérielle sous Linux

Il existe une solution simple pour vérifier si la carte réseau est installée sous Linux. Cette carte devrait apparaître lors du lancement du système, sous la forme d'une ligne ressemblant à ceci.

```
eth0:NE2000 Found at 0x300 using IRQ 3
```

Si une ligne de ce type est présente (commençant par eth...), et si elle n'est accompagnée d'aucun message d'erreur, votre carte réseau devrait fonctionner correctement.

> **Astuce**
>
> **Afficher les messages de démarrage**
>
> Si vous n'avez pas eu le temps de lire les messages de démarrage vous pouvez utiliser la commande dmesg pour y remédier.

Si votre carte réseau n'apparaît pas dans les messages de démarrage, les causes peuvent être multiples :

- La carte n'a pas été configurée correctement, voire pas du tout. En effet, certaines cartes nécessitent le lancement d'un logiciel de configuration, sous DOS, pour être initialisées lors de leur installation. Si aucune partition DOS n'est présente sur votre poste Linux, il faudra vous munir d'une disquette de démarrage DOS. Certaines cartes anciennes sont configurables par des cavaliers (*jumpers*) présents sur la carte même.
- Le noyau Linux n'est pas prévu pour gérer votre type de carte. En effet, Linux gère les cartes réseau dès la couche noyau (le cœur du système). Si votre carte n'est pas prévue dans le noyau utilisé, il faudra changer de noyau, en le recompilant ou en vous procurant un noyau déjà compilé pour votre carte.
- La carte provoque un conflit avec d'autres périphériques.
- La carte n'est pas du tout reconnue par Linux. Cette situation tend à se raréfier, mais peut encore se produire. Il vous faudra dans ce cas vous procurer un noyau plus récent, ou changer de carte (une carte Ethernet compatible NE2000 vaut moins de 100 francs - 15,24 euros - chez certains distributeurs).

Cette liste n'est bien évidemment pas exhaustive. Si vous avez des problèmes d'installation, vous pouvez vous référer aux fichiers HOWTO livrés avec Linux, ou poser des questions sur Internet, via les forums (**fr.comp.os.linux.configuration** est un des groupes les plus animés de la communauté francophone).

Configuration logicielle sous Linux

NetconfSous Linux, TCP/IP est installé par défaut. Nous n'aurons donc pas besoin de l'installer. Pour réaliser cette configuration nous allons utiliser l'utilitaire Netconf. Configurez d'abord le *nom de la machine* et le *nom de domaine* sous l'onglet **Nom de machine et périphériques réseaux IP** comme le montre l'écran ci-dessous.

Fig. 11.9 :
Configuration du nom de la machine

Configurez ensuite l'adresse IP de l'hôte grâce à l'onglet **Adaptateur** (1, 2, 3 ou 4).

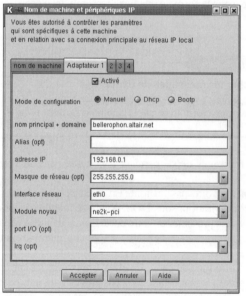

Fig. 11.10 :
Configuration de l'adresse IP

Entrez l'*adresse IP* que vous désirez attribuer à votre machine et le *nom* de votre machine qui doit correspondre au nom déclaré sous l'onglet précédent.

Consultez la liste des interfaces déjà présentes sur votre système. Vérifiez si un adaptateur nommé *eth0* existe ; si ce n'est pas le cas, il va falloir la créer. Sélectionnez *eth0* sous **Interface réseau**. Vous devez remplir les paramètres suivants.

▶ *adresse IP* : tapez l'adresse IP que vous voulez attribuer à la station Linux (à moins que votre serveur NT ne soit doté d'un serveur DHCP d'attribution automatique d'adresses IP).

▶ *masque de réseau* : cette ligne présente le numéro 255.255.255.0 pour un réseau de classe C.

Cliquez ensuite sur **Accepter** pour valider la configuration de l'interface Ethernet.

Les réglages précédents peuvent également être effectués depuis le centre de contrôle Mandrake. Cliquez pour cela sur le menu **Réseau et Internet>Connexion**.

Installation de Samba sous Linux

Samba est disponible sous forme de packages sur le CD Linux-Mandrake. Si vous l'avez installé en même temps que la distribution, vous devez trouver les deux démons smbd (le démon SMB) et nmbd (qui propose le support du serveur de nom NetBIOS aux clients) dans le répertoire */usr/sbin*.

S'ils ne sont pas présents, vous devez installer les packages de Samba manuellement. La marche à suivre est la suivante :

1 Insérez le CD de la distribution Linux-Mandrake.

2 Installez les packages.

```
urpmi samba-2.0.7-25mdk.i586
urpmi samba-client-2.0.7-25mdk.i586
```

Les dépendances sont vérifiées, puis tous les packages nécessaires copiés. Une fois cette opération effectuée, les binaires suivants devraient se trouver dans le répertoire */usr/bin*.

Tab. 11.3 : Binaires liés à Samba	
Programme	**Description**
smbadduser	Permet d'ajouter des utilisateurs dans le fichier */etc/smbpasswd*
smbclient	Client SMB similaire à ftp en mode console pour machines Unix
smbpasswd	Permet de changer le mot de passe SMB d'un utilisateur
smbprint	Script permettant d'imprimer sur l'imprimante d'un hôte SMB
smbrun	Script facilitant le lancement d'applications sur des hôtes SMB
smbstatus	Permet de lister les connexions SMB présentes sur localhost
smbtar	Utilitaire permettant de réaliser des backup de partage SMB directement au format tar
testparm	Teste la validité du fichier de configuration */etc/samba/smb.conf*
testprns	Teste la présence d'une imprimante exploitable avec Samba

Vous devez ensuite lancer les deux démons SMB (*/ust/sbin/smbd* et */usr/sbin/nmb*). Pour cela, il suffit de les démarrer grâce à un script (*/etc/rc.d/init.d/smb*) en tapant ./smb start ou ./smb stop dans le répertoire */etc/rc.d/init.d/*.

Configuration de Samba sous Linux

La configuration de Samba sur une machine Linux est contrôlée exclusivement par le fichier */etc/smb.conf*. Ce fichier indique quels répertoires et imprimantes vous désirez partager avec les autres utilisateurs, ainsi que les restrictions à appliquer.

Attention

Ligne nécessaire dans le fichier /etc/smb.conf

Lors de la configuration de votre fichier */etc/smb.conf*, n'oubliez pas la ligne encrypt passwords = yes, qui permet la négociation des accès entre les deux machines.

```
#fichier /etc/smb.conf
[global]
workgroup = MYGROUP
server string = Samba Server
printcap name = /etc/printcap
load printers = no
log file = /var/log/samba/log.%m
max log size = 5000
security = share
encrypt passwords = yes
socket options = TCP_NODELAY
dns proxy = no

#===================== Définitions des partages =========================
[root]
comment = Disk Root
path = /
valid users = ldemaret
admin users = ldemaret
public = no
read only = no
browseable = yes
printable = no

[homes]
comment = Home Directory
browseable = no
writable = yes

[tmp]
comment = Temporary file space
path = /tmp
read only = no
public = yes

[lp]
security = server
comment = Linux Printer
path = /var/spool/lpd/lp
```

```
public = yes
```

```
writable = yes
printable = yes
print command = lpr -b -P%p %s
```

La section [global] contient des variables utilisées par Samba pour tous les partages.

Tab. 11.4 : Variables de la section [global] du fichier /etc/smb.conf	
Variable	**Signification**
workgroup	Ce paramètre indique dans quel groupe de travail le serveur va apparaître lorsqu'il sera interrogé par les clients
server string	Correspond au commentaire relatif au serveur qui apparaîtra sur la machine cliente
printcap name	Permet de spécifier le chemin du fichier *printcap*, où sont déclarées les imprimantes du système Linux
load printers	Permet de partager toutes les imprimantes spécifiées dans le fichier */etc/printcap*
log file	Chemin du fichier *log* de Samba
max log size	Spécifie la taille maximale en kilobytes du fichier *log*
security	Si les noms d'utilisateur sous Windows n'existent pas sur la machine Linux, utilisez share, sinon user
encrypt passwords	Permet d'encrypter les mots de passe pour valider une connexion à Windows 98 ou NT (la valeur yes pour ce paramètre est nécessaire)
socket options	Mise à la valeur TCP_NODELAY ; cette option permet d'optimiser la liaison réseau
dns proxy = yes	Indique au démon Samba de traiter le nom *NetBIOS* comme un nom DNS

Création du fichier /etc/lmhosts

Nous avons aussi besoin de créer un fichier */etc/lmhosts* sous Linux pour permettre le rapprochement entre l'adresse IP et le nom *NetBIOS*, car Windows utilise NetBIOS au-dessus de TCP/IP. Sa syntaxe est la suivante.

```
#fichier /etc/lmhosts
181.36.10.131 win98
```

▶ Le premier paramètre correspond à l'adresse IP de la machine.

▶ Le second correspond au nom de la machine Windows. Vous le retrouvez dans la zone de texte *Nom de l'ordinateur* de l'onglet **Identification** lorsque vous affichez les propriétés du Voisinage réseau.

Voyons maintenant les étapes nécessaires pour créer ce fichier de mots de passe Samba.

Sélectionner les utilisateurs

Relevez dans */etc/passwd* les noms des utilisateurs qui doivent être validés par Samba (créez-les si besoin avec linuxconf ou adduser). Dans notre exemple, il s'agit des utilisateurs root et ldemaret.

```
root:x:0:0:root:/root:/bin/bash
ldemaret:x:1000:5000:ldemaret:/home/ldemaret:/bin/bash
```

Créer le fichier /etc/smbpasswd

Exécutez la commande suivante pour tous les utilisateurs concernés.

```
[root@servlinux /root]# smbpasswd -a root
New SMB password:
Retype new SMB password:
Added user root.
[root@servlinux /root]# smbpasswd -a ldemaret
New SMB password:
Retype new SMB password:
Added user ldemaret.
```

Définissez le mot de passe de chacun des utilisateurs. Le résultat de l'opération est enregistré dans le fichier */etc/smbpasswd*, et se présente comme suit.

```
#
# SMB password file.
#
root:0:XXXXXXXXXXXXXXXXXXXXXXXXX:XXXXXXXXXXXXXXXXXXXXXXXXX:
✄[U           ]:LCT-39FE88A0:
ldemaret:1000:XXXXXXXXXXXXXXXXXXXXXXXX:XXXXXXXXXXXXXXXXXXXXXXXXX:
✄[U           ]:LCT-39FE89D5:
```

Le mot de passe est naturellement invisible lors de la saisie.

Modifier le mot de passe Samba

Vous pouvez ensuite modifier à loisir les mots de passe.

```
[root@servlinux /root]# smbpasswd ldemaret
New SMB password:
Retype new SMB password:
Added user ldemaret.
```

Ajouter des utilisateurs Samba

Vous pouvez aussi ajouter des utilisateurs Samba avec la commande suivante.

```
smbadduser <UNIX_ID>:<WINDOWS_ID>
```

Mais il faut d'abord disposer d'un compte Linux pour l'utilisateur (la création de comptes Linux est réalisée avec la commande adduser).

```
[root@servlinux /root]# adduser jean
[root@servlinux /root]# smbadduser jean:jdavias
Adding: jean to /etc/smbpasswd
Adding: {jean = jdavias} to /etc/smbusers
------------------------------------------------------------
ENTER password for jean
New SMB password:
```

```
Retype new SMB password:
Password changed
```

Vous constatez l'ajout des relations (UNIX_ID, WINDOWS_ID) dans le fichier */etc/smbusers*.

11.12 Partager un disque Linux pour des machines Windows

Le choix des répertoires à partager ainsi que des droits d'accès associés se fait via le fichier */etc/smb.conf*. La section [root] permet à un utilisateur privilégié (ici ldemaret) de pouvoir accéder à tout le disque dur avec les droits d'accès de root.

```
[root]
comment = Disk Root
path = /
valid users = ldemaret
admin users = ldemaret
public = no
read only = no
browseable = yes
printable = no
```

Voyons maintenant plus en détail les différents paramètres utilisés ici.

Tab. 11.5 : Explication des différents paramètres du fichier /etc/smb.conf	
Variable	**Commentaire**
comment	Spécifie le commentaire relatif au partage qui sera visible sur la machine cliente, par exemple dans le Voisinage réseau.
path	Spécifie le répertoire correspondant au partage.
admin users	Permet de spécifier une liste d'utilisateurs à qui seront accordés les droits d'accès root. Cela signifie qu'ils pourront effectuer toutes les opérations qu'ils souhaitent sur les fichiers du partage, quelles que soient les permissions au niveau de ces fichiers.
valid users	Permet de spécifier une liste d'utilisateurs qui seront autorisés à se connecter à ce partage.
public	Si ce paramètre est placé sur yes, aucun mot de passe n'est demandé pour se connecter au partage correspondant. Dans le cas contraire, comme ici, un mot de passe devra être validé pour pouvoir accéder à la ressource partagée.
browseable	Détermine si ce partage apparaît ou non sur la liste de partages disponibles chez le client. Dans le second cas, le partage est disponible, mais est caché.
read only	Choix de l'accès en lecture seule ou non pour le partage.
printable	Spécifie si le partage correspond à une ressource d'impression.

Nous vous présentons ici les options les plus courantes, mais il faut savoir qu'il en existe de nombreuses autres. Si vous désirez de plus amples informations sur celles-ci, consultez le manuel de *smb.conf* avec la commande man smb.conf.

La section [homes] ci-dessous est une section particulière qui permet à un utilisateur distant (sur une machine Windows) d'accéder uniquement à son répertoire maison sur la machine Linux, s'il y possède un compte bien sûr.

```
[homes]
```

```
comment = Home Directory
browseable = no
writable = yes
```

La section [tmp] permet en quelque sorte de créer un accès anonyme (Anonymous) à un répertoire */tmp* du système Linux.

```
[tmp]
comment = Temporary file space
path = /tmp
read only = no
public = yes
```

L'accès anonyme est ici possible grâce au paramètre public = yes.

Après toute modification dans le fichier *smb.conf*, veillez à redémarrer les démons Samba à l'aide du script ./smb stop suivi de ./smb start dans le répertoire */etc/rc.d/init.d/*.

Allez ensuite sur la machine Windows, puis dans le Voisinage réseau où vous devriez voir votre serveur Linux. Il existe, sur certaines configurations, un bogue dans le Voisinage réseau vous obligeant à rechercher la machine Linux manuellement. Pour cela, allez dans le menu **Démarrer>Rechercher>Ordinateur** et indiquez le nom de votre machine Linux.

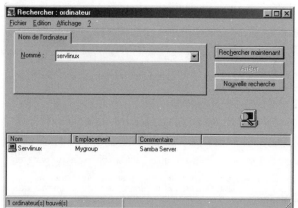

Fig. 11.11 :
Outil de recherche dans le Voisinage réseau

Vous pouvez ensuite créer un raccourci vers la machine trouvée sur votre bureau.

Double-cliquez sur l'icône de la machine Linux et vous verrez apparaître la liste de tous les partages de celle-ci. Suivant les différentes sections vues précédemment, nous obtenons les partages suivants.

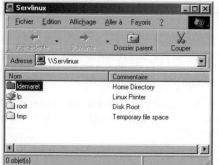

Fig. 11.12 :
Nos répertoires Linux accessibles sous Windows

Pour les ressources root et le répertoire maison de chaque utilisateur, un mot de passe est demandé dans une fenêtre comme celle-ci.

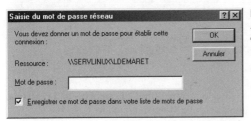

Fig. 11.13 :
Demande de mot de passe

11.13 Accéder à un disque Windows depuis une machine Linux

Pour pouvoir accéder à des disques ou à des répertoires Windows depuis une machine Linux, vous devez au préalable partager les ressources sous Windows. Pour réaliser cette opération, allez dans l'Explorateur Windows et cliquez avec le bouton droit de la souris sur le disque ou le répertoire que vous désirez partager. Un menu contextuel apparaît dans lequel vous choisissez **Partager**. Vous arrivez sur une fenêtre identique à celle-ci où vous pouvez choisir le nom de partage.

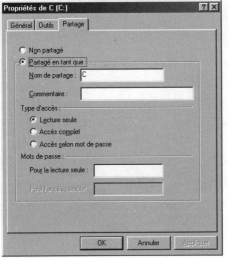

Fig. 11.14 :
Partage du disque dur de la machine Windows en tant que C

Vous devez ensuite disposer d'un client SMB. Dans la distribution Samba, nous avons à notre disposition le programme Smbclient.

Ce programme a plusieurs emplois. Vous pouvez l'utiliser avec l'option -L comme dans l'exemple ci-dessous pour voir la liste des partages d'une machine dont le nom est donné en paramètre.

```
[root@servlinux /root]# smbclient -L win98
Added interface ip=181.36.10.91 bcast=181.36.10.255 nmask=255.255.255.0
Server time is Tue Apr 13 12:08:22 1999
Timezone is UTC+2.0
security=share
```

```
Server=[WIN98] User=[] Workgroup=[WORKGROUP] Domain=[MA_NT]

    Sharename      Type      Comment
    ---------      ----      -------
    C              Disk
    IPC$           IPC       Communication entre processus distants
[root@servlinux /root]#
```

Vous voyez ici que la machine *WIN98* partage son disque sous le nom C. Pour accéder à ce disque via SMB, utilisez une nouvelle fois `smbclient`, mais selon la syntaxe suivante.

```
smbclient \\\\nom de la machine\\nom du partage
```

En voici le code :

```
[root@servlinux /root]# smbclient \\\\win98\\c
Added interface ip=181.36.10.91 bcast=181.36.10.255 nmask=255.255.255.0
Server time is Tue Apr 13 12:09:28 1999
Timezone is UTC+2.0
Password:
security=share
smb: \>
```

Une fois connectés, utilisez le logiciel à la manière de ftp. Vous pouvez taper un point d'interrogation à l'invite `smb: \>` pour obtenir la liste de toutes les commandes disponibles.

```
smb: \> ?
ls             dir          lcd          cd           pwd
get            mget         put          mput         rename
more           mask         del          rm           mkdir
md             rmdir        rd           pq           prompt
recurse        translate    lowercase    print        printmode
queue          qinfo        cancel       quit         q
exit           newer        archive      tar          blocksize
tarmode        setmode      help         ?            !
smb: \>
```

Parmi les commandes les plus utiles, `ls`, `cd`, `get` et `put` permettent respectivement de lister le contenu d'un répertoire du disque Windows, de se déplacer dans l'arborescence Windows, de récupérer et de mettre un fichier sur le disque Windows.

Voici par exemple le résultat de l'utilisation de la commande `ls` pour lister le contenu de la machine *WIN98*.

```
smb: \> ls
  SCANDISK.LOG                    A      2793  Mon Apr 12 15:30:44 1999
  COMMAND.COM                     A     95864  Fri May 15 20:01:00 1998
  AUTOEXEC.BAT                    A       134  Wed Mar 24 17:09:10 1999
  CONFIG.SYS                      A       100  Mon Apr 12 17:49:40 1999
  SETUPXLG.TXT                    A       221  Thu Mar 25 11:32:22 1999
```

```
   WINDOWS                  D            0   Wed Mar 24 16:41:38 1999
   RECYCLED                 DHS          0   Wed Mar 24 17:15:08 1999
   MSDOS.SYS                AHSR      1676   Wed Mar 24 17:01:32 1999
   IO.SYS                   HSR     222390   Fri May 15 20:01:00 1998
   Mes Documents            D            0   Wed Mar 24 17:14:02 1999
   Program Files            D            0   Wed Mar 24 16:47:12 1999

   65386 blocks of size 65536. 57002 blocks available
```

11.14   Partager une imprimante Linux pour des machines Windows

Partager un imprimante avec SAMBAPour partager une imprimante Linux pour des stations Windows, vous devez être sûr que votre imprimante est configurée pour fonctionner sous Linux. Si vous réussissez à imprimer depuis Linux, la mise en place d'un partage de l'imprimante par SMB est très rapide.

Configuration du partage pour l'imprimante

La section suivante du fichier */etc/smb.conf* permet de partager l'imprimante Linux.

```
[lp]
security = server
comment = Linux Printer
path = /var/spool/lpd/lp
public = yes
writable = yes
printable = yes
print command = lpr -b -P%p %s
```

Le paramètre public = yes signifie que l'imprimante est accessible par tous les utilisateurs et printable = yes indique qu'il s'agit d'une ressource d'impression.

Assurez-vous que le chemin (dans cet exemple, à l'intérieur de la section [lp]) correspond bien au répertoire de spool défini dans la configuration de l'imprimante.

L'imprimante est ensuite visible sous Windows avec tous les répertoires partagés. Double-cliquez sur son icône, il vous sera demandé de l'installer avant de pouvoir l'utiliser. Veuillez donc l'installer avec ses pilotes Windows en suivant les instructions de l'assistant d'ajout d'impression.

Vous pouvez ensuite utiliser cette imprimante dans vos applications préférées.

11.15   Utiliser une imprimante Windows à partir d'un hôte Linux

L'imprimante doit être installée au préalable sous Windows. Pour cela, cliquez avec le bouton droit de la souris sur l'icône *Ajout d'imprimante* dans le dossier *Imprimantes* du Poste de travail, puis suivez les instructions pour installer les pilotes fournis avec votre imprimante.

> **Info**
>
> **Installation des imprimantes**
>
> De nombreuses imprimantes récentes offrent maintenant un CD-Rom qui prend en charge toute l'installation sous Windows.

Vous partagez l'imprimante sous Windows en cliquant avec le bouton droit de la souris sur l'icône de votre imprimante dans le dossier *Imprimantes* du Poste de travail.

L'étape suivante consiste à installer l'imprimante SMB sur la machine Linux. Nous utiliserons pour cela l'utilitaire graphique Printtool qui se charge de modifier les fichiers de configuration à notre place. Lancez cet utilitaire en tapant `printtool` à l'invite du prompt sous une fenêtre de terminal.

Pour ajouter une imprimante, cliquez sur le bouton **Ajouter**. Il faut alors définir le type d'imprimante à installer.

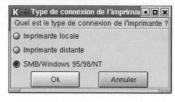

Fig. 11.15 :
Choix du type d'imprimante

Les différents choix sont les suivants.

▶ *SBM/Windows95/98/NT* : installation d'une imprimante réseau avec Samba.
▶ *Imprimante distante* : permet d'installer une imprimante dont le serveur est une machine Unix ou une imprimante en réseau local Netware.
▶ *Imprimante locale* : imprimante installée sur le port parallèle.

Choisissez **SMB/Windows95/98/NT**, puis cliquez sur OK.

Pour installer une imprimante Samba, il est nécessaire de connaître le nom du serveur d'impression, éventuellement son adresse IP, le nom de l'imprimante et le login ainsi que le mot de passe d'un utilisateur autorisé à imprimer sur cette imprimante si nécessaire.

Le menu de configuration de l'imprimante apparaît.

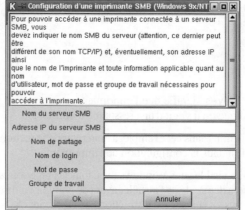

Fig. 11.16 :
Menu de configuration de l'imprimante

▶ **Nom du serveur SMB** : donnez le nom du serveur d'impression Windows NT ou de la machine Windows sur laquelle est connectée l'imprimante.

▶ **Numéro IP du serveur SMB** : si le nom du serveur d'impression n'est pas dans le fichier */etc/hosts*, ou si le DNS ne le reconnaît pas, il est nécessaire de spécifier l'adresse IP du serveur d'impression.

▶ **Nom de partage** : donnez le nom de la file d'impression sur le serveur Windows NT ou le nom de partage de l'imprimante.

▶ **Nom de login** : spécifiez le nom de l'utilisateur autorisé à se connecter sur l'imprimante.

▶ **Mot de passe** : mot de passe de l'utilisateur autorisé à imprimer sur l'imprimante réseau.

▶ **Groupe de travail** : groupe de travail de l'utilisateur autorisé à imprimer sur l'imprimante réseau.

▶ **Nom du serveur SMB** : donnez le nom du serveur d'impression Windows NT ou de la machine Windows sur laquelle est connectée l'imprimante.

▶ **Numéro IP du serveur SMB** : si le nom du serveur d'impression n'est pas dans le fichier */etc/hosts*, ou si le DNS ne le reconnaît pas, il est nécessaire de spécifier l'adresse IP du serveur d'impression.

▶ **Nom de partage** : donnez le nom de la file d'impression sur le serveur Windows NT ou le nom de partage de l'imprimante.

▶ **Nom de login** : spécifiez le nom de l'utilisateur autorisé à se connecter sur l'imprimante.

▶ **Mot de passe** : mot de passe de l'utilisateur autorisé à imprimer sur l'imprimante réseau.

▶ **Groupe de travail** : groupe de travail de l'utilisateur autorisé à imprimer sur l'imprimante réseau.

Validez. Choisissez finalement le filtre pour l'imprimante.

Attention

Problèmes de compatibilité

Il est à noter que les imprimantes prenant en charge le format Postscript offrent la meilleure compatibilité, car le format d'impression de Linux est Postscript et celui-ci a des problèmes de conversion vers d'autres formats comme ceux qui sont pris en charge par Windows.

Chapitre 12

Serveur intranet/Internet

C e chapitre a pour objectif d'expliquer comment transformer un petit réseau d'entreprise ou personnel en un intranet complet proposant les services web, mail, news, ftp et accès à Internet. Cette mise en place se fera sans remise en cause d'un serveur Windows NT éventuellement présent. Les deux types de serveurs peuvent parfaitement coexister.

12.1   Pourquoi un intranet avec Linux ?

Les raisons susceptibles de convaincre un administrateur ou utilisateur d'un réseau local de s'équiper d'un serveur Linux pour la mise en place d'un intranet sont diverses.

► C'est pratiquement gratuit. Linux est en effet un logiciel libre disponible sous forme de distributions. Celles-ci sont disponibles pour quelques centaines de francs contre plusieurs milliers de francs pour une licence NT server.

► Les outils serveurs disponibles sous Linux sont de très bonne qualité et fiables.

► Le support des éventuels bogues ou failles de sécurité est mis à jour très fréquemment (gratuitement).

► Le code source de Linux est accessible. Il est donc parfaitement possible de développer un utilitaire spécifique si le besoin s'en fait sentir.

De toute façon, l'investissement financier est minimal, et le temps consacré à l'installation peut se révéler fort rentable si le serveur Linux est adopté.

Ce chapitre s'adresse à des utilisateurs ayant les connaissances de base de Linux et possédant quelques notions des réseaux. La personne idéale est bien évidemment celle qui s'occupe d'administrer les postes Windows. En effet, quelques informations essentielles sur le réseau local sont nécessaires pour la mise en place de l'intranet.

12.2   Le protocole TCP/IP

Les machines Windows et Linux que nous allons faire cohabiter dans un réseau local ne parlent pas le même langage. Il faut donc une langue commune leur permettant d'échanger des informations et des données. Cette langue est le TCP/IP (Transmission Control Protocol/Internet Protocol). Cette langue est celle d'Internet et permet de faire communiquer un Macintosh, un PC, une station Silicon Graphics...

Avant de mettre en place l'intranet, il est donc nécessaire de rappeler quelques notions sur ce protocole qui sera utilisé par les machines pour communiquer entre elles.

Historique

Ce protocole a été développé par et pour l'armée américaine pendant la guerre froide. À l'époque, les militaires craignaient, en cas d'attaque nucléaire, de ne plus pouvoir établir de communications entre leurs bases. Ils ont donc mis en place un réseau similaire à une toile d'araignée (ARPANET), leur permettant de communiquer même si plusieurs lignes sont interrompues. Ce protocole répond à un cahier des charges précis.

► La décomposition des données en paquets distincts susceptibles de suivre des chemins différents selon la topologie du réseau. Cela permet qu'un message arrive même si des lignes sont coupées.

► La décomposition en paquets implique le routage, c'est-à-dire la distribution des paquets vers la bonne destination. Le routage dynamique permet d'adapter l'échange des données à la configuration physique du réseau.

► Ce protocole doit permettre la communication entre des machines utilisant différents systèmes d'exploitation. Le protocole est donc une base commune sur laquelle s'appuie la communication.

Avec la fin de la guerre froide, ce réseau fut mis à la disposition des universités et des scientifiques. D'autres réseaux s'y sont connectés, utilisant aussi TCP/IP. Le réseau mondial qu'est Internet utilise comme protocole commun TCP/IP. Ce protocole est en fait une combinaison de deux protocoles agissant chacun à un niveau différent. Ces niveaux correspondent aux couches du modèle adopté par l'organisation internationale ISO qui définit de nombreuses normes.

Modèle en couches

Le modèle en couches OSI (Open Systems Interconnection) se compose de sept couches : Application, Présentation, Session, Transport, Réseau, Liaison et Physique. Le protocole TCP se situe au niveau transport (couche 4) et IP au niveau réseau (couche 3).

TCP

TCP fonctionne en mode connecté, c'est-à-dire qu'une liaison est établie entre les deux ordinateurs. TCP est un protocole fiable dans la mesure où il est capable de déterminer si un paquet n'est pas arrivé ou s'il est corrompu. TCP s'occupe donc de la transmission des paquets, vérifie l'ordre d'arrivée et l'intégrité des données. Pour assurer cette fiabilité, un en-tête est ajouté au paquet. Cet en-tête contient toutes les informations sur l'adresse d'origine, de destination et de numéro de paquet, etc.

IP

IP est le nœud de transmission des messages en dessous de TCP. Il s'occupe du transport des données, mais il ne contient aucun outil de contrôle des données, ni de vérification des paquets. Il permet d'adresser les paquets au bon endroit.

Adressage IP

L'adressage IP est le mécanisme d'identification d'une machine sur un réseau TCP/IP. L'adresse IP d'un ordinateur a la même utilité qu'une adresse postale. Nous verrons plus loin que sa structure est à peu près similaire. Les spécifications requises pour un bon fonctionnement d'une adresse IP sont les suivantes :

► Chaque machine a une adresse unique dans le réseau permettant de l'identifier.

▶ Le nombre d'adresses disponibles est suffisant pour le monde entier.

Cependant, cela ne suffit pas pour qu'une machine puisse échanger des données avec une autre. Il faut aussi :

▶ qu'un ordinateur possède un numéro d'identification unique dans le sous-réseau ;
▶ que les réseaux locaux connaissent les adresses des domaines des autres réseaux locaux. C'est la fonction des DNS (Domain Name System).

En pratique, une adresse IP est un nombre binaire codé sur 32 bits. Ce nombre est séparé en quatre parties de 8 bits chacune. Ce nombre s'écrit sous forme décimale : 192.171.43.12 par exemple ; la valeur de chaque bloc va de 0 à 255.

Le nombre de machines adressables avec ce système est de 232, soit plus de quatre milliards. Cela peut paraître très élevé, mais, avec le nombre grandissant d'utilisateurs et de périphériques susceptibles d'être connectés (téléphones mobiles, appareils électroménagers...), cette limite que l'on pensait hors d'atteinte sera peut-être franchie au xxie siècle.

Le réseau global contient toutes les adresses. L'adresse d'un sous-réseau est déterminée par le premier bloc (ou les premiers blocs), qui est commun à toutes les machines du sous-réseau. On peut distinguer trois classes de sous-réseaux.

▶ Classe A : xxx.0.0.0. Ces sous-réseaux permettent d'adresser plus de 24 millions de machines et sont réservés à des institutions américaines comme la NASA.
▶ Classe B : xxx.xxx.0.0. Ces sous-réseaux permettent d'adresser plus de 65 000 machines.
▶ Classe C : xxx.xxx.xxx.0. Ces sous-réseaux permettent d'adresser 255 machines, c'est un réseau de cette classe que nous allons utiliser.

Dans la suite de ce chapitre, nous utiliserons un réseau de classe C d'adresse 192.168.1.x.

On peut noter une similarité entre une adresse IP et une adresse postale. Soit xxx.yyy.zzz.www, une adresse IP, nous pouvons alors considérer qu'il y a correspondance entre xxx.yyy.zzz.www et pays.ville.rue.numéro.

À noter qu'en plus de l'adresse IP il y a un numéro de port qui correspond au nom de la personne à qui le message est destiné.

12.3   <u>Bases du routage</u>

Maintenant que nous savons comment identifier un ordinateur sur Internet et dans un réseau local, nous allons voir comment et par où les données transitent entre la source d'un message et son destinataire. Les machines chargées d'orienter les paquets sont appelées des routeurs.

Des données qui passent par un routeur peuvent être :

▶ orientées vers un réseau local si le destinataire appartient à ce réseau ;
▶ renvoyées à l'expéditeur si le routeur est en bout de chaîne et ne reconnaît pas le sous-réseau de l'ordinateur destinataire des données ;
▶ transférées vers un autre réseau, où un autre routeur réitère l'opération.

Les informations sur le routage sont contenues dans des tables. L'adresse où doivent être envoyés les paquets selon leur destination (réseau local, renvoi vers une passerelle ou *gateway*) y est spécifiée par des masques d'autres paramètres.

Durée de vie d'un paquet

Il faut savoir que chaque paquet contient dans l'en-tête IP un chiffre, le TTL (Time To Live). Ce paramètre correspond à la durée de vie d'un paquet dans le réseau. Ce chiffre correspond globalement au nombre de routeurs franchis par un paquet.

À chaque passage par un routeur, la valeur du TTL diminue de 1. Quand la valeur est à 0, c'est que le paquet n'a pas trouvé son destinataire. On considère alors que celui-ci n'est pas joignable et le paquet est détruit. Cependant, la plupart du temps, si le destinataire n'existe pas, un message d'erreur est retourné à l'expéditeur qui, selon l'application utilisée, peut signaler l'erreur.

Les applications peuvent également retourner des avis en cas de destination inaccessible. C'est le cas, par exemple, d'un serveur de courrier renvoyant un courrier s'il ne trouve pas de compte associé à une adresse électronique.

12.4   Installation de Linux en serveur avec Mandrake 8.0

Pour une meilleure installation de Linux comme serveur, sélectionnez l'installation personnalisée, puis installez les paquetages concernant les serveurs. Si vous avez de la place disponible (2 Go), il est conseillé d'installer l'ensemble des paquetages. Cela vous évitera de perdre du temps à installer des paquetages supplémentaires.

Configuration réseau de Linux

La configuration du réseau est évidemment capitale pour la mise en place de l'intranet. Elle peut se faire à deux moments :

- ▶ lors de l'installation de Linux ;
- ▶ après avoir installé tout Linux.

Il est vivement conseillé d'installer la carte réseau avant de commencer l'installation de Linux.

Détection de la carte réseau

Condition indispensable pour la liaison au réseau : connecter une carte réseau au poste Linux.

Info

Connexion sans carte réseau

En réalité, il est possible de se connecter à un réseau par d'autres médias que la carte réseau (port série ou parallèle, entre autres), avec les couches PPP ou PLIP. Nous ne rentrerons pas dans les détails, et postulerons pour la suite que vous connectez votre PC avec une carte réseau Ethernet standard.

Il existe une solution simple pour vérifier la présence de la carte réseau sous Linux : cette carte devrait apparaître lors du lancement du système, sous la forme d'une ligne ressemblant à celle-ci.

```
eth0:NE2000 Found at 0x300 using IRQ 3
```

Si une ligne de ce type est présente (commençant par eth...), et si elle n'est accompagnée d'aucun message d'erreur, votre carte réseau devrait fonctionner correctement.

Si votre carte réseau n'est pas reconnue, les causes peuvent être multiples.

- ▶ La carte n'a pas été configurée correctement, voire pas du tout. En effet, certaines cartes nécessitent le lancement d'un logiciel de configuration, sous Dos, pour être initialisées lors de leur installation. Si aucune partition Dos n'est présente sur votre poste Linux, il faudra vous munir d'une disquette de démarrage Dos. Certaines cartes anciennes sont configurables par des cavaliers (*jumpers*) présents sur la carte même.
- ▶ Le noyau Linux n'est pas prévu pour gérer votre type de carte. En effet, Linux gère les cartes réseau dès la couche noyau (le cœur du système). Si votre carte n'est pas prévue dans le noyau utilisé ou disponible sous forme de module, il faudra changer de noyau, en le recompilant ou en vous procurant un noyau déjà compilé pour votre carte.
- ▶ La carte provoque un conflit avec d'autres périphériques.
- ▶ La carte n'est pas du tout reconnue par Linux. Cette situation tend à se raréfier, mais peut encore se produire. Il vous faudra dans ce cas vous procurer un noyau accompagné d'un jeu de modules plus récents ou changer de carte (une carte Ethernet compatible NE2000 vaut moins de 100 F -15, 24 euros - chez certains distributeurs).

Cette liste n'est bien évidemment pas exhaustive. Si vous avez des problèmes d'installation, vous pouvez vous référer aux fichiers HOWTO livrés avec Linux ou poser des questions sur Internet, via les newsgroups (`fr.comp.os.linux. configuration` est une des branches les plus animées de la communauté francophone).

Outils de configuration

La distribution Linux-Mandrake 8.0 est fournie avec plusieurs outils graphiques permettant de configurer la couche réseau de Linux presque aussi facilement que sous Windows. Après avoir lancé X-Window, demandez l'affichage d'une fenêtre de terminal, puis tapez la commande suivante.

```
netconf &
```

Au bout de quelques instants, vous devriez voir apparaître une fenêtre de configuration des différents composants réseau.

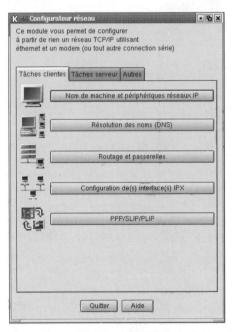

Fig. 12.1 :
Panneau de configuration de la couche réseau de Linux

Ce panneau permet d'effectuer de nombreuses manipulations, depuis la configuration de l'accès Internet par un modem jusqu'aux opérations avancées de routage. Nous allons voir ici comment configurer rapidement l'accès à un réseau Microsoft :

1 Cliquez sur l'onglet **Nom de machine et périphériques réseaux IP**.

Vous obtenez la liste des interfaces déjà présentes sur votre système.

2 Cliquez sur l'onglet **Adaptateur 1**. Vous obtenez l'écran de configuration de la première interface Ethernet.

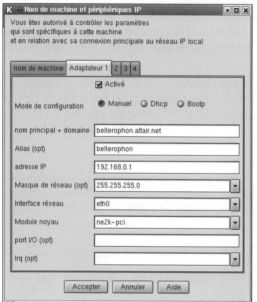

Fig. 12.2 :
Configuration d'une interface Ethernet

3 Vous devez remplir les paramètres suivants.

▶ *Activé* : cochez cette case pour que l'interface soit disponible dès le lancement de Linux.
▶ *Mode de configuration* : cochez *Dhcp* si vous disposez d'une station NT dotée d'un serveur DHCP d'attribution automatique d'adresses IP.
▶ *Nom principal + Domaine* : indiquez le nom et le domaine de la machine.
▶ *Alias* : indiquez les alias éventuels de la machine.
▶ *Adresse IP* : tapez l'adresse IP que vous voulez attribuer à la station Linux.
▶ *Masque réseau* : la plupart du temps, cette ligne doit contenir 255.255.255.0 (réseau de classe C).
▶ *Interface réseau* : si ce n'est pas fait, cliquez sur le bouton, et sélectionnez *eth0*.
▶ *Module noyau* : indiquez ici le nom du module gérant votre carte réseau.

4 Cliquez sur **Accepter** pour valider la configuration de l'interface Ethernet.

Résolution des noms

La résolution des noms est un processus complexe avec TCP/IP.

Rappelons en quelques mots à quoi sert la résolution des noms : lorsque vous voulez vous connecter à un serveur présent sur un réseau TCP/IP, www.yahoo.fr (car Internet est un réseau TCP/IP au même titre que votre petit réseau local !), votre ordinateur lance un processus de résolution du nom en plusieurs étapes :

1. Vous appelez un serveur de résolution des noms, en lui fournissant le nom `www.yahoo.fr`.

2. Le serveur de résolution cherche le nom dans sa base de données et renvoie l'adresse IP correspondant au nom (`217.12.6.17`) de votre ordinateur.

3. Votre ordinateur utilise l'adresse IP reçue pour appeler directement l'ordinateur gérant `www.yahoo.fr`.

L'organisation est la même pour votre réseau local. Linux dispose de deux médias différents pour résoudre les noms :

▷ le fichier */etc/hosts*, qui est un simple fichier texte contenant adresses IP et noms correspondants ;
▷ le serveur DNS.

Voici un exemple de fichiers */etc/hosts*.

```
[root@linux essai]# cat /etc/hosts
127.0.0.1        localhost        localhost.localdomain
192.0.0.2        linux            linux.charly3.net
192.0.0.1        win              win.charly3.net
```

Les trois colonnes de ce fichier sont l'adresse IP, le nom réduit et le nom complet, incluant le nom de domaine.

> **Info**
>
> **Nom localhost**
>
> Tout système d'exploitation recourant au TCP/IP utilise l'adresse 127.0.0.1 en tant que *localhost*. Cette adresse a été réservée dès la conception de TCP/IP, afin de pouvoir tester une couche IP quoi qu'il arrive ; en effet, même en cas de problème grave, l'instruction ping localhost devrait fonctionner en permanence. En réalité, l'interface lo simule l'établissement d'une liaison en boucle d'une machine... vers elle-même.

Il est possible d'éditer ce fichier directement, en séparant chaque colonne au moyen de la touche [Tab] ou en utilisant le Panneau de configuration graphique Netconf.

Si vous avez un serveur Windows NT, il permet la création d'un serveur DNS. Il est parfaitement possible à Linux d'utiliser ce serveur :

1. Dans le Panneau de configuration réseau, cliquez sur l'onglet **Résolution des noms** (Fig. 12.3).
2. Donnez le nom de domaine que vous avez défini sous Windows NT dans *domaine par défaut*.
3. Sous la rubrique *IP*, indiquez l'adresse IP de votre serveur NT.

Il faut ensuite déclarer, sur le serveur NT, le nouveau poste Linux :

1. Lancez le gestionnaire DNS, qui est situé dans le menu **Démarrer>Outils d'administration**.
2. Dans le menu **DNS**, choisissez *Nouvel Hôte*.
3. Renseignez les rubriques *Nom d'hôte* (avec le nom de la station Linux) et *Adresse IP d'hôte* (avec l'adresse IP de Linux), puis validez en cliquant sur **Ajouter un hôte**.

Votre poste Linux devrait ensuite être accessible par son nom depuis n'importe quel poste du réseau, et, inversement, vous pourrez joindre n'importe quel poste par son nom depuis Linux.

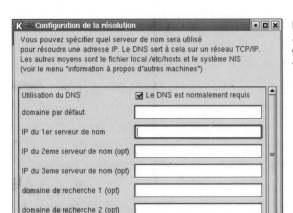

Fig. 12.3 :
Déclaration d'un
domaine et d'un
serveur de noms

12.5   Connexion de base à Linux

La couche TCP/IP Microsoft est fournie avec quelques utilitaires de base : ping, telnet et ftp.

Ces utilitaires représentent le strict minimum pour mettre en contact un poste Linux avec un poste Windows NT. Ils permettent de se connecter d'une machine à une autre (telnet), d'échanger entre elles des fichiers (ftp), de tester le bon fonctionnement du réseau (ping).

Ping

Cet utilitaire, minimaliste, permet de tester la validité de la connexion entre deux postes utilisant TCP/IP sur un même réseau.

Sa syntaxe est la suivante.

```
ping x.x.x.x
```

x.x.x.x est à remplacer par l'adresse IP du poste à tester.

```
C:\>ping 192.0.0.2

Envoi d'une requête 'ping' sur 192.0.0.2 avec 32 octets de donnéesa:

Réponse de 192.0.0.2 : octets=32 temps=2 ms TTL=64
Réponse de 192.0.0.2 : octets=32 temps=1 ms TTL=64
Réponse de 192.0.0.2 : octets=32 temps=1 ms TTL=64
Réponse de 192.0.0.2 : octets=32 temps=1 ms TTL=64

Statistiques Ping pour 192.0.0.2:
    Paquets : envoyés = 4, reçus = 4, perdus = 0 (perte 0%),
Durée approximative des boucles en milli-secondesa:
    minimum = 1ms, maximum =  2ms, moyenne =  1ms

C:\>_
```

Fig. 12.4 :
Résultat d'une commande
ping vers un poste Linux

Voici comment fonctionne cet utilitaire :

▶ La commande ping envoie une trame (c'est-à-dire un petit paquet de données transitant sur le réseau) depuis un poste A vers le poste à tester B.

▶ Si le poste B reçoit la trame, il la renvoie immédiatement au poste A.

▶ Lorsque le poste A reçoit la trame, il comptabilise le temps écoulé entre l'envoi de la trame et la réception de son écho.

Si aucune trame n'est retournée, la liaison ne fonctionne pas correctement.

Cet utilitaire est particulièrement utile lorsque rien n'est visible depuis le Voisinage réseau. Il permet de déterminer la source du problème.

> **Info**
>
> **Ping au sein d'un réseau quelconque**
>
> Nous utilisons ici la commande ping pour tester la liaison entre un poste Linux et des postes Windows ou NT, mais elle fonctionne de la même manière entre deux postes Windows. Il est donc facile de tester tout type de connexion avec cette commande, à condition d'utiliser TCP/IP.

▶ Si le Voisinage réseau ne montre rien, mais que ping fonctionne, le problème provient d'une mauvaise configuration au niveau du réseau Microsoft (mauvais Workgroup, Master Browser inexistant, aucun partage de données activé...).

▶ Si ping ne fonctionne pas non plus, le problème est soit matériel, soit lié au protocole (mauvaise configuration de l'adresse IP par exemple).

Cet utilitaire, bien que simpliste, permet donc de déterminer plusieurs éléments concernant le fonctionnement de votre réseau :

▶ le bon fonctionnement d'une liaison ;

▶ le temps de transfert entre deux points.

Lorsque vous avez connecté Linux à votre réseau Windows, la première chose à faire est d'exécuter une commande ping depuis un poste Windows, puis depuis le poste Linux, afin de tester le bon fonctionnement à la fois du réseau et de la configuration des couches TCP/IP.

> **Info**
>
> **Syntaxe de la commande ping sous Linux**
>
> Vous pouvez utiliser la commande ping sous Linux avec la même syntaxe que sous Windows NT : ping x.x.x.x. Cependant, la version Linux propose de nombreuses autres options, afin d'affiner votre test. Pour plus d'informations, tapez man ping.

Si l'activation de ping ne fonctionne pas du tout, plusieurs pistes sont à explorer :

▶ Les câbles sont-ils correctement reliés ?

▶ Le poste Linux et les postes Windows sont-ils sur la même classe d'adresse IP ?

▶ Tout autre problème matériel (routage par exemple) ou de système d'exploitation (couche TCP/IP à réinstaller par exemple) est à envisager.

Telnet

Cet utilitaire est l'héritier des bons vieux terminaux texte qui étaient monnaie courante il y a quelques années. Il permet d'utiliser le poste Linux en mode texte depuis n'importe quel poste NT. N'importe quelle manipulation est possible, exactement comme si vous utilisiez la console Linux (c'est-à-dire l'écran et le clavier local).

Info

Telnet ne fonctionne que dans le sens Windows vers Linux

Il n'est pas possible de se connecter à un poste Windows depuis un poste Linux. En effet, Windows est composé d'une manière très différente, et ne permet pas ce genre de connexion, pour des problèmes à la fois de sécurité et de structure interne du système.

Cet outil vous permettra d'administrer à distance le poste Linux, mais il est également possible d'utiliser toute autre application Linux à distance, à peu de frais.

Attention

Texte uniquement

Telnet ne permet d'utiliser que des applications en mode texte. Pour des applications graphiques (sous X-Window par exemple), vous devrez utiliser un serveur X-Window (voir le paragraphe traitant de ce sujet).

Utilisation de telnet

Telnet est aussi simple à utiliser que ping. Sa syntaxe est la suivante.

```
telnet x.x.x.x
```

x.x.x.x est à remplacer par l'adresse IP du poste Linux.

Vous vous retrouvez ensuite devant un écran de connexion, suivi de l'invite Login. Tapez votre nom d'utilisateur, puis le mot de passe.

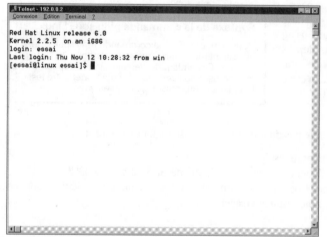

Fig. 12.5 :
Connexion de l'utilisateur essai à un serveur Linux par le client telnet de Windows

---

Attention

Compte utilisateur

Lorsque vous utilisez telnet, vous vous connectez au poste Linux exactement comme si vous lanciez une session locale. Le nom de compte à utiliser est un nom de compte Linux, et non Windows.

Vous pouvez alors utiliser n'importe quelle instruction Linux. Pour finir la session, il suffit de taper la commande exit ou de cliquer sur **Déconnecter**, dans le menu **Connexion** de telnet.

Pour installer le réseau de la machine Linux, si la configuration de TCP/IP n'est pas effectuée sur vos postes Windows, reportez-vous plus haut à la section qui lui est consacrée (*Configuration de TCP/IP*). Vous pouvez également le faire lorsque vous aurez installé l'ensemble des serveurs sur votre machine Linux.

12.6 Serveur web Apache, installation, configuration et test

Le serveur HTTP est l'élément principal de votre intranet puisque c'est lui qui sera le diffuseur des documents web que vous aurez réalisés. Les fonctionnalités demandées à un serveur web sont les suivantes :

- être multitâche pour accepter plusieurs requêtes simultanément ;
- prendre en charge la maintenance à chaud du serveur ;
- fonctionner rapidement pour satisfaire de multiples requêtes ;
- authentifier les demandeurs afin d'offrir éventuellement des services différents selon la personne qui exécute la requête ;
- être sûr - le serveur HTTP ne doit pas mettre en péril la sécurité des données de la machine hébergeant le serveur web.

Les spécifications techniques réelles sont bien plus nombreuses, mais celles qui sont citées ci-dessus sont les plus importantes. Le serveur web que nous allons installer et mettre en œuvre, fourni dans la distribution Linux-Mandrake 8.0, s'appelle Apache.

Apache est distribué librement, tout comme Linux, et le code source est aussi libre. Plus de 1,2 million de serveurs web Apache sont utilisés dans le monde. Apache est très performant et se configure plutôt facilement pour un serveur de base. De très nombreuses options permettent de créer des serveurs web très complets.

Installation d'Apache

Si vous avez installé Linux en tant que serveur, Apache est déjà présent et prêt à l'emploi. Il en est de même si vous avez sélectionné le paquetage lors de l'installation. Vous pouvez vérifier la présence d'Apache de plusieurs façons.

- Testez si Apache est lancé par la commande suivante.

```
[root@localhost /root]#ps aux | grep httpd
```

Si aucun processus httpd n'est en cours d'exécution (bien entendu, ne tenez pas compte de la ligne affichant le processus grep httpd lui-même), passons à la seconde méthode.

- Lancez une recherche sur httpd à partir de la racine.

```
[root@localhost /root]#cd /
[root@localhost /]#find . -name httpd -print
./var/log/httpd
./var/cache/httpd
./etc/rc.d/init.d/httpd
...
```

Si aucune ligne n'est trouvée, c'est qu'Apache n'est pas installé. Pour l'installer ou le mettre à jour, il faudra le télécharger sur Internet (http://www.apache.org) ou utiliser la version 1.3.19 disponible sur le CD-Rom. Il se présente alors deux cas :

▶ vous avez une distribution déjà compilée, vous pouvez l'installer directement (par exemple à partir du CD-Rom) ;

▶ vous devez compiler le code source d'Apache, puis l'installer (par exemple à partir d'Internet).

Installer la version du CD-Rom

1 Avant l'installation, connectez-vous en tant qu'utilisateur root (superutilisateur) ou, le cas échéant, utilisez la commande su pour bénéficier des droits de l'administrateur.

```
[ldemaret@linux ldemaret]$ su
Password: (votre mot de passe d'utilisateur root)
[root@linux ldemaret]# cd /root
[root@linux /root]#
```

2 Placez le CD-Rom Linux-Mandrake dans le lecteur, puis réclamez l'installation du paquetage Apache et des paquetages dont il dépend.

```
[root@linux /RPMS]# urpmi apache-1.3.19-3mdk.i586.rpm
```

Compiler à partir d'un fichier tar provenant d'Internet

La configuration et l'installation d'Apache sont presque automatiques.

1 Décompressez le fichier d'archives reçu par la commande suivante.

```
tar -xgz archive.tar
```

2 Placez-vous dans le répertoire Apache créé et lancez le script de configuration.

```
./configure
```

3 Compilez l'exécutable.

```
make
```

4 Vous avez obtenu un fichier exécutable *httpd* dans le répertoire *src*. Apache est prévu pour fonctionner dans le répertoire où il a été compilé.

5 Si vous souhaitez utiliser Apache à partir d'un autre répertoire, n'oubliez pas de copier les répertoires *conf*, *logs* et *icons* dans le nouveau répertoire.

> **Info**
>
> **Lisez la documentation Apache avant toute chose**
>
> Ces indications peuvent varier d'une version à une autre, il faut donc bien lire la documentation fournie avec la version d'Apache que vous installez.

Installation de l'exécutable

La seule chose à faire est de copier l'exécutable *httpd* dans le répertoire */usr/sbin* (si ce n'est déjà fait). Vous devez disposer de répertoires *conf* et *logs* dans */etc/httpd*.

▶ *conf* : ce répertoire contient les fichiers de configuration du serveur http (*httpd.conf, commonhttpd.conf*).

▶ *logs* : ce répertoire contient les fichiers d'information sur le fonctionnement du serveur. On peut y trouver notamment les messages d'erreurs concernant les documents non trouvés, les erreurs de connexion, etc.

► *htdocs* : ce répertoire contient généralement les fichiers à diffuser dans un sous-répertoire *html*. On peut aussi éventuellement y mettre tous les fichiers html que le serveur doit afficher en cas d'erreur. Par exemple il est possible de personnaliser la célèbre erreur 404, *"Document Not Found"*, en la remplaçant par une page spécifique donnant plus de renseignements. Ce répertoire peut céder la place à un répertoire */var/www*, par exemple. Tout dépend de votre distribution.

Personnaliser le serveur web Apache

La personnalisation de votre serveur web peut se faire de deux manières :

► modification manuelle des fichiers *httpd.conf*, *commonhttpd.conf* du répertoire */etc/httpd/conf* ;
► utilisation du panneau de contrôle (*control Panel*) et de l'utilitaire Comanche pour la configuration du serveur.

La seconde méthode consiste en une interface modifiant les fichiers **.conf*. Cependant, de nombreux commentaires sont inclus dans les fichiers **.conf*, ils permettent de comprendre chaque paramètre. Avant de procéder à la configuration, il est nécessaire de vérifier si le serveur fonctionne correctement.

Vérification et problèmes classiques

Lorsque Apache est installé, vous pouvez le lancer. Tout d'abord, nous allons vérifier s'il n'est pas déjà chargé, c'est probablement le cas si vous venez d'installer Linux avec la paquetage Apache. Il suffit d'exécuter la commande suivante.

```
[root@localhost /root]# ps aux | grep httpd
nobody     412  0.0  0.4  1916  1132  ?  S    11:52   0:00 httpd
nobody     413  0.0  0.4  1916  1132  ?  S    11:52   0:00 httpd
nobody     414  0.0  0.4  1916  1132  ?  S    11:52   0:00 httpd
...
[root@localhost /root]#
```

Si vous n'avez pas de processus httpd en cours d'exécution, tapez juste httpd.

```
[root@localhost /root]# httpd
```

Il se peut que vous ayez un message d'erreur indiquant un numéro de ligne dans le fichier */etc/httpd/conf/httpd.conf*. Éditez ce fichier et placez un # devant la ligne provoquant l'erreur. Nous verrons en détail ce fichier de configuration avec la fonctionnalité de chaque ligne. Répétez la commande ps aux | grep httpd.

Vous devrez activer cette commande régulièrement lors de la configuration du serveur web. Nous vous conseillons d'éditer le fichier de configuration de votre shell et d'y ajouter un alias.

```
[root@localhost /root]# cd /root
[root@localhost /root]# emacs .bashrc
```

Le fichier peut ressembler à celui-ci.

```
# .bashrc
```

```
# User specific aliases and functions

alias rm='rm -i'
alias cp='cp -i'
alias mv='mv -i'
alias p='ps aux | grep httpd'

# Source global definitions
if [ -f /etc/bashrc ]; then
. /etc/bashrc
fi
```

Réinitialisez le shell.

```
[root@localhost /root]# source .bashrc
```

Maintenant il suffit de taper p pour obtenir les numéros de processus d'Apache.

Pour des raisons de sécurité, le processus Apache crée des fils dont le possesseur n'est plus celui qui a lancé le serveur, mais l'utilisateur autorisé à se connecter au serveur. Cela explique pourquoi le premier processus (celui dont le numéro est le plus faible) appartient au root et les autres à *nobody*.

Le serveur web fonctionne, mais que diffuse-t-il ? Pour le voir, lancez Netscape.

```
[root@localhost /root]# netscape &
```

Dans l'adresse, tapez la ligne suivante.

```
http://localhost ou http://127.0.0.1
```

Vous devriez obtenir le résultat suivant.

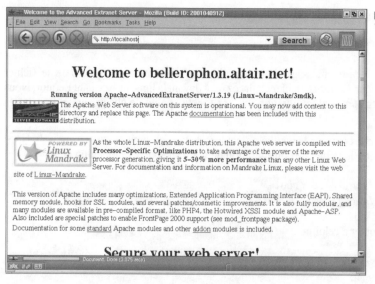

Fig. 12.6 :
Votre serveur web

Comme la page web vous l'indique, le serveur fonctionne. Si vous n'obtenez pas une page de présentation d'Apache, c'est qu'il n'est pas lancé (voir la section précédente). Une autre possibilité est une mauvaise installation du localhost (spécification du loopback erronée).

Création d'un serveur web de base

Nous allons voir comment personnaliser le nom de votre serveur web et comment indiquer une autre localisation pour les documents à diffuser. Rendez-vous dans le répertoire de configuration d'Apache (nous prendrons ici le cas le plus courant où Apache est installé avec Linux dans le répertoire */etc/httpd/*).

Vous souhaitez par exemple un serveur web s'appelant www.blc.net. De plus, vous voulez placer les documents à diffuser dans */var/www/html*.

Il faut tout d'abord déterminer sur quelle adresse IP ce serveur va fonctionner. Le plus simple est de prendre l'adresse IP que vous avez donnée à votre machine lors de l'installation de la carte réseau.

Vous pouvez obtenir cette adresse en relançant Netconf ou par la commande ifconfig.

```
[root@localhost /root]# ifconfig
lo          Link encap:Local Loopback
            inet addr:127.0.0.1  Bcast:127.255.255.255  Mask:255.0.0.0
            UP BROADCAST LOOPBACK RUNNING  MTU:3584  Metric:1
            RX packets:436 errors:0 dropped:0 overruns:0 frame:0
            TX packets:436 errors:0 dropped:0 overruns:0 carrier:0
            collisions:0

eth0        Link encap:Ethernet  HWaddr 00:40:05:66:31:63
            inet addr:192.168.1.1  Bcast:192.168.1.255  Mask:255.255.255.0
            UP BROADCAST RUNNING MULTICAST  MTU:1500  Metric:1
            RX packets:88 errors:0 dropped:0 overruns:0 frame:0
            TX packets:188 errors:0 dropped:0 overruns:0 carrier:0
            collisions:0
            Interrupt:10 Base address:0xd000
[root@localhost /root]#
```

Nous verrons plus loin comment définir plusieurs serveurs (avec des adresses IP différentes) en créant des alias sur votre carte Ethernet.

Éditez le fichier */etc/hosts* et vérifiez que la ligne 192.168.1.1 www.blc.net est présente. Si elle n'y figure pas, ajoutez-la ou lancez l'utilitaire Netconf pour spécifier le nom de domaine et de machine que vous voulez.

> **Info**
>
> **Choix du nom de machine**
>
> Comme cette machine ne dépend d'aucun lien vers l'extérieur (par la carte réseau), vous pouvez choisir n'importe quel nom de machine ou de domaine. Si vous souhaitez que votre intranet soit www.microsoft.com, vous le pouvez parfaitement.

Passons maintenant à la configuration d'Apache. Dans le cas présent, nous allons éditer les fichiers manuellement ; les modifications sont simples et peu nombreuses.

Éditez le fichier *httpd.conf* avec emacs par exemple.

```
[root@localhost /root]# emacs /etc/httpd/conf/httpd.conf
```

Info

Utilisation très pratique de la touche Tab

Lorsque vous tapez une commande contenant un chemin, vous pouvez utiliser la touche de tabulation pour compléter la ou les premières lettres d'un répertoire ou d'un fichier.

Par exemple : cd /u [tab] donne cd /usr/.

Si plusieurs solutions sont possibles, validez avec la touche [Entrée]. La liste des possibilités apparaît et la commande est relancée automatiquement. Vous n'avez plus qu'à compléter pour lever l'ambiguïté.

Ce fichier peut paraître imposant et complexe, cependant il contient beaucoup de commentaires. De plus, il n'y a qu'une modification à faire pour personnaliser votre serveur web. Repérez la ligne de définition du nom du serveur.

```
#ServerName
```

Ajoutez après cette ligne la commande qui définira le nom du site.

```
#ServerName
ServerName www.blc.net
```

Repérez la ligne qui définit le répertoire où est stocké le site web que vous souhaitez diffuser dans le fichier *commonhttpd.conf*. Elle peut prendre la forme suivante.

```
DocumentRoot /var/www/html
```

Créez le répertoire */var/www/html* s'il n'existe pas sur votre système. Relancez votre serveur web avec la commande httpd.

```
[root@localhost /root]#mkdir /var/www/html
[root@localhost /root]#/etc/rc.d/init.d/httpd restart
```

Créez un fichier *index.html* dans le répertoire */var/www/html* sur ce modèle.

```
<html>
  <head>
   <title>Titre de ma premiere page web</title>
  </head>
  <body>
   <H1>Texte de ma premiere page web</H1>
  </body>
</html>
```

Vous utiliserez l'éditeur de votre choix pour cela.

Lancez Netscape et tapez le nom de votre serveur web dans la barre d'adresse, la nouvelle page web devrait apparaître. Si ce n'est pas le cas, plusieurs solutions sont possibles.

---

1 "*Server not found*" : cela peut signifier deux choses.

> ► Le serveur http n'est pas lancé. Vérifiez en exécutant la commande suivante.

```
[root@localhost /root]# ps aux | grep httpd
```

Si vous n'obtenez aucun processus, relancez le serveur http.

> ► Le serveur est en cours d'exécution, mais le nom du serveur spécifié est erroné. Vérifiez dans le fichier *httpd.conf* le nom que vous avez donné au serveur.

2 "*/ doesn't exist on this server*" : le chemin que vous avez indiqué dans le fichier *httpd.conf* est incorrect. Vérifiez que le répertoire existe.

3 "*Access forbidden*" : le répertoire contenant vos documents est protégé en lecture. Placez-vous à l'intérieur.

```
[root@localhost /root]# cd /var/www/html
```

Vérifiez maintenant les droits et l'appartenance de ce répertoire.

```
[root@localhost /var/www/html]# ls -lsa
```

Changez les droits de ce répertoire.

```
[root@localhost /var/www/html]#chmod 744 .*
[root@localhost /var/www/html]#chmod 744 *
```

Il faut que tous les utilisateurs puissent lire dans le répertoire, donc il faut au moins 4 pour tout le monde. Le propriétaire du répertoire doit donc pouvoir écrire et éventuellement exécuter 7 pour lui.

Info

Droits avec la commande chmod

La valeur 744 permettant de placer les droits des fichiers correspond à un codage précis. Les droits d'accès à un fichier s'écrivent par exemple rwx rw- r-x, chaque combinaison de trois lettres (avec ou sans tirets) correspond aux droits : du propriétaire du fichier, des utilisateurs appartenant au même groupe que le propriétaire, de tous les autres utilisateurs.

Chaque lettre correspond à une valeur : r = 4, w = 2, x = 1. Pour changer les droits, il suffit d'additionner les lettres correspondantes. Pour donner tous les droits d'accès rwx : 4 + 2 + 1 = 7 ; pour pouvoir lire et exécuter r-x : 4 + 1 = 5.

Relancez httpd, votre serveur web devrait fonctionner.

Paramètres complémentaires du serveur Apache

Dans cette partie, nous allons explorer les différents paramètres de configuration du serveur Apache. Le nombre de paramètres est élevé, nous verrons en détail les plus utiles et les plus courants. Pour des explications plus techniques concernant la programmation de modules pour Apache, la documentation fournie avec le serveur web devrait vous permettre de résoudre les principaux problèmes.

Il se peut que vous vous contentiez du serveur web que vous venez de mettre en place. Dans ce cas, vous pouvez vous rendre directement à la partie concernant la configuration des clients Windows.

Lancement d'Apache

L'exécutable Apache admet de nombreux paramètres qui peuvent vous éviter de modifier le fichier de configuration *httpd.conf*.

▶ -d serverroot : permet de placer la variable ServerRoot à la valeur serverroot. Par défaut elle correspond à */etc/httpd/*. Cette variable indique le répertoire dans lequel le serveur fonctionne. Ce répertoire contient normalement les répertoires *conf* et *logs*. Tous les chemins relatifs sont pris par rapport à cette variable.

▶ -D name : permet de lancer httpd avec certaines directives contenues dans le fichier *httpd.conf*, par exemple si le fichier contient les directives suivantes.

```
# httpd.conf
<IfDefine ReverseProxy>
LoadModule rewrite_module libexec/mod_rewrite.so
LoadModule proxy_module libexec/libproxy.so
</IfDefine>
```

Si vous lancez alors le serveur avec l'option *httpd -D ReverseProxy*, la directive sera exécutée.

▶ -f config : permet d'exécuter les commandes se trouvant dans le fichier *config* au démarrage du serveur. Si ce fichier ne commence pas par /, le chemin relatif est pris par rapport à la variable ServerRoot.

▶ -C "directive" : exécute la directive donnée en paramètre comme si elle était dans le fichier de configuration. Cette directive est lancée avant la lecture des fichiers de configuration.

▶ -c " directive " : exécute la directive donnée en paramètre comme si elle était dans le fichier de configuration. Cette directive est lancée après la lecture des fichiers de configuration.

▶ -X : ce paramètre est très utile lorsque vous testez différentes configurations du serveur http. Il permet en effet au processus httpd d'être toujours lié au terminal dans lequel il est lancé. Il est donc facile par un ctrl ^c de tuer les processus httpd. Ce mode ne doit pas être employé en utilisation normale, car le processus serait tué lors de la déconnexion de l'utilisateur.

▶ -v : écrit la version du serveur http ainsi que sa date de compilation, puis quitte le serveur http.

▶ -V : écrit la version de base du serveur http, sa date de compilation et la liste des paramètres de compilation qui peuvent intervenir sur le comportement et les performances du serveur http.

▶ -h : donne la liste des directives avec les types de paramètres attendus et l'endroit où ces directives doivent se trouver.

▶ -l : donne la liste de tous les modules compilés dans le serveur.

▶ -S : montre la configuration telle qu'elle est retirée du fichier de configuration.

▶ -t : ce paramètre teste la syntaxe du fichier de configuration (le fichier est lu, les paramètres sont interprétés) sans lancer le serveur http. Si le serveur contient des erreurs, elles sont affichées à l'écran accompagnées d'un message d'erreur. Sinon un message *"Syntax OK"* apparaît.

▶ - ? : donne la liste des options du serveur httpd.

Le plus utile de tous ces paramètres est sans doute -X, car il est souvent nécessaire de faire de nombreuses tentatives avant de trouver les bons paramètres du serveur web.

Configuration d'alias du serveur Apache

Pour créer plusieurs sites web sur la même machine en n'utilisant qu'une seule carte réseau, il faut créer des alias de l'interface correspondante, puis les ajouter dans les fichiers de configuration du serveur Apache.

Création d'un alias de la carte Ethernet

1. Lancez l'utilitaire de configuration du réseau.

```
[root@localhost /web]#netconf
```

2. Sélectionnez *Interface*, sélectionnez la ligne contenant eth0, puis choisissez le bouton **alias** et donnez une adresse IP comme si c'était une autre machine réseau, par exemple 192.168.1.10.

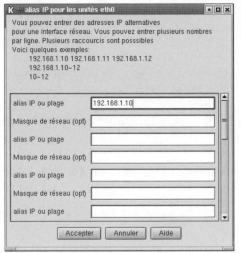

Fig. 12.7 :
*Création d'un alias
de la carte réseau*

3. Donnez le nom et l'alias (par exemple verif.blc.net) de cette adresse IP. Sauvegardez, puis quittez. Activez ensuite l'interface.

Cette interface va permettre de faire fonctionner le second serveur web verif.blc.net qui nous permettra de tester les droits d'accès au serveur.

Création d'un second serveur web

Nous allons maintenant éditer le fichier *httpd.conf* afin de déclarer un second serveur web. Ce serveur est qualifié de virtuel, car il utilise la même interface physique que le premier serveur web.

La directive que nous allons utiliser est VirtualHost (elle s'ajoute en fin de fichier *httpd.conf* ou *commonhttpd.conf* selon la version).

```
<VirtualHost verif.blc.net>
ServerAdmin root@eole.blc.net
DocumentRoot /home/httpd/html_verif
ServerName verif.blc.net
ErrorLog logs/verif.blc.net-error_log
TransferLog logs/verif.blc.net-access_log
</VirtualHost>
```

Les directives s'utilisent un peu à la manière des balises HTML : vous commencez une instruction en la plaçant entre les signes supérieur à et inférieur à (<... >) et vous indiquez qu'elle se termine par </... >.

Pour déclarer le second serveur web, vous devez suivre la procédure suivante.

1 Donnez l'adresse e-mail de l'administrateur. Il est conseillé d'ouvrir un compte spécifique pour chaque administrateur de site web afin de ne pas mélanger les erreurs qui pourraient être reportées par les utilisateurs. Si vous n'êtes pas sûr de votre adresse e-mail, envoyez-vous un petit courrier électronique.

```
[root@eole /root]# mail root
Subject: test pour le mail
Message de test pour le mail
.
Cc:
```

Vous pouvez ensuite lire votre e-mail.

```
[root@eole /root]# mail
Mail version 8.1 6/6/93.  Type ? for help.
"/var/spool/mail/root": 1 message 1 new
>N 1 root@eole.blc.net    Sat Mar 20 14:49  13/372   "test pour le mail"
&
```

Renvoi **●**   **Pour la création des comptes utilisateurs reportez-vous à la section** *Création d'un compte utilisateur***.**

2 Spécifiez le répertoire contenant les documents du second serveur web par la commande `DocumentRoot`.

3 Spécifiez ensuite le nom du serveur, dans ce cas `verif.blc.net` (attention à bien le déclarer dans la configuration réseau de Linux !).

4 Donnez ensuite les fichiers log qui contiendront toutes les informations sur les erreurs et le fonctionnement général du serveur.

5 Enregistrez le fichier de configuration, puis relancez votre serveur http.

```
[root@localhost /httpd]#httpd -X
```

Testez avec Netscape votre second serveur.

Configuration des droits d'accès

Un aspect important d'un intranet est la diffusion des bons documents aux bonnes personnes. C'est pourquoi il peut être utile de savoir changer le contenu de l'intranet en fonction de l'utilisateur connecté.

Pour cela, éditez le fichier *httpd.conf*. Vous allez le modifier afin de faire que seuls quelques utilisateurs puissent se connecter au serveur verif.blc.net mis en place précédemment. À la fin du fichier *httpd.conf*, ajoutez les lignes suivantes.

```
<Directory /home/httpd/html_verif>
AuthType Basic
```

```
AuthName Verif_commerce
AuthUserFile /web/ok_users/commerce
<Limit GET POST>
require valid-user
</Limit>
</Directory>
```

Par la directive Directory, nous spécifions le répertoire dans lequel les documents sont soumis à des droits d'accès. Nous allons ici restreindre les droits d'accès de tout un serveur web, mais il est possible de le faire sur une partie d'un serveur dont les documents sont répartis dans plusieurs répertoires.

Les commandes à utiliser sont les suivantes.

▶ AuthType Basic : permet d'effectuer un contrôle simple de l'accès.
▶ AuthName : permet de donner un nom à la procédure d'authentification. C'est important pour le client qui se connecte, car, selon la procédure, il peut être amené à changer de login. Par exemple, un commercial peut passer dans des pages sécurisées de manière différente selon les contenus.
▶ AuthUserFile : détermine le fichier dans lequel sont stockés (sous une forme cryptée) les mots de passe des utilisateurs autorisés à se connecter. Nous reviendrons plus loin sur la façon de créer ce fichier et d'ajouter des personnes autorisées.

On place ensuite une directive qui va indiquer sur quelle type d'action le contrôle doit être fait. Dans ce cas précis, c'est sur toute requête entrante ou sortante (POST GET).

Par require valid-user, vous indiquez que vous effectuez un contrôle sur les utilisateurs. Si vous aviez mis valid-group, vous auriez fait un contrôle sur l'appartenance de l'utilisateur à un groupe.

Il faut ensuite "fermer" les directives par les commandes suivantes.

```
</Limit>
</Directory>
```

Il faut maintenant créer le fichier contenant les données liées aux autorisations.

Création du fichier d'autorisation

Ce fichier doit se trouver (pour des raisons de sécurité) dans un répertoire inaccessible aux clients du site web. Nous prendrons comme exemple un répertoire web créé à la racine. Dans ce répertoire, nous allons créer un répertoire *ok_users* qui contiendra tous les fichiers de mots de passe.

```
[root@localhost /]#mkdir web
[root@localhost /web]#cd web
[root@localhost /web]#mkdir ok_users
```

Créez maintenant le fichier avec l'utilitaire htpasswd fourni avec Apache.

```
[root@localhost /web]#htpasswd -c ./ok_users/commerce sophie
```

Cette commande va créer un fichier commerce qui contient l'utilisatrice *sophie*. Il faut taper un mot de passe, puis le confirmer. Pour ajouter un utilisateur, utilisez la même commande sans le paramètre -c (sinon vous effacerez le fichier précédent).

Vous pouvez ainsi créer plusieurs fichiers contenant plusieurs utilisateurs. Chaque fichier permettra de restreindre les droits d'accès à tout ou partie de votre ou de vos serveurs web.

Vous pouvez maintenant relancer votre serveur web et tester l'accès au serveur `verif.blc.net`.

Une boîte de dialogue vous demandera un login et un mot de passe pour avoir accès au serveur.

Fig. 12.8 :
*Demande
d'autorisation
pour la connexion
au serveur web*

En cas d'erreur, vous ne verrez rien.

12.7   Serveur FTP

Un serveur ftp permet de mettre des fichiers à la disposition des utilisateurs. Selon les droits alloués à chaque utilisateur, il peut soit récupérer des fichiers, soit en stocker sur le serveur ftp. Un serveur ftp peut faire office de serveur de fichiers. Le serveur ftp est installé par défaut dans Linux. Pour le vérifier, vous pouvez lancer une session ftp.

```
ftp localhost
```

Le répertoire de travail se trouve dans */var/ftp/pub*. C'est dans ce répertoire qu'un utilisateur en mode anonyme pourra consulter d'éventuels fichiers.

Où stocker les fichiers ftp ?

Selon le type de l'utilisateur qui s'est connecté sur la machine, le répertoire de travail ne sera pas le même.

▶   Si vous vous connectez par un nom d'utilisateur (*user*) classique, vous vous retrouverez dans votre répertoire de travail.
▶   Si vous vous connectez de manière anonyme (Anonymous), le répertoire de travail se trouve dans */var/ftp/pub*.

Pour une connexion en mode anonyme, il faut donner son adresse e-mail comme mot de passe.

Commandes ftp (Windows et Linux)

Tab. 12.1 : Commandes ftp courantes	
Commande	**Explication**
!	Permet de repasser au shell (ligne de commande)
?	Affiche les informations d'aide locales
cd	Change de dossier de travail distant
close	Termine la session ftp
dir	Liste le contenu du dossier distant
get	Permet de télécharger un fichier distant

Tab. 12.1 : Commandes ftp courantes

Commande	Explication
help	Permet d'obtenir de l'aide
lcd	Permet de changer le répertoire local
lls	Liste les fichiers du répertoire local
ls	Liste les fichiers du répertoire distant
mkdir	Crée un dossier sur l'ordinateur distant
mget	Permet de récupérer plusieurs fichiers en une seule commande
mput	Permet d'envoyer plusieurs fichiers sur la machine distante
open	Connexion ftp distante
prompt	Active ou désactive l'interactivité sur les commandes suivantes
put	Envoie un fichier sur la machine distante
pwd	Donne le chemin actuel sur la machine distante
rename	Renomme le fichier
rm	Efface le fichier sur la machine distante
rmdir	Supprime le répertoire sur la machine distante

Voici maintenant quelques exemples de sessions ftp.

▶ Connexion depuis un client sous Windows. Vous vous connectez en mode anonyme lorsque vous n'avez pas de compte personnel sur le serveur ftp. Il est alors possible de télécharger les fichiers mis en accès libre par l'administrateur. En mode anonyme, il est impossible d'écrire ou de créer un répertoire sur la machine distante.

Fig. 12.9 :
Session ftp en mode anonyme depuis un client Windows

▶ Connexion depuis un client sous Windows. Dans notre exemple, Marc utilise son compte sur la machine Linux pour ouvrir sa session ftp. Contrairement au mode anonyme, Marc a le droit de créer des répertoires ou d'effacer des fichiers comme s'il était physiquement sur le serveur.

Fig. 12.10 :
Marc, possédant un compte utilisateur sur le serveur Linux, ouvre une session ftp

Utilisation du shareware Absolute FTP (sous Windows)

Un serveur ftp peut être très pratique pour stocker des fichiers de manière sécurisée. Cependant, les transferts de fichiers entre une machine Windows et un serveur Linux sont assez laborieux à exécuter en ligne de commande.

C'est pourquoi il peut être agréable d'utiliser des sharewares du type Absolute FTP. Ils permettent de transférer des fichiers par simple glisser-déposer.

12.8   Serveurs d'e-mails

Les serveurs d'e-mails sont installés par défaut dans Linux. Ces services sont installés et fonctionnent sans qu'aucune intervention ne soit nécessaire de la part de l'administrateur. Lors du lancement de Linux, le processus sendmail est automatiquement mis en route. Les lignes suivantes permettent de vérifier qu'il est lancé.

```
[root@eole /root]#ps aux | grep sendmail
root      387 0.0 0.2 1388   872 ? S      17:45   0:00 sendmail: accepting c
[root@eole conf]#
```

Pour vous en convaincre, vérifiez si vous avez un e-mail.

```
[root@eole /root]# mail
No mail for root
```

Si vous n'avez pas d'e-mail, vous allez vous en envoyer un.

```
[root@eole /root]# mail root
Subject: test pour le mail
Message de test pour le mail

.
Cc:
```

Pour terminer un e-mail, il faut saisir un point isolé sur la dernière ligne.

Vous pouvez ensuite lire votre e-mail.

```
[root@eole /root]# mail
Mail version 8.1 6/6/93.  Type ? for help.
"/var/spool/mail/root": 1 message 1 new
>N  1 root@eole.blc.net     Sat Mar 20 14:49  13/372   "test pour le mail"
&
```

Info

Composition de votre adresse e-mail

Votre adresse e-mail est composée de votre nom de login suivi d'une arobase (@), puis du nom de la machine du serveur d'e-mails (*eole* ici). Enfin vient le nom de domaine que vous avez choisi.

Afin d'utiliser au mieux l'utilitaire mail, voici l'ensemble des commandes possibles. Pour les obtenir, tapez help.

```
& help
Mail    Commands
t <message list>                type messages
n                               goto and type next message
e <message list>                edit messages
f <message list>                give head lines of messages
d <message list>                delete messages
s <message list> file           append messages to file
u <message list>                undelete messages
R <message list>                reply to message senders
r <message list>                reply to message senders and all recipients
pre <message list>              make messages go back to /usr/spool/mail
m <user list>                   mail to specific users
q                               quit, saving unresolved messages in mbox
x                               quit, do not remove system mailbox
h                               print out active message headers
 !                                shell escape
cd [directory]                  chdir to directory or home if none given

A <message list> consists of integers, ranges of same, or user names separated
by spaces.  If omitted, Mail uses the last message typed.

A <user list> consists of user names or aliases separated by spaces.
Aliases are defined in .mailrc in your home directory.
&
Held 1 message in /var/spool/mail/root
You have mail in /var/spool/mail/root
[root@eole /root]#
```

Pour lire les e-mails, il suffit de taper le numéro du mail correspondant. À noter que l'adresse de l'expéditeur du message est complète, elle comporte le nom de la machine et le nom de domaine de l'expéditeur.

12.9   Création des comptes utilisateurs

Avant de configurer les machines clientes, il faut créer les comptes des utilisateurs amenés à se connecter sur la machine cliente. Pour l'instant, il n'y a qu'un compte, celui de l'administrateur (root).

Avant de créer les comptes, il faut tenir compte des besoins. Il se peut que certains utilisateurs n'aient besoin d'utiliser que le courrier électronique, d'autres auront besoin d'un accès ftp...

Il est possible d'ajouter des utilisateurs en utilisant Linuxconf, nous allons montrer comment créer un compte utilisateur classique, puis un compte POP (juste pour le courrier).

Création d'un compte utilisateur

1 Lancez tout d'abord linuxconf.

```
[root@eole /root]# linuxconf
```

2 Sélectionnez les comptes utilisateurs.

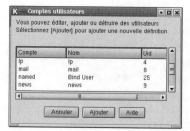

Fig. 12.11 :
Sélection des comptes utilisateurs

3 Choisissez **Ajouter**.

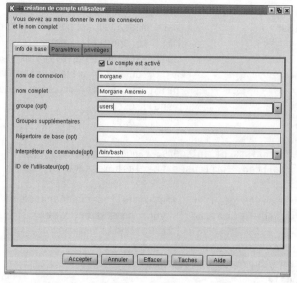

Fig. 12.12 :
Ajout d'un utilisateur

4 Il faut alors remplir un certain nombre de champs.

▶   *nom de connexion* : c'est le login. Mieux vaut qu'il soit clair mais pas trop long.

▶ *nom complet* : si vous utilisez le courrier sur votre intranet, c'est le nom qui apparaîtra dans les e-mails envoyés avec la commande `mail`.

▶ *groupe* : permet d'indiquer à quel groupe appartient l'utilisateur. Choisissez *users* si vous n'avez pas besoin de groupes spécifiques.

▶ *Groupes supplémentaires* : permet à un utilisateur d'appartenir à plusieurs groupes.

▶ *Répertoire de base* : permet de spécifier un répertoire de travail. Si vous ne mettez rien, le répertoire par défaut est dans */home/nom_de_login/*.

▶ *Interpréteur de commande* : permet de choisir un shell, *bash* est sans doute le plus pratique.

▶ *ID de l'utilisateur* : permet de forcer un numéro d'ID. Mieux vaut laisser le système le faire.

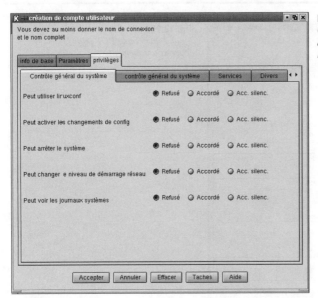

Fig. 12.13 :
Configuration des privilèges de l'utilisateur

⑤ Il est possible d'accorder des droits spécifiques à un utilisateur pour qu'il puisse par exemple arrêter le système. Si la machine n'est destinée qu'à être un serveur web, e-mail ou ftp, mieux vaut n'accorder aucun droit. Vous pouvez maintenant accepter.

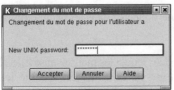

Fig. 12.14 :
Choix du mot de passe de l'utilisateur

⑥ Le mot de passe, pour être fiable, doit contenir au moins deux caractères spéciaux (les chiffres et tout ce qui n'est pas une lettre). Il faut absolument éviter les noms communs ou propres ainsi que les prénoms.

⑦ L'utilisatrice *morgane* est ajoutée à la liste des utilisateurs du système. Cette utilisatrice peut se connecter à la machine par ftp, telnet, etc.

Création d'un compte POP (pour le mail)

Nous allons maintenant créer un compte qui permettra à un utilisateur de se connecter à la machine Linux pour envoyer des e-mails et en recevoir.

Info

Compte POP pour les utilisateurs du système Linux

Il n'est pas nécessaire d'ouvrir un compte POP pour Sophie, les comptes utilisateurs classiques offrent automatiquement un accès au serveur de courrier.

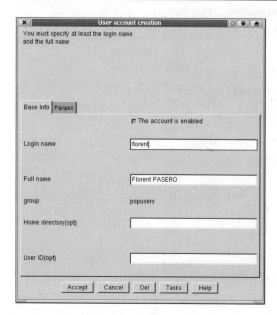

Fig. 12.15 :
Ajout d'un compte POP pour le courrier uniquement

Il faut remplir un certain nombre de champs similaires à celui d'un compte normal.

- ▶ *Nom de connexion* : login de connexion (c'est celui qui est demandé dans les logiciels de messagerie).
- ▶ *Nom complet* : ce nom sera remplacé par celui que vous donnerez dans les paramètres de vos logiciels de messagerie.
- ▶ *Groupe* : il est imposé (*pppusers*).
- ▶ *Répertoire de base* : permet de spécifier un répertoire dans lequel les mails sont stockés. Pour les utilisateurs classiques, comme Sophie, ce répertoire est celui qui est spécifié lors de l'ouverture du compte.
- ▶ *Interpréteur de commande* : imposé (*/etc/ppp/ppplogin*).
- ▶ *ID de l'utilisateur* : permet de forcer un numéro d'ID. Mieux vaut laisser le système le faire.

Le compte est prêt à être utilisé, nous allons pouvoir passer à la configuration des postes clients.

Configuration des machines Windows pour TCP/IP

Avant d'installer une machine Linux comme serveur d'intranet, vos autres machines sous Windows doivent être capables de communiquer avec elle. Il faut donc installer le protocole commun entre Linux et Windows : TCP/IP. Il est nécessaire de vérifier que ce protocole est installé sur vos stations

Windows. Selon votre configuration (existence d'un serveur NT ou non), différentes options seront possibles :

▶ TCP/IP n'est pas installé, vous êtes en mode d'installation et de configuration ;
▶ TCP/IP est installé sans serveur NT DHCP ;
▶ TCP/IP est installé, un serveur DHCP sous Windows NT est présent.

Info

Utilisation de DHCP

Un serveur DHCP a pour fonction d'attribuer dynamiquement une adresse IP aux machines clientes (les autres ordinateurs). Ces adresses sont prises dans une plage spécifiée par l'administrateur du réseau. Le serveur DHCP concerne généralement les réseaux d'entreprise dans lesquels la topologie change fréquemment (ordinateurs portables présents, absents, connectés ou non). Un des intérêts d'avoir un serveur DHCP est de permettre d'avoir moins d'adresses IP que de machines (si celles-ci ne sont connectées qu'occasionnellement).

Dans le cas d'un petit réseau personnel ou d'entreprise, il est préférable de ne pas avoir ce type de serveur. L'administration du réseau n'en sera que plus simple.

Vérification, installation et configuration du réseau TCP/IP sous Windows 9x

Dans cette partie, nous allons installer et configurer les postes clients sous Windows. Nous allons montrer la configuration type pour chaque application disponible sur le serveur Linux.

Vérification de vos paramètres réseau

Afin de vérifier votre configuration, allez dans le Panneau de configuration (**Démarrer/Paramètres/Panneau de configuration**). Cliquez sur l'icône *Réseau*. Dans la plupart des cas, vous aurez ces types de lignes.

▶ *Client pour les réseaux Microsoft* ;
▶ *Modèle de votre carte réseau* ;
▶ *Protocole IPX/SPX -> Modèle de votre carte réseau.*

Deux cas se présentent :

▶ vous avez une ligne *TCP/IP -> Modèle de votre carte réseau* ;
▶ cette ligne n'existe pas.

Fig. 12.16 :
Panneau de configuration du réseau sous Windows

Info

Paramètres réseau

Toutes les lignes finissant par -> *Carte d'accès à distance* concernent un accès à Internet ou une connexion à un autre réseau par modem. Le fait que TCP/IP soit installé pour cette carte n'est pas suffisant pour notre intranet.

Dans le premier cas, TCP/IP est installé sur votre machine ; nous allons vérifier les paramètres et les modifier si nécessaire.

Dans le second cas, nous allons installer le protocole TCP/IP, puis le configurer.

Installation de TCP/IP

Si le protocole TCP/IP n'est pas installé, sélectionnez la ligne où figure le modèle de votre carte réseau et cliquez sur **Ajouter**. Sélectionnez le protocole, puis cliquez sur **Ajouter**, sélectionnez *Microsoft* et, en bas de la liste, *TCP/IP*. Redémarrez votre machine. Passons à la configuration de TCP/IP.

Configuration de TCP/IP

Maintenant que TCP/IP pour votre carte réseau est installé, revenez au Panneau de configuration du réseau (**Démarrer/Paramètres/P anneau de configuration/ Réseau**).

Sélectionnez la ligne *TCP/IP -> Modèle de votre carte réseau.*

Cliquez sur **Propriétés**. Nous allons montrer onglet par onglet la configuration à choisir.

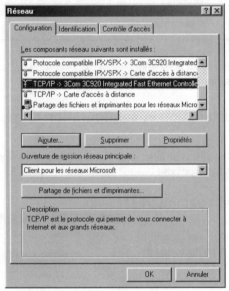

Fig. 12.17 :
Sélection de la configuration de TCP/IP de la carte Ethernet

▶ **Adresse IP** : si vous avez un serveur DHCP, vous pouvez obtenir automatiquement une adresse IP. Sinon, il faut en spécifier une. Comme nous nous plaçons ici dans le cas d'un petit réseau local non connecté à Internet (sauf éventuellement par modem), nous pouvons choisir une adresse IP quelconque (valide tout de même), par exemple 192.168.1.1. Pour les autres machines de votre réseau, prenez les mêmes trois premiers numéros : 192.168.1.x. Le masque de sous-réseau doit être placé à 255.255.255.0. Cela permet un filtrage plus efficace. Si votre machine doit envoyer des paquets vers une autre sur le réseau local, grâce au masque elle sait qu'il est inutile de passer par la passerelle (*gateway*).

Fig. 12.18 :
Configuration de l'adresse IP de la machine

> **Info**
>
> **Adressage IP**
>
> L'Internet Assigned Numbers Authority (IANA) a réservé les trois plages suivantes pour leur utilisation par des réseaux privés :
>
> ▸ 10.0.0.0 - 10.255.255.255 ;
> ▸ 172.16.0.0 - 172.31.255.255 ;
> ▸ 192.168.0.0 - 192.168.255.255.
>
> C'est pourquoi nous utiliserons la troisième plage correspondant à un réseau de classe C.

▸ **Configuration DNS** : il faut désactiver le DNS. En effet vous n'avez pas de serveur de noms sur votre réseau local ; nous verrons plus loin comment vous pourrez joindre un serveur du type www.blc.net sur votre réseau en utilisant un fichier *hosts* du répertoire *Windows*.

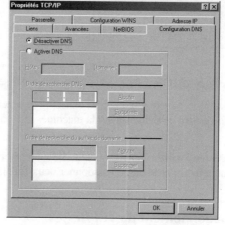

Fig. 12.19 :
Configuration du serveur DNS

▸ **Passerelle** : tant que vous n'êtes pas relié à Internet, vous n'avez pas besoin de passerelle pour passer vers un autre réseau (vous êtes seul).

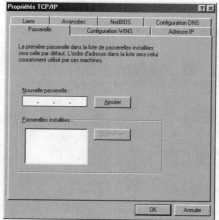

Fig. 12.20 :
Configuration des passerelles (gateway)

▸ **Configuration WINS** : si vous avez un serveur WINS, vous pouvez activer la résolution WINS. Donnez alors l'adresse de votre serveur. Si vous ne savez pas ce que c'est, désactivez la résolution WINS.

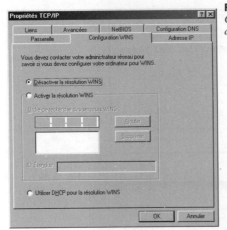

Fig. 12.21 :
*Configuration
du serveur Wins*

Les autres onglets (**NetBIOS**, **Liens**, **Avancées**) seront laissés avec leurs valeurs par défaut.

Afin de bien administrer votre réseau, il est conseillé de noter l'adresse IP de chaque machine sur une étiquette placée bien en évidence sur la machine, cela vous permettra de gagner du temps par la suite.

Cliquez sur OK et redémarrez votre ordinateur. Il faut répéter l'opération pour toutes les machines clientes en prenant bien garde de ne pas donner deux fois la même adresse IP à deux machines distinctes.

Tests de fonctionnement de TCP/IP

Afin de vérifier que tout fonctionne correctement, dans une fenêtre MS-DOS, exécutez une commande ping vers toutes les autres machines.

Fig. 12.22 :
*Exemple de
commande ping vers
une autre machine*

Si tout ne se passe pas correctement (si vous perdez des paquets), commencez par envoyer une commande ping vers l'adresse IP de la machine que vous utilisez actuellement, cela permet de vérifier si le problème vient du câblage ou de la configuration.

Une autre commande (ipconfig) permet d'obtenir la configuration courante des cartes réseau de la machine. Les problèmes viennent souvent d'une adresse de passerelle non vide ou de la recherche d'un serveur DNS. Testez chaque machine afin de voir si toutes fonctionnent correctement.

Fig. 12.23 :
Test de la configuration réseau avec la commande ipconfig

Tant que TCP/IP ne fonctionne pas correctement (échec de la commande ping), il n'est pas possible de joindre le serveur Linux. C'est pourquoi il convient d'exécuter une commande ping sur toutes les machines du réseau avant de configurer les clients Windows.

Installation du client pour se connecter au serveur httpd

La configuration permettant aux clients de contacter le serveur web est très simple, elle passe par la modification d'un fichier. Recherchez sous Windows le fichier *hosts.sam*. Éditez-le dans le Bloc-notes.

La seule modification consiste en l'ajout de la ligne 192.168.1.1 www.blc.net.

```
# Copyright (c) 1998 Microsoft Corp.
#
# This is a sample HOSTS file used by Microsoft TCP/IP stack for Windows98
#
# This file contains the mappings of IP addresses to host names. Each
# entry should be kept on an individual line. The IP address should
# be placed in the first column followed by the corresponding host name.
# The IP address and the host name should be separated by at least one
# space.
#
# Additionally, comments (such as these) may be inserted on individual
# lines or following the machine name denoted by a '#' symbol.
#
# For example:
#
#      102.54.94.97     rhino.acme.com          # source server
#       38.25.63.10     x.acme.com              # x client host
127.0.0.1 localhost
192.168.1.1 www.blc.net # Adresse et nom de mon seveur web
```

Si vous avez plusieurs serveurs sur des adresses différentes, il est possible de les ajouter de la même manière.

Configuration d'un navigateur Internet

Avant de pouvoir naviguer sur votre intranet et consulter les documents mis en ligne, il faut configurer votre navigateur Internet. La configuration des différents navigateurs passe d'abord par la configuration d'accès à Internet.

Dans le Panneau de configuration de Windows, sélectionnez *Internet*, puis, sous l'onglet **Connexion**, choisissez l'option *Se connecter à Internet par l'intermédiaire d'un réseau local*.

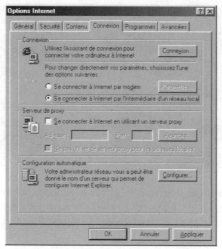

Fig. 12.24 :
Configuration de l'accès à Internet par le réseau local

Vous pouvez maintenant consulter les documents mis en ligne sur votre site web.

> **Attention**
>
> **Modification de la configuration**
>
> Si vous avez un accès Internet par modem, il faudra changer ce paramètre pour pouvoir surfer comme auparavant.

Installation du client pour les serveurs d'e-mails et de news

L'installation du client de mail est simple, il est cependant nécessaire de vérifier quelques détails.

▶ Le client sous Windows doit avoir un compte sous Linux, soit un compte classique lui permettant de travailler sous Linux, soit juste un compte pour le courrier (compte POP). Si de tels comptes utilisateurs ne sont pas créés, reportez-vous à la section correspondante.

▶ Il est nécessaire d'avoir un logiciel de messagerie (mail et news), type Internet mail, Netscape Communicator ou Outlook Express...

Configuration de Netscape Communicator

Lorsque vous lancez Netscape 4.x pour la première fois, un certain nombre de renseignements vous sont demandés (Fig. 12.25).

Il faut donner le nom de l'utilisateur qui va utiliser le serveur d'e-mails et de news ainsi que l'adresse e-mail de cet utilisateur. Dans l'exemple, l'utilisateur se nomme *Charlie Bravo* et aura comme adresse électronique Charlie@blc.net (Fig. 12.26).

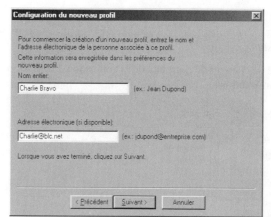

Fig. 12.25 :
Saisie du nom et de l'adresse
e-mail de l'utilisateur

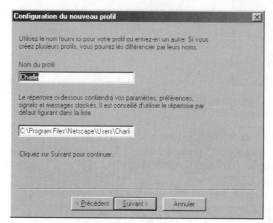

Fig. 12.26 :
Saisie du profil de l'utilisateur et
du répertoire de stockage des
e-mails et des news

Info

Composition de l'adresse e-mail

L'adresse e-mail d'un utilisateur est composée de son nom et du nom de domaine qu'il a choisi.

Il vous faut ensuite donner le nom du profil, il s'agit en général du même nom que celui de l'utilisateur, mais, si une même personne souhaite se connecter sous différentes adresses e-mail, mieux vaut donner des noms pertinents.

De même pour les répertoires de stockage, la plupart du temps on peut se contenter de prendre l'emplacement par défaut. Cependant, dans le cadre d'une entreprise, vous pouvez stocker les messages dans des répertoires spécifiques.

Prenons l'exemple d'un réseau avec trois utilisateurs (*Marc*, *Cécile* et *Léa*). Marc n'a besoin que d'une adresse e-mail, en revanche Léa et Cécile ayant plusieurs fonctions en ont besoin de deux chacune.

Il faut alors créer :

► un profil *Marc* stocké par exemple sur *d :\commerce\marc* ;
► un profil *Léa Commerce* stocké sur *d :\commerce\lea* ;

- un profil *Léa Comptabilité* stocké sur *d :\compta* ;
- un profil *Cécile Comptabilité* stocké sur *d :\compta* ;
- un profil *Cécile Support* stocké sur *d :\support*.

Pour la création des profils, il est nécessaire de changer de nom lors de la connexion à la session Windows. En bref, à chaque profil sa session Windows.

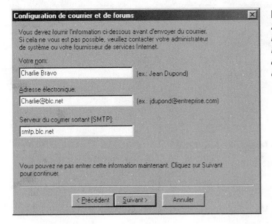

Fig. 12.27 :
Saisie du nom de l'utilisateur, de l'adresse e-mail, du serveur de courrier sortant

Le troisième panneau concerne :

- le nom de l'utilisateur tel qu'il apparaîtra lors de l'envoi d'un courrier ;
- l'adresse e-mail de l'utilisateur (il faut saisir alors le login du compte Linux suivi du nom de domaine que vous avez choisi, par exemple `charlie@blc.net`) ;
- le serveur de courrier entrant (**pop.blc.net**).

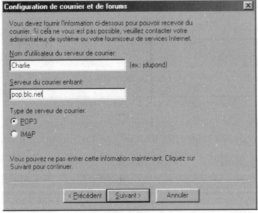

Fig. 12.28 :
Saisie du profil de l'utilisateur et du répertoire de stockage des e-mails et des news

Le dernier panneau concerne le login de l'utilisateur du compte e-mail sous Linux ainsi que le nom du serveur de courrier sortant (`smtp.blc.net`).

Configuration d'Outlook Express

Pour la configuration d'Outlook Express, il faut créer un compte. Pour cela, allez dans le menu **Outils**, puis dans le menu **Compte**.

Fig. 12.29 :
*Fenêtre d'ajout
d'un compte e-mail*

Sélectionnez **Ajouter courrier**.

Fig. 12.30 :
*Fenêtre de saisie
du nom de
l'utilisateur*

Saisissez ensuite l'adresse e-mail. Dans le cas de notre intranet, il faut utiliser le nom de l'utilisateur du compte sous Linux suivi d'une arobase et du nom de domaine que vous avez choisi.

Fig. 12.31 :
*Saisie de l'adresse
e-mail de
l'utilisateur*

Configurez maintenant le nom des serveurs d'e-mails pour le courrier entrant et sortant :

▶ pop.blc.net (entrant) ;

▶ smtp.blc.net (sortant) (Fig. 12.32).

Fig. 12.32 :
Fenêtre de saisie des serveurs de courrier électronique

Saisissez le login et le mot de passe du compte sous Linux.

Si des données confidentielles sont stockées sur le serveur Linux par l'utilisateur, il est préférable de ne pas utiliser un compte classique Linux comme compte d'e-mail, le mot de passe est aisément accessible sous Windows. Il vaut mieux dans ce cas créer un compte POP sous Linux pour chaque utilisateur en plus du compte utilisateur classique.

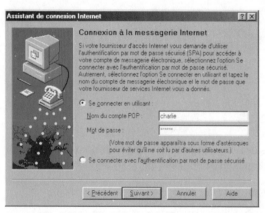

Fig. 12.33 :
Fenêtre de saisie du login et du mot de passe du compte Linux

Vous devez ensuite saisir le nom de session pour le mail. Des noms très pertinents sont préférables, surtout si vous êtes susceptible d'avoir plusieurs adresses de courrier électronique.

Fig. 12.34 :
Fenêtre de saisie du nom de la session pour le mail

Sélectionnez ensuite la connexion par l'intermédiaire d'un réseau local.

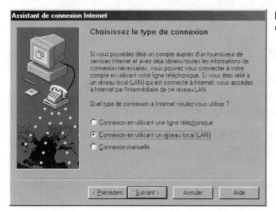

Fig. 12.35 :
Choix du type de connexion

La configuration d'Outlook Express est terminée.

Comment déclarer les serveurs d'e-mails ?

Afin que les logiciels de messagerie puissent trouver les serveurs POP et SMTP Linux, il y a deux solutions :

▶ utiliser un serveur DNS (ce qui est impossible puisque votre nom de domaine n'est pas déclaré !) ;

▶ déclarer les serveurs dans le fichier *hosts*.

Il faut donc éditer le fichier *hosts* se trouvant dans le répertoire *Windows*.

```
# Copyright (c) 1998 Microsoft Corp.
#
# This is a sample HOSTS file used by Microsoft TCP/IP stack for Windows98
#
# This file contains the mappings of IP addresses to host names. Each
# entry should be kept on an individual line. The IP address should
# be placed in the first column followed by the corresponding host name.
# The IP address and the host name should be separated by at least one
# space.
#
# Additionally, comments (such as these) may be inserted on individual
# lines or following the machine name denoted by a '#' symbol.
#
# For example:
#
#      102.54.94.97     rhino.acme.com          # source server
#       38.25.63.10     x.acme.com              # x client host
127.0.0.1 localhost
192.168.1.1  www.blc.net # Adresse et nom de mon seveur web
192.168.1.1  pop.blc.net
192.168.1.1  smtp.blc.net
```

Vous pouvez maintenant communiquer par e-mail dans votre réseau local. Ces comptes courrier ne vous empêchent en rien d'avoir un accès à Internet par modem. Tous les comptes e-mail fonctionnent parfaitement les uns avec les autres.

12.10   De l'intranet à Internet

Nous allons maintenant étudier les différents aspects d'Internet appliqué à votre réseau local. Nous allons montrer comment partager une connexion Internet par modem, puis, par la création d'un serveur proxy, nous optimiserons les ressources réseau et accélérerons votre accès à Internet.

Nous expliquerons ensuite comment déposer votre nom de domaine sur Internet et comment faire héberger votre site web. Nous montrerons comment partager des disques pour qu'ils soient accessibles depuis un site distant.

La sécurité étant un facteur important, nous allons étudier la mise en place d'un firewall (pare-feu) afin de protéger votre intranet de toute incursion.

Cette partie comme la précédente s'adresse aux personnes désireuses d'utiliser au mieux les nouvelles technologies dans le cadre d'un réseau local personnel ou de petite entreprise. Les connaissances de base Linux sont nécessaires pour mener à bien ce projet.

12.11   Partage d'un accès Internet par modem

Dans cette section nous allons partager un seul accès Internet avec un modem entre plusieurs machines. Cela permet aux postes sous Windows de se connecter à Internet en utilisant la machine Linux (connectée par modem). Nous allons utiliser les fonctions d'IP Masquerade qui sont accessibles après recompilation du noyau Linux.

Nous partons du principe que l'accès à Internet est correctement installé et fonctionne. De même le réseau local doit fonctionner avec le protocole TCP/IP. Nous changerons les paramètres de configuration donnés plus haut afin que vos machines sous Windows puissent utiliser la machine Linux comme passerelle (*gateway*).

Cette manipulation peu compliquée ne présente cependant pas que des avantages. Il faut bien garder à l'esprit que la bande passante de votre accès Internet est divisée par le nombre de machines connectées à un même moment. En bref, si cinq utilisateurs naviguent sur Internet au même moment, la vitesse de connexion sera environ cinq fois inférieure à la normale. Cependant, pour des accès à Internet dispersés dans la journée, cela permet d'éviter l'achat de plusieurs modems.

IP Masquerade : comment fonctionne-t-il ?

IP Masquerade route les informations pour les machines appartenant au réseau local. Le serveur Linux joue un peu le rôle d'une gardienne d'immeuble qui redistribue le courrier à chaque résident. En réalité, `Ip_masquerade` identifie selon le numéro de port de l'application la provenance et la destination des paquets.

Cas concret :

1. La machine du réseau local d'adresse 192.168.1.10 envoie par l'intermédiaire d'un navigateur Internet une requête pour se connecter à un serveur Internet quelconque.

2. Le serveur Linux assigne un numéro de port à 192.168.1.10, puis prend en charge la requête à son nom (elle remplace 192.168.1.10 par sa propre adresse IP). La requête est alors transmise à son destinataire.

3 Le serveur Internet répond au serveur Linux. Dans les paquets adressés au serveur Linux, le numéro de port indique l'application à laquelle le paquet est destiné. La machine Linux reconnaît à quelle machine le paquet est réellement destiné.

4 Elle remplace alors son adresse IP par 192.168.1.10 et transmet donc le paquet au PC sous Windows.

L'opération est totalement transparente pour l'utilisateur.

Mise en place d'IP Masquerade (anciens noyaux)

Cette opération implique la recompilation du noyau Linux. Nous prendrons ici l'exemple des noyaux de 2.0.x à 2.2.x, mais nous ne rentrerons pas dans les détails.

Configuration et installation du noyau avec support IP Masquerade

1 Lancez la configuration par cd /usr/src/linux, puis par make xconfig.

2 Dans le menu **Code maturity level options**, répondez YES à l'instruction suivante.

```
* Prompt for development and/or incomplete code/drivers
```

C'est absolument nécessaire pour pouvoir sélectionner IP Masquerade qui est expérimental.

3 Dans le menu **Loadable module support options**, répondez YES à l'instruction suivante.

```
* Enable loadable module support
```

Cela permet le chargement des modules en général.

4 Dans le menu **Networking options**, répondez YES à l'instruction suivante.

```
* Networking support
* Network firewalls
* TCP/IP networking
* IP: forwarding/gatewaying
* IP: firewalling
* IP: masquerading (EXPERIMENTAL)
```

Même s'il est indiqué que c'est expérimental, il est nécessaire de cocher YES (IP Masquerade est utilisé depuis longtemps déjà et se révèle stable, il n'y a pas de crainte particulière à avoir).

```
* IP: ipautofw masquerade support (EXPERIMENTAL)
* IP: ICMP masquerading
* IP: always defragment
```

5 Dans le menu **Network device support**, répondez YES ou M à l'instruction suivante.

```
* Dummy net driver support
```

6 Il faut choisir en outre tous les modules et toutes les options indispensables à votre configuration. Sauvegardez la configuration, puis quittez xconfig. Réinitialisez les dépendances par make dep clean. Compilez le noyau par make bzImage ou make zImage, installez ensuite les modules par make modules, make modules_install. Installez le gestionnaire de démarrage lilo en ajoutant ces lignes au fichier */etc/lilo.conf*. Vous pouvez alors rebooter la machine.

Installation des modules complémentaires

Afin de pouvoir permettre aux machines Windows d'utiliser des applications supplémentaires telles que ftp, Real Audio, IRC, etc., il faut installer les modules supplémentaires par la commande suivante.

```
/sbin/depmod -a
/sbin/modprobe ip_masq_ftp.o
/sbin/modprobe ip_masq_raudio.o
/sbin/modprobe ip_masq_irc.o
...
```

Permettre aux machines Windows d'utiliser l'hôte Linux

Le serveur est prêt à prendre en charge les clients Windows, mais il faut tout d'abord dire lesquels sont autorisés à se connecter. Nous supposerons que les machines Windows ont comme adresse IP 192.168.1.x, x étant compris entre 1 et 255.

L'application principale utilisée par IP Masquerade est IP Fowarding, c'est elle qui s'occupe du transfert des paquets IP.

Nous utiliserons les commandes suivantes pour que toutes les machines du réseau local d'adresse 192.168.1.0 aient accès à Internet par le serveur Linux.

```
ipfwadm-wrapper -F -p deny
ipfwadm-wrapper -F -a m -S 192.168.1.0/24 -D 0.0.0.0/0
```

Les instructions suivantes permettent de spécifier uniquement quelques machines.

```
ipfwadm-wrapper -F -p deny
ipfwadm-wrapper -F -a m -S 192.168.1.4/24 -D 0.0.0.0/0
ipfwadm-wrapper -F -a m -S 192.168.1.18/24 -D 0.0.0.0/0
ipfwadm-wrapper -F -a m -S 192.168.1.25/24 -D 0.0.0.0/0
```

Seules les machines d'adresse 192.168.1.4, 192.168.1.18, 192.168.1.25 pourront accéder à Internet. Cela correspond à la mise en place d'un firewall qui sécurise l'accès à votre réseau local.

Configuration des clients Windows pour l'accès à Internet

Nous allons maintenant configurer TCP/IP pour Windows.

Dans la partie sur l'adresse IP, vérifiez que l'adresse correspond bien à votre réseau local. Nous utiliserons ici 192.168.0.x (Fig. 12.36).

Dans la partie passerelle, indiquez l'adresse IP (Ethernet) de la machine Linux (Fig. 12.37).

Dans la partie DNS, indiquez les DNS du fournisseur d'accès à Internet, vous pouvez les lire dans le fichier /etc/resolv.conf.

Les clients étant configurés, connectez votre serveur à Internet avec la commande i fup par exemple ; vos clients ont à leur tour accès au Web (Fig. 12.38).

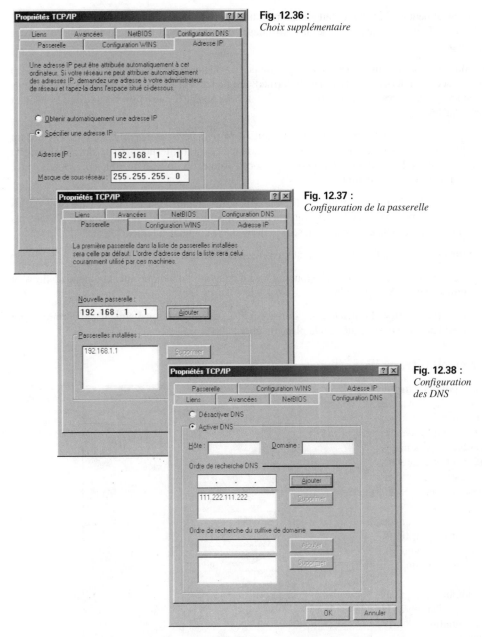

Fig. 12.36 :
Choix supplémentaire

Fig. 12.37 :
Configuration de la passerelle

Fig. 12.38 :
*Configuration
des DNS*

En ce qui concerne la sécurité, IP Masquerade est satisfaisant et peut faire office de firewall, un certain nombre de paramètres supplémentaires permettront de sécuriser au mieux votre serveur.

12.12   Mise en place d'un firewall (anciens noyaux)

Le terme anglais *firewall* désigne tout objet destiné à séparer de manière étanche deux zones. En informatique, un firewall désigne un logiciel installé sur une machine qui protège la partie locale (privée) d'un réseau des incursions à partir d'Internet.

Le firewall peut accéder au réseau local ainsi qu'à Internet, en revanche le réseau local est coupé d'Internet. Pour accéder à la Toile, les utilisateurs du réseau local devront passer par le serveur firewall.

Si vous avez partagé un accès Internet par modem, vous avez déjà mis en place un firewall. En effet, l'accès à Internet se faisait par l'intermédiaire du serveur Linux. Les postes sous Windows n'avaient pas un accès direct à Internet. Vu de l'extérieur, seul le firewall (le serveur Linux) exécutait des requêtes.

Compilez le noyau Linux en désélectionnant *IP forwarding/gatewaying*. Ouvrez ensuite un compte Linux à tous vos utilisateurs qui se connecteront à Internet par l'intermédiaire de la machine Linux. Si l'accès à Internet n'est qu'occasionnel ou limité à quelques personnes, cette solution peut être intéressante.

Cette méthode n'est guère pratique et les services disponibles sont restreints (ftp, mail) si les utilisateurs ne peuvent accéder physiquement à la machine ; de plus il faut être sûr de tous les utilisateurs. Avec cette configuration, seul le firewall est connu d'Internet.

Il existe deux autres solutions pour mettre en place un firewall.

▶ Le firewall filtrant qui empêche tout trafic sauf celui qui est indiqué : il correspond au firewall utilisé avec IP Masquerade.

▶ Le serveur proxy : l'utilisateur se connecte à Internet par l'intermédiaire du serveur proxy qui prend en charge les requêtes à la place du client.

Firewall filtrant IP

Pour pouvoir mettre en place le firewall, il faut compiler le noyau avec un certain nombre de paramètres qui sont presque les mêmes que ceux d'IP Masquerade.

Dans le menu **Networking options**, répondez comme sur l'image ci-contre.

De nombreuses options sont similaires à la configuration d'IP Masquerade.

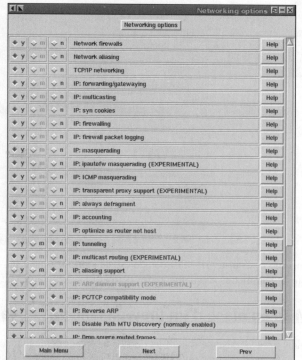

Fig. 12.39 :
Configuration du noyau pour un Firewall

Optimiser la sécurité du firewall

Les principales failles de sécurité proviennent d'applications ou de services présents mais non utilisés. Ces services peuvent permettre à une personne malintentionnée d'obtenir des informations sur votre système, ses utilisateurs, etc. Ces composants réseau "dangereux" peuvent être désactivés. Pour tester leur fonctionnement, il suffit d'exécuter une commande telnet vers le numéro de port du service concerné (par exemple 15 pour Netstat).

Les services netstat, systat, tftp, bootp et finger peuvent présenter des risques, il est donc recommandé de les désactiver définitivement. Pour cela, éditez le fichier */etc/inetd.conf*, puis placez un # devant les lignes, si ce n'est déjà fait.

```
finger   stream  tcp  nowait  root   /usr/sbin/tcpd  in.fingerd
netstat  stream  tcp  nowait  guest  /usr/sbin/tcpd  /bin/netstat  -f inet
systat   stream  tcp  nowait  guest  /usr/sbin/tcpd  /bin/ps  -auwwx
tftp     dgram   udp  wait    root   /usr/sbin/tcpd  in.tftpd
bootps   dgram   udp  wait    root   /usr/sbin/tcpd  bootpd
```

Il faut ensuite redémarrer le processus inetd. L'instruction suivante permet de trouver le numéro de processus d'inetd.

```
ps aux | grep inetd
```

Ensuite tuez le processus avec l'option -HUP qui forcera le processus inetd à se relancer en lisant le fichier *inetd.conf*.

Filtrage IP (fonction ipfwadm-wrapper)

Nous allons maintenant configurer les différents droits d'accès. La commande ipfwadm-wrapper admet des règles qui permettent d'administrer le firewall.

- ► -I : pour les paramètres d'entrée.
- ► -O : pour les paramètres de sortie.
- ► -F : pour le transfert des paquets IP.
- ► -M : pour la configuration d'IP Masquerade.

Au départ, il faut tout interdire.

```
ipfwadm-wrapper -F -p deny
```

Nous indiquons ainsi par -p que nous changeons de mode d'administration, par -F, le transfert des paquets, et deny indique que nous l'interdisons. Aucun paquet IP n'est alors transféré par le serveur Linux.

Nous remettons ensuite à zéro l'ensemble des fonctions de traçage des paquets.

```
ipfwadm-wrapper -F -f
ipfwadm-wrapper -I -f
ipfwadm-wrapper -O -f
```

Comme dans le cas d'IP Masquerade, nous allons maintenant accorder des droits d'accès à des services pour certaines adresses IP.

```
ipfwadm-wrapper -F -a m -S 192.168.1.4/24 -D 0.0.0.0/0
ipfwadm-wrapper -F -a m -S 192.168.1.18/24 -D 0.0.0.0/0
ipfwadm-wrapper -F -a m -S 192.168.1.25/24 -D 0.0.0.0/0
```

-S permet d'indiquer une adresse précise et un numéro de port pour la machine source.

-D permet d'indiquer une adresse précise et un numéro de port pour la machine distante, le fait de mettre 0.0.0.0/0 indique que les clients sous Windows peuvent accéder à tous les sites web.

Autorisations intéressantes en cas d'accès permanent à Internet

Si vous avez la possibilité d'avoir une adresse IP fixe fournie par votre fournisseur d'accès à Internet, nous allons autoriser n'importe quel client à se connecter au serveur d'e-mails Linux afin de pouvoir lire le courrier du réseau local à distance.

```
ipfwadm-wrapper -F -a accept -b -P tcp -S 0.0.0.0/0 1024:65535 -D
✂ xxx.yyy.zzz.ttt 25
```

xxx.yyy.zzz.ttt représente l'adresse IP externe de votre serveur (celle qui est allouée par votre fournisseur d'accès).

Si vous avez un site web sur votre serveur Linux que vous souhaitez rendre accessible au public (différent de votre site intranet), il est possible d'en accorder l'accès.

```
ipfwadm-wrapper -F -a accept -b -P tcp -S 0.0.0.0/0 1024:65535 -D
✂ xxx.yyy.zzz.ttt 80
```

Si votre site web se trouve sur un autre numéro de port que 80 vous pouvez le spécifier. Une autre manipulation peut être intéressante pour la mise en place d'un extranet, vous pouvez autoriser quelques machines seulement à se connecter sur un serveur web.

```
ipfwadm-wrapper -F -a accept -b -P tcp -S 192.1.1.x/0 1024:65535 -D
✂ xxx.yyy.zzz.ttt 80
```

En supposant que 192.1.1.x soit l'adresse IP d'une machine d'une de vos filiales, vos collaborateurs pourraient ainsi avoir accès au serveur web de votre intranet sans que d'autres clients (non déclarés) puissent le faire.

> **Attention**
>
> **Accessibilité des serveurs**
>
> Seuls les serveurs web présents sur le firewall sont accessibles de l'extérieur, les autres serveurs http présents sur le réseau local sont uniquement accessibles depuis ce réseau local. La sécurité est à ce prix.

Options de traçage du trafic

La règle -A permet de compter les paquets entrants ou sortants ou les deux. Il convient de purger les traçages en cours avant de pouvoir mettre le traçage en place.

```
ipfwadm-wrapper -A -f
```

L'instruction suivante permet de tracer les sorties du réseau local vers l'extérieur.

```
ipfwadm-wrapper -A out -i -S 192.168.1.0/24 -D 0.0.0.0/0
```

Cette ligne permet de tracer les entrées de l'extérieur vers le réseau local.

```
ipfwadm-wrapper -A in -i -S 0.0.0.0/0 -D 192.168.1.0/24
```

Pour conserver ces données, vous pouvez les transférer vers des fichiers.

Conclusion sur le filtrage IP

Cette méthode est sûre lorsque toutes les précautions nécessaires ont été prises. Elle implique cependant de laisser le serveur d'e-mails Linux sur le firewall ainsi que tous les autres services susceptibles d'être nécessaires lorsque vous travaillez loin de votre intranet. Si vous avez oublié des données sur une machine du réseau local, il est impossible de les récupérer à distance.

Mise en place d'un serveur proxy

La deuxième solution pour protéger son intranet des intrusions externes est de mettre en place un serveur proxy. Celui-ci va prendre en charge toutes les requêtes venant de l'intranet et les appliquer à son compte. Le serveur proxy devient ainsi la seule machine visible de l'extérieur.

Avec Apache par exemple, il est possible d'accompagner un serveur web d'un serveur proxy. Celui-ci va récupérer toutes les pages HTML demandées et les rendre accessibles aux clients.

Serveur web Apache comme proxy

Si vous avez un serveur httpd Apache fonctionnant correctement, en quelques manipulations vous pouvez bénéficier d'un serveur proxy.

Rendez-vous dans le répertoire où se trouve Apache et éditez le fichier *httpd.conf* ou *commonhttpd.conf* selon la version d'Apache. Repérez la ligne suivante.

```
#ProxyRequests On
```

Enlevez le # pour supprimer la mise en commentaire de cette ligne, arrêtez votre serveur web et redémarrez-le. Si cette solution vous satisfait, vous pouvez aller directement à la configuration des clients Windows pour le serveur proxy. Les clients sous Windows devront alors passer par le serveur proxy pour aller sur Internet.

Afin d'améliorer les performances du serveur proxy, il est possible de spécifier un bon nombre de paramètres.

Optimisation du serveur proxy

Les directives ou règles que nous allons indiquer maintenant se placent dans le fichier *httpd.conf* après la directive ProxyRequests On, si le proxy concerne le serveur principal. Si le proxy est fondé sur un alias d'Apache, ces règles doivent se trouver après ProxyRequests On dans la partie encadrée par <VirtualHost>... </VirtualHost>.

Augmentation de la taille du buffer de réception (ProxyReceiveBufferSize)

Une amélioration simple que vous pouvez apporter est d'augmenter la taille de stockage des fichiers reçus. Pour changer cette taille, il faut utiliser la directive suivante.

```
ProxyReceiveBufferSize 2048
```

La taille spécifiée dans ce cas est de 2 048 ko. Selon la puissance de votre machine, vous pouvez augmenter ou diminuer cette valeur. L'accès à la mémoire étant beaucoup plus rapide que l'accès au disque dur, plus vous pourrez allouer de mémoire au serveur proxy, mieux ce sera.

Répertoire du cache disque

Une autre amélioration possible est de s'assurer que le serveur proxy stocke les fichiers sur le disque. Cela permet d'éviter de rechercher sur Internet plusieurs fois le même document. Il est nécessaire de spécifier le répertoire dans lequel le cache disque sera placé. La directive `CacheRoot` ne fonctionnera que si le répertoire est accessible aux utilisateurs du site.

```
CacheRoot /usr/cache
```

Le répertoire */usr/cache* doit être visible pour les utilisateurs.

Configuration du cache disque (CacheSize)

Afin de spécifier l'espace disque que vous souhaitez allouer au stockage des documents récoltés par le proxy pour les clients, il est possible de spécifier cette valeur par la commande suivante.

```
CacheSize 100
```

100 correspond à la valeur en mégaoctets que vous souhaitez donner au cache disque. En pratique, il est préférable de spécifier une valeur d'environ 60 % de l'espace disque disponible pour le serveur. Si, par exemple, il vous reste 1 Go de libre sur votre disque et que vous souhaitez laisser en permanence 600 Mo de libres pour travailler, il faudra spécifier 60 % des 400 Mo restants. Vous donnerez alors 360 (Mo) comme valeur.

Pourquoi 60 % ? Tout simplement parce que cette valeur n'est pas vérifiée en permanence. Il se peut donc qu'elle soit parfois dépassée. Mais, avant tout, la valeur que vous donnez dépend également de la directive qui vérifie (à intervalles donnés) la taille occupée par le cache et se charge de la réduire si elle dépasse une certaine valeur.

> **Attention**
>
> **Limiter la taille du cache**
>
> Si vous utilisez le cache disque sans utiliser la directive qui suit (`CacheGcInterval`), la taille du cache augmentera sans cesse !

Période de vérification du cache disque (CacheGcInterval)

La commande `CacheGcInterval` teste la taille d'espace disque à intervalles réguliers. Lorsque l'espace disque occupé dépasse la valeur spécifiée dans la directive `CacheSize`, le cache est vidé. Cette directive admet en paramètre le nombre d'heures séparant deux vérifications.

```
CacheGcInterval 0.5
```

Si vous spécifiez 0.5, le proxy vérifiera la taille du cache toutes les demi-heures. Le choix de cette valeur dépend de deux paramètres essentiels :

▸   espace disque disponible pour le cache disque ;
▸   capacité de la liaison à Internet.

Prenons plusieurs cas.

Supposons que votre espace disque alloué soit de 300 Mo et que votre accès à Internet se fasse par modem 56 kb. En théorie, les clients surfant sur Internet peuvent charger au maximum 25 Mo (56 : 8 x 3 600) en une heure. Il faudra donc une douzaine d'heures avant que les 300 Mo soient atteints. L'intervalle pourra être de 12 heures. Une autre solution est d'abaisser les 300 Mo à 30 et de vérifier toutes les heures.

Autre supposition : votre espace disque alloué est de 100 Mo et vous avez un accès Internet à 512 ko/s [on peut rêver ;-)]. En théorie toujours (si Internet est en grande forme), vous pouvez télécharger 1,8 Go en une heure. Il faudra donc vérifier la taille du cache 18 fois en une heure sous peine de voir le disque plein. Il faudrait choisir la valeur 0,05 environ toutes les 2 minutes.

Même si vous estimez votre consommation d'Internet assez faible, ne diminuez pas trop la taille du cache disque, car ce n'est pas de l'espace perdu. En effet, un des principaux intérêts du proxy est d'éviter de télécharger le même document plusieurs fois. Plutôt que d'aller le rechercher sur Internet, mieux vaut le lire directement dans le cache du proxy. Cela ne veut pas dire qu'une fois qu'un document est chargé il n'est pas possible de le mettre à jour depuis Internet. Les documents sont parfois accompagnés de dates d'expiration qui indiquent aux clients qu'une page gardée dans le cache n'est plus valide. La directive suivante permet de mieux contrôler ces dates.

> **Info**
>
> **Cache pour les navigateurs**
>
> Les navigateurs Internet comme Netscape Navigator ou Internet Explorer utilisent aussi un cache disque dans lequel il est possible de définir quand ils doivent aller chercher le document sur Internet et quand ils doivent le prendre dans le cache.

Date d'expiration des documents (CacheMaxExpire)

La commande `CacheMaxExpire` permet de spécifier au bout de combien de temps un document présent dans le cache disque n'est plus considéré comme étant à jour.

Par exemple, ci-dessous, les documents sont considérés comme obsolètes après un jour de présence sur le serveur.

```
CacheMaxExpire 24
```

Cette directive considérera un document comme valable même si sa date d'expiration est passée à condition qu'il soit depuis moins de 24 heures dans le cache.

Évaluation d'une date d'expiration (CacheLastModifiedFactor)

Si un document ne contient pas de date d'expiration (ce qui est souvent le cas), il est préférable que le serveur proxy puisse en déterminer une. La directive `CacheLastModifiedFactor` permet de l'évaluer à partir de la date de dernière modification qui est presque toujours présente.

```
CacheLastModifiedFactor 0.1
```

La date d'expiration répond à la formule expiration = temps depuis la dernière modification * 0.1. Si le document a été modifié il y a 72 heures, alors la date d'expiration est dans 7,2 heures.

Optimisation du cache disque

La structure du cache disque influe de manière importante sur les performances du serveur proxy. Afin d'accélérer l'accès aux données, il est important que tous les fichiers présents dans le cache ne soient pas stockés dans un unique répertoire.

Deux commandes (CacheDirLength et CacheDirLevels) permettent d'organiser et de segmenter le cache disque. En pratique, les paramètres suivants conviennent pour la plupart des configurations.

```
CacheDirLevels 3
CacheDirLength 2
```

Les navigateurs Internet utilisent la même technique de segmentation de leur propre cache pour améliorer leurs performances.

Contrôler l'accès au serveur proxy

Il est possible de spécifier :

► les machines autorisées à se connecter au serveur proxy ;
► les machines interdites de connexion à Internet par le serveur proxy.

La syntaxe de la commande pour autoriser une machine et interdire l'accès à une autre est la suivante.

```
order deny,allow
deny 192.168.1.24
allow from 192.168.1.2
```

Il est également possible de spécifier que toutes les machines sont autorisées sauf une.

```
order deny,allow
allow from all
deny from 192.168.1.14
```

Il est possible de réaliser de nombreuses combinaisons d'autorisations et d'interdictions afin de contrôler parfaitement l'accès au serveur proxy.

Configuration d'un client Windows pour un proxy

Dans le Panneau de configuration, sélectionnez *Internet*. Sous l'onglet **Connexion**, sélectionnez l'option *Se connecter à Internet en utilisant un serveur proxy*, allez dans l'option avancée et donnez l'adresse IP du serveur et le numéro de port (80 a priori). Il est recommandé de ne pas utiliser le serveur proxy pour les adresses locales. En effet, le proxy reprend toutes les requêtes des clients, ce qui peut être assez lent. Pour les sites locaux (serveurs intranet), mieux vaut ne pas passer par le proxy.

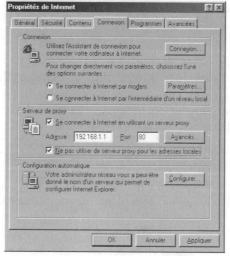

Fig. 12.40 :
Configuration de la connexion Internet par un serveur proxy

12.13   Déposer son nom de domaine sur Internet

Votre entreprise possède un site web chez un fournisseur d'accès à Internet, mais vous voudriez que votre site web soit au nom de votre société : `www.votre-société.com` ou `www.votre-société.fr` et que vos adresses e-mail professionnelles soient du type `Martin.Durand@votre-société.com`.

Nous allons vous montrer comment vérifier si votre nom de domaine est déjà utilisé, puis comment déposer la demande de nom de domaine. Nous expliquerons également comment utiliser les nouvelles adresses e-mail... Nous passerons par le site du Relais Internet.

Tester, réserver et obtenir son nom de domaine .org, .com ou .net

La démarche pour déposer un nom de domaine diffère selon que vous souhaitez déposer un nom en `.com`, `.net`, `.org` ou `.fr`. Pour les trois premières extensions, quelques jours sont nécessaires et aucun justificatif n'est demandé. Le premier qui dépose un nom de domaine sera le premier servi. Dans le cas de `.fr`, il faut justifier notamment de la propriété du nom de l'entreprise. Tout cela sera expliqué dans la section suivante.

L'extension `.com` concerne plus particulièrement les entreprises, c'est l'extension conseillée si vous souhaitez être trouvé facilement sur Internet.

L'extension `.org` est plutôt destinée aux organismes et autres institutions à but non lucratif, il est plutôt mal vu d'utiliser une extension `.org` pour un site web d'entreprise privée.

L'extension `.net` était destinée au départ aux entreprises ayant une activité liée à Internet, elle peut cependant être utilisée pour d'autres types d'entreprise. Cette extension n'est cependant pas la meilleure pour que des visiteurs trouvent votre site facilement.

Choisir et tester un nom de domaine

La première étape consiste à choisir un nom de domaine et à vérifier sa disponibilité. Dans notre cas, nous souhaitons ouvrir le domaine `micro-application.com`. Vérifions s'il est déjà occupé.

Fig. 12.41 :
*Domaine libre
ou occupé ?*

Le domaine est libre, nous allons nous inscrire afin d'occuper ce nom de domaine.

Fig. 12.42 :
Authentification de l'utilisateur du compte du Relais Internet

Même si vous avez déjà ouvert un compte précédemment, il vaut mieux en ouvrir un autre : à chaque nom de domaine son utilisateur. Saisissez donc un nom d'utilisateur et un mot de passe ; notez-le bien, car il ne vous sera pas rappelé ensuite.

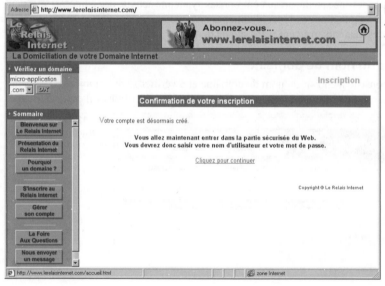

Fig. 12.43 :
Accès à la partie sécurisée

Donnez le nom d'utilisateur et le mot de passe que vous avez saisi. Il faut ensuite remplir une fiche client (Fig. 12.44).

Enfin vous pouvez payer directement par carte bancaire, cela permet la mise à disposition en quelques heures du nom de domaine. Il est également possible de régler par chèque, mais cela augmente le délai pour la mise en œuvre du nom de domaine.

Ça y est, votre nom de domaine est déposé. Nous allons pouvoir créer des adresses e-mail et transférer le nom de domaine vers le site hébergé.

Fig. 12.44 :
Fiche client

Gestion du nom de domaine

Une fois le domaine "acheté", il va falloir effectuer le renvoi vers l'adresse où est effectivement stocké votre site web. Pour cela, connectez-vous au site du Relais Internet.

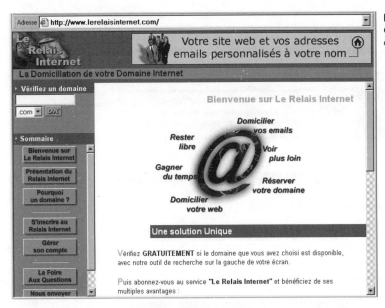

Fig. 12.45 :
Gestion du compte client

Cliquez sur le bouton **Gérer son compte**, choisissez l'option *Gestion du compte*. Vous accédez alors à une page indiquant la situation de votre ou de vos différents domaines. Différentes indications sont disponibles.

▶ *État du domaine* : c'est-à-dire si le nom vous a bien été réservé.

▶ *Redirection web* : indique si votre nom de domaine renvoie vers un site existant.

▶ *Redirection mail* : indique si vous avez transféré des adresses e-mail (nous étudierons cela dans la section suivante).

▶ *Action de votre part avant le* : indique si vous devez renouveler votre abonnement ou si vous devez payer...

▶ *Duplicata du bon de commande* : permet d'éditer le bon de commande et de l'imprimer si besoin est.

Fig. 12.46 :
*Situation
des domaines
déposés*

Cliquez sur le nom de domaine afin de pouvoir accéder au transfert vers un site web valide.

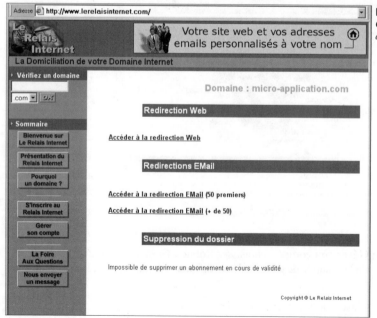

Fig. 12.47 :
*Gestion du
domaine choisi*

Il ne vous reste plus qu'à indiquer l'adresse du site vers lequel vous souhaitez transférer votre domaine. Une option vous permet de masquer l'adresse du site réel par le nom de domaine que vous avez choisi. Il est évidemment préférable de cocher cette option, car cela peut être assez troublant pour l'utilisateur de se retrouver sur un site `perso.fournisseur-d-acces.com` alors qu'il a saisi `www.société.com`.

Votre site est maintenant disponible à la nouvelle adresse. Si vous souhaitez diffuser et référencer votre site, il est conseillé de placer des mots-clés et une description du site dans les champs prévus à cet effet.

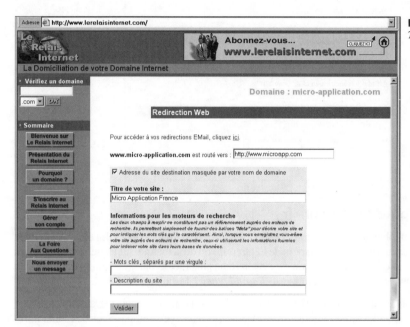

Fig. 12.48 :
Transfert du site

Accès aux mails

La première étape consiste à créer des alias pour vos adresses e-mail. Pour cela, choisissez l'option *redirection des adresses e-mail*.

Dans la colonne gauche, indiquez le nom choisi pour la nouvelle adresse e-mail. Comme il est précisé sur la page, il est inutile d'ajouter le `@nouveau_nom_de_domaine`, celui-ci est déjà pris en compte. Dans la colonne droite, indiquez l'adresse e-mail actuelle que vous avez choisie auprès de votre fournisseur d'accès.

La modification à appliquer pour que vos nouvelles adresses e-mail soient effectives lors de vos envois d'e-mails concerne un seul champ. Il faut remplacer, dans la configuration de votre logiciel de messagerie, l'adresse e-mail donnée par votre fournisseur par celle qui a été créée dans le Relais Internet.

Fig. 12.49 :
Gestion du domaine choisi

Démarches pour obtenir un .fr

Les démarches pour obtenir une extension `.fr` sont plus difficiles et plus longues. En effet, vous devez démontrer que vous êtes propriétaire du nom de l'entreprise ou de la marque sur laquelle vous déposez le nom de domaine. Les documents cités sur le site du Relais Internet seront nécessaires pour obtenir le domaine `.fr` demandé (K-bis, inpi, parution au *Journal officiel*, identifiant INSEE...).

La première chose à faire est de vérifier la disponibilité du nom de domaine. Dans le cas d'une entreprise, le domaine devrait être libre, car deux entreprises ne peuvent pas avoir le même nom. La démarche est ensuite la même que pour l'ouverture `.com`, `.org` ou `.net`.

Fig. 12.50 :
Transfert des adresses e-mail

Il faudra ensuite imprimer le dossier et l'envoyer accompagné :

▶ d'un document officiel prouvant la possession du nom de l'entreprise (K-bis ou justificatif INSEE) ;
▶ de la lettre d'engagement pour un nom de domaine `.fr` ;
▶ de la lettre sur papier à en-tête déclarant déléguer à NordNet (pour le Relais Internet) les démarches en vue du dépôt du nom de domaine `.fr`.

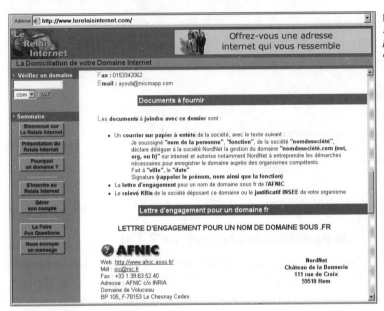

Fig. 12.51 :
Dossier à fournir pour l'obtention du domaine .fr

Le code pare-feu (noyaux 2.4.x)

La distribution Linux-Mandrake 8.0 est fournie avec un noyau 2.4.3 compilé avec les options nécessaires au partage de connexion et au filtrage IP, fondé par exemple sur les tables IP (*IP tables*) amenées à remplacer les chaînes IP (*IP chains*) des versions plus anciennes du noyau. Voici une liste non exhaustive des options nous concernant.

Tab. 12.2 : Principales options de filtrage IP

Option	Description
CONFIG_IP_NF_CONNTRACK	Suivi de connexion nécessaire pour le partage
CONFIG_IP_NF_FTP	Nécessaire pour le partage FTP
CONFIG_IP_NF_IPTABLES	Gestion des tables IP
CONFIG_IP_NF_MATCH_STATE	Suivi de l'état des connexions (pare-feu stateful)
CONFIG_IP_NF_MATCH_UNCLEAN	Contrôle de la validité des champs d'en-têtes
CONFIG_IP_NF_NAT	Translation d'adresse nécessaire pour le partage
CONFIG_IP_NF_TARGET_REJECT	Possibilité de retourner des messages d'erreur ICMP en cas de refus de paquets
CONFIG_NETFILTER	Active le code de filtrage noyau
CONFIG_PACKET	Autorise les tests à l'aide d'utilitaires de type Tcpdump

Le centre de contrôle Mandrake propose les outils nécessaires à une configuration graphique du code pare-feu. Le paquetage Iptables regroupe les programmes de configuration accessibles depuis l'espace utilisateur. Assurez-vous qu'il est bien installé sur votre système.

```
[root@eole /root]#rpm -q iptables

iptables-1.2.1-4mdk
```

À défaut installez le paquetage.

```
[root@eole /root]#urpmi iptables
```

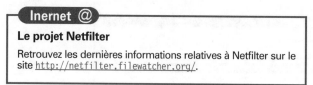

Inernet @

Le projet Netfilter

Retrouvez les dernières informations relatives à Netfilter sur le site http://netfilter.filewatcher.org/.

Ouvrez le centre de contrôle Mandrake.

Mise en place d'un pare-feu simple (noyaux 2.4.x)

Développez le menu **Sécurité**. Cliquez sur l'entrée **Pare-feu**. Un message vous informe que le pare-feu n'a jamais été configuré. Cliquez sur le bouton **Configurer**.

Le module de configuration repose sur le programme Tinyfirewall et les scripts de configuration de Bastille Linux. Une fenêtre s'affichera si les paquetages nécessaires ne sont pas installés. Dans ce cas, Il vous sera demandé d'insérer le CD-Rom d'installation de Linux-Mandrake 8.0, puis de valider par OK.

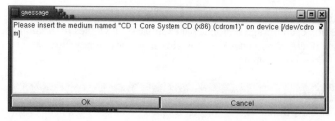

Fig. 12.52 :
Installation
des paquetages
liés à la sécurité

La page d'accueil du module de configuration s'affiche alors. Vous pouvez passer d'un écran à l'autre en cliquant sur le bouton **Suivant ->**.

L'écran suivant précise le mode de fonctionnement du programme de configuration.

Le programme vous pose des questions sur les services que vous souhaitez accepter et sur ceux que vous souhaitez filtrer. Nous partirons du principe que vous disposez d'une station Linux de base connectée à Internet via les services d'un FAI. Serveurs de courrier SMTP et POP sont hébergés par ce FAI (Fig. 12.53).

La première question concerne l'éventuelle présence d'un serveur web. Répondez **No**. Cela n'interdit évidemment pas de lancer un service HTTP restreint à la station (station de développement, par exemple) (Fig. 12.54).

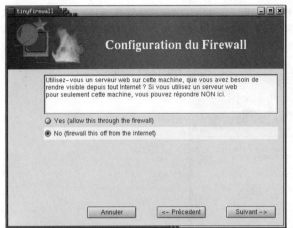

Fig. 12.53 :
Serveur web

Fig. 12.54 :
Serveur de noms

La question suivante concerne l'éventuelle présence d'un serveur de noms. Répondez **No**, ce service étant rempli par deux machines du FAI.

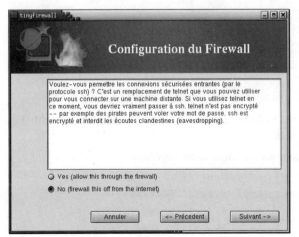

Fig. 12.55 :
Service SSH

Les services de la famille SSH offrent une solution de remplacement sécurisée à telnet et aux commandes r présentées dans cet ouvrage. Répondez **Yes** si vous souhaitez, par exemple, administrer la station Linux à distance.

Fig. 12.56 :
Service telnet

Répondez impérativement **No** à cette question. Telnet n'est pas sécurisé. Les mots de passe échangés lors de l'ouverture des sessions transitent en clair sur le réseau.

Fig. 12.57 :
Service FTP

Répondez **Yes** à cette question si vous souhaitez monter un petit serveur FTP (Fig. 12.58).

Répondez **No** à cette question, un serveur SMTP étant mis à votre disposition par le FAI (Fig. 12.59).

Répondez également **No** à cette question. Validez finalement vos choix.

Fig. 12.58 :
Serveur de courrier SMTP

Fig. 12.59 :
Serveur POP/IMAP

Bastille activera les règles de filtrage au prochain démarrage. Ces règles sont en effet créées dynamiquement et perdues à chaque arrêt du système. L'activation de la commande suivante déclenche alors l'exécution du script */sbin/bastille-netfilter* établi à partir du fichier de configuration */etc/Bastille/bastille-firewall.cfg*.

```
/etc/rc.d/init.d/bastille-firewall start
```

Ce mécanisme est mis en œuvre automatiquement.

Inernet @

Informations complémentaires

Le site suivant approfondit les mécanismes exposés ici
(http://www.boingworld.com/workshops/linux/iptables-tut orial/).

Chapitre 13

Annexes

13.1   Aides en ligne de Linux

Bien que nous nous soyons efforcés de donner le plus possible d'informations utiles dans ce livre, il existe encore bien des thèmes que nous n'avons pas pu aborder. Cela ne signifie cependant pas que vous serez livré à vous-même lorsqu'il s'agira de travailler avec les programmes qui n'ont pas été évoqués ici. Linux propose une documentation en ligne très vaste et suffisante dans la plupart des cas.

La commande man

Presque tous les programmes disposent d'une page d'aide en ligne (*man page*) que vous pouvez activer avec la commande man, et dont l'unique paramètre est le nom de la commande au sujet de laquelle vous avez besoin d'informations, éventuellement précédé d'un numéro de section.

Consulter des pages d'aide

Depuis n'importe quel shell, c'est-à-dire dans une fenêtre console ou Xterm, vous pouvez afficher la page d'aide d'une commande en tapant man nom_commande ; par exemple, man fdisk pour l'utilitaire de partitionnement fdisk.

Recherche par mots-clés

Si vous ne connaissez pas le nom de la commande que vous recherchez, vous pouvez utiliser la méthode de recherche par mots-clés. Il faut cependant qu'une base de données avec ces mots-clés soit générée avant la première utilisation, avec la commande /usr/sbin/makewhatis. Par la suite, cette commande ne devra être exécutée que lorsque vous ajouterez un nouveau package de programmes contenant ses propres pages d'aide.

Par exemple, vous voulez rechercher la page man de fdisk, mais vous avez oublié que ce programme s'appelle ainsi. Vous savez cependant qu'il a un rapport avec les partitions.

Exécutez man avec l'option -k partition pour obtenir le résultat suivant.

```
[essai@client /tmp]$ man -k partition
cfdisk (8)          - Curses based disk partition table manipulator
                      for Linux
fdisk (8)           - Partition table manipulator for Linux
```

Outre le programme fdisk, cfdisk permet de réaliser les mêmes tâches, mais de manière plus aisée.

Lorsqu'une page d'aide est affichée, les touches ⎡PgPréc⎤ et ⎡PgSuiv⎤ permettent de faire défiler le texte de ce manuel électronique. Mettez fin à l'affichage avec la commande q (quitter).

Imprimer des pages d'aide

Si une page man est trop longue pour être consultée à l'écran, vous pouvez l'imprimer facilement, à condition de disposer d'une configuration d'imprimante opérationnelle. Utilisez l'option -t. La commande suivante permet d'imprimer la page d'aide de fdisk.

```
[esser@client /tmp]$ man -t fdisk | lpr
```

Le filtre | lpr est nécessaire, sinon les pages PostScript générées seront affichées à l'écran.

Les pages info

Outre les pages man, il existe, pour de nombreux programmes, des pages info. Elles contiennent parfois les mêmes informations que les pages man, mais elles peuvent aussi être plus complètes et plus détaillées (pour l'éditeur emacs, notamment, il existe une importante documentation au format info).

Démarrez le programme info en tapant info. Vous obtenez un menu proposant toutes les pages info existantes. Avec la touche ⎡?⎤, vous obtenez l'aide du navigateur info (il existe même un petit didacticiel accessible avec la touche ⎡h⎤). Navigateur ? Oui, vous avez bien lu ! Le programme info fonctionne avec des liens hypertextes, comme un navigateur web. Vous pouvez par conséquent passer d'un fichier à un autre au hasard des liens.

13.2   Documentation des packages

De nombreux packages sont fournis avec une documentation complémentaire au format ASCII ou HTML. Elle est généralement enregistrée sous la forme */usr/share/doc/<nom de package>*. Vous trouverez, par exemple, des informations à propos de PPP dans le répertoire */usr/share/doc/ppp-2.4.0*. Il existe également un répertoire correspondant dans la branche */usr/local* de l'arborescence : dans */usr/local/doc* se trouvent les documentations des programmes qui stockent également leurs autres données sous */usr/local*.

13.3   L'option --help

De nombreux programmes peuvent être lancés avec l'option d'aide --help ou -h. Dans la plupart des cas, une brève description du programme, généralement de la longueur d'une page écran, s'affiche alors.

13.4   Foire aux questions (FAQ)

Pour des questions supplémentaires, vous pouvez consulter le Guide du rootard à l'adresse www.freenix.fr/~dumas/linux/Guide/2.8/html/Guide_Rootard.html.

Puis-je récupérer un fichier effacé par erreur ?

Linux ne comporte pas de commande undelete. Ce n'est guère rassurant, surtout si l'on sait qu'une simple faute de frappe (par exemple, rm -f * .bak au lieu de rm -f *.bak) peut entraîner la suppression de répertoires entiers.

Lorsque vous supprimez un répertoire entier, vous n'avez pas la moindre chance de restaurer tous les fichiers dans leur état d'origine. Il reste cependant un mince espoir pour les fichiers texte : si vous vous apercevez immédiatement de votre erreur, vous pouvez récupérer votre fichier, à condition de vous souvenir d'un mot contenu dans ce fichier. Procédez ainsi :

1. Ne fermez aucun programme en cours d'exécution. Il enregistrerait sur le disque dur tous les fichiers encore ouverts, et l'emplacement occupé précédemment par le fichier effacé pourrait se retrouver occupé par d'autres données.

2. Si vous travaillez avec plusieurs partitions, passez dans un répertoire situé sur une autre partition que celle à partir de laquelle vous avez supprimé le fichier. Pour obtenir un aperçu des partitions, vous pouvez taper la commande mount, sans paramètre.

3. Vous pouvez à présent examiner toute la partition. Nous supposons que le fichier supprimé par accident se trouve dans le répertoire */home/name/* et que le répertoire */home* se trouve sur la partition */dev/sda2* (premier disque dur SCSI, deuxième partition). Tapez une commande telle que la suivante.

```
cat /dev/sda2 | grep -A10 -B5 "mot-clé" > temp
```

Les paramètres -A10 et -B5 ont pour effet, si la recherche aboutit, de ne pas copier seulement une ligne de texte dans le fichier *temp*, mais également les dix suivantes et les cinq précédentes. En spécifiant des valeurs suffisamment élevées derrière -A et -B, vous devriez pouvoir restaurer le fichier complètement.

Inernet @

Restauration des fichiers supprimés

Le fichier HOWTO intitulé *Ext2fs-Undeletion*, traduit en français à l'adresse http://www.freenix.org/unix/linux/HOWTO/, présente des techniques de restauration plus sophistiquées, fondées sur la modification de la structure même d'un système de fichiers Ext2.

13.5 Sources d'information Internet

Serveurs FTP

Tab. 13.1 : Serveurs FTP	
URL	**Description**
ftp.lip6.fr	Propose à peu près tout ce que l'on peut souhaiter, y compris des distributions Linux (RedHat, Mandrake, Debian...) et les sources du noyau
ftp.microsoft.com	Même chez les concurrents, on trouve de bonnes choses
ftp.univ-angers.fr	Propose une copie de toutes les sources Linux (miroir de sunsite.unc.edu)

Serveurs web

Tab. 13.2 : Serveurs web	
URL	**Description**
www.linux.org/	Linux en ligne : la page d'accueil de tous les utilisateurs de Linux
www.kernel.org/	The Linux Kernel Archives : les plus récentes sources de noyaux et les derniers patches
www.linux-center.org/fr/	Linux Center : de très nombreuses informations sur Linux, et beaucoup de liens
www.linuxnow.com/	Linux NOW : bibliothèque de programmes et forum Linux
www.linuxjournal.com/	Linux Journal : magazine de Linux en langue anglaise
www.linuxgazette.com/	Linux Gazette : magazine mensuel gratuit sur Internet
www.ibiblio.org/	Point de rencontre de tous les passionnés de Linux
www.linux-mandrake.com/	MandrakeSoft : site du fabricant de la distribution fournie dans ce livre
www.redhat.com/	RedHat Linux : site du fabricant de la distribution RedHat
www.debian.org/	Debian GNU/Linux : vous trouverez ici la distribution officielle de la Free Software Foundation
www.silkroad.com/linux-bm.html	The Original Linux Benchmarks Archives : votre ordinateur est-il aussi rapide qu'on vous l'a affirmé ?
www.PLiG.org/xwinman/	Window Managers : vue d'ensemble de différents Window Managers existants pour le système X-Window
www.boutell.com/lsm/	Linux Software Map : liste de nombreux programmes disponibles pour Linux
www-i2.informatik.rwth-aachen.de/arnd/lx_wwwsites.html	Vue d'ensemble des sites Linux du monde entier
www-plateau.cs.berkeley.edu/people/chaffee/fat32.html	Linux FAT32 Support : site proposant un package permettant l'accès à des partitions FAT32 (Windows 95 OSR-2) sous Linux
www.kde.org/	Le projet KDE (K Desktop Environment)
www.troll.no/	Troll Tech : site des concepteurs de la bibliothèque Qt
www.gnome.org/	Le projet GNOME (GNU Network Object Model Environment), une alternative à KDE
www.sourceforge.net/	Portail hébergeant de nombreux projets Open Source

Groupes d'utilisateurs

Tab. 13.3 : Groupes d'utilisateurs	
URL	**Description**
www.aful.org/	Association française des utilisateurs de Linux et des logiciels libres (AFUL) : considérations générales, FAQ sur Linux et les logiciels libres, présentation de l'association et de ses publications
www.freenix.fr/	Freenix User Group : descriptions de Linux, FreeBSD, NetBSD et OpenBSD
www.guilde.asso.fr/	Groupe des utilisateurs de Linux du Dauphiné : Guilde
www.linuxsecurity.com/	Linux Community's Center for Security : groupe consacré à la sécurité des systèmes Linux et Unix

Tab. 13.3 : Groupes d'utilisateurs	
URL	**Description**
optimum.sourceforge.net/	Optimum : démos sur PC/Linux ou Sun/Solaris, sources (C, Java, assembleur), photographies d'écran et documents
www.parinux.org/	Parinux : groupe d'utilisateurs Linux de Paris et d'Île-de-France
www.pipo.com/plug/	PLUG (Provence Linux Users Group) : membres, liens et applications

Forums de discussion

Il existe de nombreux groupes de news dédiés à Linux. La hiérarchie comp.os.linux.* en est, en quelque sorte, la plaque tournante. L'arrivée de nouveaux programmes et d'autres produits pour Linux est annoncée sur comp.os.linux.announce. Les questions générales relatives à la configuration du système sont traitées sur comp.os.linux.setup, le groupe comp.os.linux.x se consacrant au système X-Window.

Il existe aussi quelques groupes en français, ils sont de la forme fr.comp.os.linux.x.

Usenet Fr

Le site Usenet Fr rassemble de nombreux documents relatifs à l'organisation de la hiérarchie .fr.

http://www.usenet-fr.net/

Télécharger Linux

Nous n'indiquerons ici que les adresses Internet sur lesquelles vous pouvez télécharger Linux gratuitement.

Sources des principales distributions (Mandrake, Slackware, RedHat...)

Vous trouverez les sources des principales distributions Linux actuelles à partir du site ibiblio, à l'adresse : http://www.ibiblio.org/pub/linux/.

Des copies sont distribuées dans le monde entier. Voici l'adresse de quelques sites miroirs :

▶ ftp://ftp.LeidenUniv.nl/pub/linux/sunsite/ ;

▶ ftp://ftp.rediris.es/software/os/linux/sunsite/ ;

▶ ftp://ftp.iut-bm.univ-fcomte.fr/pub/Linux/sunsite/.

Cette liste est loin d'être exhaustive, de nombreux autres sites miroirs existent.

Sources d'autres distributions Linux

Nous avons déjà évoqué les distributions SuSE et RedHat. La première est une version commerciale, dotée de nombreuses caractéristiques intéressantes, et qui comprend également de nombreux programmes complémentaires que vous pouvez vous procurer séparément. Cela explique pourquoi cette entreprise vend son produit au lieu de le mettre gratuitement à disposition sur Internet. Acheter la version CD-Rom de SuSE Linux est dans tous les cas une opération rentable.

Les sites précédemment cités contiennent également parfois des informations sur d'autres distributions et d'autres sources.

Sources de programmes complémentaires

L'avantage de Linux réside dans les nombreux programmes complémentaires proposés dans le monde. Voici une courte liste des compléments que vous pouvez charger et intégrer pour votre plus grand plaisir, ainsi que de leur site source.

Pilote RNIS

Il est de plus en plus question de la gestion des lignes spécialisées sous Linux. Pour cela, une carte RNIS est nécessaire, mais aussi le pilote et sa configuration. Voici l'une des principales sources de pilotes RNIS sous Linux.

▶   ftp://ftp.franken.de/pub/isdn4linux/.

Il existe également un HOWTO sur la famille de technologies xDSL, actuellement en plein essor.

▶   http://www.sushisoft.com/adsl/.

Multimédia

S'ajoutant aux programmes de base figurant dans la quasi-totalité des distributions de Linux, il existe de nombreux utilitaires dédiés au multimédia. Ils permettent de mieux exploiter un système sous Linux. Sur le plan audio, vous trouverez les utilitaires les plus importants à l'adresse ftp://ibiblio.org/pub/Linux/apps/sound/ et, sur le plan graphique, à l'adresse ftp://ibiblio.org/pub/Linux/X11/.

Voici encore quelques adresses à explorer, où vous trouverez des programmes intéressants concernant le multimédia :

▶   ftp://tsx-11.mit.edu/pub/linux/packages/sound/ ;

▶   ftp://ftp.foolabs.com/pub/xpdf/ ;

▶   ftp://prep.ai.mit.edu/pub/gnu/.

Enfin, toutes les revues et tous les livres consacrés à Linux proposent de nouvelles sources de programmes.

Index

E

F

K

L

M

Q

R

V

W

X

Z

Achevé d'imprimer sur les presses de l'imprimerie
Maulde et Renou
Tél. : 01.49.26.14.00
Dépôt légal : Juillet 2001 - AB - 01070171